全国船舶工业职业教育教学指导委员会推荐教材

U0868472

船舶内装生产设计

主　编　吴春芳　张海文

副主编　刘海莉　黄迎春

主　审　于延玲

哈尔滨工程大学出版社
Harbin Engineering University Press

内容简介

本书共11个项目,内容包括初识船舶内装、船舶内装材料、内装美学基础及人机工程学、舱室门窗、舱室设备等。

本书为高职高专船舶类专业教材,可供从事船舶设计制造、船舶舾装工程工作的技术人员学习参考。

图书在版编目(CIP)数据

船舶内装生产设计/吴春芳,张海文主编. —哈尔滨:哈尔滨工程大学出版社,2023.10
ISBN 978-7-5661-3992-4

Ⅰ.①船… Ⅱ.①吴… ②张… Ⅲ.①船舶舱室-室内装饰设计 Ⅳ.①U663.8

中国国家版本馆CIP数据核字(2023)第194519号

船舶内装生产设计
CHUANBO NEIZHUANG SHENGCHAN SHEJI

选题策划 史大伟
责任编辑 宗盼盼
封面设计 李海波

出版发行 哈尔滨工程大学出版社
社　　址 哈尔滨市南岗区南通大街145号
邮政编码 150001
发行电话 0451-82519328
传　　真 0451-82519699
经　　销 新华书店
印　　刷 哈尔滨午阳印刷有限公司
开　　本 787 mm×1 092 mm 1/16
印　　张 24.25
字　　数 617千字
版　　次 2023年10月第1版
印　　次 2023年10月第1次印刷
书　　号 ISBN 978-7-5661-3992-4
定　　价 75.00元
http://www.hrbeupress.com
E-mail:heupress@hrbeu.edu.cn

前　　言

2019 年国产豪华邮轮开建。2023 年 6 月 6 日,我国首艘国产大型邮轮“爱达·魔都”号在中国船舶集团有限公司旗下上海外高桥造船有限公司 2 号船坞顺利出坞。该船的建造填补了我国国产大型邮轮的空白,使我国实现了国产大型邮轮建造领域零的突破,对我国建设海洋强国、制造强国、科技强国产生了重大而深远的影响。大型邮轮的建造对我国船舶内装提出了更高的要求,同时促使我国船舶内装技术快速发展。近年来,随着对船舶内装需求较高的船舶产品的出现,我国对内装人才的需求量也在迅速增加。

本书特点如下。

1. 体系新。本书根据船舶内装生产设计的基本思路,将船舶美学与船舶内装生产设计要求融为一体,以从事内装生产设计所需的理论知识和技能水平为脉络,以基本概念、常用规则为导向,以船舶内装生产设计案例为主线,进行内容的编排。

2. 应用性强。本书遵循“理、实一体化”的原则,以任务为驱动,以项目为引领,按照由浅入深、边讲边练、循序渐进的原则编写,便于教师组织教学。

3. 应用新方法。将纸质教材与线上视频教学相结合,采用活页式、立体化的教材编写方法,实现读者随时随地学习的可能;引入船舶企业广泛使用的设计软件,讲解先进的设计方法,加快船舶内装生产设计的设绘过程。

4. 校企合作。本书在编写过程中,与上海外高桥造船有限公司的内装设计部人员进行多次交流研讨,以确定体系和内容,并由公司设计人员共同承担编写任务,共同完成编写工作,使该书与生产实际相结合。

5. 思政内容融入教材。引经据典,在教学内容的编排上将思政元素融入知识点中;讲述小故事,让读者在学习技能的同时得到心灵的启发。

参加本书编写工作的有武汉船舶职业技术学院吴春芳(项目一、项目六、项目九),上海外高桥造船有限公司张海文(项目五),武汉船舶职业技术学院黄迎春(项目二)、袁自强(项目三)、刘海莉(项目四、项目十)、倪军(项目八)、喻霁(项目七),武汉交通职业学院黄黎慧(项目十一)。全书由吴春芳、张海文担任主编,由刘海莉、黄迎春担任副主编。

上海外高桥造船有限公司的高级工程师于延玲审阅了全书,并提出了许多宝贵意见,特致谢意。

由于编者水平有限,书中难免有错误和不妥之处,敬请广大同行和读者批评指正,以便再版时更正。

编　者

2023 年 6 月

目　　录

项目一

初识船舶内装

引导语

大型邮轮与航空母舰、液化天然气(LNG)船并称为造船工业“皇冠上的三颗明珠”。作为设计建造难度最高的船型之一,大型邮轮是我国目前唯一没有攻克的高技术、高附加值船舶产品。

2018 年,美国嘉年华邮轮集团公司、意大利芬坎蒂尼集团与原中国船舶工业总公司(现中国船舶集团有限公司)正式签订了“2+4 艘” Vista 级 13.55 万吨大型邮轮建造合同,计划在我国订购并运营大型邮轮。2019 年 10 月,首艘国产大型豪华邮轮进入实质性建造阶段。2021 年 10 月,该首制大型邮轮实现全船贯通,总建造进度完成近半。按计划,首艘国产大型邮轮预计于 2023 年下半年正式交付。作为造船工业“皇冠上的明珠”,大型邮轮的零部件数量远超高铁、飞机等重大项目,建造物量巨大、建造周期长,工艺要求高。首艘国产大型豪华邮轮零部件就超 2 500 万个,其中内装项目占据邮轮制造板块近 40%。

由此,同学们是否能够感受到船舶内装对于船舶的重要性呢?

学习目标

任务说明

本项目通过介绍船舶内装工程的主要内容,使学生了解船舶内装工程的发展历程,以及内装工程中舱室设计的总体原则。

知识目标

1. 了解内装工程的发展过程;
2. 掌握内装工程的主要内容;
3. 掌握舱室设计的总体原则。

能力目标

1. 能根据内装工程的发展过程,了解船舶内装设计的发展趋势;
2. 能根据船舶内装工程的主要内容,了解内装设计人员的工作性质。

任务1.1 船舶内装设计的发展趋势

任务准备

船舶内装发展与内涵

一、现代造船模式

现代造船模式(图1-1)是指组织造船生产的基本原则和方式。它既反映对产品作业任务的分解原则,又反映产品作业任务分解后的组合方式。所谓现代造船模式,可理解为以统筹优化理论为指导,应用成组技术原理,以中间产品为导向,按区域组织生产,壳(船体建造)、舾、涂作业在空间上分道、在时间上有序,实现设计、生产、管理一体化,均衡、连续地总装造船。

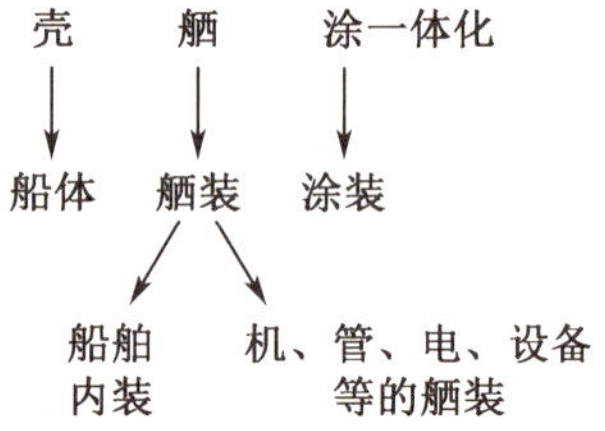

图1-1 现代造船模式

二、内装工程

20世纪70年代以来,经过多年的努力,我国船舶配套设备和材料在质与量两个方面都有很大的提高。船舶工业在依托全国机电工业部门协作开发多种船用机电设备的同时,在本系统内部自行开展科研、设计与试制,逐步发展了各种船用机电设备(特别是专用机电设备),并形成了一股具有一定实力的船舶机电设备和材料的科研、设计与制造力量。因此,国产的船舶配套设备和材料基本上可以满足国内修、造船的需要。

船舶内装工程从科学的船舶美学观出发,综合应用美学、造船学、建筑学等基本理论,成为研究船舶美的规律的一门学科。它对船舶造型、甲板布置、舱室空间划分、舱室色彩选用等具有指导作用。它综合了"人机工程学""规范与公约",成为船舶造型与舱室设计的依据,并结合船舶具体情况,指导船舶的外部造型与室内设计等工作。

任务实施

了解内装设计过程的变化

内装设计过程的变化主要体现在结构防火分隔设计方面。该设计有效地阻止了火灾的发生和蔓延,从而保障了人们生命和财产的安全。

(一)舱室内部采用结构防火和绝缘设计(图 1-2)

设计:● 低级——高级、美观
工艺:● 低档——星级、舒适
设备:● 粗糙——精致、简单
材料:● 简单——系统、科学

舱壁材料
- 第一代: 蛭石板、石膏板
- 第二代: 硅酸钙板
- 第三代: 复合岩棉板

图 1-2　舱室内部设计

原来大多采用的木作舱室围壁结构,除个别区域和内河小船上使用之外,一般已不采用。远洋和沿海货船由于采用结构防火设计(IC 法、IIC 法、IIIC 法),有效地控制和限制了船舶火灾的发生与蔓延。硅酸钙板、石膏板、蛭石板和复合岩棉板均是常用内装材料(图 1-3、图 1-4、图 1-5、图 1-6)。

图 1-3　硅酸钙板

图 1-4　石膏板

图 1-5　蛭石板

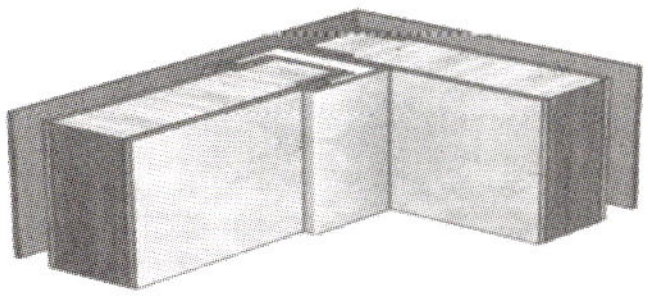

图 1-6　复合岩棉板

这些材料与绝缘材料(板材+玻璃棉、陶瓷棉、岩棉),或单独板材(硅酸钙板或复合岩棉板)加上钢板与防挠材,组成了符合规范的防火材料,而且外表色彩可根据总体色彩设计的要求尽情地选用,施工工艺简单、方便。

(二)舱室地板、天花板的设计变化

为满足船舶垂向防火的要求,需在甲板上做甲板敷料。甲板敷料有 A-30 级、A-60 级。目前出现一种浮动地板,其工艺比防火甲板敷料要简单。它是在甲板上做好底层敷料后,把做成各种企口形式的板块铺在甲板上而形成的。舱室所选用的地毯为阻燃型地毯或低播焰性地毯(图 1-7)。低播焰性是指通过规定的试验程序后,被试表面有效地限制火焰的蔓延。船用设备厂提供的地毯花色种类多,可满足设计的需要。

图 1-7 低播焰性地毯

(三)舱室内部设备的变化

我国建造的出口船舶的舱室装潢水准较高,但仅限于货船。目前,我国豪华邮轮的建造刚刚起步,内部设备设施(包括家具、卫生洁具、厨房用具、娱乐设施和装饰品等)的设计、装潢水准有待进一步提高。图 1-8 所示为造型精致的水龙头。

图 1-8 造型精致的水龙头

(四)船舶内装的发展方向

船舶内装的发展方向是安全、舒适、豪华。

任务1.2　船舶内装生产设计的主要内容

任务准备

一、船舶内装工程的依据——舱室设计图

舱室设计是遵循《1974 年海上人命安全公约》(SOLAS 公约)和各船级社的造船规范进行的,是船舶内装设计的第一道工序,而舱室设计图是船舶内装工程的依据。

二、舱室设计包含的学科

舱室设计从学科上讲包含了船舶美学、人机工程学、环境心理学等。

船舶美学是从学科的船舶美学观出发,综合应用美学、造船学、建筑学等基本理论,研究船舶美的规律的一门专业学科。在美学的指导下,设计制造出具有优美形态、良好空间和舒适环境的舱室,使人感到愉快、审美得到满足的船舶。

人机工程学是一门应用于设计中的、研究适应人体机能的机械或工具的综合性学科。

环境心理学是从心理学角度,探讨什么样的环境才符合人们心理环境的学科。在现代船舶设计中,人们越来越重视环境心理学,以此进行舱室的空间环境、色彩环境和温度环境的设计。

船舶内装设计,虽然与陆地上的星级酒店室内设计有很多相同之处,但也存在着许多特殊性,主要体现在以下几个方面。

一要有安全性:在各种运动状态下,必须保证乘客的安全,关注乘客在应急情况下的情绪反应。

二要有舒适性:船舶内部往往空间较为狭窄,舱室层高受限制,因此在设计时应合理运用空间,减少压迫感,给乘客带来视觉与心理上的愉悦。

三要有隐蔽性:船舶内部设备管线错综复杂,在有限的空间内要巧妙隐藏。

四要有选择性:船舶内装材料既要满足装饰效果,又要满足隔热隔声、防水防火、减震抗压的要求,相比陆地上装饰材料的运用,它更具选择性。

五要有装饰性:乘客来到邮轮上,是来度假与体验生活的,因此要以装饰效果来打造情

景文化美景，制造视觉与精神盛宴，让乘客充分放松并释放心灵。

任务实施

掌握内装工程的主要内容

内装工程的内容

(一)舱室区划和布置

图 1-9 所示为舱室区划图。但要特别注意：舱室区划是各层舱室甲板平面的总布置设计，包括上层建筑和其他甲板平面上的各类舱室的总体划分，而且必须体现结构防火的划分。

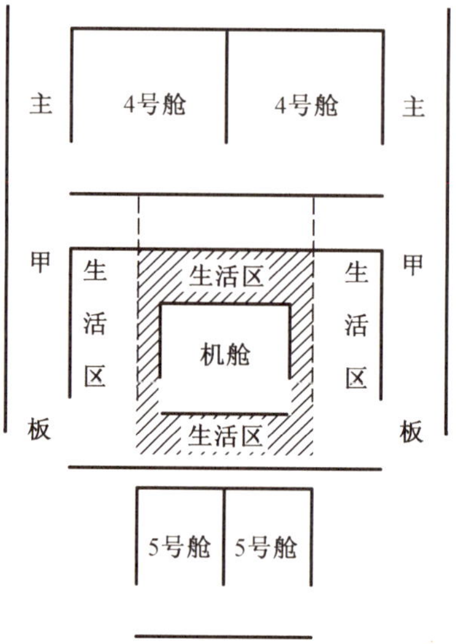

图 1-9　舱室区划图

(二)舱室绝缘

垂直方向绝缘：依附于钢围壁。

水平方向绝缘：靠甲板下绝缘和甲板上的敷料。

绝缘设计一方面满足了防火分隔的要求，另一方面又具有隔音、隔振、防结露和保温等作用。

(三)舱室壁板和门窗

舱室壁板包括围板和天花板。

独立的围板称为隔板。门窗和围板一起组成完整的防火系统，同时满足逃生、救生等要求。舱室壁板和门窗在防火中的作用如图 1-10 所示。

邮轮内装的天花板

(四)舱室卫生系统

舱室卫生系统包括单人卫生间、两人合用卫生间、公共卫生间等。

很多船舶采用单人卫生间,如图 1-11 所示。

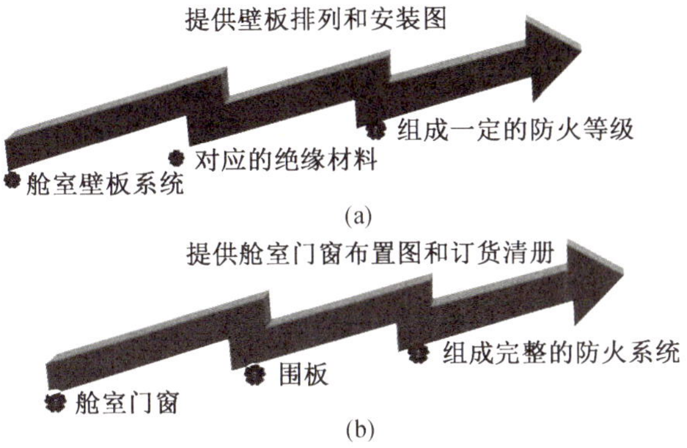

图 1-10　舱室壁板和门窗在防火中的作用

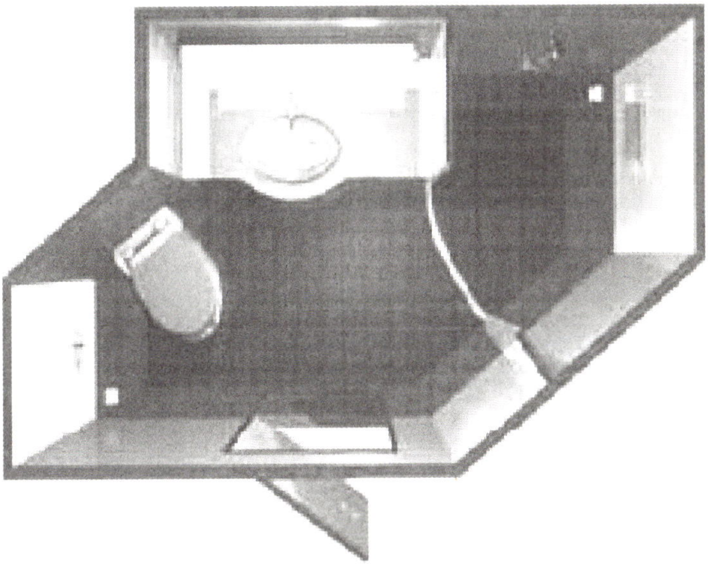

图 1-11　单人卫生间

(五)船用家具

船用家具必须与船体牢固连接,有防振、防噪措施。船用桌、台、柜的面板四周通常有一高度为 10~20 mm 的凸缘。图 1-12 所示为舱室双层床。

(六)厨房和冷库

旅客厨房和船员厨房是分开的。厨房分为中式和西式两种。与厨房配套的冷库有高温库和低温库两种,在设计时最好能靠近厨房。图 1-13 所示为不锈钢厨房。

(七)舱室小五金、铭牌等杂件

舱室小五金包括家具小五金、盥洗小五金和门附件等。

舱室铭牌是标明舱室名称的标牌,包括名称牌、号码牌和注意铭牌。

舱室的杂件还有帷幔和纺织品。

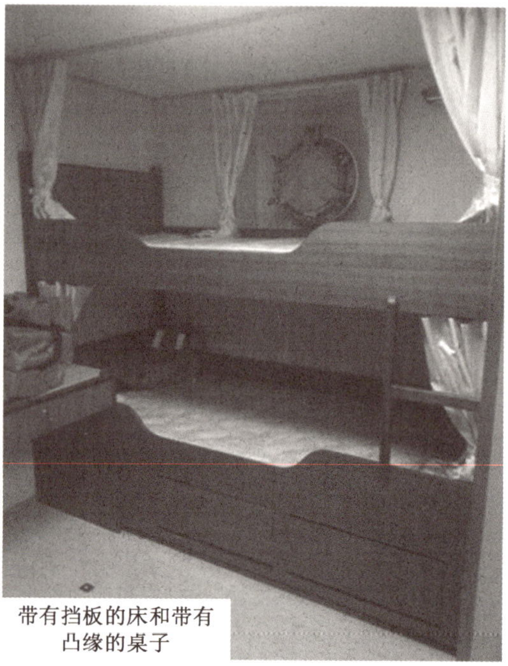

图 1-12　舱室双层床

图 1-13　不锈钢厨房

(八)舱室扶梯与通道

舱室扶梯与通道是指船舶舱室内部上、下甲板之间的扶梯(包括斜梯和直梯),以及平面之间的通道。对于客船,分船员和旅客扶梯与通道。图 1-14 所示为船员扶梯,其坡度较大。

图 1-14　船员扶梯

舱室扶梯与通道的布置要便捷、安全、实用,节省位置,力求美观,与照明、色彩、造型等配合应体现出概念设计的主题。

(九)舱室照明

船上不同舱室对光的照度和强度的要求是不一样的。灯光除满足照度和强度标准之外,还对舱室具有装饰和虚拟划分空间的作用。舱室照明如图 1-15 所示。

(a)　(b)

图 1-15　舱室照明

（十）舱室美化

舱室美化是利用船舶美学原理对舱室进行美装设计，包括色彩、造型、空间、陈设、艺术照明的设计，以及各种内装材料的选用、搭配。

（十一）舱室效果图

舱室效果图一方面是研究重点舱室中家具、设备和陈设之间的协调关系，主要是它们的外观造型和色彩之间的配合；另一方面是满足船东的要求和选料、配料的需要。随着计算机辅助设计的发展，舱室效果图可用计算机来绘制。图 1-16 所示为利用三维软件完成建模的舱室效果图。

图 1-16　利用三维软件完成建模的舱室效果图

（十二）舱室空调系统

空调系统的设计和螺旋风管的布置，是船舶内装工程的重要内容。合理地选用空调，满足居住人员对舒适性的要求，以及在低矮的船舶空间合理地布置风管，需要船舶内装工作人员具有一定的理论知识和实践经验。

任务实施的依据

船舶舱室设计依据

一、舱室设计的总体原则

舱室设计包括上层建筑的结构和其他方面的设计。

舱室设计与船舶总体设计、结构设计和机电设计组成船舶设计系统。

舱室设计属于船舶总体设计的一个方面，必须服从船舶总体概念设计。

设计原则有总体设计基本原则、结构防火分隔原则、美学原则等。

每层甲板按一定原则划分为居住区、工作区、休息区、公共活动区、卫生区、餐饮区和路线区等。

舱室设计的总体原则要着重考虑船舶的结构防火设计。

总体原则：适用、合理、安全、舒适和经济。

(1)适用：最大限度地发挥其使用功能。

(2)合理：工艺设计、结构形式、用材选择、空间布置合理。

(3)安全：满足 SOLAS 公约和规范。

(4)舒适：考虑人机工程学。

(5)经济：优化设计，控制成本。

二、舱室设计程序

任何事物的发展都必须首先从量变开始，没有一定程度的量的积累，就不可能有事物质的变化，就不可能实现事物质的飞跃和发展。所以，我们在进行舱室设计时，要遵循一定的设计程序和规划。

(一)初步设计阶段

初步设计阶段是为签订合同提供必要的报价资料。

初步设计应以总体概念设计为指导，将船舶舱室大体分布、舱室数量、舱室面积、舱室定员、舱室设备选用、生活条件、工作环境、使用价值、储蓄状况、路线分布等用文字和简要图纸表达出来，使用户对该船有所了解，形成初步印象，为船舶建造提供技术理论依据。

图纸技术资料主要有舱室总布置图、内装简要说明书和舱室彩色效果图。

(二)详细设计阶段

(1)甲板区域划分与平面布置。

(2)舱室防火分隔。

(3)甲板敷料布置。

(4)绝缘材料布置。

(5)舱室内装节点布置。

(6)舱室预埋件布置。

(7)门窗布置。

(8)灯具空调布置。

(9)梯道布置。

(10)各工作舱室布置。

(11)各公共舱室布置。

(12)制作备品、装饰品订货明细表。

(13)制作舱室供应品、备品清单明细表。

（三）生产设计阶段

生产设计是在详细设计基础上，从工厂的生产设备能力、技术水平等实际条件出发而进行的施工图纸的设计，是生产车间内装施工的依据，需要绘制各种工作图和安装图，如卫生设备、厨房设备等安装图，门窗、家具等制作图，并提供色彩样品设计图。

评价与考核

课程名称	船舶内装生产设计		
学习项目	初识船舶内装	授课教师	
知识掌握情况（40分）			
序号	知识考核点	分值	教师评分
1	了解内装工程的发展过程	10	
2	掌握内装工程的主要内容	15	
3	掌握舱室设计的总体原则	15	
任务执行情况（60分）			
序号	能力执行考核点	分值	教师评分
1	能结合案例分析内装工程的主要内容	30	
2	能介绍内装生产设计的主要程序	30	
违纪扣分（25分）			
序号	违纪考核点	分值	教师评分
1	上课吃东西	5	
2	上课睡觉	5	
3	上课玩手机	5	
4	上课打电话	5	
5	其他扰乱课堂秩序的行为	5	

小故事园地

一只小青蛙想要离开常年生活的小水沟——水沟的水越来越少，快没有食物了。小青蛙每天都不停地蹦，想要逃离这个地方。而它的同伴懒洋洋地坐在浑浊的水沟里，说：“现在不是还饿不死嘛，你着什么急！”终于有一天，小青蛙纵身一跃，跳进了旁边的一个大河塘，那里面有很多好吃的，还可以自由游弋。

小青蛙呱呱地呼唤自己的同伴：“你快过来吧，这边简直是天堂！”但是它的同伴说：“我从小就生活在这里，已经习惯了，懒得动了！”

不久，水沟里的水干涸了，小青蛙的同伴被饿死了。

【只有敢于打破固有的圈子，才可能改变命运，才可能拥有更加广阔的发展空间。那些死守习惯、不愿脱离惯有轨迹的人永远都不会有所突破。】

任务测试模拟题

1. 判断题

(1) 船舶舱室设计中着重考虑结构防火设计。

(2) 船舶舱室的绝缘设计是为了满足防火分隔的要求。

(3) 船舶内装的发展方向是安全、舒适、奢华。

(4) 船舶舱室设计是船舶总体设计的一部分，包括上层建筑的结构设计和其他方面的设计。

2. 思考题

以沿海 52 m 拖船为例，谈谈内装生产设计的任务。

项目二

船舶内装材料

引导语

2023年4月14日，由中国船舶集团有限公司旗下的广船国际有限公司为"一带一路"沿线国家之一的意大利一航运公司建造的2 500客/3 800 m车道豪华客滚船在广州南沙龙穴岛启航。这艘船的排水量超过70 000总吨，是目前建成的全球最大吨位的豪华客滚船。该船交付后将在地中海沿岸的意大利热那亚、奥尔比亚以及里窝那之间的航线运营。这艘船所使用的电缆首尾相连有近1 000 km长，全船电缆能从广州拉到重庆。其配备了极低功耗的发动机系统，极低燃料消耗下航速可达25 kn。这艘船在内装方面已实现了设计、制造、安装100%国产化。

学习目标

任务说明

本项目通过介绍船用防火、保温隔热、隔音降噪材料，甲板敷料等内容，使学生能根据不同船舶的特点选择合适的内装材料。

知识目标

1. 了解船舶内装材料的特点；
2. 掌握防火绝缘材料的应用及发展趋势；
3. 掌握主要保温隔热材料的应用位置；
4. 掌握舱室噪声控制的措施；
5. 了解船用甲板敷料。

能力目标

能根据不同船舶的特点选择合适的船用防火、保温隔热、隔音降噪材料，以及甲板敷料。

任务2.1　船舶内装材料的特点及其发展

任务准备

船舶内装设计也可以说是材料在舱室空间的应用设计。要满足船舶的设计规范要求，达到完善的艺术效果，就离不开船舶内装材料的应用，只有熟悉并掌握大量内装材料的性质与特点，才能发挥其作用。船舶内装材料不同于陆用内装材料。

任务实施

船舶内装
材料的特点

船舶内装材料的特点

(一)固定性

船舶是水上运动建筑物，在海上航行时，由于波浪的影响会产生振动与摇摆，因此要求构成船舶舱室的内装材料应能牢固连在一起并与钢质上层建筑外壳进行固定。如图 2-1、图 2-2 所示的桌椅和厨房的内装材料必须与船体牢固连接。

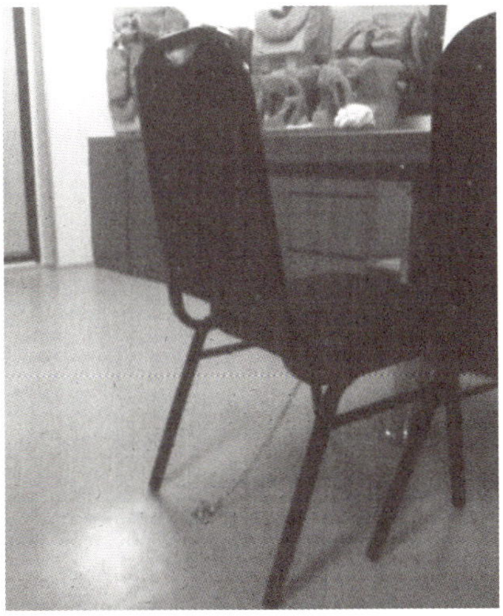

图 2-1　桌椅

图 2-2　厨房的内装材料

(二)轻便性

船舶是水上运输工具，当排水量一定时，船体结构本身的质量越小，就越能装载更多的货物和乘客,因此要求船舶内装材料尽量轻一些。图 2-3、图 2-4 所示的膨胀珍珠岩与蜂窝铝板均为轻质船舶内装材料。

图 2-3　膨胀珍珠岩

图 2-4　蜂窝铝板

（三）耐火性

船舶是水上游动的建筑物,一旦发生火灾,危害较大,灭火工作比较困难。因此,各国造船规范及 SOLAS 公约对船舶的结构防火非常重视,这就要求船舶内装材料应该是不燃材料或局部使用可燃材料。

（四）绝缘性

随着生活质量的提高,人们要求居住舱室、工作舱室的振动与噪声要小,至少达到造船规范和相关公约的规定。因此,船舶内装材料除了要满足防火要求外,还应具有一定的防振、隔热和隔音性能。

绝缘材料如图 2-5 所示。

图 2-5　绝缘材料

（五）标准化、系列化

船舶内装材料由专业厂家按标准进行生产。标准化材料有利于设计标准化、施工标准化。为满足日益发展的出口船舶的需要，船舶内装材料厂按各国船级社的标准进行生产，取得船级社的认可证书后，可将材料应用于修、造出口船舶上。

船舶内装材料大都是配套的、系列化的。如围板、天花板的连接件、加强件都是配套使用的；防火门与门框、闭门器、门背钩、通风栅，以及窗与窗盒都是配套使用的。船舶天花板如图 2-6 所示。

图 2-6　船舶天花板

我国船舶的内装材料，诸如金属板的材料质量能够满足使用要求，但还有较大上升空间，如我国船舶内装材料的色彩有待丰富，纺织类材料的阻燃性有待增强等。我国船舶制造行业要取得进步与发展，就要想办法解决这些问题，让我国制造的船舶能够得到客户的称赞。

任务2.2 船用防火材料

任务准备

一、船舶上为何要使用防火隔热材料

近年来连续发生的船舶火灾事故,使各国更加重视船舶防火问题。船舶舱室的内装材料以不燃材料取代可燃材料已成趋势,在这一方面,世界各国都做了大量的研究工作。SOLAS 公约和相关修正案中对于船舶不燃性材料有明确的规定。国际海事组织(IMO)制定的《国际高速船安全规则》(HSC 规则)已于 1996 年 1 月 1 日生效。规范和规则对保证海上人命安全、防止船舶海难,从预防、抑制和逃生三方面提出要求。各种船舶防火隔热材料应具备质轻、防火、隔热、隔音、美观等条件,其中最主要的是大量采用各种防火材料组成耐火分隔系统,以加强船舶结构的防火能力。

船舶内装材料为什么要具备耐火性?

二、防火材料的发展

防火型绝缘材料用于船上有防火等级要求的舱室及主横舱壁上,起防火作用。

我国的船舶防火材料是在 20 世纪 70 年代末开始研究的,主要是仿照国际上流行的耐火分隔系统,大体上分为有机和无机两类。有机类包括黑软木板、聚氨酯泡沫板、黄软木板等;无机类包括石棉泡沫板、玻璃棉保温板和陶瓷纤维等。国内生产无机防火隔热材料的厂家比较多。

已经用于船舶上的防火材料主要有 PS-2 矿物棉板、防潮超细玻璃棉毡、双面铝塑复合岩棉板、不锈钢复合岩棉板和聚乙烯泡沫塑料板等。

任务实施

陶瓷棉的主要性能

目前,国内外各类船舶上使用的防火型绝缘材料主要是陶瓷棉材料。陶瓷棉防火材料制品采用优质焦宝石原料,经精造加工、高温熔融、喷制成纤、压制成型而成,具有防火、保温、隔热等优良性能。

陶瓷棉(图 2-7)又称硅酸铝纤维,是一种耐高温的新颖材料,主要成分是 Al_2O_3 和 SiO_2。由于陶瓷棉及其制品容重小、高温下导热系数小、对人体皮肤刺痒程度轻于岩棉和玻璃棉,因此在船舶和海洋平台上作为防火材料被大量使用。

图 2-7　陶瓷棉

我国是 20 世纪 70 年代开始生产陶瓷棉的。它主要以焦宝石为原材料，经过高温熔融后吹制而成，有干法和湿法两种制造方法。

干法：原料→熔融→喷吹成棉和喷吹黏合剂→除渣→烘干固化→整形。

湿法：原料→熔融（电弧炉 1 900 ℃）→喷吹成棉→多级漂洗除渣→加黏合剂→真空吸滤成型→烘干→整形。

用干法生产的各种硅酸铝纤维制品，玻璃棉制品，矿棉、岩棉制品，具有容重小、强度高、防水性好、耐高温、低蓄热、导热系数小、急冷急热性好、化学性能稳定、绝缘性能好等优点。

用湿法生产的陶瓷棉含渣率低，但纤维短，抗弯折性差，故现多以干法生产为主。湿法只能用于平板敷设，如遇防挠材需弯包要用干法生产的陶瓷棉。

目前陶瓷棉在船舶上的应用数量和应用部位都超过了超细玻璃棉与岩棉。陶瓷棉毡耐高温可达 1 000 ℃以上，主要作为耐火分隔的不燃材料，尤其是 A 级耐火结构的隔热材料。隔热材料向火面 A-60 级耐火分隔，如用岩棉毡，其厚度需 50~70 mm，如用陶瓷棉毡，其厚度只要 20~25 mm。

陶瓷棉在船上防火的应用部位有：做 A 级舱壁、甲板的组合材料，用碰钉固定在钢板向火面，电缆贯穿孔的耐火封堵材料等。

国内大部分船厂目前使用的 A-60 级绝缘材料有以下三种。

第一种：容重为 170 kg/m^3 的陶瓷棉，用于甲板时厚为 30 mm，用于围壁时厚为 40 mm，包结构型材采用同等容重、厚度的陶瓷棉软毡。

第二种：容重为 90 kg/m^3 的复合氧化铝板，用于甲板时厚为 40 mm，用于围板时厚为 50 mm，包结构型材采用同等容重、厚度的复合氧化铝板。复合氧化铝耐火材料容重小，导热系数较小，保温绝热性能良好，物理性能稳定，耐老化，施工便捷。

第三种：容重为 116 kg/m^3、厚度为 30 mm 的多晶丝板。超轻多晶丝防火制品为国内新研制成功的防火材料，具有质轻、防火、导热系数小等优良性能。其已通过了 A-60 级的耐火试验，达到了 A-60 级耐火分隔的要求，适用于舰艇防火隔热，满足 SOLAS 公约及 2022 年修订案 A-60 级防火隔热的要求。

除上述三种绝缘材料之外，目前国内还有复合硅酸盐耐火材料，该材料导热系数小、热稳定性好、耐压强度高、韧性好、抗风蚀能力及机加工性能优良。

各类防火材料技术参数见表 2-1。

表 2-1　各类防火材料技术参数

材料名称	密度/(kg/m³)	导热系数/[W/(m·K)]	耐高温性能/℃
陶瓷棉材料	140～170	0.038～0.040	最高温度超过 1 000
多晶丝防火材料	90～120	0.032	最高温度达 1 400
复合氧化铝耐火材料	90～130	0.038～0.045	最高温度达 1 000
复合硅酸盐耐火材料	60±5	0.035～0.036	最高温度达 800

国内防火绝缘材料生产厂家为了降低成本，在进行防火试验时都采用最危险的工况，即钢板向火，可以只试验一次。所以，国内防火试验所确定的证书用材料均是以绝缘材料敷设在背火面时取得的。现在，韩国等一些国家在绝缘设计时，已经将绝缘材料向火面和背火面区分开了。当绝缘设计在向火面时采用容重为 120 kg/m³、厚度为 50 mm 的岩棉；当绝缘设计在背火面时则采用容重为 120 kg/m³、厚度为 75 mm 的岩棉。两者比较后，不难看出，绝缘材料向火设计，可以减少材料用量，减小船体质量，并能够降低建造成本。图 2-8、图 2-9 分别为韩国在敷设防火绝缘材料时采用的节点，可供我们在改进设计时借鉴。

碰钉安装

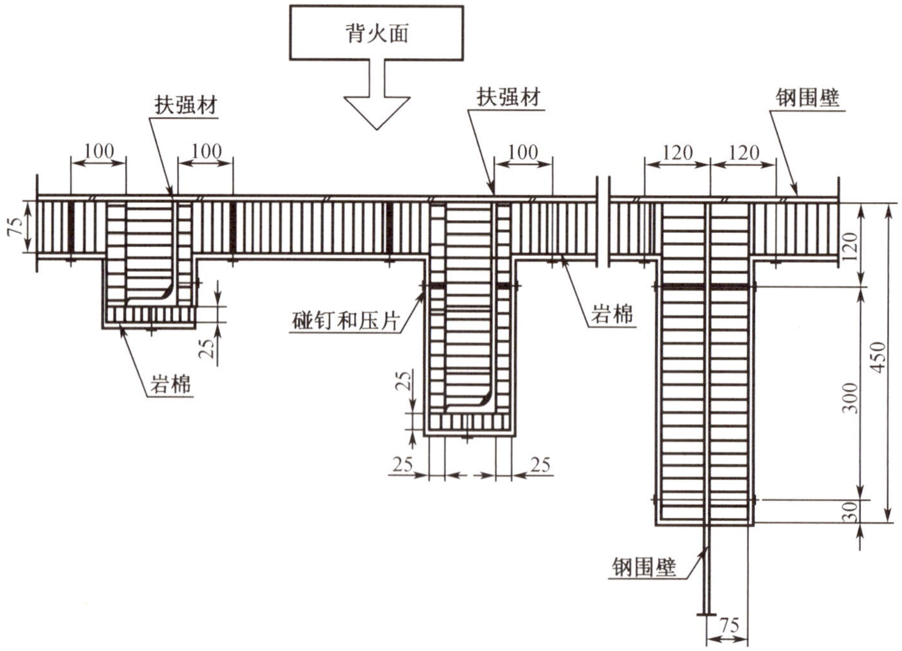

图 2-8　韩国船舶舱壁绝缘背火面 A-60 绝缘节点(单位:mm)

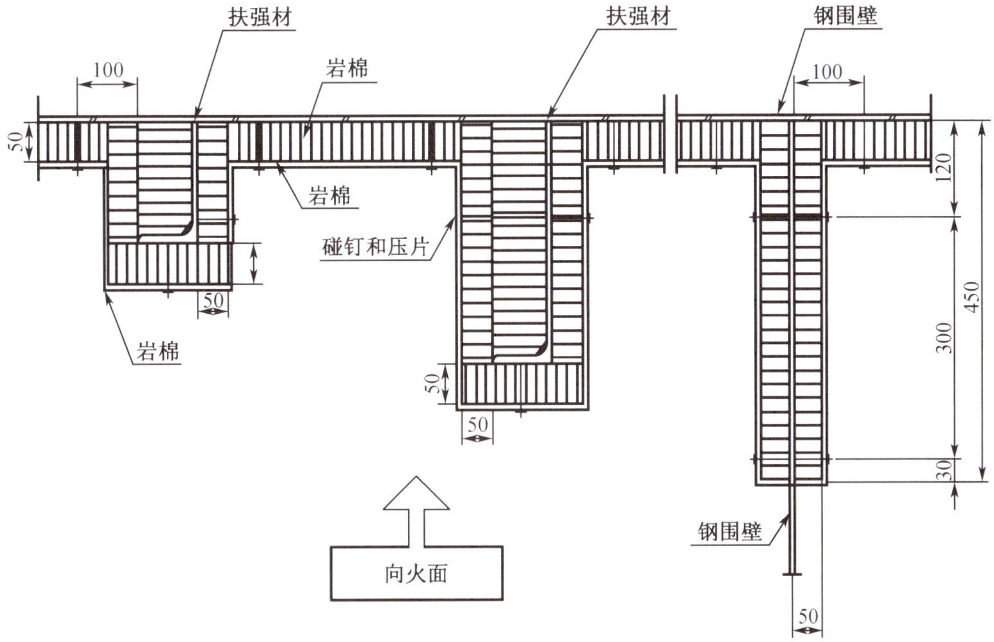

图 2-9　韩国船舶舱壁绝缘向火面 A-60 绝缘节点(单位:mm)

任务2.3　船用保温隔热材料

任务准备

一、保温隔热材料

隔热材料依靠其松软组织中的气泡产生隔热的作用,所以密度小以及气泡小而密的材料,其导热系数相对较低。

保温隔热材料用于有温差的冷热界面部位,具有隔热、保温、防结露等作用。

绝缘材料

二、保温隔热材料的分类及发展

船用保温隔热材料(图 2-10)按材料特性可分为无机和有机两类。无机材料主要包括船用矿物棉绝热制品、岩棉及其制品、玻璃棉制品、无机固态气体绝缘材料、复合纳米孔超级绝热材料等;有机材料主要包括聚酰亚胺泡沫材料、酚醛泡沫、橡塑绝热制品、聚氨酯泡沫材料等。

图 2-10　船用保温隔热材料

近 20 年来，国内科研单位和企业相继研制与生产出超细玻璃棉、酚醛泡沫、改性聚双马来酰亚胺复合泡沫、矿物棉、复合硅酸盐以及聚酰亚胺泡沫等系列新型保温隔热材料，同以前舰船所用软木、硬质泡沫塑料型绝缘材料相比，无论是材料本身的性能指标，还是施工性能、环保性能等方面都有较大的改善和提高，且已先后在国内多型舰船上广泛应用。

超细玻璃棉的主要性能指标见表 2-2。

表 2-2　超细玻璃棉的主要性能指标

项目	性能
纤维(密度为 20 kg/m^3)直径/μm	3~4
树脂含量/%	1
含湿度/%	<1
安全使用温度/℃	300~350
导热系数/[W/(m·K)]	0.031~0.036
吸声系数(频率为 100~200 Hz)	0.12~0.96

用于船舶行业的主要是无碱超细玻璃棉。它的特点是纤维直径细、制品容重小、不燃烧、不腐烂、耐酸耐油、导热系数很小、低温条件下的隔热效果很好，但使用温度比较低，通常为 500~600 ℃。

超细玻璃棉抗火焰能力较差，所以 A 级舱壁或甲板不允许使用它来隔热。密度为 16~25 kg/m^3 的超细玻璃棉用作舱室风管冷藏系统的隔热或保冷材料；密度为 40~60 kg/m^3 的制品用作热水系统、蒸汽系统及有特殊保冷要求的常温液管的隔热材料。特别在质量控制严格的军用船舶上，超细玻璃棉因其密度特别低，而一直被用作主要的舱室隔热材料。

三、岩棉

岩棉是由玄武岩、白云石和焦炭经冲天炉高温（1 500 ℃）熔化后，流出来的液体经火焰或蒸汽喷吹成丝，同时喷酚醛树脂黏结剂固化成型的。岩棉制品的特点是质量小，保温耐热性能及吸声性能良好，价格比陶瓷棉、超细玻璃棉便宜，但是纤维粗、性脆、耐热度比陶瓷棉差。岩棉制品的最高使用温度一般为 800 ℃，因此避免直接将岩棉制品用在耐火分隔上。岩棉制品的不燃性良好，能够作为不燃性材料直接使用。

岩棉的技术性能见表 2-3。

表 2-3　岩棉的技术性能

项目	性能	备注
密度/（kg/m^3）	27~200	
导热系数/［W/（m·K）］	<0.035	
纤维直径/μm	4~7	粗，对皮肤有刺激
纤维软化温度/℃	900~1 000	温度高需用密度大的
渣球含量/%	<4	
憎水率/%	98	
吸声系数（频率为 125~4 000 Hz）	0.14~0.99	
使用温度/℃	-269~700	

从表 2-3 中的使用温度看，岩棉可用作冷库的绝缘材料，主要作为 B、C 级耐火分隔的隔热材料，用于舱室隔热、绝缘、排烟管道的保温等。

岩棉毡如图 2-11 所示。

图 2-11　岩棉毡

四、陶瓷棉

陶瓷棉制品在 200 ℃时导热系数为 0.05,在 400 ℃时导热系数为 0.2,在 1 200 ℃时导热系数为 0.3 以下。陶瓷棉制品具有优良的耐火性能,主要用作 A 级防火门、B 级防火门中的隔热材料;舱壁隔热材料,取代泡沫塑料;锅炉、主机、发电机组排烟管道隔热包覆材料;空调冷冻水管、蒸汽管道、热水管道保温包覆材料;等等。

五、泡沫塑料

聚氨酯泡沫塑料(图 2-12)是采用多羟基化合物在各种助剂作用下与甲基多苯异氰酸酯反应,交联发泡制成的微孔泡沫塑料,其密度低、导热系数小,具有较好的防潮性和阻燃性。聚氨酯泡沫塑料的导热系数比“三棉”低,所以它是冷库保温的最佳材料。

图 2-12　聚氨酯泡沫塑料

聚双马来酰亚胺是聚酰亚胺的一种,具有无毒、耐热、工艺性优越等特点。其利用双马来酰亚胺树脂的活性与多种基团接枝改性,经发泡、聚合后制得改性聚双马来酰亚胺复合泡沫材料(双马泡沫)。双马泡沫无毒无味,容重小于 60 kg/m^3,导热系数小,耐油、耐酸碱腐蚀,阻燃性好, 燃烧时低烟、无熔滴,也不会产生大量有毒气体。总之,双马泡沫是比较理想的海洋船舶与军用舰艇舱室隔热保温材料。

六、泡沫玻璃

泡沫玻璃(图 2-13)是一种以玻璃为主原料制成的、具有均匀独立密闭气隙结构的新型无机隔热材料。其密度低、导热系数小,不透湿、不吸水、不燃烧、不霉变,强度高,能耐除氟化氢以外的化学侵蚀。

(a)

(b)

图 2-13　泡沫玻璃

任务2.4　船用隔音降噪材料

任务准备

一、控制船舶噪声的重要性

1970 年,国际劳工组织在日内瓦召开的海事特别会议上通过了“关于船员、设备工作区有害噪声规定的建议”,建议各国政府制定控制船舶噪声的规则。《2006 年海事劳工公约》对船上起居舱室和工作场所噪声与振动的影响,提出了原则性的要求,要充分考虑噪声和振动及其他环境因素,防止海员受到这些因素的影响。

现代造船已经将控制噪声提高到一个比较重要的地位,除了在设计上充分考虑防火性能外,还应适当考虑选用的防火材料、隔热材料所具有的隔音性能。

二、船舶噪声限制值标准

长期生活在噪声超标的环境中容易导致各种疾病, 为此 IMO A468(XII)号决议《船上噪声级规则》规定了不同部位的噪声限制值标准。大型货船的噪声控制一般以此为标准,但一些船旗国的要求比较高,以 DMA 规则的要求为标准, 见表 2-4。

表 2-4 《船上噪声级规则》和 DMA 规则对噪声限制值的规定　　单位：dB

部位		《船上噪声级规则》限制值	DMA 规则限制值
工作处所	连续有人值班机器处所	90	85
	非连续有人值班机器处所	110	105
	机器控制室	75	70
	机修间	85	80
	非规定的工作处所	90	85
驾驶处所	驾驶室和海图室	65	65
	守听岗位，包括驾驶台两翼和窗口	70	70
	无线电室（设有工作着的但不产生声响信号的无线电设备）	60	60
	雷达室	65	60
起居处所	卧室	60	55
	医务室、病房	60	60
	办公室、餐厅、娱乐室	65	65
服务处所	厨房（制作食物的设备不工作）	75	70
	配餐间	75	—
	服务处所	75	—

任务实施

舱室噪声控制措施

为满足噪声限制值的要求，合理地进行总体方案设计，减少设备运行时产生的噪声是关键。此外，为确保住室安静，住室与外界之间以及住室之间大多是通过隔热的岩棉和作为装饰用的岩棉复合板来实现隔音的。因此合理选材成为降低噪声的有效手段。作为装饰用的岩棉复合板，国外的厚度一般为 25 mm，防噪等级一般为 32 dB；国内的厚度一般为 25 mm 或 30 mm，防噪等级一般为 28～32 dB。作为分隔和隔音的岩棉复合板厚度一般为 50 mm，国外的防噪等级一般为 33～44 dB，国内的防噪等级一般为 31～33 dB；围板的宽度国外为 600 mm，国内多数为 550 mm。现在很多国内厂家也开始改进工艺和装备，生产宽度为 600 mm 的围板以适应围壁整体美观的要求。

一般的船舶采用常规的绝缘材料和岩棉复合板就能达到所要求的噪声标准，而对于一些对噪声有特殊要求的船舶，则可采用密度大一些或者厚度大一些的复合岩棉板，以及选择一些能减少噪声的连接方式（如弹性接头等）来达到隔音的要求。当两张床均贴近独立围壁时，为了减小噪声，通常采用特殊的高隔音岩棉复合板或两层岩棉复合板中间为空气夹层来达到隔

船舶舱室绝缘敷设

音降噪的目的。对于一些特殊舱室和对噪声控制要求高的舱室,可采用在舱壁或甲板上敷设阻尼材料,使因船体振动产生的机械能转变成热能消耗掉,从而达到减小振动噪声的作用。

任务2.5　船用甲板敷料

任务准备

一、甲板敷料

由构成甲板敷料的所有材料(包括有机的和无机的材料,液体的和固体的材料)经施工固化形成的、敷设于船舶甲板上,具有隔热、阻燃、减振、降噪、防滑等功能的覆盖材料,称为甲板敷料。

甲板敷料

二、船用甲板敷料的发展过程

20 世纪 50 年代,国内绝大部分船厂还未应用船用甲板敷料,多数是在钢甲板上直接涂刷油漆,在露天甲板上或少许舱室铺放木甲板。20 世纪 60 年代前后,国内船厂才开始学习苏联的经验,施工菱苦土-木屑型甲板敷料,或水泥砂浆型地板。20 世纪 70 年代前后,国内造船工业得到了发展,船用甲板敷料的研究和应用掀起第一个高潮,涌现了天然乳胶型、苯乳胶改性的天然-丁苯乳胶型、聚氨酯型和聚醋酸乙烯乳胶型等甲板敷料。进入 20 世纪 80 年代后,建造出口船舶的大好形势,使甲板敷料研究和应用进入了第二个高潮,甲板敷料的型号如雨后春笋,纷纷推出。自此,氯丁乳胶型敷料得到了大面积推广和应用。上海船厂在此基础上开发了氯丁乳胶型不易着火甲板敷料;沪东中华造船集团有限公司、广州船厂开发了薄型天然乳胶甲板敷料。

由中国船舶集团有限公司组织的以江南造船(集团)有限公司为组长,以沪东中华造船集团有限公司、大连船舶重工集团有限公司、广州船厂等单位为组员的攻关组,完成了以珍珠岩板为隔热板材的复合型不易着火甲板敷料和 A 级甲板敷料的开发。大连船舶重工集团有限公司开发了 DLE 乳胶敷料;求新造船厂开发了天然丁苯复合型耐老化的露天甲板敷料;广州船厂开发了 GS-1 型薄型露天甲板敷料和 2 型乳胶型甲板敷料。由中国船舶集团有限公司组建的复合岩棉板和海上平台耐火舱室系统攻关组又开发了 YB-FF-I 型新型浮动地板,上海船厂和沪东中华造船集团有限公司也分别开发了 5 种类型的浮动地板,上海船厂和沪东中华造船集团有限公司还分别研制成功了耐潮湿的 A-60 级甲板敷料、SD-IV 型甲板敷料、HAD-60 型甲板敷料,使国内的甲板敷料增加了 10 多个品种和型号。

任务实施

目前生产船用甲板敷料的厂家很多，许多型号的甲板敷料获得了中国船级社(CCS)、美国船级社(ABS)、法国船级社(BV)、德国劳氏船级社(GL)、英国劳氏船级社(LR)、挪威船级社(DNV)等国家船级社的认可证书，可广泛用于修造出口船舶上。下面介绍常用的甲板敷料。

一、甲板基层敷料(PDC)

甲板基层敷料是直接敷设在钢甲板上，具有不易引燃性以及在高温下不产生过量烟气和有毒产物等特性的甲板敷料。其不包括提供保护或黏结钢甲板所需的任何底漆、防腐剂、黏结剂、界面剂等。甲板基层敷料类型见表 2-5。

表 2-5　甲板基层敷料类型

甲板基层敷料类型		代号	散装料	使用特性	应用区域
乳胶类		PDC-RJ	A 组分：乳液； B 组分：粉料； C 组分：骨料	具有不易引燃性，施工便利	起居处所、走道和梯道等
聚酯类	聚氨酯类	PDC-JAZ	A 组分：氨基甲酸酯； B 组分：膨胀珍珠岩或石英砂等填充料	具有不易引燃性，耐水，耐温，防滑，富有弹性	舱室走道、露天甲板、潮湿区域、海洋平台工作舱室、滚装船车辆甲板等
	环氧树脂类	PDC-HY	A 组分：环氧树脂(双组分)； B 组分：膨胀珍珠岩或石英砂等填充料	具有不易引燃性，耐水，耐温，防滑，质地坚硬，强度高	
水性类(流平甲板基层敷料)		PDC-SX	A 组分：粉料； B 组分：淡水	具有不易引燃性，无挥发性有机物排放，隔音性能好，施工效率高(可机器泵送，一次成型)	起居处所、走道和梯道等

以乳胶类的三种甲板基层敷料为例，分析甲板基层敷料的产品特点、耐火等级和组成材料配比(表 2-6)。其中 TQ-I 型轻质甲板基层敷料，具有质量小、施工方便等优点，被民用船舶采用。CF-800 型超轻质(薄型)甲板基层敷料广泛应用于军用船舶上。

甲板基层敷料

表 2-6　甲板基层敷料的产品特点、耐火等级和组成材料配比

类型	SD-Ⅰ型不易着火 甲板基层敷料	TQ-Ⅰ型轻质 甲板基层敷料	CF-800 型超轻质 (薄型)甲板基层敷料
产品特点	具有良好的黏结强度,能够承受外力的负荷,并有抗渗、耐磨、抗振及隔热等优点,工艺简单;一次成型,操作方便;密度≤2 100 kg/m³	产品黏结度高、导热系数小、抗渗、抗冲击、耐磨。由于其密度较同类甲板敷料低 40%左右,有效减小了船舶质量,减轻了作业者的劳动强度,施工简单方便;密度≤1 300 kg/m³	具有弹性、无毒、无刺激气味,抗振、抗冲击、耐水、耐腐蚀等,密度≤800 kg/m³,适用于舰艇舱室及其他船舶甲板的敷设
耐火等级	不易着火性,符合 SOLAS 公约及其修正案规定	不易着火性,符合 SOLAS 公约及其修正案规定	符合 SOLAS 公约及其修正案规定
产品组成	乳胶液(A 组分)5 kg/桶; 促凝分剂(B 组分)15 kg/包; 充填骨料(C 组分)30 kg/袋	乳胶液(A 组分)3.7 kg/桶; 促凝分剂(B 组分)10 kg/包; 充填骨料(C 组分)16.4 kg/袋	乳胶液(A 组分)3.2 kg/桶; 促凝分剂(B 组分)6.4 kg/包; 充填骨料(C 组分)9.3 kg/袋
材料配比及搅拌方法	A 组分:B 组分:C 组分:水=1:3:6:0.6(质量比)。 首先将 B 组分和 C 组分加入搅拌机中,同时加入适量的清水进行搅拌,待混合均匀后再加入规定比例的 A 组分进行搅拌,使之成为均匀稠状物即可施工	A 组分:B 组分:C 组分=1:2.7:4.43(质量比)。 首先将 B 组分和 C 组分加入搅拌机中进行搅拌,待混合均匀后再加入规定比例的 A 组分进行搅拌,使之成为均匀稠状物即可施工	A 组分:B 组分:C 组分=1:2:2.9(质量比)。 首先将 A 组分与 C 组分加入搅拌机中搅拌均匀,然后按配比将 B 组分倒入,搅拌至均匀浆体即可投入使用
施工条件	钢板必须火工校正,所有影响敷料敷设的安装和焊接工作均应结束。消除基层钢板上的杂物,并按《船体二次除锈评定等级》(CB/T 3230—2011)中 P2 级除锈标准除锈	同 SD-Ⅰ型	同 SD-Ⅰ型
施工工艺	将已搅拌好的敷料敷设在基层钢板上,用泥板将敷料在钢板上来回搓动,使钢板充分接触敷料,然后用木质直尺将敷料刮平到规定厚度,经过 30 min 左右,再用泥板压实、泥平,如表面稍干,可加少量乳胶液再进行泥平	同 SD-Ⅰ型	同 SD-Ⅰ型

SD-I 型、TQ-I 型、CF-800 型甲板基层敷料使用说明：

(1)敷料中的乳胶液为高分子材料，故搅拌时不宜用高速搅拌机(器)搅拌，搅拌速度建议为 100 r/min，搅拌时间为 3~5 min。

(2)整个敷设及养护期间，环境温度宜为 5~30 ℃，高于或低于环境温度应采取降温或保温措施。

(3)各类材料应避免阳光暴晒、雨水浸渍，并在规定温度内保存，材料保质期为 3 个月。

(4)施工后敷料必须养护 1~2 天，待固化后方可进入施工场地。

(5)甲板敷料系水化硬性凝结材料，在常温条件下，材料配比中水的添加量与温度和搅拌方式有关，可视砂浆流动度做适当增减。

甲板基层敷料构成的典型甲板结构形式见表 2-7。

表 2-7　甲板基层敷料构成的典型甲板结构形式

序号	耐火等级	结构形式	厚度/mm
1	A-0	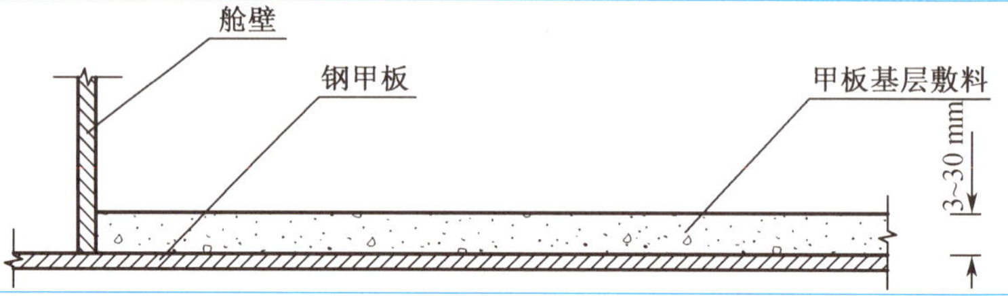	3~30
2	A-0	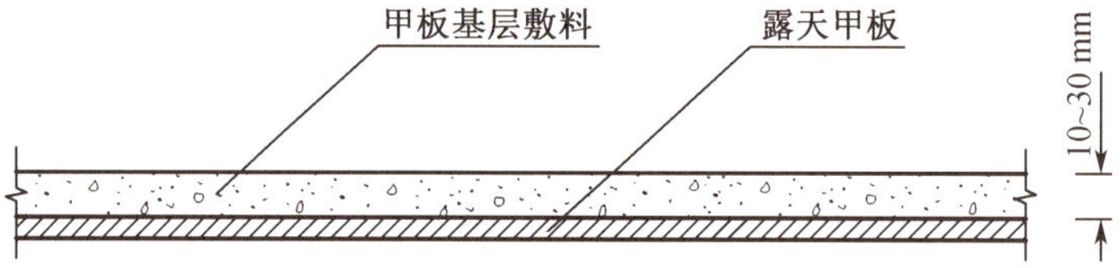	10~30

二、耐火甲板敷料(FDC)

具有不燃性和耐火性，抗振和抗冲击性能，并能有效地隔音、隔热，能构成一定耐火等级的甲板敷料，称为耐火甲板敷料。耐火甲板敷料类型见表 2-8，复合耐火甲板敷料产品特点、耐火等级、组成、材料配比见表 2-9。

复合耐火甲板敷料

表 2-8　耐火甲板敷料类型

耐火甲板敷料类型	代号	散装料	使用特性	应用区域
乳胶类	FDC-RJ	A 组分：乳液； B 组分：粉料； C 组分：骨料	具有不燃性，满足 A-60 级耐火等级要求	A-60 级防火区域
水性类 (流平耐火甲板敷料)	FDC-SX	A 组分：粉料； B 组分：淡水	具有不燃性，满足 A-60 级耐火等级要求，无挥发性有机物排放，隔声性能好，施工效率高(可机器泵送，一次成型)	A-60 级防火区域

表 2-9　复合耐火甲板敷料产品特点、耐火等级、组成、材料配比

类型	SD-Ⅳ型复合耐火甲板敷料	TQ-Ⅲ型轻质复合耐火甲板敷料
产品特点	具有良好的耐火、抗振和抗冲击性能，并能有效地隔离声音传递和热传导，适用于噪声及振动较大的机器处所、潮湿舱室和 A 级甲板敷设	具有良好的耐火、抗振和抗冲击性能，并能有效地隔离声音传递和热传导。单位面积质量较 SD-Ⅳ型复合耐火甲板敷料明显减小，减轻了施工操作强度。适用于船舶噪声及振动较大的机器处所、潮湿舱室和 A 级甲板的敷设
耐火等级	A-60 级：符合 SOLAS 公约及其修正案规定	A-60 级：符合 SOLAS 公约及其修正案规定
产品组成	面层敷料（A 组分）21 kg/包； 面层敷料（B 组分）21 kg/袋； 钢板网 ϕ1 mm，网眼 10 mm×10 mm、2 000 mm×600 mm； 底层敷料（A 组分）25 kg/包； 底层敷料（B 组分）10 kg/袋	面层轻质敷料（A 组分）18.5 kg/包； 面层轻质敷料（B 组分）25.1 kg/袋； 钢板网 ϕ2.5 mm，网眼 40 mm×40 mm、1 800 mm×60 mm； 底层轻质敷料（A 组分）25 kg/包； 底层轻质敷料（B 组分）10 kg/袋
材料配比及搅拌方法	1. 底层敷料： A 组分:B 组分:水＝2.5:1:3.5（质量比）。 首先将 B 组分倒入搅拌机中，然后加入 50% 总量的清水，待 B 组分搅拌润湿后，再加放 A 组分和 50% 总量的清水进行混合搅拌，使之成为均匀的“手捏成团”状态。 2. 面层敷料： A 组分:B 组分:水＝1:2:0.6（质量比）。 首先将 A、B 两组分倒入搅拌机中进行混合搅拌，然后添加规定比例的清水，搅拌成均匀的稠状物	1. 底层轻质敷料： A 组分:B 组分:水＝2.5:1:3.5（质量比）。 首先将 B 组分倒入搅拌机中，然后加入 50% 总量的清水，待 B 组分搅拌润湿后，再加入 A 组分和 50% 总量的清水进行混合搅拌，使之成为均匀的“手捏成团”状态。 2. 面层轻质敷料： A 组分:B 组分:水＝1:1.16:0.42（质量比）。 首先按 A、B 两组分配比搅拌混合，然后加入规定比例的清水，待搅拌成均匀浆体后即可使用
施工条件	1. 钢甲板必须火工校正，所有影响敷料敷设的安装和焊接工作均应结束； 2. 清除基层甲板上的杂物，并按《船体二次除锈评定等级》（CB/T 3230—2011）中 P2 级除锈标准除锈	1. 钢甲板必须火工校正，所有影响敷料敷设的安装和焊接工作均应结束； 2. 清除基层甲板上的杂物，并按《船体二次除锈评定等级》（CB/T 3230—2011）中 P2 级除锈标准除锈
施工工艺	将已搅拌好的底层敷料倒在基层钢板上，用木质直尺刮开、拍平。敷设厚度达到规定的 35 mm，然后用泥板压平。该层敷料完工后，在常温下养护 24 h，然后铺设钢板网，钢板网搭接宽度不小于 80 mm，而且搭接层数最多不超过 3 层，搭接处用镀锌铁丝扎紧。钢板网固定完后，即可将面层敷料敷设在钢筋网上，敷设厚度达到规定的 15 mm	将已搅拌好的底层敷料倒在基层钢板上，用木质直尺刮开、拍平。敷设厚度达到规定的 30 mm，然后用泥板压平。该层敷料完工后，在常温下养护 48 h，然后铺设钢板网，钢板网搭接宽度不小于 100 mm，而且搭接层数最多不超过 3 层，搭接处用镀锌铁丝扎紧。钢板网固定完后，即可将面层敷料敷设在钢筋网上，敷设厚度达到规定的 20 mm

SD-Ⅳ型、TQ-Ⅲ型复合耐火甲板敷料使用说明：

(1)施工作业中，各类搅拌好的敷料必须在 40 min 内敷设完，如采用手工搅拌，必须将敷料搅拌均匀。

(2)整个敷设及养护期间，环境温度宜为 5～30 ℃，高于或低于环境温度应采取降温或保温措施。

(3)各类材料应避免阳光暴晒、雨水浸渍，并在规定温度内保存，材料保质期为 3 个月。

(4)敷料硬化后，必须在其表面洒水或喷涂养生液，养护 2～3 天方可进行下一道工序。

(5)甲板敷料系水化硬性凝结材料，在常温条件下，材料配比中水的添加量与温度和搅拌方式有关，可视砂浆流动度做适当增减。

船舶舱室甲板敷料施工

耐火甲板敷料构成的典型甲板结构形式见表 2-10。

表 2-10　耐火甲板敷料构成的典型甲板结构形式

序号	耐火等级	结构形式	厚度/mm
1	A-60	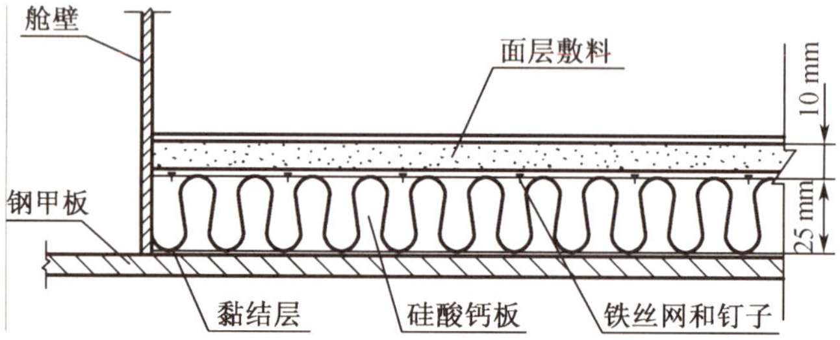	≥37
2	A-60	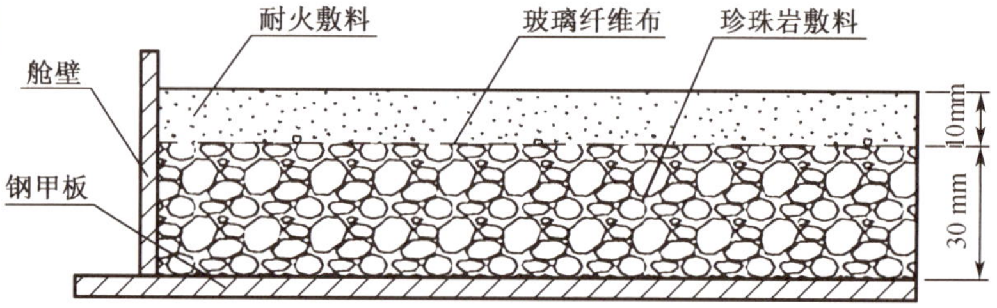	≥40
3	A-60	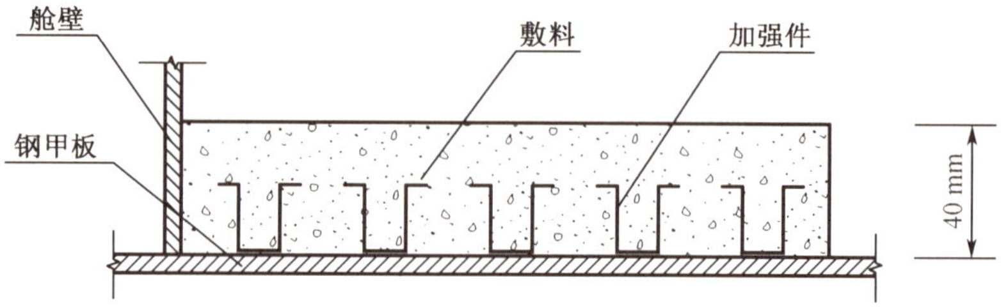	≥40

表 2-10(续 1)

序号	耐火等级	结构形式	厚度/mm
4	A-60	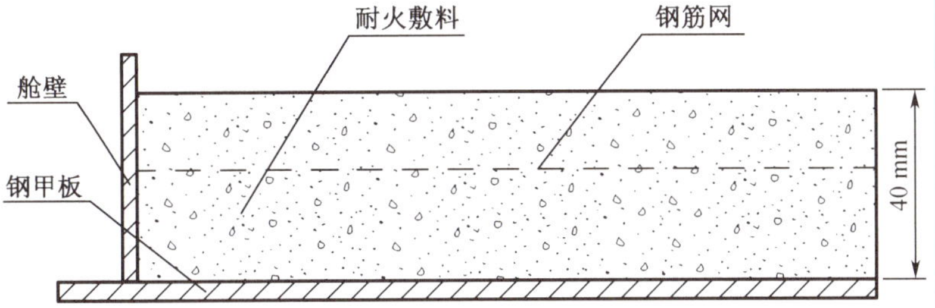	≥40
5	A-60	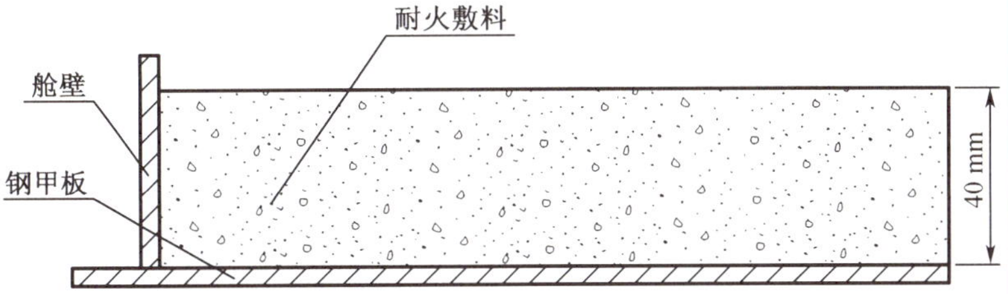	≥40
6	A-60	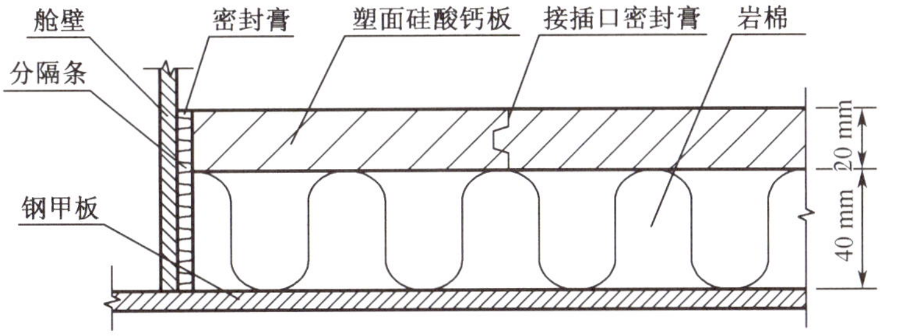	≥60
7	A-60	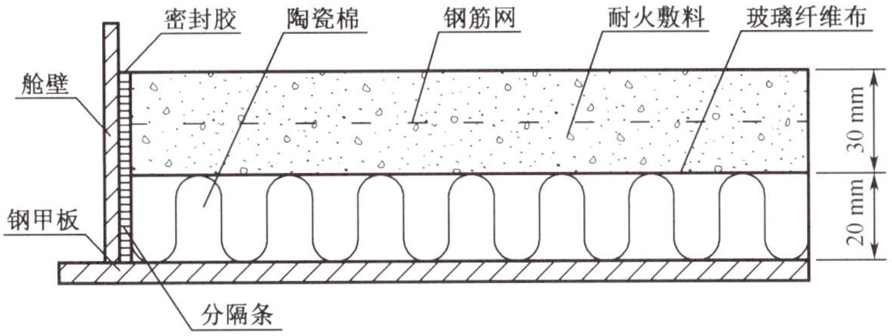	≥50
8	A-60	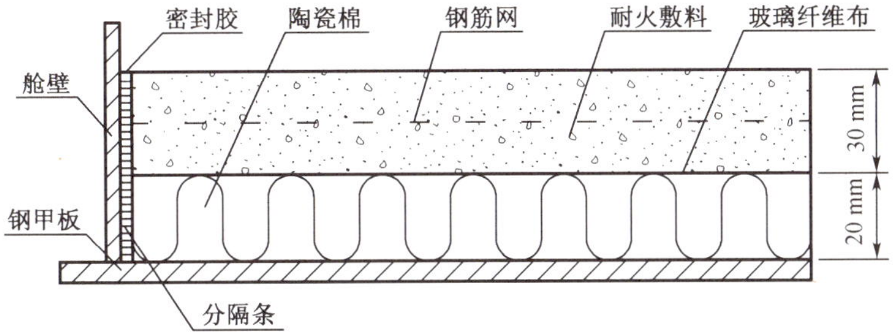	≥50

表 2-10(续 2)

序号	耐火等级	结构形式	厚度/mm
9	A-60	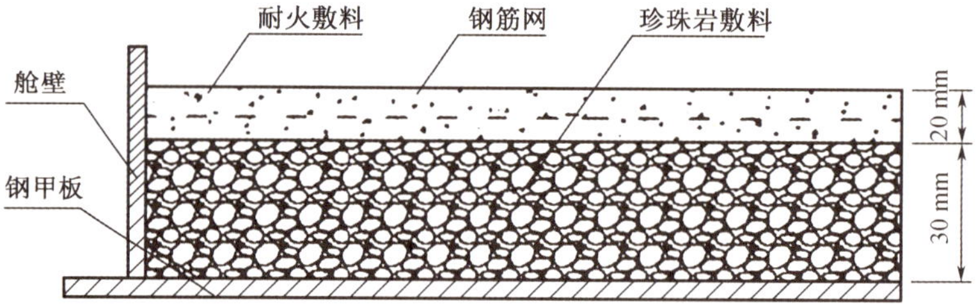	≥50
10	A-60	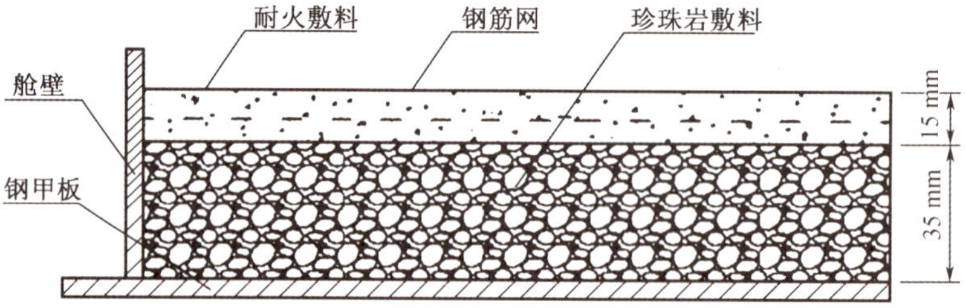	≥50

三、耐火浮动甲板敷料

耐火浮动甲板敷料具有良好的耐火性能和浮动性能。其由于与钢板呈弹性分隔,能有效减少结构噪声的振动,适用于机器处所、活动场所及 A 级甲板的敷设(表 2-11)。

耐火浮动甲板敷料

表 2-11　浮动耐火甲板敷料产品特点、耐火等级、组成、材料配比

类型	SD-Ⅴ型浮动耐火甲板敷料	TQ-Ⅱ型浮动耐火甲板敷料
产品特点	具有良好的耐火性能和浮动性能。其由于与钢板呈弹性分隔,能有效减少结构噪声和振动,适用于机器处所、活动场所及 A 级甲板的敷设	具有良好的耐火性能和浮动性能。其由于与钢板呈弹性分隔,能有效减少结构噪声和振动,适用于机器处所、活动场所及 A 级甲板的敷设
耐火等级	A-60 级:符合 SOLAS 公约及其修正案规定	A-60 级:符合 SOLAS 公约及其修正案规定
产品组成	面层敷料(A 组分)25 kg/包; 面层敷料(B 组分)25 kg/袋; 防水薄膜(PE) 门幅 2 000 mm; 钢板网 ϕ3 mm,网眼 50 mm×50 mm、2 000 mm×1 100 mm; 陶瓷棉 1 000 mm×500 mm×20 mm(长×宽×厚)	面层轻质敷料(A 组分)18.5 kg/包; 面层轻质敷料(B 组分)25.1 kg/袋; 防水薄膜(PE) 门幅 2 000 mm; 钢板网 ϕ3 mm,网眼 50 mm×50 mm、2 000 mm×1 100 mm; 陶瓷棉 1 000 mm×500 mm×20 mm(长×宽×厚)

表 2-11(续)

	SD-Ⅴ型浮动耐火甲板敷料	TQ-Ⅱ型浮动耐火甲板敷料
材料配比及搅拌方法	A 组分:B 组分:水=1:3:0.5(质量比)。 首先将 A 组分与 B 组分加入搅拌机中进行搅拌,然后添加规定比例的清水,搅拌成均匀的稠状物即可施工	A 组分:B 组分:水=1:1.16:0.42(质量比)。 首先将 A 组分与 B 组分加入搅拌机中进行搅拌,然后添加规定比例的清水,搅拌成均匀的稠状物即可施工
施工工艺	1. 沿周壁铺设陶瓷棉分隔条。 2. 紧接着铺设陶瓷棉板,拼缝紧密,镶嵌处用碎棉充填,不留空隙。 3. 在陶瓷棉板上铺设塑料防水薄膜,薄膜搭接宽度不小于 100 mm。 4. 在防水薄膜上再铺设钢筋网,搭接宽度不小于 100 mm。搭接层数最多不超过 3 层,搭接处用镀锌铁丝扎紧固定。 5. 将搅拌好的面层敷料倒在钢筋网上,用木质直尺刮开、拍实。在刮开的同时将钢筋网提起 5~10 mm,然后用泥板压实、泥平,敷设厚度达到 30 mm。 6. 待面层敷料充分固化后,将多余部分用割刀割除,并用密封胶密封	1. 沿周壁铺设陶瓷棉分隔条。 2. 紧接着铺设陶瓷棉板,拼缝紧密,镶嵌处用碎棉充填,不留空隙。 3. 在陶瓷棉板上铺设塑料防水薄膜,薄膜搭接宽度不小于 100 mm。 4. 在防水薄膜上再铺设钢筋网,搭接宽度不小于 100 mm。搭接层数最多不超过 3 层,搭接处用镀锌铁丝扎紧固定。 5. 将搅拌好的面层敷料倒在钢筋网上,用木质直尺刮开、拍实。在刮开的同时将钢筋网提起 5~10 mm,然后用泥板压实、泥平,敷设厚度达到 30 mm。 6. 待面层敷料充分固化后,将多余部分用割刀割除,并用密封胶密封

SD-Ⅴ型、TQ-Ⅱ型浮动耐火甲板敷料使用说明:

(1)施工作业中,各类搅拌好的敷料必须在 40 min 内敷设完,如采用手工搅拌,必须将敷料搅拌均匀。

(2)整个敷设及养护期间,环境温度宜为 5~30 ℃,高于或低于环境温度应采取降温或保温措施。

(3)各类材料应避免阳光暴晒、雨水浸渍,并在规定温度内保存,材料保质期为 3 个月。

(4)敷料硬化后,必须在其表面洒水或喷涂养生液,养护 2~3 天方可进行下一道工序。

(5)甲板敷料系水化硬性凝结材料,在常温条件下,材料配比中水的添加量与温度和搅拌方式有关,可视砂浆流动度做适当增减。

四、流平甲板敷料(LDC)

敷设在甲板基层敷料、耐火甲板敷料或钢甲板表面,具有附着力强、流动性好等特性,且能形成平整光顺表面的甲板敷料,称为流平甲板敷料。流平甲板敷料类型见表 2-12。

表 2-12　流平甲板敷料类型

流平甲板敷料类型	代号	散装料	使用特性	应用区域
乳胶类	LDC-RJ	A 组分:乳液;B 组分:粉料	具有低播燃性,施工便利	起居处所、走道和梯道等
水性类	LDC-SX	A 组分:乳液;B 组分:淡水		

评价与考核

课程名称	船舶内装生产设计		
学习项目	船舶内装材料	授课教师	
知识掌握情况(40 分)			
序号	知识考核点	分值	教师评分
1	了解船舶内装材料的特点	4	
2	掌握防火绝缘材料的应用及发展趋势	8	
3	掌握主要保温隔热材料的应用位置	9	
4	掌握舱室噪声控制的措施	9	
5	掌握甲板敷料的特点	10	
任务执行情况(60 分)			
序号	能力执行考核点	分值	教师评分
1	能结合案例选择合适的内装材料	60	
违纪扣分(25 分)			
序号	违纪考核点	分值	教师评分
1	上课吃东西	5	
2	上课睡觉	5	
3	上课玩手机	5	
4	上课打电话	5	
5	其他扰乱课堂秩序的行为	5	

小故事园地

一个木匠做得一手好门。他给自己家做了一扇门,他认为这门用料好,做工精良,一定会经久耐用。

过了一段时间,门的钉子锈了,掉下一块板。木匠找出一颗新钉子补上,门又完好如初。不久,门又掉了一颗钉子,木匠又补上一颗新钉子。后来,门有一块板坏了,木匠找出一块新板换上。再后来,门闩坏了,木匠又换了一个新门闩……

若干年后,这扇门虽经无数次破损,但经过木匠的精心修理,仍坚固耐用。木匠对此甚是自豪：多亏有了这门手艺，不然门坏了都不知如何是好。

忽然有一天，邻居对他说："你是木匠，你看看你家这门，你再去看看我家的门！"木匠看过之后，才发觉邻居家的门一扇扇样式新颖、质地优良，而自己家的门又老又破，满是补丁。木匠明白了，是自己的这门手艺阻碍了自家"门"的发展。

【学一门手艺很重要，但换一种思维更重要。行业上的造诣是一笔财富，但也是一扇门，会关住自己。面对全新的变化、全新的世界，要有勇气、有决心打破关住自己的这扇"无形门"，及时反思和提升自己的"手艺"，这样才能看到更多外面美丽的风景。】

任务测试模拟题

1. 判断题

(1)在船用绝缘材料中用干法制造的陶瓷棉比用湿法制造的好。

(2)绝缘材料向火设计，可以减少材料用量，减小船体质量，并可降低建造成本。

(3)一般的船舶采用常规的绝缘材料和岩棉复合板就能达到所要求的噪声标准。

2. 选择题

(1)人们常说的"三棉"是　(　　)

A. 超细玻璃棉、陶瓷棉、岩棉

B. 超细玻璃棉、石棉、岩棉

C. 超细玻璃棉、陶瓷棉、石棉

D. 石棉、陶瓷棉、岩棉

(2)作为冷库保温的最佳材料是　(　　)

A. 超细玻璃棉　B. 陶瓷棉　C. 岩棉　D. 泡沫塑料

3. 问答题

(1)船舶内装材料的特点有哪些？

(2)船用绝缘材料"三棉"中，防火性能最好的是哪一种？用于军舰绝缘的是哪一种？价格最低廉的是哪一种？

(3)目前国内大部分船厂使用的 A-60 绝缘材料有哪三种？

(4)常用的甲板敷料有哪三种类型？

项目三

内装美学基础及人机工程学

引导语

从我国几千年的船舶发展史中可以看出，人们在设计、建造船舶的过程中，不仅认真研究它的实用性、可靠性和经济性，而且在不同历史时期，均根据当时人们对美的理解和需求，以及当时经济、技术、材料和工艺等方面所具备的条件，不同程度地重视并运用了船舶美学。

例如，明朝航海家郑和带领船队下西洋时使用的大船，无论是性能方面，还是建筑风格、艺术方面，都已达到很高的水平，这在世界造船史上也是极少见的(图 3-1)。

图 3-1　“郑和宝船”模型

船舶与美学

在 20 世纪 50 年代后期，大连船舶重工集团有限公司自行设计、建造了我国第一艘万吨轮船“跃进”号，开创了我国万吨轮船建造的新纪元。万吨级远洋货轮的建造，给我们提出了船舶内装设计与建造的新课题。这也是我国第一次接触船舶美学领域，引起了造船界的广泛关注。

学习目标

任务说明

本项目通过介绍美学基础知识及人机工程学基本理论，使学生能够以美学发展的历史进程为线索，掌握美学基础知识。

知识目标

1. 了解船舶美学与其他美学间的关系，掌握船舶美学的基本特点；
2. 掌握船舶形象的概念；
3. 掌握船舶色彩的基本概念；
4. 了解船舶色彩的功能。

能力目标

能够运用所学知识对船舶美学中重点关注问题进行探究性思考与评价；提升审美与鉴赏能力、沟通能力、学习能力、实践创新能力和思维能力。

任务3.1　船舶美学与其他学科间的关系

任务准备

船舶美学的理论基础涉及的范围很广，包括哲学、伦理学、艺术学、社会学、经济学、价值工程学、设计理论、信息美学、造型学、材料学、色彩学、人机工程学和环境心理学等许多内容，因此说它是一门新兴的、综合性的学科。其研究范围是船舶美学理论在船舶设计与建造中的应用。船舶美学吸收了相关学科的理论知识，并运用于自身的实践发展中，尤其是近代的船舶，其外形与内装设计是在船舶建造基础上建立和发展起来的。由于其发展的时间不长，许多相关的学科还没被发现和归纳进来，这就有必要在今后的实践和发展中进一步提高认识，深入研究，完善其理论，即研究船舶美学与相关的社会科学和自然科学的关系，以完善船舶美学的理论。

任务实施

船舶美学与以下主要学科相关。

一、船舶美学与船舶工程学

船舶美学与船舶工程学各专业都有密切联系。现在世界流行的且正在中国造船业中普及的新的船舶建造工艺，即“区域造船法”，涉及了船舶动力、船舶舾装、甲板机械、管系、涂装等许多学科。船舶美学是在诸多学科基础上得到应用的，是船舶外观设计与内装设计的理论依据。

二、船舶美学与美学

美学是以艺术为中心，研究人与现实审美关系的一门社会学科。船舶美学理论是以美学理论为依据，并在此基础上发展起来的自然科学与社会科学相结合的产物。船舶美学理论是从艺术和科学结合的角度来研究的，它既有美学理论的普遍性，又有船舶理论的特殊性。我们研究船舶美学就是要以美学理论为指导，按照美学理论的规律、特点和发展趋势去研究、探讨船舶美学的规律、特点与发展趋势，以及在造船和内装方面的应用，使船舶美学得到进一步完善。

三、船舶美学与建筑学

1981 年，国际建筑师协会第 14 届世界建筑师大会通过的《建筑师华沙宣言》指出：“建筑学是人类建立生活环境的综合艺术和学科。”船舶美学是为人类建立水上生活环境的综合艺术和学科。船舶作为水上建筑，与陆地建筑相比，既有共同性又有差异性。船舶美学就是把陆地建筑的优点都吸收过来，同时又要研究其在船舶建造中的特殊性，使人们得到充分享受。

四、船舶美学与环境心理学

环境心理学是现代环境科学的一个分支，同时也是一个新兴的多学科领域。它不仅涉及心理学、社会学、工程学、伦理学、道德学、生态学、人类学，而且和建筑学、建筑环境控制学以及城市规则学等都有极为密切的关系。环境心理学是从心理学角度，探讨什么样的环境才是符合人们心理预期的环境的学科，而船舶外形与船舶内装设计，就是应用环境心理学的理论进行的室内空间环境设计，因此环境心理学理论成为船舶美学基本理论的组成部分。

五、船舶美学与人机工程学

人机工程学是根据人体解剖学、生理学和心理学等特征，了解并掌握人的活动能力与极限，使生产器具、生活用具、工作环境、起居条件等与人体功能相适应的学科。船舶舱室是乘客、船员在海上生活、休息、工作的场所，其

什么是人体工程学

仪器设备、家具的设计更是与人息息相关。人机工程学的理论也是船舶美学基本理论的一个重要组成部分。

一切产品设计的优劣,都要以人的接受程度和使用效率来衡量,可以说人是衡量一切的“尺度”。在科技发展的今天,产品开发和研制的关键在于如何协调人-机-环境之间的关系。

国际人类工效学学会(IEA)给人机工程学下的定义为:“人机工程学是研究人在某种工作环境中的解剖学、生理学和心理学等方面的各种因素;研究人和机器及环境的相互作用;研究工作中、家庭生活中和休闲时怎样统一考虑工作效率、人的健康、安全与舒适等问题的学科。”由此可见,人机工程学的研究范围十分广泛,涉及的学科很多,是一门多学科相互渗透的综合学科。

自有人类以来,人的生活就离不开器具。“人-机”的相互作用,必须在特定环境中进行,这样才能最大限度地提高工作效率、减少事故、节约成本。船舶美学就是在这种环境中发展起来的,其建立在人机工程学基础之上。

六、船舶美学与工业设计

工业设计是随着社会的发展、科学的进步、人类进入现代生活而发展起来的一门新兴学科。它是指对一种产品从酝酿设想开始,经过调查研究、构思设计、加工制造,直到产品包装、销售、投放广告等一系列环节的创造性设想与设计。

作为一种新的产品设计观和方法论而兴起的工业设计,是将先进的科学知识和现代化审美观念有机地结合起来,使产品达到科学与艺术的高度统一。在现代工业产品的开发中,寻求实现“人-机-环境”的和谐、统一与协调,是整个“人-机”系统高效的设计思想和设计方法。因此,工业设计不是纯工程技术设计,也不是纯艺术设计,它是一种融科学的理性与艺术的感性、技术美与艺术美为一体的创造性的设计活动。船舶美学设计属于工业设计的范畴,要遵循工业设计的规范和原则,也要考虑船舶是水上大型活动建筑这一特殊产品的特点。

七、船舶美学与形态构成学

形态构成学是遵循形式美的规律法则,创造构成美的式样的学科,也是研究形态构成要素(形、色、光)形式美规律的学科。船舶作为能够在三维立体空间里进行创造与欣赏的对象,只有遵循形态构成学的理论进行设计,才能获得一定的艺术风格和美感效果,才能展现船舶具有的时代性、民族性和地域性的风格。

八、船舶美学与现代色彩学

色彩设计是船舶美学的主要内容之一,对船舶外形及内装的外观质量有着直接影响。人们在审视船舶外观质量时,首先感受到的是产品(船舶外形及内装)的色彩。这种色彩感约占人们对船舶外观评价值的80%。

色彩设计直接影响人的工作情绪。色彩处理得当,能使产品更具美感,满足人们的审美需求。美丽的产品色彩,能够美化周围环境,带给人们舒适愉快的感觉,对人们的生理和心理产生良好的影响,使人精神振奋、精力集中,有利于鼓舞士气、降低工作差错率,从而提高工作质量和工作效率。

人类的世界是彩色的世界,我们在其中不仅能享受自然美,而且可以重现自然美,进而创造主观美。

现代社会色彩的影响力愈发重要。设计界认为,"今后将是色彩主导天下"。现代色彩学正是运用色彩感觉和配色原理的基本理论,使色彩设计进入定量化,并制订色彩计划,以达到预期效果。船舶作为水上建筑和大型工业商品,其外观色彩与室内色彩的设计应该吸收现代色彩学理论,纳入科学和艺术设计的领域。

案例分析:

以某品牌的国潮礼盒包装(图 3-2)为例,分析色彩、情感、文化元素在设计中的作用。

图 3-2　礼盒包装图

分析:

在互联网时代长大的"90 后""00 后"们,在成长过程中享受到了改革开放的红利,思想开放,乐于接受新事物,追求个性,追求潮流,乐于在公共场合表达自己的爱国情感。因此,对于他们所希望看到的物品和事物,设计者在设计中应该满足他们的需求。

解决方案:

该包装视觉效果,既有时尚个性,又有对传统文化的自然回归,附着在其中的情感诉求、价值归属和社群认同感与年轻人的消费偏好不谋而合。

(1)传统的中国红底色突出喜庆气氛,也和礼品的产品背景相关联。黄色字也是传统富贵色，黑、蓝、橘、绿等颜色相撞，节奏感跳跃很强，突出浓烈的年味儿。

(2)花窗是中国古代园林建筑中的一种装饰和美化的形式。透过花窗看到的一对可爱的“巾钱鼠”手捧着金币，代表着送来财富，寓意新年里大家都能财源滚滚。

(3)“前程似巾”主标题，寓意前程更美的同时，又因为谐音，和产品“毛巾”有了更好的结合。

(4)字体采用了手写毛笔字体，中国国粹书法的大气豪迈和新年氛围很契合。

任务3.2 船舶美学基本原理

任务准备

船舶美学不仅要从智育层面传授美学基础知识和基本原理，更要从德育层面提高学生的审美和人文素养，坚持以美育人、以美化人，弘扬中华美育精神。我们应结合船舶特点，利用美学原理，从所涉专业、行业、国家、国际、文化、历史等角度，理解船舶美学。

一、船舶建筑基本概念

船舶建筑与陆地建筑有相同之处，也有其自身的特点。相同点是二者均为建筑，船舶建筑作为水上建筑，与陆地建筑一样，都为人们提供生活、工作、休息和娱乐的场所；不同点是船舶在水上运动，船舶空间是受海上风浪流影响的摇摆空间，同时船舶又是水上交通运输工具，因此船舶的建筑形式和建筑设计内容又有自身的特点与规律，这是由船舶建筑所处的环境场所决定的。

(一)船舶建筑与陆地建筑内装的相似性

根据国际标准化组织(ISO)标准规定，船舶内装材料必须要减振、减噪声、阻燃、不释放有毒气体，且陆地建筑大厅的高大空间中装饰讲究的立柱、浮雕式壁面，以及大理石装饰材料的使用，已被船舶内装所借鉴，使人很难区分船舶舱室与陆地建筑内装的区别。

(二)船舶建筑与陆地建筑内装的差异性

陆地建筑只要地基能够保证其支撑强度，设计合理，建筑材料确保质量，就可确保安全。为保证船舶能够在海上航行，其在设计时既要考虑稳性、浮性、抗沉性，还要确保航行时的安全性、适航性，以及船舶的强度，与陆地建筑相比要复杂得多(图 3-3)。船舶的空间有限，是一个受到限制的动态空间，且投资大，特别是现代大型豪华客船。

世界现代豪华客船造价比较见表 3-1。

图 3-3 “海洋绿洲”号局部图

表 3-1 世界现代豪华客船造价比较

序号	建造年	船名	总吨(GT)	总造价	每平方米造价
1	1984	假日	45 000	1.26 亿美元	1 960 美元
2	1987	海王	73 192	1.84 亿美元	1 735 美元
3	1989	幻想	71 800	2.25 亿美元	2 193 美元
4	1990	皇冠公主	70 000	2.20 亿美元	2 200 美元
5	1989	富士	23 000	90 亿日元	27 万日元
6	1989	海恩	5 218	50 亿日元	70 万日元
7	1990	品谐	49 000	240 亿日元	37 万日元
8	1992	飞鸟	27 000	100 亿日元	26 万日元

任务实施

一、船舶功能的概念

船舶功能是指船舶的实用性，是为人服务的效能。船舶作为水上建筑，具有建筑功能；作为水上交通工具，又有运输功能。除了物质使用功能外，船舶又具有精神审美功能，这是现代船舶建筑艺术功能的时代性。人类越进步，人们对精神享受的要求就越高。世界现代豪华客船就是使用功能与审美功能结合最好的船舶建筑。

（一）总体功能

船舶按照使用功能的不同，可分为运输船、工程船、渔业船和军用船等。

（1）运输船包括客船、客货船、货船、驳船、集装箱船、油船和冷藏船等。

（2）工程船包括挖泥船、起重船、打桩船、打捞救生船和浮船等。

(3)渔业船包括渔轮、鱼加工船和捕鲸船等。

(4)军用船分水上军船和水下军船。水上军船包括炮艇、快艇、军舰和航空母舰等;水下军船包括潜水艇和深潜救生艇等。

船舶总体功能是按用途进行划分的,船舶的外形也根据船舶总体功能不同而不同。例如,军舰在海上航行时为确保适航性、快速性、操纵性而设计成舰身狭长、舰首上翘防浪、甲板干舷尺寸小于民用甲板干舷尺寸。

(二)舱室功能

我们讲的船舶舱室功能是指船舶内装空间的实用效能。船舶总体功能的不同势必决定了船舶舱室功能。例如,大型豪华客船的居住舱、餐厅、舞厅、休息室、阅览室、剧场、健身房等各种舱室构成了船舶建筑的整体空间,同时也决定了旅游船的总体功能。可以这样说,船舶总体功能决定了该船舶与之相适应的舱室功能;反之,舱室功能又决定了船舶的总体功能。大型豪华客船功能齐全,犹如一座豪华酒店。超大型客船则相当于一座浮动的海上城市,有住宅、市场、酒店、剧场、舞厅、休养中心、电报信息中心等功能区。与普通客船相比,现代旅游船给人们开辟了崭新的海上生活,使人们可以感受到真正的浪漫,获得美的享受。因此,现代旅游船满足了不同层次游客的精神与物质需求。

二、船舶形象概念

船舶形象是船舶具象(船舶形态)的表现,是船舶造型、色彩和装饰的综合,它反映了船舶的总体特征。船舶形态美包括造型美、色彩美、材质美和工艺美等诸多方面。只有经过艺术创作、设计和加工才能形成具有形态美的船舶。

(一)造型美

船舶造型主要是应用形式美法则,对船舶立面、平面及舱室空间环境进行艺术设计,以满足人们精神上的需求。人们对船舶的审美,首先是对船舶外观造型的视觉反应,优美的造型能够体现船舶鲜明的风格,并表达其象征意义。图 3-4 所示为“乾隆”号邮轮。

图 3-4 “乾隆”号邮轮

(二)色彩美

船舶不但通过造型来展现美的形态,还通过色彩的协调与对比来表达外观形象的意义，营造环境气氛。远观航行中的船舶，色彩效果往往比造型效果更加重要。船舶色彩风格有时代性、民族性和地域性特点，同时由于受海洋环境影响，船舶外装色彩具有鲜明、对比性强的色彩效果。而船舶外装色彩、内装色彩与环境的和谐统一，则构成了船舶的色彩美，如图 3-5 所示。

图 3-5　色彩丰富的船舶

（三）材质美

现代船舶是新材料的组合，不同机理的材料有着不同的质感和美感。如金属材料的光泽性、可加工成型的特征，玻璃材料的透明性、玻璃表面的各种装饰贴膜，木材的质朴性，纺织品的柔和性等，诸多要素和谐统一，体现了船舶的材质美。图 3-6 至图 3-8 所示为“宝瓶星”号邮轮、“海洋绿洲”号邮轮局部、“东湖”号邮轮。

图 3-6　“宝瓶星”号邮轮

图 3-7 “海洋绿洲”号邮轮局部

图 3-8 “东湖”号邮轮

湖北武汉的东湖水面航域 33 km^2,是国内最大的城中湖通航水域。湖面上,画舫徐徐划过,碧波滔滔,波光粼粼。东湖游船自 2018 年起,全面用电动游船替换柴油游船。目前 18 艘柴油游船全部停摆,21 艘“零排放”的电动游船,按照碳排放公式换算,一年可以减排 630 t,相当于 4 000 多棵树的碳中和量。如果按一辆汽车每千米排放 0. 27 kg 计算,这一排放量等于绕地球跑了 60 多圈。在东湖不但可以感受游船古朴之美,还可以感受东湖生态之美。

(四)工艺美

对于船舶来说,工艺美是指在船舶建造中,从下料、加工、装配、焊接到艇装,每一道工序的质量都直接影响到船舶的美观性,包括船舶外形及内装。因此必须有严格的、科学的工艺质量保障措施。船舶工艺美体现了制造者的审美意识和艺术创作水平。

三、船舶空间原理

(一)空间概念

造型空间是指某一特定的活动区域。船舶建筑的空间由甲板、舱壁、顶棚、家具和设备组成。构成空间的必要条件是有顶界(如天棚、天花板)、底界(如甲板、地板)、侧界(如围壁、栏杆)三个截面之一。

认识船舶空间

1. 船舶空间特点与类型

船舶空间是由船舶内部结构划分的具有特定功能的建筑空间。这种特定性是由船舶的运动功能和承载环境决定的。从空间结构特征来看,船舶空间是大量的内部空间和外部空间的聚合体。内部空间主要由各种功能和形式相统一的舱室空间组成,并且从中体现其建筑本质。外部空间主要由各种造型空间组成,并且体现船舶的外形特征。从空间功能特征来看,船舶功能各异的建筑空间相互连接,从基本的与船舶运动相关的空间布置到各种不同层次的生活空间可以看出,它们既矛盾又和谐地融合在一起。从空间的形态特征来看,船舶上的空间更是多种多样。

(1)船舶空间的特点

船舶空间设计是在船体设计限定的范围内所进行的空间分割与布置,因此船舶空间有以下特点。

①紧凑性:船舶低矮、狭窄,通常舱室净高为 1.95~2.20 m(视船舶航区及船东要求),因为顶棚天花板和甲板之间要安装通风管路与照明系统电缆。大型客船公共舱室要贯通 2~5 层甲板围合成大型活动空间(大厅剧场等),船员居住室面积远不如陆上居住室开阔,货船普通船员二人舱室面积一般为 6.5~8.5 m^2。

②曲面性:由于船体、甲板是曲面形状,空间分割后必然有些空间呈现曲面性,因而船舶家具设计与舱室布置必须考虑曲面性特点,巧妙设计,以保证人们在工作、生活中使用平面的水平性或垂直性。

③均衡性:由于船舶有稳性要求,因此船舶居住空间大多数以对称为主。对称空间易呆板、单调,所以公共舱室有时也会打破对称布置的特点进行设计,但要保持质量分布的均衡性。

(2)船舶空间的类型

①按围合程度分

a. 封闭空间,指界面完全围合、隔离程度强的空间,如居住舱室、主餐厅、冷库、主休息室、驾驶室等。

b. 开敞空间,指私密性小、围合程度差,具有外向性,室内外过渡的空间,如出入口处、卖品部等。

②按序列流线分

a. 动态空间,指空间与时间相结合的四维空间,如出入口处、大厅。这是由人流、电梯运动、喷泉涌动、植物生长而形成的空间。

b. 静态空间,指限定性、私密性较强的空间,如居住舱室、会议室和播音室。

c. 流动空间,指通道交叉处设置的小型休息室、购物处以及通道空间,其空间线形具有引导性和流动感。

③按分割方法分

a. 虚拟空间，指没有完备的隔离形态和较强的限定度，是靠形态的启示、联想和视觉完美性划定的空间，也称心理空间，如公共舱室(休息室、咖啡厅、酒吧)中依靠灯光、地毯等装饰材料划定的空间区域。

b. 实体空间，指实物隔离形态划定的空间，包括封闭空间和开敞空间。

④按功能分

a. 生活空间，指船员、乘客的居住舱室，以及餐厅等。

b. 休息娱乐空间，指休息室、剧场、餐厅、游泳池、吸烟室等。

c. 工作空间，指驾驶室、集控室、会议室、厨房等。

2. 船舶空间计划

(1)船舶空间功能计划

船舶空间功能计划应包括船舶功能和舱室功能两部分。

①船舶功能

不同船舶的功能、用途及航行条件均有所不同，因此船舶空间功能计划及布置侧重点也有所不同。

a. 货船利用舱容实现其功能，因此货船注重分舱的处理，上层建筑主要是合理安排船员工作与生活舱室。

b. 客船把乘客居住舱及公共处所布置放在首位，它应占船上最好的位置，并合理布置船员与乘客区域。

c. 拖船以安全为重点，考虑拖曳设备布置与上层建筑造型。

d. 渔船在安全及耐波性条件下，以满足捕渔作业所需的甲板面积及舱容考虑其布置。

②舱室功能

舱室功能与人在船上的活动相关。船舶舱室功能包括居住功能、休息功能、娱乐功能、运动功能、工作服务功能。客船应明确划分船员区域与乘客区域，乘客区域再划分为居住区域和公共活动区域等。

舱室空间布置原则应考虑定员编制、处所数量、舱室功能、船员职务高低、工作性质及船东意向等。

工作舱室划分要顾及各种功能舱室的位置，如应急发电机室、电瓶室、控制室、通风机室的位置应给予合理的布置。对客船舱室的划分首先要考虑 SOLAS 公约对防火区域尺度(主竖区)的要求，妥善布置。

(2)船舶空间序列计划

船舶空间序列计划是指船舶空间环境的动态组织，即按功能给予各个舱室合理的安排与组合，以反映出流动路线的方向和顺序。实际上，空间序列计划主要是垂向和水平向的通道布置。空间序列的构成如同交响乐一样，要具有节奏感，也应包括空间前奏、空间过渡、空间主体和空间结尾四个层次。大型旅游客船的空间序列通常是在入口处设计成上下贯通、纵横交错的共享大厅(空间前奏)；然后从下至上，利用造型与色彩引导性地进行空间过渡，至居住室、主餐厅、主休息室、露天运动场、露天游泳池，在最高处的观赏休息室(多设在烟囱周围)进入空间主体，最后回到大厅出口处进行空间结尾。

通道是舱室设计的关键。船员和乘客都能以简单而直接的方式到达船的各个地方是必要的。船员必须能够到达船上各个地方，而不必穿过公共场所、居住舱室，不常使用为乘客设置的楼梯和走廊；乘客必须能够从他们的居住舱室去往餐厅、公共场所、散步甲板和救生艇处而不会迷路，在楼梯和走廊上不会出现拥挤。为实现上述要求，应遵守如下规则。

①在甲板上应该有一个船员用的工作通道。

②船员食堂必须在船员用楼梯和工作通道交叉处的附近。

③为避免迷路，乘客用的安全楼梯应该相距足够远，并且应将它们设在沿途有相同乘客人数使用的位置上。

3. 船舶空间的划分方式和方法

船舶空间的划分首先要满足防火规范和功能的要求。在此前提下，我们需进行空间艺术形式的分割设计。

（1）船舶空间的分割方式

①绝对分割，依靠实体对视线、声音、温度和湿度进行全封闭的固定隔断。

②局部分割，依靠半高隔墙、家具仅进行遮挡视线的半封闭的固定隔断。

③象征性分割，通过矮的栏杆、花格、构架、绿化、玻璃、悬挂、色彩、光线、高差、音响和气味进行的敞开式隔断。

④弹性分割，通过拼装式、折整式和升降式的活动隔断，根据要求调整空间大小的移动式隔断。

（2）船舶空间的分割方法

①按分割要素的不同可分为结构分割法（钢壁、复合岩棉板等）、隔断分割法（花格、栏杆等）、材质分割法、色彩分割法、家具分割法、装饰分割法、水景分割法、绿化分割法、陈设分割法、照明分割法等。

②按分割方向的不同可分为垂直分割法和水平分割法。

4. 影响空间感的因素及改变方法

人在海上，与陆地隔离，局限于船体内部的有限空间中，这一客观物质环境势必引起特殊的心理反应。所谓空间感是指人通过视觉，将自身尺度与实际空间尺度进行比较而产生的舱室空间大小感。船舱为实体空间，由于受总布置条件、甲板层高所限，客观上存在以下几个特点。

①缺乏水平的地平基线，甲板的各向都由曲线构成。

②船体内部到处都是不规则墙面，并有许多倾斜面。

③甲板和天花板面积较大，显得舱壁特别矮，因此有较强的封闭感和压抑感。

除客观条件之外，空间感的大小还受到下面一些因素的影响。

（1）空间类型的影响及改变方法

三个界面的实体空间（包括机舱、集控室、厨房以及一些低等级的居住舱室等）的视觉效果不如三个界面明确的空间（大面积窗户的驾驶室、观景室等）。由于六面围壁挡住了视线，视野范围局限于本来就不宽阔的实体空间内部，阻碍了人与自然接触的本能欲望，心理上产生的空间感是狭小和压抑的。这类舱室作为工作舱室，会对船员产生不良的心理影响，使船员不能保持愉快稳定的心理状态，易于疲劳、厌倦。在造型上，主要通过色彩设计、调整尺度和设备布局来改善。如用顶、壁、地面的色调，加大心理上的空间感；利用金属或油漆表面光滑的反光效果来提高舱室内的亮度，也可以适当扩大视觉感。处理色彩及装饰时，注意避免横向分割，避免降低视觉高度增加压抑感。高大设备尽可能不要居中放置，消除空间的再次分割，以免造成高度对比而增加压抑感。

各种舱室应该尽可能不采取封闭形式，可借助玻璃窗、漏窗甚至装饰图使视线向实际的或虚幻的外界延伸，以增大空间感。在结构上，尽量保证内走廊和舱室围壁处于纵桁下，主通风管装在走道内或者从舱室的两侧纵向贯通，支通风管则夹在横梁之间，最大限度地屏蔽在视线之外。

（2）人的视觉经验对空间感的影响

人类大部分长期生活、居住在陆地上，习惯于陆地建筑内部的空间尺度，往往将自己所熟悉的环境尺度与船舶舱室尺度进行比较，结果产生了狭小、低矮的空间感。在设计中，要尽量使室内环境符合人们的正常生活习惯。在具体做法上，可以采取室内陈设和布置的家庭化、生活化设计；运用对比的手法，在规范允许的范围内，采用适当小尺度的家具和器物，与整体空间形成对比，以小巧的家具衬托宽阔的室内空间；突出视觉焦点，吸引注意力。比如在较大面积的墙面上装饰精巧、醒目的灯具和装饰画等，来渲染气氛，转移视线，减少人们对空间具体尺度的注意力和比较。

（3）内部环境条件的影响

内部环境条件指舱室内部的分割和陈设方式，以及家具的尺度、灯光、色彩配置等客观条件。利用隔断进行合理分割，可以调整空间尺度比例，改变空间形式，改善空间感。船上大面积场所，如俱乐部、餐厅、会议室、观景室等，由于甲板间高的限制，空间显得低矮，使人产生压抑感。采用虚拟空间的分割方法，比如改变局部地界高度，舞厅、歌厅抬高，或降低舞台舞池，将原有的空间分割成两部分以产生对比，可以使局部空间感加大。

另外，改变照明方式也有一定效果。顶光照射中心区，使其亮度大大高于周边，形成一块独立的虚拟空间，加上四周的单元式家具布置，形成一个个小的虚拟空间，这改变了竖直和水平方向的尺度比，使空间感加大。

利用错视和色彩分割，可改变视觉效果。由于错视，虽然实际尺寸相同，但人们感觉垂直线段长度比水平线段长度要长，因此在装饰舱壁时，色条分割、窗帘布的纹路均以垂线为宜，甚至可将垂线延伸至天花板，以增加视觉高度，如图 3-9（a）和图 3-9（b）所示；墙壁图案的花纹太大（图 3-9（c）），由于对比效果会使视觉空间缩小，小花纹则反之，如图 3-9（d）所示。镜面效应也能扩大视觉空间感。大幅玻璃镜、大面积壁画和装饰物等均能改善空间感。

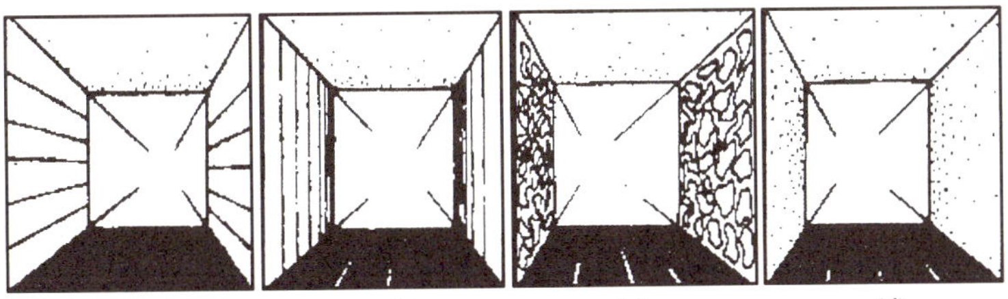

(a)　　(b)　　(c)　　(d)

图 3-9　利用错视进行分割案例

错视在船舶造型中的运用

国际上在客船、旅游船设计方面将客舱是否设置成专用阳台作为现代高水平设计的一项指标。分析其主要原因，一是通过阳台加强人与自然的直接联系，满足人们向往自然的欲望；二是营造居家氛围，创造独特的个性特点；三是通过空间变化延伸视觉空间。比如我国的“扬子江乐园”号旅游船和日本的“水晶和谐”号旅游船，都是这方面成功的设计实例。

相比之下,全封闭成玻璃围幕设计就显得不足。利用家具对空间进行隔断,分成虚拟子空间,使各个局部之间既独立又相互融合,增加了空间层次感,改善了氛围,创造了活力,最终降低了压抑感。图 3-10 所示为几种隔断的实例:图 3-10(a)所示为穿透式隔断(玻璃、博古架);图 3-10(b)所示为移动式隔断(顶屏风、帐幕);图 3-10(c)所示为半壁式隔断(半墙、盆景)。

(a)

(b)

(c)

图 3-10　几种隔断形式

一般船舶的舱室面积和层高均以技术设计规范与人机设计基准为依据,在空间设计中,视为不可更改的数值。这里所指的空间设计实际是通过各种造型手段变换空间的视觉形象、分割形式，如家具设施的再设计与巧妙布置，以扩大视觉空间，影响乘客的心理和生理感觉，用以满足和弥补实际空间的压抑与狭窄感。由于实体空间的局限性，室内不宜选用过高的家具。配色时，勿将室内变成调色板，最多采用两种主调色，并且充分利用色彩的视觉效应去改变狭窄感。忌在墙面安装钩、架和在顶上吊装物品。

（二）特殊空间设计

1. 低矮空间的设计

低矮空间是船舶舱室的特点，在合理保证各种功能的情况下，应将空间设计得尽可能紧凑，保证剩余净高满足规范的要求，并给居住者以舒适的感觉。一般保证室内净高 2.1 m 与走廊净高 1.98 m 的规范最低要求。

船舶造型中的比例

客船需要有较大面积的公共场所，则空间设计显得更重要。在没有“连续甲板”要求的地方，可利用甲板开口使两层空间合为一层；也可局部抬高，借用部分上层或下层空间，使面积较小的公共场所给人以空间开阔的感觉。图 3-11 所示为大型客船的剧场，图 3-12 所示为双层餐厅，图 3-13 所示为上下通透的中央走廊。

图 3-11　大型客船的剧场

图 3-12　双层餐厅

图 3-13　上下通透的中央走廊

在既定的低矮舱室内，为求取一种高大的感觉，使人不因舱室低矮而产生压抑的感受，则还要靠一些色彩、工艺上的装修技巧。

（1）采用直线条的花纹壁面，其效果就胜于横线条的（包括木纹或各种花饰）；或用与壁面相同的材料和纹样，引升一部分到天花板，使之产生一种室内的墙面要比实际高一些的错觉。如图 3-14 所示，室内高度为 a，假如用同样的色彩与纹理延长壁面，远看使人产生高度为 b 的感受。

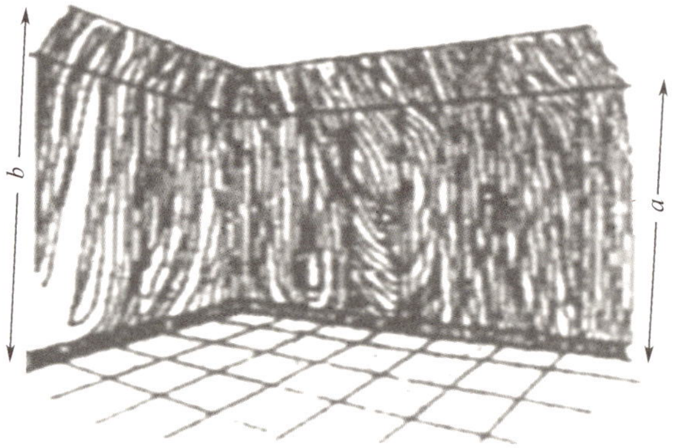

图 3-14　图案延伸到顶

（2）采用白色或浅色作为天花板的色调，同时在满足耐脏的条件下，勿使地坪色彩过深，这使人感觉其要比深色天花板、深色地坪高些，心情也会舒畅些。

（3）在平面布置时应考虑到勿使人产生长距离一望到底的情况，避免有压顶的感觉。这往往可以使用人为制造视线分隔，或用增加趣味、转移视线等方法。例如，在狭长舱室入口处做半透空的屏风，或在大厅入口正面做艺术性屏风，目的都是截断人们的视线，使人不能将整个舱室一望到底。也就是不将低矮的天花板收入眼底，使人转而有“别有洞天”的感觉。总之，平面布局、结构及装修技巧决定了低矮空间设计的好坏。

2. 狭窄空间的设计

船舶是一种受尺度限制较为严格的建筑物。设计者只能在经过性能计算反复论证后的既定尺寸范围内施展技巧。通常人们一上船，踏进包括舱室梯道在内的主要出入门厅，总希望有一种开阔、舒畅的感觉，尽管门厅的实际尺寸与所能容纳的人数是有限的，但应尽量设法使人感觉并不狭窄拥挤，其方法如下。

（1）首先从平面布局着手，如图 3-15 所示为不同方式的平面布置。由于厕所与楼梯位置的更换，以及小卖部与广播室位置的更换，就取得了两种不同的效果。图 3-15（a）会让人感到入口处狭窄，人的感觉宽度是 a；而图 3-15（b）就显得宽敞，人的感觉宽度是 b，利用楼梯栏杆的通透与小卖部开敞式的大窗口，使人感觉图的入口尺度为 $b\times d$，而实际仅为 $a\times c$。

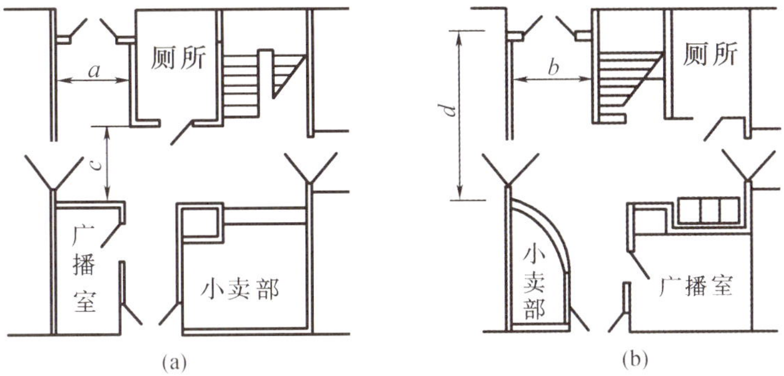

图 3-15　不同方式的平面布置

（2）要在面积非常紧凑的船上，获得一间较为宽敞的门厅作为交通枢纽，常常要压缩其他房舱的面积，因此“合零为整”，将某些通道和灵活性较大的休息处所结合为一体，从而使狭窄的走道变成交通与休息两用的处所，且便于交通与人流疏散，如图 3-16 所示。

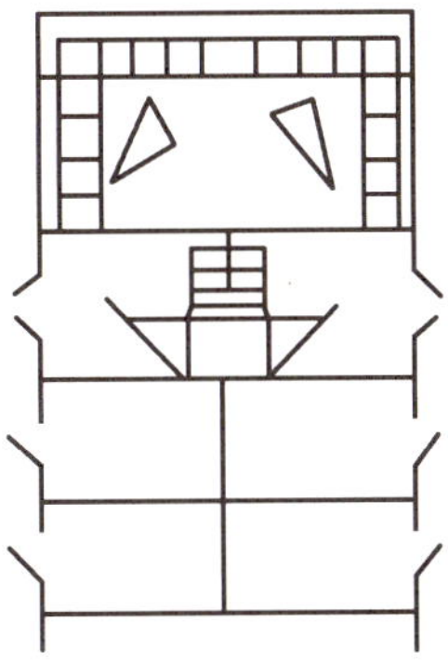

图 3-16　“合零为整”案例

（3）在装修技巧上，可以用通透、反射、灯光虚构等方法改善观感。如“上海”号客货轮通向餐厅的主梯道，梯口较窄，其利用了四扇全玻璃门使餐厅与梯口在感觉上融为一体，扩大了梯口的空间感。利用灯光艺术，可使通道或舱室产生虚构室外空间，从而增加趣味性，产生增大空间的效果。如利用灯光与绿化，虚构室外空间的图像，使人感到大厅两端并非舷边，而是窗外别有一番天地。

(4)对于宽度较大的船,为尽量借助舷侧自然采光与自然通风的条件,而不得不将房间分隔成狭长状态,其布置方法亦是值得探讨的。如图 3-17 的左边舱室利用纵向床铺将狭长形的房间分隔成前后两半,靠窗一半活动部位组合成方形,就不会感到过于狭长,但这种方法仅限于单层铺。若需设双层铺,则应做成图 3-17 的右边舱室的形状,才不至于使双层铺高矗在房间中央造成拥挤的感觉。图 3-18 将室内的零星空间集中在中部,可供安装桌柜,使居室中部感觉舒畅。而图 3-19 将零星空间布置在两端,就使室内显得拥挤。又如图 3-20 所示为 L 形的狭窄房间,将较高的衣橱矗立在房间中部,就不如放在角上好。同样放在角上,由于橱门开启方向不同,图 3-20(c)的形式比图 3-20(b)好,图 3-20(b)又胜于图 3-20(a)。因此,要想使狭窄的房舱布置得合理,令人舒畅,必须有充分的空间组合概念,包括家具的高低、大小、色彩,以及门窗的位置、开启的方向都应予以重视,方能让使用者获得舒适的感觉。

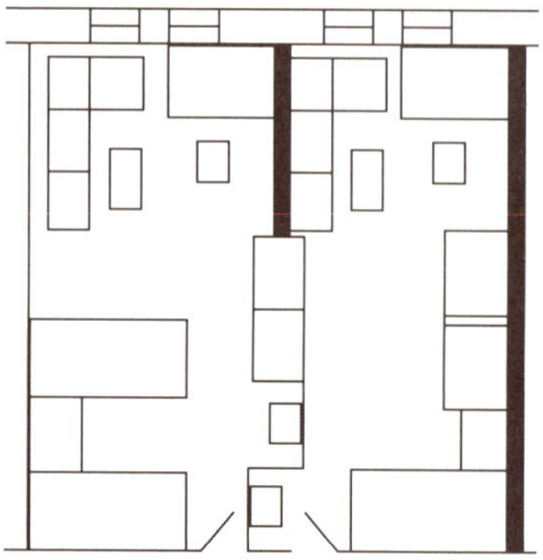

图 3-17　狭长舱室布置

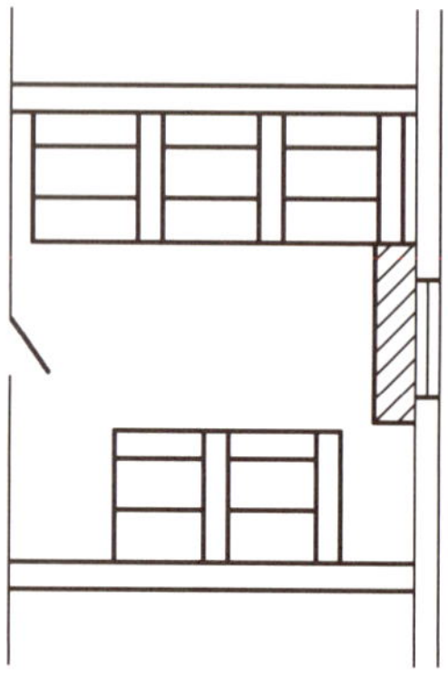

图 3-18　零星空间集中在中部的布置

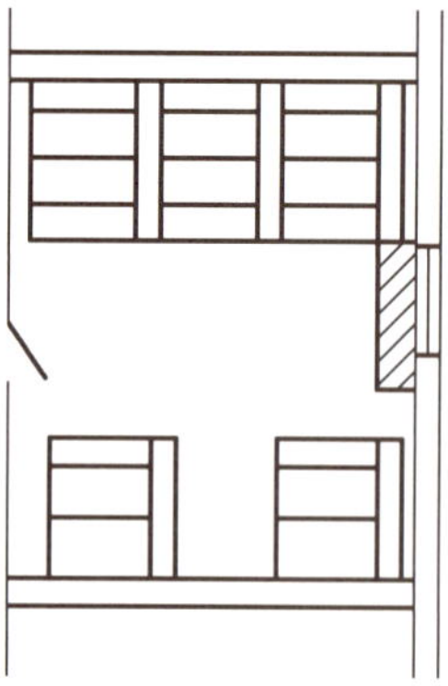

图 3-19　零星空间布置在两端

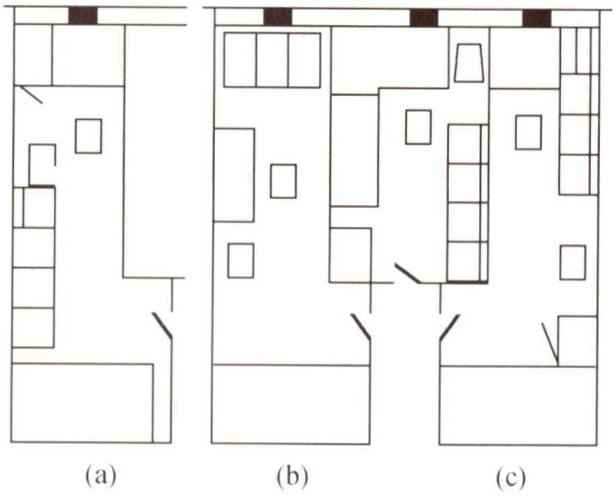

图 3-20　L 形的狭窄房间

3. 弧形围壁舱室的设计

近代船舶为提高建造速度、便于施工安装,在设计方面,尽量采用标准形式。在条件可能的情况下,上层建筑的房间轮廓以简单、方整、符合标准件模数为原则。但处于主甲板以下,接近艏、艉部的舱室仍不免要利用船体线形所构成的空间。

(1)弧形空间的利用。目前,主甲板以下,接近水线部位的舱室,对于客船多半是低等舱位;在货船上则作为一般船员的居住舱室。凡作为客舱者,根据海船有关规范的规定,不允许存在相互错开的双层铺,以免上铺旅客呕吐或跌落物件,影响下铺旅客,因此纵向或者横向的双层铺都会造成三角形的剩余空间,故可在三角形空间内设置存放旅客物件的桌柜和行李架。但设计时要防止行李堵塞窗户,影响采光与通风。在货船的船员舱的三角形空间内设置床柜,是空间利用的较好方法,如图 3-21 所示。占地较大的床铺借用了弧形空间,是争取扩大室内面积的较好方法。在小船或小艇上,空间更需要紧凑,弧形舱壁所构成的空间可以用来设置高铺、柜子、桌面、吊橱等,如图 3-22 所示。

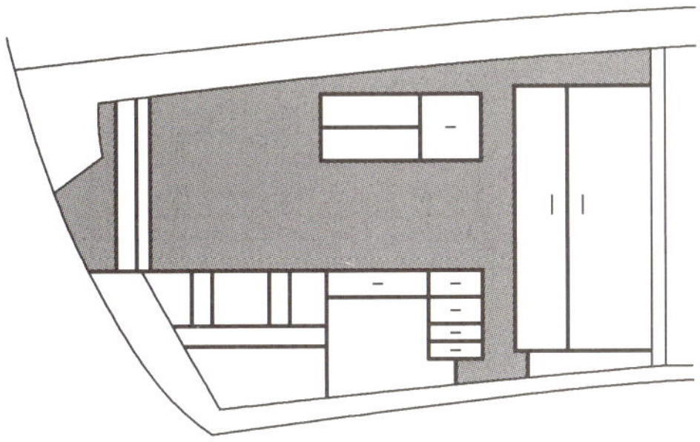

图 3-21　三角形空间的利用

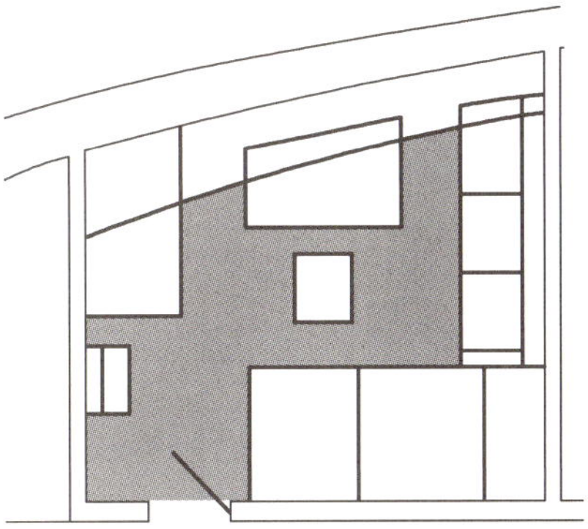

图 3-22　弧形空间的利用

(2)弧形围壁舱室家具。由于弧形围壁舱室的特殊条件,其家具布置方法不能与一般舱室相同,如图 3-21 所示,很明显有很多不妥:衣橱在室内起光线隔断作用,并且形成顶大底小的三角形,不美观;沙发靠背与围壁距离较远,沙发成孤立状,损失空间,并造成开窗不便;写字台下方地面坡度较大,靠背椅向外侧倾斜,因此若将同样条件的房间布置成图 3-23 的形式,就解决了以上问题。因此,凡设计带弧形的舱壁,不论船大船小,都应在布置时充分考虑空间的实际情况,使家具配置得合理。

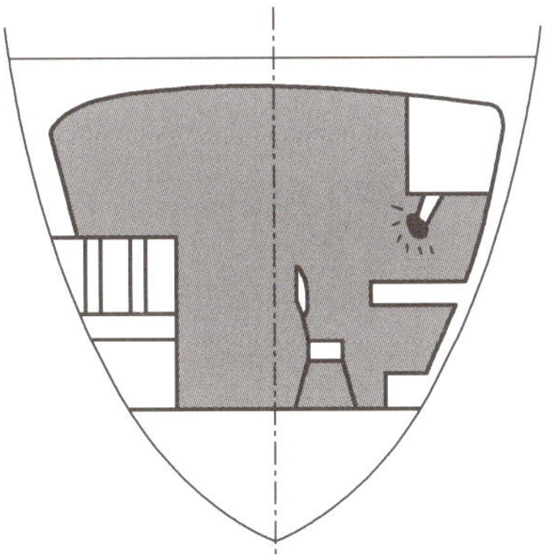

图 3-23　弧形围壁舱室家具

四、色彩原理

英国曾报道过这样一条消息:伦敦泰晤士河上有一座布莱克弗顿尔桥,原为黑色,每年都有一些人把自杀的地点选在此桥上。发现这种情况后,有人给管理桥梁的市政部门提出建议，让他们把桥梁改涂成天蓝色。市政部门将桥梁改涂成天蓝色后，在此桥上自杀的人明显减少了。市政部门从这一事实得到启发，又把桥梁改涂成粉红色，结果再也没有发现到此自杀的人了。后来，从事生物学研究的专家分析了这一情况后解释说，不同的色彩会使人产生不同的情绪，黑色显得阴沉，会加重人的痛苦和消极情绪；红色会使人愉快开朗，充满希望，燃起人求生的欲望。当人受到某种色彩的感染后，会情不自禁地产生心理反应，表现出某种情绪。由此可知，如果我们将色彩的这种心理学知识很好地运用到舱室色彩的配置上，不仅可以缓解船员的压力，而且可以提高其工作效率。

色彩构成是一门科学性、逻辑性很强的学科，只有循序渐进，才能步入色彩的殿堂。

（一）色彩的基本概念

1. 原色

原色是指不能用其他色混合而成的颜色。而原色则可以混合出许许多多其他的色彩。红、黄、蓝三色，即为三原色。

2. 间色

由任意两个原色混合后的色称为间色。三原色可以调出三个间色。它们的配合如下：

红+黄=橙

黄+蓝=绿

蓝+红=紫

以上原色色相混合所得的橙、绿、紫即是我们所说的间色。

3. 复色

由一种间色和一种调出这种间色的原色混合而成的色称为复色。复色的配合如下：

黄+橙=黄橙

红+橙=红橙

蓝+绿=蓝绿

黄+绿=黄绿

红+紫=红紫

蓝+紫=蓝紫

船舶美学与现代色彩学

原色、间色、复色可组成一个有规律的12种色相的色相环，如同彩虹的接续。在这个色相环中，每一种色相都有它自己相应确定的位置。

（二）色相、明度、纯度

一般人往往只停留在对色彩的表层认识，也就是对红、黄、蓝、绿（色相部分）等较纯颜色的分辨。如果遇到淡一点的色就加一个“浅”字，重一点的色就加一个“深”字，而一旦遇到中间调的色就称之为“旧”了。这种对色彩的简单认识，对要进入美学专业设计的人来讲是远远不够的。造成这种现象的原因，就是对色彩原理不够理解。如何走进神秘、丰富的色彩世界，掌握色彩的基本原理？我们不妨借用色立体的结构原理，来说明构成色彩理论的三大基本要素，即色彩的色相、明度和纯度（彩度），以及三者之间的关系。

为阐述方便，我们先了解有关名词的概念和图例演示。

色立体是借助三维空间的透视理论，立体地表现色彩的色相、明度和纯度的一种色彩坐标体系。这种坐标的构成方式，可以帮助我们学会从平面的角度分析理解色彩在空间的延续。

色相是色彩最明显的特征，是指色彩的相貌而言，一般用色相环（图 3-24）来表示。通常的色相环有 12 色、20 色、24 色、100 色。

明度是指色彩的明亮程度，一般用明度轴来表示。

纯度是指色彩的纯净程度，可以用纯度阶段表现。

有了识别色彩的能力，就初步掌握了色彩变化的规律，无形中开拓了自己的色域，使自己认识色的能力不只停留在表层，而是走上了科学地识别色彩、理解色彩的专业化道路。

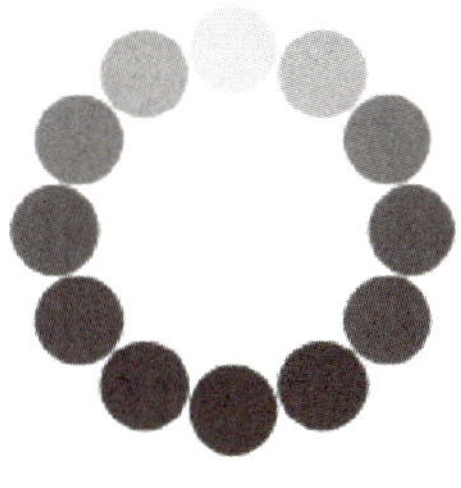

图 3-24 色相环

（三）色相对比

因色相的差别而形成的色彩对比称为色相对比。

色相对比是一种相对单纯的色彩对比关系，视觉效果鲜明、亮丽。一般来讲，色相对比可借助色相环来做辅助说明。根据色相环排列的顺序，我们把色相对比归纳成 6 个方面，以便于说明它的对比规律和视觉效果。

1. 同一色相对比

所谓同一色相，是指两个颜色在色相环上位置十分相近，在对比关系上也就是一个色与相邻的另一个色的对比。因为两者相距非常近，故色中的同种因素多，产生的对比效果就弱，在色彩学中将这种关系称为同一色相对比，从视觉的角度讲也可以称为弱对比。

2. 类似色相对比

类似色相的概念是指两个颜色在色相环上的位置大约为 45°，距离较近，两色之间色差不大。就对比而言，它们的对比关系被称为类似色相对比，从视觉的角度讲属于中弱对比。与同一色相对比相比，它显得统一中有变化，变化中不失和谐。

3. 对比色相对比

对比色相的两色在色相环上相距较远，两色之间的共同因素相对减少，在色环上的距离大约为 100°。它们的对比关系被称为对比色相对比，它们的视觉效果鲜亮、强烈，属于中强对比。

4. 互补色相对比

互补色相对比是指两色的位置在色相环直径的两端，是色距最远的两个色，相距 180°，那么它们的对比关系则是最强烈、最富刺激性的，在色彩学中被称为互补色相对比，就视觉来讲则是强对比。互补色如图 3-25 所示。补色形成强烈的对比效果，传达出活力、能量、兴奋等意义。补色要达到最佳的效果，最好是其中一种颜色的面积比较小，另一种颜色的面积比较大。比如在一个蓝色的区域里搭配橙色的小圆点。

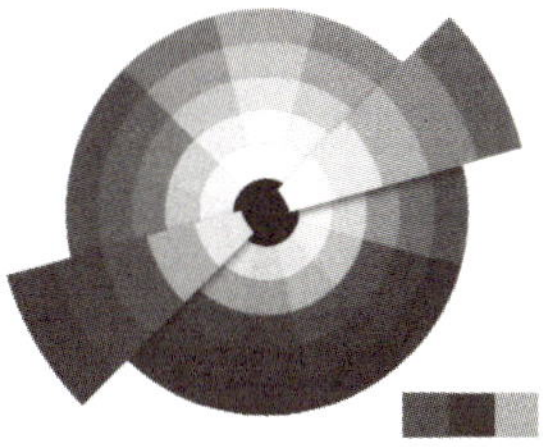

图 3-25 互补色

5. 全色相环色相对比

全色相环上 12 色或 6 色的对比，称为全色相环色相对比，但由于色相很多，容易产生杂乱、不安定及难以形成统一效果的缺点，因此在组织色彩时一定要注意色块大小的处理和色调的选择。

6. 全色相秩序对比

全色相秩序对比主要是指色相的推移，可在色相环上取全色相的 1/3、2/3 或全色相进行秩序推移，这种方法构成的画面使色彩有光感，显得绚丽夺目。

熟练掌握色相对比的方法会为每个初学色彩者今后运用纯色设计打下坚实的基础，并能使其从中感悟、体验到色相之间的无穷变化和强烈的表现力。

（四）明度对比

因色彩明度的差别而形成的对比关系被称为明度对比。

色彩明度关系有如下两个方面的含义。

（1）色彩自身的明暗关系（不加黑、白色）。

（2）色彩混入黑、白色后所产生的明暗关系。

本书所讲的明度对比，是就第二种含义而言的，也就是将色彩混入黑、白色后所产生的明暗现象如何进行组合、搭配，使之产生不同的视觉效果。

色彩明度的差别一般以色立体明度推移为基础，常用的是以孟塞尔色立体为例进行分析。

孟塞尔色立体的明度轴步度均匀地从白到黑由 11 个色阶组成。0~10 两端为黑和白，1~9 为不同明度的灰。明度轴由下至上表明了明度变化是有规律地形成的。孟塞尔色立体如图 3-26 所示。

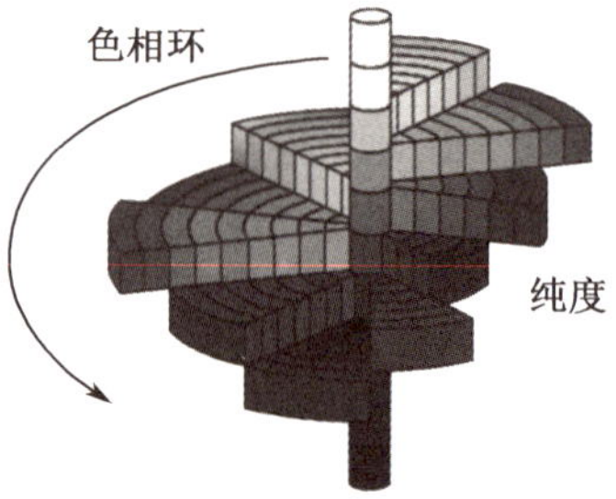

图 3-26　孟塞尔色立体

为了讲解得明确、易懂，我们也可以按明度轴所示数字的顺序把明度关系分为以下 3 个层次。

（1）0~3，为低明度（黑至深灰）。

（2）4~6，为中明度（中灰）。

（3）7~10，为高明度（浅灰至白）。

明确了明度的 3 个层次后，我们将要谈谈明度的对比关系。明度的对比关系也可以归为 3 个类别。

（1）强对比：这种对比关系黑白反差大，视觉效果刺激。

（2）中对比：对比关系适中，视觉效果平和。

（3）弱对比：这种对比关系明暗反差小，视觉效果模糊。

（五）色彩调和的原理

色彩调和是从音乐理论中引进的概念，是指各种色彩的配合取得和谐的意思。

色彩的调和有两层含义：一是色彩调和为配色美的一种形态，一般认为“好看的配色”，即能使人产生愉快、舒适感的配色是调和的；二是色彩调和为配色美的一种手段。

色彩的调和是就色彩的对比而言的，没有对比也就无所谓调和，两者既相互排斥又相互依存，相辅相成，相得益彰。不过色彩的对比是绝对的，因为两种以上的色彩在构成中，总会在色相、纯度、明度、面积等方面或多或少地有所差别，这种差别必然会导致不同程度的对比。

过分对比的配色需要加强共性来进行调和；过分暧昧的配色需要加强对比来进行协调。从美学意义上讲，色彩的调和可以说是各种色彩的配合在统一与变化中表现出来的和谐。

色彩调和的原理如下。

1. 互补色平衡论

从色彩视觉生理角度来讲,互补色的配合是调和的。因为人在看某一色时,总是欲求与此相对应的补色来取得生理上的平衡。孟塞尔色彩调和论也是以互补色平衡论为依据的,他认为若把构成画面的各种颜色全部混合(或放在回旋转盘上混合),如果产生第5级明度的灰色,那么,色彩配合是调和的。

2. 自然色彩秩序论

由于人生活在自然中,来自自然色调的配合和连续性,成为人视觉色彩的习惯与审美经验。自然界景物的明暗、光影、强弱、冷暖、灰艳、色相、色彩的变化和相互关系都有一定的自然秩序,即自然规律。例如,光线照射在一个物体上,必然会产生高光、明部、明暗交界、暗部、反光、投影。物体的明暗和色彩变化是有秩序的、有节奏的、非常协调的,人们都会不知不觉地用自然界的色彩秩序去评判色彩艺术的优劣,因此,色彩的调和要求各种色彩必须建立一定秩序。

3. 配色明快论

在视觉上,既不过分刺激,又不过分暧昧的配色才是调和的。配色的调和取决于是否明快。一般来讲,过分刺激或过分暧昧的配色都会使人产生一种不愉快的情绪。变化与统一是配色的基本法则。变化中求统一,统一中求变化,各种色彩相辅相成才能取得配色美。

4. 面积比例论

歌德认为原色和间色的和谐面积比是:黄:橙:红:紫:蓝:绿=3:4:6:9:8:6。

孟塞尔认为,构成画面的各种色彩相混合,只有产生中性灰时才能取得色彩和谐。

色彩和谐和面积比同时与纯度有关,因为红与青绿同等的面积在回旋转盘上旋转混合并不会得到明度为5的灰。显然,这是因为红的纯度高,绿的纯度低。他认为只有把红的纯度降低或红的面积减为青绿的一半,才能取得和谐。

总之,配色中较强的色要适当缩小面积,较弱的色要适当扩大面积,这是色彩面积均衡的一般法则。当然,色彩面积的均衡取得是一种色彩静态美的方法,如果在一幅色彩构图中使用了与调和比例不同的配色,有意识地让一种色彩占支配地位,那么将取得各种富有感染力的配色效果。

5. 审美心理共鸣论

能引起旁观者审美心理共鸣的配色是调和的。由于各个民族乃至每个人的心理特点(如性别、年龄等)、心理变化(如欢乐、喜悦、悲哀等)和生存的社会条件(如文化、科学、艺术、教育、政治、经济等)、自然环境的不同,表现在气质、性格、爱好、兴趣以及风俗习惯等方面是不尽相同的,在色彩方面也是各有偏爱。各个时代、各个地区、各个时期,人们对色彩的审美也是不一样的。不同的色彩配合能形成富丽华贵、热烈兴奋、欢乐喜悦、文静典雅、含蓄沉静、朴素大方等不同的情调。当配色反映的情趣与人的思想情绪发生共鸣时,也就是当色彩配合的形式结构与人的心理形式结构相对应时,人们将不由自主地感受到色彩的和谐与愉悦,并强烈地产生色彩装饰的动机和占有欲。因此,进行色彩设计必须研究和熟悉不同消费对象的色彩喜好心理,分情况,区别对待,做到有的放矢。

6. 合目的论

合目的性的配色是调和的。配色必须考虑到用途(实用性)和目的(目的性)。

例如，用于仪表、交通信号、路标的色彩要求醒目突出，对比强烈的异色相配是适用的。用于工作场所的色彩一般应选用柔和明亮的配色，要避免使用过分刺激、容易导致视觉疲劳、降低工作效率的对比强烈的配色。建筑设计、室内设计、服装设计、商业设计、工作设计等，由于使用功能的区别，都对配色有特定的要求。

（六）色彩美与审美主体

色彩美与审美主体有关。因此，色彩成为美的对象取决于人对色彩的感受和做出的评价。有人爱红，有人爱绿，有人爱浓艳，有人爱清淡；同一色彩或一组色彩，有人觉得美，有人认为它并不美，甚至同一个人也会有时觉得它美，有时又不认为它美。

中华民族自古从事农业生产，其民族特性就是从实事求是的实践劳动中发展而来的一种对于自然、对于人类社会的辩证唯物论思想占主导因素的文化特点，因而，与其他文化比较，中华民族的文化中自古就有实践出真知的价值观；从气候、地理两个与农业最为相关的客观因素出发，我国文化孕育出了朴素的辩证唯物论思想，在《易经》等传统文本中即可体现出这一民族基层思想对整体生活各个方面的影响，以至于历史观、科技观、审美观，直至医学、美术、设计等诸多领域，基本上都会上溯到我国民族性特有的文化心理结构之中，这也符合了马克思主义哲学中对于文化形成的看法。而我国从始至终，从农业时代到当今的工业化强国阶段，都将这种实践的精神注入民族发展的历史之中，而以此发展出的文化才具有五千年生生不息的特点，这是中华民族的骄傲。

中国古代思想家庄子认为："美恶皆在其心。"色彩美不美由"人心"决定。对色彩美的感受因人而异，因情而变。各个时代、各个民族、各个地区由于政治、经济、文化、风俗习惯、宗教信仰以及地理环境的不同，对色彩的审美要求、审美思想也不尽相同；不同的人，由于性别、年龄、文化修养以及气质、性格、爱好、兴趣等方面的不同，对色彩也各有偏好；即使是同一个人，由于遭遇、心境而产生情绪变化，对色彩的感受和审美心理也不是固定不变的。

因此，我们在讨论色彩的美感和表现力时，既要研究各种色彩由生活联想而产生的一般的普遍意义，又要注意到不同的时代、不同的人、不同的观念有着不同的审美标准，对色彩的内涵与表现力也有不同的理解和注释。

（七）色彩的魅力

色彩是形象设计领域中的一大重点。色彩包括三原色、间色和补色。色相、明度和纯度是色彩的三大要素，它们深浅明暗、大小块面的搭配变化演绎出缤纷时尚。

色彩的搭配具有极强的目的性，是一个非常具体的、富有创造性的审美过程。黑、白、灰最能体现优雅、理性、高贵、神秘类型的气质，将此三色艺术化搭配，简单中蕴藏着无穷变化，更具意想不到的惊人效果。常用的多色相配色以少量色种为基础，按"大统一协调、小对比"的规则配色。以相同或相近色相加、以明度和纯度的变化体现区别的弱对比配色系列，具有统一协调、柔和素雅的效果，但缺少动感，易显得单调平淡。中对比配色系列和强对比配色系列的共同点是具有不同程度的鲜明醒目、兴奋热烈的视觉效果，但也不易统一协调，容易引起视觉疲劳。色彩高明度格调的作品会形成优雅明亮的氛围，具有轻松、温和、明快的效果。中明度格调的作品中，中明度、高纯度的配色饱满有力，中明度、中纯度的配色则显得含蓄庄重。低明度格调的作品具有沉静庄重、严肃忧郁、文弱内向等效果。色彩纯度越高，颜色越鲜艳华丽，效果越活跃热烈；纯度越低，色彩越灰暗迷蒙，效果越朴素沉静，甚至有软弱内向的感觉。

一般而言，高明度和纯度的色彩体现暖、轻、动、近、大、兴奋、华丽等情感效应；反之，则体现冷、重、静、远、小、沉静、质朴等情感效应。在形象设计中，要充分利用色彩的情感效应来调节改善视觉效果和展现人物个性；利用膨胀收缩、远近大小等错觉来调整体型、脸型的轮廓，以掩饰人物形象的缺陷，突出其优美之处。

（八）色彩温度

我们常说，蓝色带来凉爽的感觉，而红色带来温馨浪漫的感觉。有业内人士表示，当置身于不同色彩的环境时，如看到红色和看到蓝色，感觉的温度会有 3 ℃的差别。

了解不同色彩所产生的不同的心理效果，对于我们根据季节不同做不同的布置会有很大的帮助。

例如，室内布置中包含很多颜色，用一种单纯色彩可能使室内空间看起来更大一些；占很大面积的墙壁或窗帘，采用大块图案会使屋内看起来更狭窄……

这些颜色布置的小秘诀，可以让我们在布置居室时更得心应手。

（九）船舶色彩功能与特点

造型与色彩是构成船舶建筑艺术的两大因素，二者相互依存。造型即空间形式塑造，它构成船舶躯体、舱室界面。色彩则是外衣，装饰其表面。就现代化船舶设计而言，所有造型设计要素被本质性的机能所决定，造型由烦琐趋向简化，代之而起的是色彩由简单趋向丰富，船舶造型设计把纯造型时代为主导演变成以色彩为主导的设计。许多设计者把色彩称作“最经济的奢侈品”，即通过最佳色彩计划，也可以用普通材料创造出装饰豪华的室内环境气氛。

1. 船舶色彩功能

船舶色彩包括外装色彩与内装色彩。船舶色彩功能是船舶外装色彩与内装色彩的综合表现。船舶色彩具有美学和实用双重功能，一方面可以表现美感效果，另一方面可以加强环境效用。船舶色彩的主要功能有以下几点。

（1）表现性格。色彩是一种象征性的形式媒介。如被誉为“白色公主”的英国豪华客船“奥里阿娜”，被誉为“北欧的白鸟”的挪威现代客船“皇家的天空”，全船呈现洁白的船容，在蔚蓝色天空与大海的衬托下，确有高贵、轻盈之感，唤起人们的联想。白色表现出现代客船轻快、潇洒的性格。现代旅游客船外装色彩大多选择白色为主体色，因为船舶航行在海洋上，人们从远处观望，白色的船舶与蓝色背景的海洋及天空对比，既有协调性，又有注目性。

从内装色彩来看，人们可以根据不同的舱室功能，应用不同的色彩，塑造出不同的形象，呈现出不同的性格。原则上，色彩可划分为积极色彩、中性色彩和消极色彩三部分。明度高的色彩坦率而活泼，明度低的色彩深沉而神秘。彩度强的色彩绚丽而奢华，彩度弱的色彩含蓄而朴实。舱室色彩必须根据这些心理因素，最大限度地满足人们对色彩的偏爱，促进船舶安全航行。从舱内色彩来看，应根据不同舱室功能选用不同色彩，塑造不同的舱室形象。

对于不同舱室,可应用色彩表现塑造其性格,尤其是公共活动舱室,多应用积极色彩塑造性格鲜明的活动环境。当然色彩的象征并无理论上的绝对性和必然性,除了必须注意观念、情感、想象力,以及性别、年龄、职业和教育等因素外,还必须注意时代、地域、民族的差异等综合条件,才能在环境、性格的表现上获得正面积极的效果。

(2)调节气氛。色彩对于调节气氛、活动氛围具有间接而强烈的影响。在原则上,动态环境(公共娱乐场所)选择积极色彩。积极色彩以暖色、高明度和高色彩度为主。暖色具有兴奋作用,冷色具有镇定作用。从色彩搭配上看,单纯统一色彩适用于静态私密空间,表现为温柔、抒情;鲜明对比色彩适用于动态群体空间,表现为强烈、主动(表3-2)。

表3-2 气氛调节色彩选择

活动性质		色相	明度	彩度(纯度)
个体性质	静态	GY、G、BG、B、BP	7~8	1.5~2.0
	动态	R、YR、Y	7~8	2~3
公共活动	娱乐	R、YR、Y	7~8	2~4
	办公	GY、G、BG	7~8	1.5~2.0
	工作	BG、B、GP	8~9	1.0~1.5

(3)调节光照。船舶舱室窗口朝向有内外之分,舱室光线强弱也不同,因为色彩明度不同对光线的反射率不同,所以可以通过色彩明度来调节光照效果。孟塞尔色系中无彩色反射率,见表3-3。

表3-3 孟塞尔色系中无彩色反射率

符号	N10(白)	N9	N8	N7	N6	N5	N4	N3	N2	N1	N0(黑)
明度	10	9	8	7	6	5	4	3	2	1	0
反射率	10	72.8	53.6	38.9	27.3	18.0	11.0	5.9	2.9	1.1	0

为加强舱室明视性,必须注意室内光线调节,参照表3-4。

表3-4 舱室合格反射率

舱室	部位	照度	反射率/%
居住舱室	天花板	N9	78.7
	墙壁	N8	59.1
	墙腰	N6	30
	地面	N6	30

表 3-4(续)

舱室	部位	照度	反射率/%
公共舱室	天花板	>N9	78.71
	墙壁	N8~N9	69.1~78.7
	墙腰	N5~N7	19.8~4.0
	地面	N4~N6	12.0~30.1

通过色彩调节光照,按反射率从大到小排序是黄、黄绿、红、红绿、紫、红紫、蓝、蓝绿、蓝紫,但调节能力较弱。

通过彩度调节光照,原则上彩度愈高,反射率愈大,但必须与明度相配合,才能决定反射性能。而且由于彩度的刺激性强,居室多采用 4 以下彩度。

对于自然采光系统,由于各舱室光线射入量、射入方向不同,调节光线的主要原则是调节色彩反射率,以调节光线对于视觉和心理的刺激。一般来说,窗口内向型舱室,趋向沉闷与阴暗,采用暖色可以使光线转为明快;相反,窗口外向型舱室以采用明调中性色或冷色为宜。

(4)调整空间。舱室空间特别狭小,调整时采用后退性色彩,家具设备宜用收缩性色彩或单纯统一色彩;同时色彩又具有质量感的特性,所以天花板应采用较轻的上浮色,地板应采用较重的下沉色,还必须使天花板与地板色彩单纯,不应变化太大。

(5)调节温度。色彩具有调节温度感觉的效能。原则上,寒冷地区船舶舱室色彩以暖调为主,明度宜略低,彩度应偏高;温暖地区船舶舱室色彩应以冷色调为主,明度宜较高,彩度宜偏低。另外,亦可将背景色处理成中性色调,变换不同色调以适应季节性转变的需要(表 3-5)。

表 3-5　温度环境与色彩选择

气候环境	色相	明度	彩度(纯度)
寒冷区域	R、YR、Y	6~7	3~4
温度区域	BG、B、PB	8~9	1~2

舱室内部是色彩十分集中的地方,因而舱内色彩的协调将成为室内环境设计的重要组成部分。这种协调涉及各种复杂的制约因素与制约关系。

2. 船舶色彩的特点

(1)船舶外装色彩的特点

注目性:作为水上运输工具,船舶必须有鲜明的对比性,且引人注目。

协调性:船舶色彩与海洋、天空色彩应保持协调,形成美感。

轻快感:船舶是浮动在水上的建筑,明度高,具有轻质量感。

快速性:船舶处于运动中,船舶色彩条纹应采用水平的,体现速度感。

时代感:船舶风格具有鲜明的时代性,色彩占主导地位,现代船舶多采用明快色调。

标志性:船舶是国家、公司能力与水平的象征,因此通过色彩、文字涂写就可以知道该船的国别等。

(2)船舶内装色彩的特点

功能性:内装色彩与舱室功能密切相关。

民族性:不同民族有不同的喜好色。

时代性:不同时代有不同的风格,也有不同的流行色。

3. 船舶安全色

船舶舱室是特殊的建筑环境,空间狭小,人员相对拥挤;管道电路纵横,火灾隐患随处存在。所以,采取必要的安全措施是造船规范的一项严格要求。所谓安全色,就是在这一认识基础上,利用色光和颜色引起人们注意并产生心理联想的效应来警示人们,以保障正常的工作和生活。

(1)安全色的特点

安全色是表达安全信号的色光和颜色。安全色的色彩必须能够使人迅速发觉并分辨安全标志,对有威胁的物品或环境尽快做出反应。安全色的作用对象是有色视觉的人。安全色必须具备下述特点。

①夺目性强,易引人注目。在不同背景条件下,各种色的夺目性有一定的区别,如黄色在黑灰背景下最夺目,红色则在白色背景下最夺目。色相相同的色,纯度愈高,夺目性愈强。

②视认性强,易于准确认清色彩面貌。各种色在相同强度下的视认距离不相同,一般来说,原色的视认性最好,间色次之,复色最差;纯度愈高,视认性愈好;与背景明度差愈大,视认性愈好。作为安全色,视认性是至关重要的。

③色彩的心理作用应符合安全信息的内容。

④色彩应具有美的视觉效果。

(2)安全色的组成和规定

ISO 于 1952 年成立了安全色标准技术委员会,专门制定了国际上统一的安全色与安全标志。1978 年 10 月,人们在海牙会议上统一了安全色,并对安全色的意义、组成、色彩范围做了明确的规定。安全色为红、蓝、黄、绿,用途及背景色见表 3-6。

表 3-6 国际标准安全色

色彩	含义	用途举例	背景色
红	停止、禁止、消防	停止信号、禁止标志、紧急停止装置、消防器材及位置	白
蓝	指令和强制遵守的规定	必须穿戴个人防护用品	白
黄	注意、警告	危险信号	黑
绿	提示、安全状态、通道	太平门、安全通道、急救站	白

根据这一标准,我国于 1982 年制定了《安全色》(GB 2893—82)和《安全标志》(GB 2894—82),对安全色的意义、组成、色彩范围做了明确的规定。我国的安全色也为红、蓝、黄、绿。

(3)船舶安全色

船舶内部各安全通道口、防火装置、逃生出口和有安全目的的指示与指令性标志都要使用符合国际和国家标准规定的安全色。

容易产生危险的部位、部件，如起重设备吊钩和某些尖角、突出部分及可能诱发危险的地方，都应相应地使用安全色。

船上管道识别色、环形标码色和各种设备均应按照不同性质，根据相应标准进行色彩管理。

另外，对吊杆、烟囱等高大突出建筑和构件分割用色时，要注意与安全色及其标志有一定区别。如黑黄、红白、蓝白、绿白相间的条纹一般不宜采用。同时，要熟悉一般国际港口通用的各种标志、航标和信号的色彩标准，以免造成用色混淆引起误会。

中国安全标志见表 3-7。

表 3-7　中国安全标志

类别	图形	部位	色彩	举例
禁止标志		圆环、斜杠	红	
		图形、符号	黑	
		背景	白	
警告标志		框	黑	
		背景	黄	
指令性标志		符号	白	
		背景	蓝	
指示性标志		图形、符号和文字	白	
		背景	绿	

4. 色彩配置

(1) 居住舱室

居住舱室对于船员来说是重要的休息场所，所以居住舱室的色彩是调节船员心理的主要方面。居住舱室的色彩能够调节船员的工作积极性，使之保持良好的心理状态。好的色彩搭配能营造舒适、安心、轻松、宜人的生活环境，减少船员长时间航海的压抑感。居住舱室的色彩配置要让船员有家的舒适感与满足感。居住舱室的墙面应以明度比较低的浅色为主，如浅蓝、浅绿或浅青色。因为船舶的客观原因，居住舱室的空间不可能很大，所以不能运用太深的颜色，颜色太深会使人感觉空间很小、很压抑。因此，颜色配置应主要以产生视觉扩大感、使居住成员感觉平静舒适为主。地面运用一些较深的颜色制成的塑料地板或油地毡，比如木纹色等。天花板正好相反，考虑到拓展空间的作用，天花板要运用一些浅色，如白色、浅蓝、浅灰、浅黄等，这使人在色彩视觉心理上感到这个空间是不压抑的、是开阔的。图 3-27 所示是比较简单的乘客休息间的局部色彩搭配。从色彩配置来说，图 3-27(a)的颜色稍微深沉一些，所以要选择感觉比较稳重的窗帘，这样和整个空间就比较协调了。图 3-27(b)的色彩更加的清爽，再配一个淡雅的窗帘，整个空间就很舒适了。通过这个对比，我们可以更直观地了解色彩搭配在船舶舱室设计中的重要性。图 3-28 是游艇舱室设计中对色彩搭配以及灯光的运用情况。在游艇的家具、地毯和其他装饰物上，利用色彩的轻盈柔和感可以营造温馨、轻柔的氛围。通过色彩与灯光的搭配，两个卫生间展示不同的冷暖感，在这样的基调下显得整个空间很干净，也很温馨。在软装饰上，色彩搭配合理也能使整个空间显得协调、有序。

(a)

(b)

图 3-27　乘客休息间的局部色彩搭配

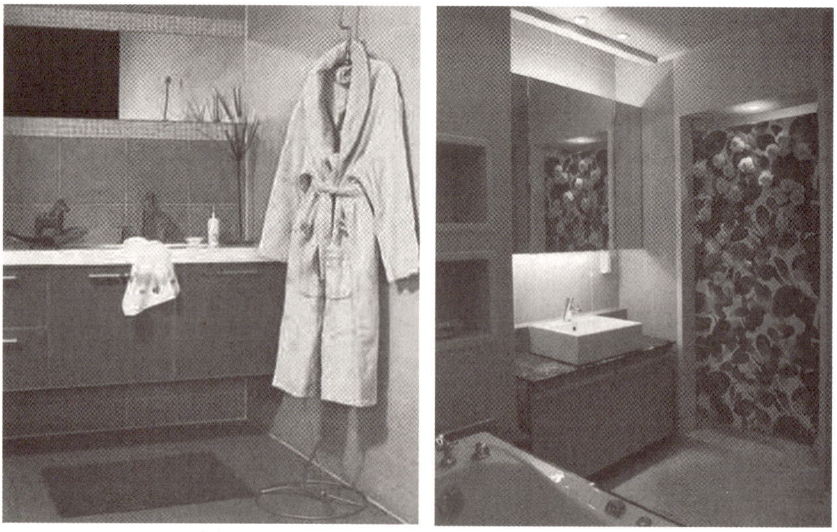

(a)　　(b)

图 3-28　游艇舱室设计中对色彩搭配以及灯光的运用情况

根据季节的变化，改变窗帘、床上用品等的色彩，可以使船员的居住空间显得温馨、舒适。不同色彩对人的情绪和心理感觉的影响见表 3-8。

表 3-8　不同色彩对人的情绪和心理感觉的影响

颜色	引起的情绪和象征含义
白色	给人以洁净、轻松、明快的感觉，使外形轮廓鲜明、轻巧，但若使用不当会产生不适感。象征欢喜、明快、洁白、纯真、神圣、朴素、清楚、纯洁、清净、信仰
黄色	使人振奋、愉快、情绪安定，帮助人启发智力、增进食欲、去除烦闷，但会引发晕船。象征希望、快活、愉快、发展、光明、欢喜、明快、和平、轻薄、冷淡
红色	给人以鲜艳、喜悦和温暖的感觉，能使人神经兴奋、血压升高、脉搏加快、食欲增加，但会引起神经紧张和精神疲劳。象征喜悦、热情、爱情、革命、热心、活泼、诚心、幼稚、野蛮、卑俗
橙色	使人感到醒目，知觉度强。象征快活、华贵、积极、跃动、喜悦、温情、任性、精力旺盛
蓝色	给人以空旷、舒坦、安定和凉爽的感觉，具有镇静情绪、降低血压、预防及治疗感冒等作用，利于睡眠，但会降低食欲，使人感觉很闷。象征沉静、沉着、深远、消极、悠久、冥想、真实、冷静、冷冷清清
紫色	给人以美而静的感觉，但也使人忧闷。象征优美、神秘、不安、高贵、温厚、温柔、优雅、轻率

（2）工作舱室

工作舱室通常指驾驶室和机舱室，是保证船舶正常、安全航行的至关重要的场所。因为长时间的驾驶会使驾驶员产生心理和生理上的疲劳感，所以在驾驶舱室的色彩搭配上要以人机工程学理论为基础，设计出符合驾驶员心理与生理机能的色彩，降低驾驶员的疲劳程度。驾驶舱的顶棚一般采用与壁面相协调的色彩，如白色、米色、浅灰色。采用大面积的乳白色调，视觉感受十分舒适。例如，一些游艇的驾驶舱采用白色的驾驶座椅，因为白色的驾驶座椅在碧蓝的海洋上更加醒目。地面的颜色可以稍微深一些，但是不能使用反光的色彩，反光的色彩会刺激船员的眼睛，引起眼睛的疲劳。机舱室放置有笨重的机械设备，温度较高、噪声大、采光差，故要增加舱室的视亮度感。为了降低温度感，机舱室要运用一些让人感觉冷的冷色调，而其顶棚运用白色比较适合，在这样的色彩搭配下人会心情安定、平和，能够提高工作效率。

（3）公共舱室

公共舱室的色彩要按照实际的区域功能进行搭配。餐厅的色彩会影响人的食欲。有人做过这样一个实验，把饭店包间的色调分别按绿色、白色、黄色布置一下，然后请人入室就餐。在绿色包间里，人们吃得很慢，谈话索然无味；在白色包间里，人们谈话彬彬有礼，但觉得无聊，有人竟打起哈欠来；在黄色包间里，人们吃得很香，谈得也很投机，最后还相约下次再来相聚。这就证明：色彩与人的食欲密切相关，暖色可刺激胃口，增强食欲，冷色则恰恰相反。所以餐厅需要用暖色调来刺激人的食欲。在餐厅灯光的色彩使用上也要有所注意，因为调配食物必须合理使用光源。建议使用白光灯，这种颜色的灯光能照亮食物，引起人的食欲。厨房、配餐室与洗衣室等，采用青色系较多，给人感觉比较干净。阅览室是船员们学习知识、思考问题的空间，需要冷静理性的色调，就像图书馆一样，一般不适宜选用过于鲜艳的颜色，需以冷色调为主，给船员们营造温和、安宁、舒适的学习气氛。俱乐部、娱乐室可以采用一些明快、活泼的色调，比如红色系、黄色系这种明度偏低的暖色，并配以引人注目的灯光，以此来增加欢乐、愉快、兴奋的气氛。图 3-29 所示为船上乘客休息室。

图 3-29　船上乘客休息室

案例分析：

设计背景：洛阳凯悦嘉轩酒店（图 3-30），位于洛阳最繁华的商业中心地段，地理位置优越，毗邻风景如画的王城公园，是中国北方地区首家凯悦嘉轩品牌的酒店，主要面向来自全球的年轻都市商旅人士。

图 3-30　洛阳凯悦嘉轩酒店大厅

设计元素分析：以现代抽象的方式来打造这个千年古都浓厚文化底蕴的城市印象。酒店的基调是厚重的深灰色和温暖的橙色。深灰色是从洛阳经典的龙门石窟、层叠的塔檐屋瓦中汲取的意象。橙色则来自绚烂的唐三彩陶瓷艺术、十三朝帝都的君王气韵。人们在两种色彩基础上延伸出一系列属性，并以简约的方案运用于不同的材质和家具。石、木、金属、玻璃……它们生动地讲述自己的故事，沉静与活泼相映，力量与轻盈相依。

空间设计分析：整体开放式的大堂空间与餐厅、休闲吧和会议前厅之间都是通透流动的。设计师希望通过严谨而有趣的设计，触发年轻一代乐观的生活态度，使这些忙碌的都市白领、空中飞人不论在此休闲会友还是商务会晤，都会感到体面、便利与安逸。

任务3.3　人机工程设计

任务准备

人体动作与舱室空间设计

人类在与自然界斗争时必须使用各种机具，人类始终处于某种环境中。人与机具、环境空间的密切关系，决定了机具设计的方向，而环境空间的创造必须符合人的特点。在机具设计、环境创造中忽视人的因素，则效率降低，可靠性下降，人的生理、心理将产生不适。因此有关人员提出应按照人的生理、心理特点，设计、创造出适合于人的最佳机具、作业方法、工作或生活环境等。所以人-机-环境研究是一门建立在工程学、医学、心理学、生理学、生物工程学、劳动科学、社会学、人类学等学科基础上的新兴学科，即人机工程学。根据国际专业学会的定义，人机工程学是研究人员在某种工作环境中的解剖学、生理学和心理学等方面的各种因素，研究人和机器及环境的相互作用，研究在工作中、家庭生活中和休闲时怎样统一考虑工作效率、人的健康、安全和舒适等问题的学科。

现代船舶既是一部巨型机器，又是一个水上工厂、水上城市。船舶处在海洋、江河等宏观的大环境之中，自身又构成许多微观环境。船舶能泊、能航、能浮、能潜（潜水器）、能飞（水翼艇）、能两栖（气垫船），它具备作为交通运输、旅游、渔捞、海上作战等机器的特点，又是装载和运输各种机器、仪表、装置的工具与容器。船舶既能为人所操纵，又可作为人的工作与生活空间。因此，船舶是个典型的、庞大的、复杂的人-机-环境系统。

我们知道，船舶工程技术发展到今天，依托许多现代科学技术、现代材料、现代科学管理方法，特别是电子、自动化和计算机技术在船舶上的广泛应用。但这些主要解决的仅仅是工程技术问题，即主要解决“物与物”之间的问题，而很少考虑人-机-环境这种“人与物”之间的关系问题。

现实的工程实践结果表明，人类在解决“人与物”即人-机-环境关系上存在的问题仍很严重，在解决噪声、振动、易燃、材料受热时不释放有毒气体及湿度大等问题的研究上还处于初级阶段。20 世纪 60 年代，美国海军的《美国海军舰船环境控制标准》中就明确指出，“环境控制是一项战术技术性能，与舰船其他战术技术性能同等重要”，可见其重视程度。

在船舶结构、船舶主机、船舶辅机、电气等设备的设计过程中，多解决“物与物”之间的可靠性、可维修性及效率、自动化程度等问题；而在船舶舱室舾装设备及其设计过程中，多解决物与人的关系。如驾驶室中的设备、救生设备、舱室家具、门窗、梯、栏杆、舱室内装等诸多方面都与人有着更直接、更密切的关系。把人机工程学的理论应用于舾装设计中，将使主观设计变为科学的客观设计，使设计更合理，使用更方便。

任务实施

人机工程学是关于理解一个系统中人和其他要素之间相互作用的学科。

人为因素是一个复杂的多维问题，它影响到海上安全、保安及海洋环境保护。该问题涉及船员、岸基管理层、监管机构、被认可组织、船厂、立法机关成员和其他相关各方的全部人为活动，他们全都需要进行合作以有效应对各种人为因素问题。

船员的船上工作环境设计应考虑照明、通风、振动和噪声等因素。如不重视实地工作条件，会对工作、健康、安全和福利产生影响。用作永久通道的梯道、直梯、跳板、走道和工作平台的设计应便于在工作或居住区域内或在工作或居住区域之间安全移动。如不重视通道布置，会对工作和安全产生影响。

一、人机工程学与船舶内装设计的关系

船舶是一个典型的、庞大的、复杂的人-机-环境系统，环绕在人体周围的舱室构件和舱室空间与人一起构成一个系统。随着现代生产、科技和社会生活的发展，现代船舶舱室设计面临高舒适度、高效能的精神需求，对舱室空间设计、家具设计提出更高、更复杂、更精密的要求。室内多维因素系统的复杂性，使设计者单靠直观感觉和定性标准，已经难以适应现代设计的要求。现代人机工程学正是适应这个需要，在船舶内装设计中得以应用和发展。

人机工程学在船舶设计中的应用体现在，在船舶设计过程中，考虑船员能否在船舶狭窄的舱室环境下正常工作，实现各项船舶设备所具备的功能；能否较舒适地学习、生活。图 3-31 所示为船上不同功能的舱室。

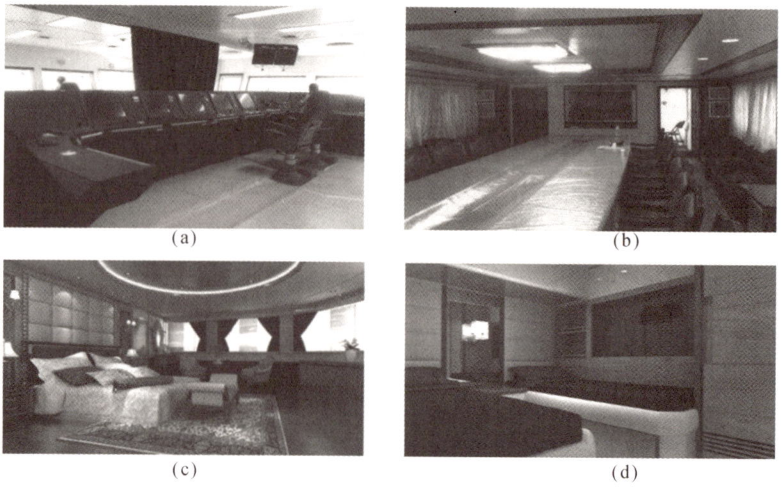

图 3-31　船上不同功能的舱室

(e)

(f)

图 3-31(续)

二、人为因素的考虑要点

从海事意义上讲,可以认为人为因素包括下述内容。

(一)设计和布局的考虑要点

设计和布局要考虑人员与设备、系统及界面的整合。如控制装置、显示装置、报警装置、视频显示单元、电脑工作站、标签、梯子、梯道和工作处所的整体布置。

对于设计师和工程师来说,重要的是考虑可能影响人员工作的社交、心理和生理能力、局限和需求。硬件和软件的设计、布置和定向应与人员的能力、局限和需求相适应。工作场所设计包括工作场所实物设计和布置及其对人员安全与工作的影响。

此外,设计师和工程师还应掌握人员的行为模式和预期所受到的文化与地区性影响。这包括懂得色彩具有不同的文化含义,或在寒冷气候下使用设备时需穿宽松的服装;需要了解可能存在的体格差异(如男/女、高/矮等),以使工作环境的设计、布置和定向满足所有人员的需求。

如不考虑这些因素,工作场所的设计就可能增大人为差错的概率。附加培训、操作和维护保养手册以及编写更为详细的程序,都不能充分弥补不良设计引发的人为差错。

(二)周围环境的考虑要点

此系针对宜居性及职业健康特征,涉及人的全身振动、噪声、室内气候和照明。低标准的环境条件不利于正常工作,易造成人员的紧张和疲劳。不良工作条件的例子有工作场所噪声高或高温引起的体力衰竭造成沟通不良。周围环境的考虑要点还包括合理设计居住处所以利于避免和消除疲劳。

(三)关于人的能力和局限的考虑要点

人员的意愿和适于工作对船舶安全极为重要。由于工作任务和设备的复杂性较大,工作人员需要更高的警觉性,以及相应的技能、能力和经验。在选择工作人员时,应考虑下述因素。

(1)源于个人基本知识、常规培训和经验、技能和能力。

(2)具体的航海或船艇培训和能力(证书和执照),以及与具体船舶相关的技能和能力。

(3)人员的形体大小和特征,诸如身材、肩宽、视线高度、功能性前伸、向上伸展、体重和力量。

(4)体力;能力和局限,诸如抗疲劳和耐疲劳;视敏度;身体素质和耐力;急性或慢性病;

物质依赖性。

(5)心理特征,诸如个人冒险倾向、风险承受力、抗心理压力。

(二)与船舶舱室设计有关的人机工程学的涉及范围

(1)人体尺寸在舱室设计中的应用。

(2)人体的特性在舱室设计中的应用。

(3)人的视觉因素在舱室设计中的应用。

(4)关于舱室振动和噪声研究在舱室设计中的应用。

以前,我们进行船舶舱室设计时大都是以实用效果和经验为主,按照设计者的主观意志来决定各种要素,这种做法很不科学,也不能进行量化设计。因此,为创造一个良好的舱室环境空间,为使其更加科学化,有必要介绍一下有关人机工程学与舱室有关的内容。

三、人机工程学人体尺寸在舱室设计中的应用

(一)人体尺寸数据

在设计、制作物品时,要先决定其尺寸。物品是由人来操作或使用的,因此必然要将人体尺寸作为设计的基准和依据。但是,每个人的身高、体重及人体各部分尺寸都不相同。为了减少由此引出的十分烦琐的尺寸差异,使之利用尺寸减小不合理成分,我们通过人体平均尺寸与标准偏差,利用人体尺寸百分位数,直接查到设计时所需要的数据。

1. 人体尺寸的概念

人体尺寸是人体在特定姿势状态下,表示生理各结构尺寸关系的统计数据。

人体尺寸数据的来源是依据人体测量学的原理和测量方法,将大量实测的人体尺寸数据,经数学方法处理而获得的有代表性的尺寸数据。

《中国成年人人体尺寸》(GB 10000—88)是在参考 ISO 9002 标准的基础上,根据中国人实际情况统计归纳的,于 1989 年 11 月 17 日正式公布。本标准根据人机工程学的要求提供了我国从事工业生产的法定成年人人体尺寸的基础数值(男:18~60 岁,女:18~55 岁)。它适用于工业产品、建筑设计、军事工业,以及工业的技术改造、设备更新和劳动安全保护。

船员的舱室空间、设备、家具的尺寸和布置都可以以此数据为设计依据。

2. 术语

百分位:表示某一人体尺寸范围内,有百分之几的人大于或小于给定值。例如,第 5 百分位代表"小"身材,即只有 5%的数值低于此下限值;第 95 百分位代表"大"身材,即只有 5%的数值高于此上限值;第 50 百分位代表"适中"身材,即有 50%的数值高于或低于此值。

平均值:表示某一人体尺寸范围的算术平均值。

标准偏差:表示数值分布的离散程度的统计量。

成年男人人体尺寸和人体各部分尺寸如图 3-32、图 3-33 所示。

人体尺寸可以利用人体平均尺寸和标准偏差来进行计算,算出的相关数据见表 3-9 至表 3-13。

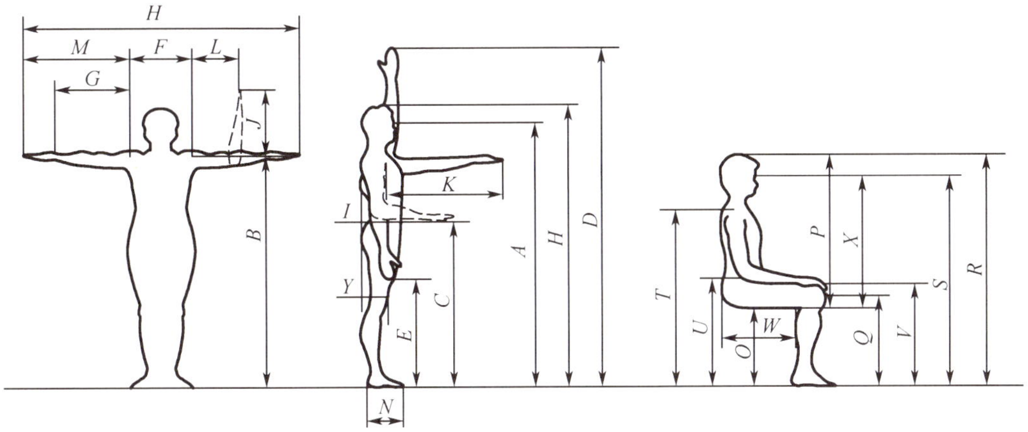

图 3-32　成年男人人体尺寸

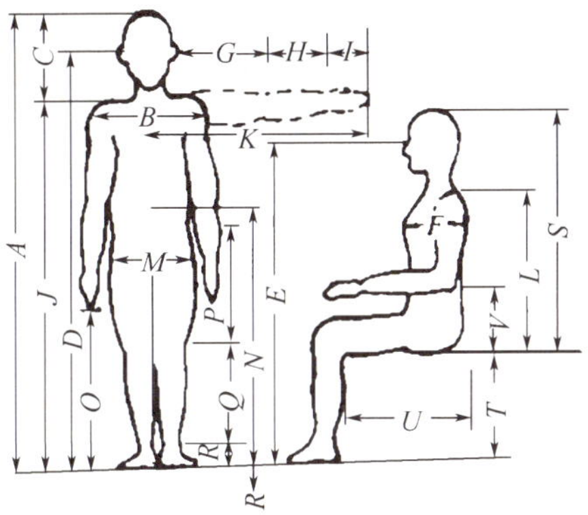

图 3-33　人体各部分尺寸

表 3-9　成年男子人体的主要尺寸数据

单位:cm

代号	项目	亚洲人		亚洲人·我国各地区人体平均尺寸			欧洲人	
		平均值±标准差	最小值~最大值	较高地区（冀、鲁、辽）	中等地区（长江三角洲）	较矮地区（云、贵、川）	平均值±标准值	中值
H	身高(站)、双手展宽	168.7±6.0	151.0~188.0	169.0	167.0	163.0	177.4±6.2	176.0±6.2
A	眼高(站)	158.1±6.0	140.0~176.0	157.3	154.7			
B	肩高(站)	138.8±5.6	126.0~157.5					
C	肘高(站)	103.9±4.7	92.0~117.0					
D	手举起指尖至脚底高度							206.0±2

表 3-9(续)

代号	项目	亚洲人					欧洲人	
		平均值±标准差	最小值~最大值	我国各地区人体平均尺寸			平均值±标准值	中值
				较高地区(冀、鲁、辽)	中等地区(长江三角洲)	较矮地区(云、贵、川)		
E	手下垂指尖至脚底高度			63.3	61.6	60.5		60.2±2
F	肩—肩距	43.8±1.7	37.0~52.0	42.0	41.5	41.5		46.0±2
G	肩—腕距			54.6	54.8	55.2		59.5±2
I	胸深			20.0	20.1	20.5		20.8±2
J	前臂长(包括手)			43.4	43.0	43.5		44.5±2
K	臂长							71.4±2
L	后臂长			30.8	31.0	30.7		31.5±2
M	肩—指尖距			74.2	74.0	74.2		79.6±2
N	脚长							26.4±2
O	坐高	39.5±2.3	34.0~45.0	41.4	40.7	40.2		48.0±2
P	头顶—坐距	89.1±3.3	81.0~98.0	89.3	87.7	85.0	91.3±4	92.0±3
Q	膝高	50.0±3.2	42.0~58.0	46.5	46.0	45.8	54.1±2	56.0±2
R	头顶高(坐)	128.8±4.8	114.0~141.0	130.7	128.4	125.2		
S	眼高(坐)	118.5±5.1	92.0~117.0	120.3	118.1	114.4		
T	肩高(坐)	100.4±4.1	90.0~110.0					
U	肘高(坐)	65.4±3.7	56.0~76.0	65.7	64.6	62.2		
V	腿高(坐)	57.6±2.8	45.0~63.0				56.9±1.6	
W	坐深	48.3±2.9	40.0~57.0	45.0	44.5	44.3	51.9±2.2	48.0±2
X	眼—坐距	78.7±3.5	68.5~87.0	78.9	77.4	74.2	80.4±3.7	

注:本表非国家标准,是综合多种资料整理而成,对一般人体数据应用有一定的参考价值。

表 3-10　成年女子人体的主要尺寸数据

单位:cm

代号	项目	亚洲人					欧洲人	
		平均值±标准差	最小值±最大值	我国各地区人体平均尺寸			平均值±标准值	中值
				较高地区(冀、鲁、辽)	中等地区(长江三角洲)	较矮地区(云、贵、川)		
H	身高(站)、双手展宽	1.56±2.0		158.0	156.0	153.0	163.8±7.1	161.0±6
A	眼高(站)			147.4	144.3	142.0		

表 3-10(续)

代号	项目	亚洲人					欧洲人	
		平均值±标准差	最小值±最大值	我国各地区人体平均尺寸			平均值±标准值	中值
				较高地区(冀、鲁、辽)	中等地区(长江三角洲)	较矮地区(云、贵、川)		
E	手下垂指尖至脚底高度			61.2	59.0	57.5		
F	肩—肩距			38.7	39.7	38.6		
G	肩—腕距			51.1	51.3	50.9		
I	胸深			20.0	20.8	22.0		
J	前臂长(包括手)			40.4	39.8	39.8		
L	后臂长			29.1	29.3	38.9		
M	肩—指尖距			69.5	69.1	68.7		
N	脚长							24.4±3
O	坐高			39.0	38.2	38.2		46.0±2
P	头顶—坐距			84.6	82.5	79.3	85.8±2.7	87.0±3
Q	膝高			43.6	43.6	43.0	48.6±3.9	44.0±3
R	头顶高(坐)			123.6	120.7	117.5		
S	眼高(坐)			114.0	111.0	107.8		
U	肘高(坐)			63.0	61.2	59.8		
W	坐深			43.5	42.5	42.2		
X	眼—坐距			75.0	72.8	69.6	75.8±3.9	
Y	背—指距							81.0±3

注:本表非国家标准,是综合多种资料整理而成,对一般人体数据应用有一定的参考价值。

表 3-11　以平均身高计算成年人体的主要尺寸

单位:cm

代号	名称	男		女	
		理想比例(身高为8个头高)	正常比例(身高为7个半头高)	理想比例(身高为8个头高)	正常比例(身高为7个半头高)
H	身高	*H*	*H*	*H*	*H*
1	眼高	0.937 5*H*	0.933 3*H*	0.937 5*H*	0.933 3*H*
2	肩高	0.833 3*H*	0.844 4*H*	0.833 3*H*	0.844 4*H*
3	肘高	0.625 0*H*	0.600 0*H*	0.625 0*H*	0.600 0*H*
4	脐高(站)	0.625 0*H*	0.600 0*H*	0.625 0*H*	0.600 0*H*

表 3-11（续）

代号	名称	男		女	
		理想比例（身高为 8 个头高）	正常比例（身高为 7 个半头高）	理想比例（身高为 8 个头高）	正常比例（身高为 7 个半头高）
5	臀高(站)	0. 458 3*H*	0. 466 7*H*	0. 458 3*H*	0. 466 7*H*
6	膝高	0. 312 5*H*	0. 266 7*H*	0. 312 5*H*	0. 266 7*H*
7	腕—腕距	0. 812 5*H*	0. 800 0*H*	0. 812 5*H*	0. 800 0*H*
8	肩—肩距	0. 250 0*H*	0. 222 2*H*	0. 200 0*H*	0. 213 3*H*
9	胸深	0. 166 7*H*	0. 177 8*H*	0. 125 0*H*~0. 166 6*H*	0. 133 3*H*~0. 177 3*H*
10	前臂长(包括手)	0. 250 0*H*	0. 266 7*H*	0. 250 0*H*	0. 266 7*H*
11	肩—指距	0. 437 5*H*	0. 466 7*H*	0. 437 5*H*	0. 466 7*H*
12	双手最宽	1. 000 0*H*	1. 000 0*H*	1. 000 0*H*	1. 000 0*H*
13	手举起最高点	1. 250 0*H*	1. 277 8*H*	1. 250 0*H*	1. 277 8*H*
14	坐高	0. 250 0*H*	0. 222 2*H*	0. 250 0*H*	0. 222 2*H*
15	头顶—坐距	0. 531 3*H*	0. 533 3*H*	0. 531 3*H*	0. 533 3*H*
16	眼—坐距	0. 458 3*H*	0. 466 7*H*	0. 458 3*H*	0. 466 7*H*
17	膝高(坐)	0. 291 7*H*	0. 266 7*H*	0. 291 7*H*	0. 266 7*H*
18	头顶高(坐)	0. 781 3*H*	0. 733 3*H*	0. 781 3*H*	0. 733 3*H*
19	眼高(坐)	0. 708 3*H*	0. 700 0*H*	0. 708 3*H*	0. 700 0*H*
20	肩高(坐)	0. 583 3*H*	0. 566 7*H*	0. 583 3*H*	0. 566 7*H*
21	肘高(坐)	0. 406 3*H*	0. 355 6*H*	0. 405 3*H*	0. 355 6*H*
22	腿高(坐)	0. 333 3*H*	0. 300 0*H*	0. 333 3*H*	0. 300 0*H*
23	坐深	0. 275 0*H*	0. 266 7*H*	0. 275 0*H*	0. 266 7*H*

表 3-12　人体各部分尺寸及标准偏差

单位:mm

性别		男		女	
部位名称	数值	平均值	近似标准偏差	平均值	近似标准偏差
身高	*A*	1 670	61	1 560	59
肩高	*B*	415	23	397	22
肩峰至头顶高度	*C*	291	18	282	17
直立时眼高	*D*	1 547	58	1 443	55
正坐时眼高	*E*	1 181	49	1 110	47
胸廓前后径	*F*	201	13	203	13
上臂长	*G*	310	18	293	18
前臂长	*H*	238	15	220	14

表 3-12(续)

性别		男		女	
部位名称	数值	平均值	近似标准偏差	平均值	近似标准偏差
手长	*I*	192	13	178	12
肩峰高	*J*	1 379	54	1 278	52
1/2×上肢展开全长	*K*	843	39	787	37
上身高	*L*	586	29	546	28
臀部宽	*M*	309	18	319	19
肚脐高	*N*	983	43	925	42
手指尖至地面高	*O*	616	31	590	30
上腿长	*P*	409	22	379	21
下腿长	*Q*	392	22	369	21
脚高	*R*	68	5	67	5
坐高	*S*	877	40	825	38
腓骨头上端高	*T*	407	22	382	21
大腿水平长度	*U*	445	24	425	23
肘下尺	*V*	239	15	230	15

表 3-13　人体各部分尺寸的平均值及标准偏差在设计中的应用

选取形式	取最大的尺寸为设计标准			取平均值为设计标准	取最小的尺寸为设计标准		
被选值	平均值+3倍标准偏差($\mu+3\alpha$)	平均值+2倍标准偏差($\mu+2\alpha$)	平均值+1倍标准偏差($\mu+\alpha$)	平均值μ	平均值-1倍标准偏差($\mu-\alpha$)	平均值-2倍标准偏差($\mu-2\alpha$)	平均值-3倍标准偏差($\mu-3\alpha$)
代表人数	小于该值的占总人数的99.9%	小于该值的占总人数的97.7%	小于该值的占总人数的84.1%	小于或大于该值的各占总人数的一半	大于该值的占总人数的84.1%	大于该值的占总人数的97.7%	大于该值的占总人数的99.9%
设计实例	走廊最小高度以身高($\mu+3\alpha$)为设计依据			门手柄的安装高度以肘高(μ)为设计依据	手控制器的最远距离以手臂长($\mu-3\alpha$)为该设计依据		

注:μ 为平均值,α 为标准偏差。

对于人体测量尺寸平均值及其标准偏差如何运用,请看下面例题。

例 1　休息座椅的高度设计。

这道例题我们分两步进行讨论。

(1)单考虑男性情况

查表3-12知

$$[(\text{膝弯到足底高}\pm3\alpha_{足})+25]\text{mm}=[(407\pm3\times20)+25]\text{ mm}=(366\pm498)\text{mm}$$

这里,如果取370 mm,虽然可满足大部分人的使用需求,但很不舒服,如果取它们的平均值430 mm,可以至少满足50%的人的使用需求。

(2)单考虑女性情况

查表3-12知

$$[(\text{膝弯到足底高}\pm3\alpha_{足})+25]\text{mm}=[(382\pm3\times21)+25]\text{ mm}=(344\pm470)\text{mm}$$

同样,我们取平均值408 mm,可以满足至少50%的人的使用需求。

将两个平均值再取平均值,则为

$$(430+408)/2=419\text{ mm}$$

故商场里座椅高度设计为419 mm,可满足99.9%的人的使用需求。

(二)床铺尺寸的设计

1. 床铺长度的确定

一般情况下,床铺长度为人体伸直后的身长以及身长的标准偏差的两倍(可保证97.7%的人使用),再加上一定的裕度。在计算长度时,请参照表3-14。

表3-14　床铺长度的计算

各部名称	最佳尺寸/mm	最小尺寸/mm
平均身长	1 688	1 688
身长标准偏差×2	81.33×2	81.33×2
人体伸长增量	73	73
增量标准偏差×2	11×2	11×2
头与床壁距离	100	30
毛毯卷折尺寸	30	0
合计	2 075.66	1 975.66

2. 床铺宽度的确定

实验表明,人体上身的侧卧位置在平躺时的肩宽范围内。床窄时人的膝盖常先伸到床外,当膝盖碰到墙壁时,会自动蜷缩身体。睡在窄床上,人的睡眠质量很差。床宽的最佳尺寸应该是人体左右转身时膝盖都不外露。同时,应有毛毯卷折裕量。当人左右转身时,膝盖弯曲后的露外尺寸可以控制在0.5倍的膝盖伸出量(表3-15、图3-34)。

表3-15　床铺宽度的计算

各部名称	最佳尺寸/mm	最小尺寸/mm
裸体肩宽	426	420
肩宽标准差×2	20×2	20×2
侧卧膝盖伸出	230×2	230×1.5
毛毯卷折尺寸	25×2	25
合计	976	830

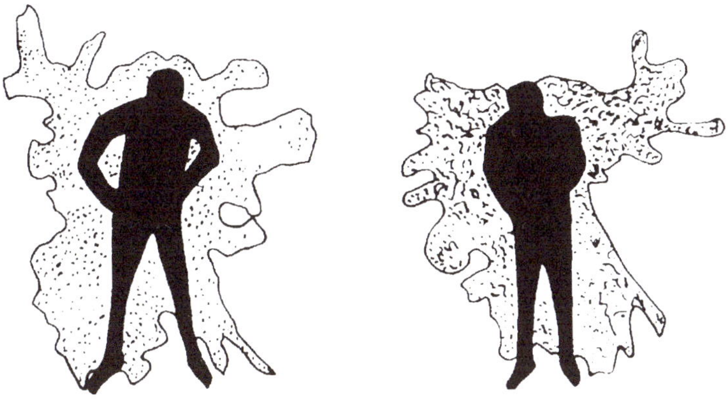

(a)　　(b)

图 3-34　人体睡眠活动范围示意图

床具的人体工程学设计

3. 床铺高度的确定

(1) 无抽屉兼作沙发用的床的高度

查表 3-12 知，从膝弯到足底的高度为 407 mm，按 95%来满足人们的使用需求，其标准偏差为 1.645α，这里 α = 19.45 mm，鞋跟高度是 25 mm，故高度应该为

$$(407 \pm 1.645\alpha + 25)\,\text{mm} = (397 \pm 467)\,\text{mm}$$

其尺寸可在 398~462mm 选择，如果只考虑男性，我们取其中值，为 430 mm；如果再考虑女性，我们还可以取其最小值。

(2) 有一层抽屉床的高度

从地面到床垫表面的尺寸为 550 mm，这个高度考虑了利用床下的空间，不符合人体尺度。

(3) 双层床的高度

由表 3-16 可知双层床的计算高度。从地面到下铺床垫下表面高度按船舶设备规范规定值应该在 300 mm 以上。在这个高度上再加垫子的厚度，刚好满足人体尺寸的选定范围 450 mm。上铺与下铺间距以及上铺到天花板的高度按船舶规范规定应在 750 mm 以上。但从人体尺寸角度考虑，最后的高度应该是人的坐高加上其标准偏差的一倍，一般应该取至少两倍的标准偏差，由于垫子可下陷，表 3-16 中我们只取一倍的标准偏差。

表 3-16　双层床高度计算表

各部名称	最佳尺寸/mm	最小尺寸/mm
从地面到下铺面高度	450	450
上铺面到天棚及从下铺表面到上铺底的高度	896+36=932	800

通过实验测得：人体挺直正坐时的坐高为 896 mm，在曲背随便坐时的坐高为 800 mm 左右。取实验结果的平均值为 812 mm，再计垫子受压下陷 20~30 mm，从人体尺寸的实际情况看，这个高的最下限尺寸为 800 mm 左右。

4. 挡板和床栏

挡板和床栏在床垫表面以上的高度取 150 mm。挡板的下凹部分到床垫上表面的高度取 30 mm 较好,这样不影响上下床。为防止被子滑落,在床的两头有挡板和床栏。

5. 床头灯安装位置

床头灯高度取自床垫上表面到床头灯中心距 450~500 mm,最佳位置是选定在头部壁面的床中心线上。

考虑到船在水面上的纵倾和横摇,为确保使用时较舒适,床的安装走向应该沿船的纵向布置,床的宽度一般控制在 800 mm 以上、长度一般控制在 1 900 mm 以上。同时,我们在设计时要考虑服务对象的区域具体规范。

(三)居住区的净高设计

为了不浪费空间尺寸,根据船舶舱室的特定空间,我们选取平均身高,以摸不到天棚为准。

中国人平均身高:举手高(2 070 mm)+鞋跟高(25 mm)= 2 095 mm。

外国人(欧美)平均身高:举手高(2 145 mm)+鞋跟高(25 mm)= 2 170 mm。

以此作为最佳净高尺寸(从天棚吊顶面算起至地面装修完后的尺寸)用于居住区设计。考虑到一定的裕量,修订最佳净高尺寸,见表 3-17。

表 3-17　万吨级以上货船与商船的净高

国家	最佳尺寸/mm	最小尺寸/mm
中国	2 200	2 049
欧美国家	2 200	2 070
日本	2 100	1 960

目前我国客船规范中规定:海船最小净高尺寸为 1 900 mm,内河客船最小净高尺寸为 1 850 mm。

(四)居住区的通道宽度设计

通道的宽度应由通行人的数量(并列数)、人体的肩宽加上服装裕量、门把手的突出尺寸和风暴扶手等因素决定。

中国人的肩宽参照尺寸:

中国人的平均肩宽(438 mm)+2×标准差(2×17 mm)+服装裕量(62 mm)= 534 mm

中国人侧厚参照尺寸:

中国人的平均侧厚(208 mm)+2×标准差(2×20 mm)+服装裕量(62 mm)= 310 mm

一般通道内有风暴扶手时两人同时横排通过,此时通道宽度为

2×肩宽(2×34 mm)+把手突出(65 mm)+扶手距壁(60 mm)= 1 193 mm

一般通道内有扶梯情况下的宽度应考虑一人通行另一人站住,此时宽度为

肩宽(534 mm)+侧厚(310 mm)+扶手距壁(60 mm)= 904 mm

驾驶甲板通道及岔道宽度,允许一人通行时,其宽度为

有风暴扶手时肩宽(534 mm)+把手突出(65 mm)+扶手距壁(60 mm)= 659 mm

无风暴扶手时肩宽(534 mm)+把手突出(65 mm)= 599 mm

门开向通道一侧时,宽度为

肩宽(534 mm)+门的最大突出宽度

注:一般情况下,通道内开门应朝里,而不应朝通道开门。

(五)斜梯的设计

斜梯设计,要求甲板间的高度尺寸为已知,然后再选斜梯角度。可供选择的最佳斜梯角度为 40°~50°。我国船舶用斜梯角度可供选择的有 45°、50°、55°、60°、65°、70°等,根据人体尺寸选定步高 H、步深 T、步距 K,这样 $K=2H+T$。当 $K=600$ mm 时,适用于老人、妇女和儿童;当 $K=630$ mm 时,适用于快速、高效的上下梯的步距;当 $K=670$ mm 时,适用于船员的步距(工作状态)。

$$K=2H+T$$

$$H=T\tan\alpha\text{(}\alpha\text{ 为斜梯的倾角)}$$

故

$$H=K/(2+\arctan\alpha)$$

表 3-18 给出了 $K=600$ mm 时的步高和步深,适用于老人、妇女和儿童,可作为客船的斜梯参数选用。

表 3-18　$K=600$ mm 时的步高和步深　　单位:mm

α	45°	50°	55°	60°	65°	70°
H	200	212	222	232	244	254
T	200	176	156	136	112	92

表 3-19 的步深 T 和步高 H,适用于快速、高效的斜梯,可作为客舱、机舱和货舱的斜梯参数选用。

表 3-19　$K=630$ mm 时的步高和步深　　单位:mm

α	45°	50°	55°	60°	65°	70°
H	210	222	233	245	256	266
T	210	186	164	140	118	98

表 3-20 适用于船员的工作舱、机舱、货舱的斜梯参数选用。

表 3-20　$K=670$ mm 时的步高和步深　　单位:mm

α	45°	50°	55°	60°	65°	70°
H	223	236	248	260	272	283
T	224	198	174	150	126	104

扶手高一般用字母 h 表示,如表 3-21、图 3-35 所示。

表 3-21 扶手高 h 的变化 单位:mm

α	45°	50°	55°	60°	65°	70°
cos α	0. 707	0. 645	0. 574	0. 5	0. 423	0. 342
$h(C=400)$	566	622	697	800	946	1 170
$h(C=500)$	701	778	871	1 000	1 182	1 462

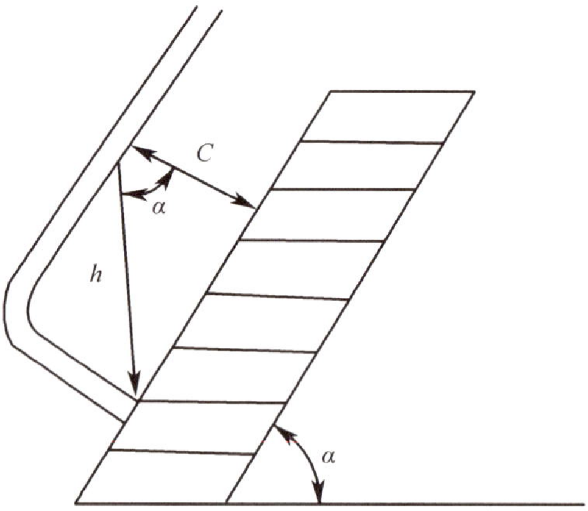

图 3-35 斜梯扶手示意

梯宽选择应该根据人的肩宽和一定的空间裕量进行。中国人平均肩宽是 534 mm 加上 40 mm 裕量为 574 mm,为方便计算,我们可以选用 600 mm 作为一个人通过的梯宽,两个人通过的宽度为 $(2\times534+40+2\times20)$ mm = 1 148 mm。陡直的直梯不要太宽,单人宜为 600~800 mm。

客船斜梯的倾斜范围为 29°~45°,29°~35°最舒适,其宽度可以是 800 mm、1 100 mm,大客船可为 1 300~1 500 mm 或更宽。

(六)栏杆安装设计

栏杆在设计时,要分清船舶的类型,如果是客船,要充分考虑不同乘客的人身安全,特别是对于孩子来说,应确保其不会从栏杆中间掉下去,同时也要确保成年人不致因船舶摇摆而栏杆过低被抛出去。

应该注意,成年人的栏杆尺寸还要考虑成年人的国籍、民族等因素,既要照顾到一般,也要考虑到特殊,以防设计中考虑不周而出现失误。

船长≥40 m 时的货船或客船,自甲板辅料上缘至栏杆扶手顶面的高度应为 1. 2 m;船长<40 m 时其高度应为 1. 0 m。

栏杆间距应≤0. 23 m(客船)或 0. 3 m(货船及其他船舶)。

长江等内河船载客甲板栏杆高度:当船长≥40 m 时为 1. 0 m;船长<40 m 时为 0. 8 m。

栏杆间距应≤0. 25 m,支柱间距≤1. 8 m。

载客处均应用网格代替栏杆。

木栏杆扶手尺寸可在 130 mm×50 mm、150 mm×50 mm、150 mm×65 mm 和 200 mm×65 mm 中选用。

评价与考核

课程名称	船舶内装生产设计		
学习项目	内装美学基础及人机工程学	授课教师	
知识掌握情况(40 分)			
序号	知识考核点	分值	教师评分
1	了解船舶美学与其他美学间的关系	5	
2	掌握船舶美学的基本特点	6	
3	掌握船舶形象的概念	6	
4	掌握船舶色彩的基本概念	6	
5	了解船舶色彩的功能	5	
6	掌握人机工程学中空间的概念	6	
7	掌握不同人群人体尺寸	6	
任务执行情况(60 分)			
序号	能力执行考核点	分值	教师评分
1	能通过不同的美学门类,进行美学案例分析	12	
2	能介绍进行内装生产设计的主要程序	12	
3	能根据色彩对比、色彩调和的原理,进行合适的色彩搭配	12	
4	能根据船舶色彩功能,选择不同位置、舱室的色彩	12	
5	能根据舱室家具要求,计算舱室家具空间的尺寸	12	
违纪扣分(25 分)			
序号	违纪考核点	分值	教师评分
1	上课吃东西	5	
2	上课睡觉	5	
3	上课玩手机	5	
4	上课打电话	5	
5	其他扰乱课堂秩序的行为	5	

小故事园地

故事发生在小学校园里。课堂上,老师提问时,一名同学总是举手,可老师叫他回答时他却答不上来,引得下面同学窃笑不已。

老师找到他,问他为什么这样。他说,如果老师提问时他不举手,同学们会在课下叫他傻瓜。于是,老师和他之间有了这样一个约定:当他知道问题答案时就举起左手,不知道问题答案时就举起右手。

渐渐地，这位同学越来越多地举起他骄傲的左手，越来越多、越来越好地回答老师的课堂问题。这个原本极有可能在太多的嘲笑中沉沦的孩子也由一个差生转变成了一个好学生。

【人因重视而忠诚，人因期许而成功。被重视、被关爱是一种催人向上的重要力量，对于成长期的孩子而言尤其是这样。报纸上关于一些老师恶劣行为的报道，让人愤怒。一个缺乏爱心的老师会毁掉一个或几个孩子，这样的老师多了，就会毁掉民族的希望。老师是阳光下最灿烂的职业，老师的不称职应该是阳光下最让人痛心的。】

任务测试模拟题

1. 选择题

(1)下面不是船舶空间特点的是 (　　)

A. 紧凑性　　B. 曲面性　　C. 均衡性　　D. 特定性

(2)北欧某游船舱室内的色彩宜使用 (　　)

A. 橙色　　B. 绿色　　C. 蓝色　　D. 紫色

(3)在船舶安全色中，________色在白色背景下最夺目。 (　　)

A. 黑　　B. 红　　C. 黄　　D. 绿

(4)下列不属于原色的是 (　　)

A. 红　　B. 黄　　C. 绿　　D. 蓝

(5)构成色彩理论的三大基本要素是 (　　)

A. 色相、明度、纯度　　B. 色相、饱和度、纯度

C. 色相、饱和度、彩度　　D. 饱和度、明度、纯度

2. 简答作图题

(1)船舶建筑的特点有哪些？

(2)根据船舶建筑的特点，提出改善狭小空间的方法。

(3)请根据不同人群，设计选用斜度为 60°的斜梯尺寸，并画出层高 2.8 m 的斜梯图。

(4)为了改善狭小、低矮的空间感，在设计中要采用哪些改善方法？

项目四

舱室门窗

引导语

汉代楼船(图 4-1)是中国汉代楼船军的主要战船,也是中国早期出现的战船之一,它的主要特征是具有多层上层建筑。楼船是水军的代称,也是战船的通称,如把水兵称为楼船卒、楼船士,水军将、校则称为楼船将军、楼船校尉等。

图 4-1　汉代楼船

在汉代楼船的舷边设有半身高的女墙,以防敌方的矢石。在甲板上的女墙之内,设置第二层建筑,称为庐,庐上的周边也设有女墙。庐上的战士手持长矛,有居高临下之势。在庐上面有第三层建筑,称为飞庐,弓弩手就藏于飞庐内部。弓弩手发射箭矢,是远距离进攻力量。最高一层为爵室,相当于现代舰船的驾驶室和指挥室。汉代楼船是汉代楼船军的主要战船,汉代楼船军拥有数千艘楼船。公元 42 年,伏波将军马援南征,曾率大小楼船 2 000 艘、战士 20 000 余人,可见汉代楼船军规模之大。

汉代楼船上层建造很先进,可以看到类似今天的门窗。但现代船舶的门窗与之差异很大,现代船舶的门窗需要具备防火、抗沉等功能。

学习目标

任务说明

本项目通过介绍舱室门的主要内容，使学生了解船舶内装工程的发展历程，以及内装工程中舱室设计的总原则。

知识目标

1. 了解舱室门的相关法规规定；
2. 掌握防火门的主要功能；
3. 掌握防火门的结构形式和主要组成；
4. 掌握船用窗的种类及使用特点；
5. 了解窗斗的作用和种类。

能力目标

能够根据需求进行舱室门的布置。

任务4.1 舱室门

任务准备

一、舱室门

舱室门是货船、客船上层建筑的居装门，包括居住舱室、公共活动舱室和工作舱室的门。上层建筑内部的舱室门，不包括主甲板外围壁上的水密门。对客船来说，舱室门是指各层甲板上内部的一些舱门，不包括甲板上外围壁上的水密门，机舱内的水密闸门、网门等。

舱室门

图 4-2 为某船上甲板门窗布置图。

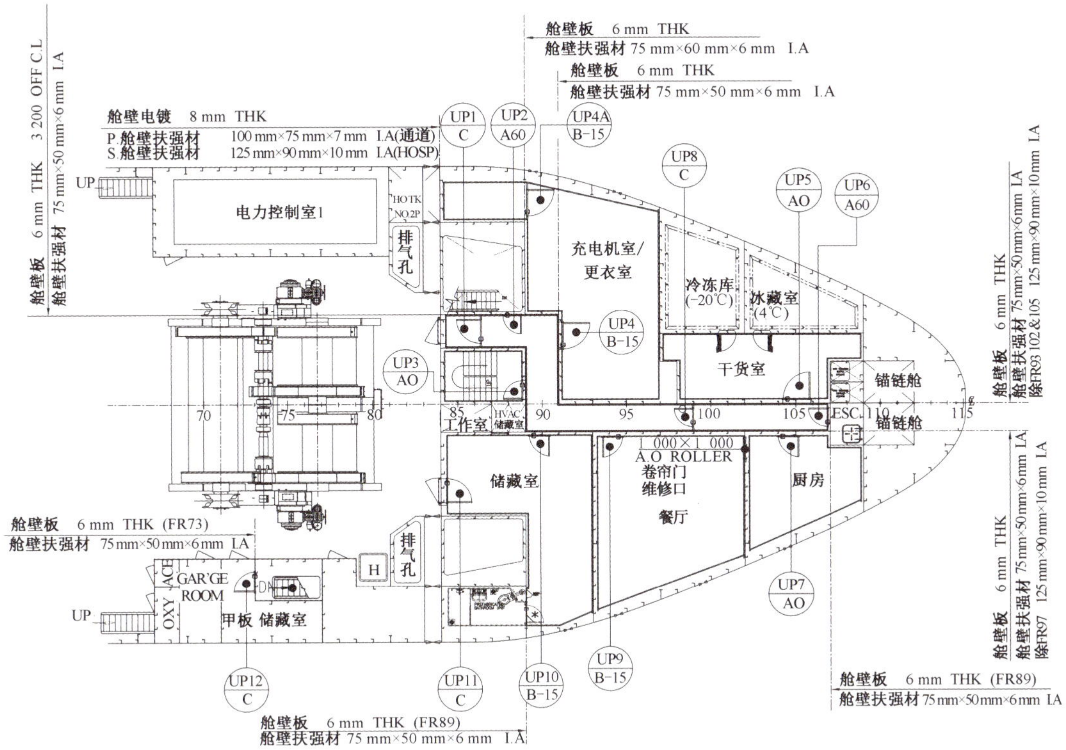

图 4-2　某船上甲板门窗布置图

二、舱室门的区别

根据表 4-1，说出各舱室门的区别。

表 4-1　船上甲板门窗布置明细栏

单位:cm

序号	门号	位置	门防火等级	门锁	开门方向	净尺寸			壁板切割尺寸			总重	肋骨形式	划线深度				肋骨高度	最终颜色		主钥匙系统	左舷灯					备注
						W_C	H_C	S_H	W	H	C_H			T	T_1	T_2	t		门 空心	门 构架		闭合器	伸缩器	缓冲垫	通气孔	五金配件	
上甲板船用门清单																											
1	UP1	通道	C	C-1	L.0	850	1 930	20	950		0	2 160	K	50	—	—	—	50			0	0	0			0	W/ϕ300 玻璃
2	UP2	发动机室	A60	C-5	R.0	750	1 650	380	850	1 750	396		A4	50	—	—	6	100			0	0	0		0		
3	UP3	楼梯	A0	C-5	L.1	650	1 850	150	750	1 950	166		A6	—	50	125	6	225			—	0		0			
4	UP4	更衣室	B15	C-1	L.1	900	1 830	130	985	1 990	190		B6	—	50	125	6	225			0	0					
5	UP4A	更衣室	B15	C-1	L.1	900	1 830	130	985	1 990	190		B6	—	50	125	6	225			0	0					
6	UP5	干货间	A0	C-1	R.1	900	1 830	150	1 00	1 930	166		A6	—	50	175	6	275			0	0	0				
7	UP6	应急通道	A60	C-5	L.0	700	1 600	380	800	1 700	396		A4	110	—	—	6	160			0	0		0			
8	UP7	厨房	A0	C-1	L.1	900	1 830	150	1 000	19 30	166		A6	—	50	175	6	275			0	0	0		0		外边 内边 厨房 不锈钢
9	UP8	通道	C	C-1	L.0	750	1 930	20	850		0	2 160	K	50	—	—	—	50			0	0	0			0	W/ϕ300 玻璃
10	UP9	厨房	B15	C-1	L.0	750	1 830	130	835	1 895	190		B6	—	50	175	6	275			0		0		0	0	双层玻璃 W/ϕ300 玻璃
11	UP10	医务室	B15	C-1	L.1	900	1 830	130	985	1 895	190		B6	—	50	125	6	225			0	0		0			
12	UP11	医务室	C	C-1	R.1	970	1 720	365	1 067	1 817	0		B6	235	—	—	8	260			0	0		0		0	W/ϕ300 玻璃
13	UP12	发动机室	A-60	C-1	R.0	750	1 650	380	850	1 750	330		A1	—	—	—	6	90			0	0					

任务实施

一、舱室门窗的作用

各层甲板和上层建筑内部舱室门窗的主要用途如下。

(1)沟通上层建筑内部的各个区域。

(2)对舱室与相邻居住区域或其他区域进行隔音、隔热,并维持房间的温度和湿度。

(3)保证舱室具有一定的私密性。

(4)船舶一旦发生火警时能应急隔离。

舱室门可分为防火门和 C 级门。防火门按防火等级分为 A 级门和 B 级门。A 级门可分为 A-60 级、A-30 级、A-15 级、A-0 级,B 级门可分为 B-15 级和 B-0 级。

二、船用门窗的开启方向和符号标志

国际标准《门、窗和百叶窗关闭方向和扇面符号的标志》(ISO/R 1226—1970)规定(详见《船用门和窗开启方向和符号标志》(GB 11874—89)),以门和窗的垂直轴为参考点,确定船用门和窗的开启方向与标志方法,即顺时针方向开启为 6,逆时针方向开启为 5;内开为 0,外开为 1,并以位于门或窗开启方向的一面为开启面,如图 4-3 所示,圆圈表示门或窗的铰链轴,箭头方向表示门开启方向,因此:

顺时针方向内开的标志为 6.0;

顺时针方向外开的标志为 6.1;

逆时针方向内开的标志为 5.0;

逆时针方向外开的标志为 5.1。

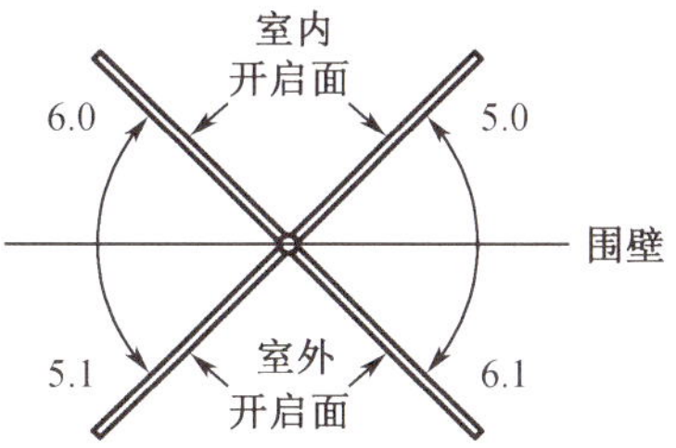

图 4-3　船用门和窗的开启方向

当两个同样性质舱室之间的门内外概念不清时,则位于门开启面的房间为该门所属的舱室。

国内习惯用法:门的开启方向按人站在室外向室内看,如图 4-4 所示,图中圆圈表示门的铰链轴,箭头方向表示门开启方向。门绕铰链轴旋转的开启方向有两种标示方法:第一种方法,借助英文 right(向右)、left(向左)、outer(向外)和 inner(向内)的第一个字母(大写)表示,即“右内开”—RI、“右外开”—RO、“左内开”—LI 及“左外开”—LO;第二种方法,借助汉语拼音 you(右)、zuo(左)、wai(外)和 nei(内)的第一个字母(大写)表示,即"右内开"—YN、"右外开"—YW、"左内开"—ZN、"左外开"—ZW。一般来说,英文字母标志用于出口船舶,汉语拼音标志用于国内船舶。

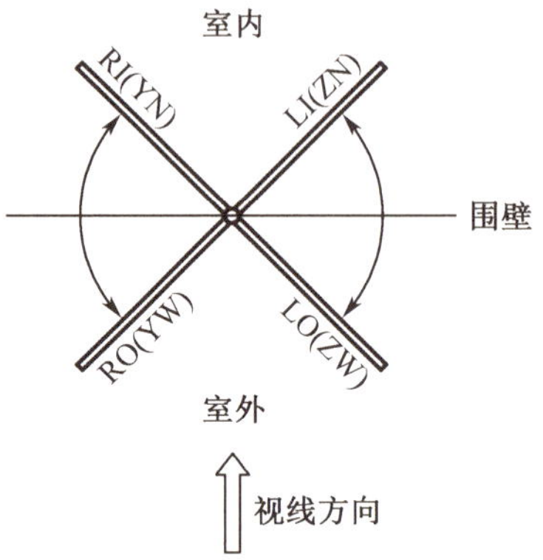

图 4-4　门的开启方向

钢质门一般为外开,仅按铰链位置分为右外开和左外开。

窗的开启方向一般以人站在窗的开启面一侧划分。对于侧开窗,如窗向室内开,则向左为左内开,向右为右内开;如窗向室外开,则向左为左外开,向右为右外开。此外,对于上开窗,窗向室内开为内上开,窗向室外开则为外上开。

三、门的开向和门宽的选择

(一)船舶舱室内门布置的一般要求

所有安装在上层建筑或甲板室两侧外围壁上的门均向外开,而且几乎都是向艏部开启,以起到挡风的作用。安装在端壁上的门一般向舷开启,以防海浪打入室内。

在上层建筑、甲板室内部的居住舱室门应向房间内部开启,而人数较集中的舱室(如客舱的通舱)以及公共场所(如餐厅、会议室、娱乐室等)的门则应向外开或是采用弹簧铰链门。

居住舱室的门,如果靠近一个垂直的舱壁,则门应向该舱壁开启。

(二)有关规范对门的开向和门宽的要求与规定

(1)住室的门应向内开。餐厅、休息室和其他公共场所的门应向外开,或向两面开。所有通向露天甲板的出入口的门一律向外开。

(2)当公共厕所内设几个大便器时,应用隔板将大便器分隔,并应装带插销的门。

(3)公共厕所的门应向内开。

所有出入口的门宽度与通道或扶梯的宽度相适应。在任何情况下,乘客居住的舱室门的宽度不应小于 0.6 m,统舱门的宽度不应小于 350~450 mm。如果住舱室的外围壁上设有经验船部门认可的窗口,且在紧急情况时可由该窗口直接通向通道,则该舱室的门上可免设应急逃生口。餐厅及公共舱室门的宽度不应小于 0.8 m。

(4)在围壁处所内的客舱门应向内开,但乘客较多的客舱、餐厅及其他公共舱室的门应向外开或设置可向两面开启的活动门。所有通向露天甲板的出入口的门,一律向外开。

(5)所有居住舱室及公共舱室,不准设置滑动门。

(6)休息室、娱乐室和阅览室的门应向外开。

(三)门槛高和门孔高的选择

根据中国船级社《海船稳性规范》的规定,封闭上层建筑的第一层可在计算稳性曲线时计入,但是要达到封闭上层建筑的要求,不仅结构和强度须符合规范的要求,至关重要的是端壁出入口必须设置风雨密门。如果门不符合要求,则进水角只能计算到门槛的高度为止。

(四)干舷甲板上的开口

干舷甲板上除舱口、机舱口、入孔和平舱口以外的所有开口,应由封闭上层建筑或甲板室,或强度相当的风雨密的升降口来保护。

在露天的上层建筑甲板上或在干舷甲板上的甲板室顶部通往干舷甲板以下的处所或封闭上层建筑内的处所的任何开口,应由坚固的甲板室或升降口来保护。上述甲板室或升降口的通道应设风雨密门,其门槛高度在“位置 1”应不小于 600 mm,在“位置 2”应不小于 380 mm。

门的大小要考虑到走道的宽度及有效空间高度和门槛的高度,一般室外门开口的上缘离开地面的高度应不小于 1.85 m,舱室内门开口的上缘离开地面的高度应不小于 1.9 m。

四、门的附件

不同舱室门选用不同的门钩。船用门钩按舱室门的不同选用的材质也不相同,如舱室外门,一般随钢质门配置,材质为钢质;舱室内的防火门一般配置材质为铜镀铬或铜抛光的门钩。

(一)门锁的种类与选择

由于船用门的用途各不相同,门锁的种类也五花八门,大致有钢门锁、挂锁、防火门锁、冷库门锁、驾驶室移门钩锁、浴厕门锁、弹簧门锁等可供选择。

由于要适应海上的工作环境,船用门锁要能适应如下的特殊要求。

(1)高温情况下正常工作。

(2)要有防腐能力,耐强腐蚀。

(3)材料均要选用耐高温的不锈钢材或特殊合金铜制造。

(4)结构要求精致,开启要灵活,保密性强,经久耐用。

船用门锁的种类及应用范围见表 4-2。

表 4-2　船用门锁的种类及应用范围

种类	应用范围
钢门锁	钢质非水密门、半水密门、木质门

表 4-2(续)

种类	应用范围
挂锁	钢质门
镶锁	客舱、公共舱、工作舱、船员舱室、右式的防火门
复锁	普通船员舱、客舱、工作舱、厨房等左、右式门
大蟹钳锁	驾驶室、餐厅俱乐部、卖品部等移门
有无人锁	浴厕
大钩锁	驾驶甲板、客厅、餐厅等拉门或移门

(二)门锁的主钥匙系统及其配置

锁头装置的船用门锁,有多种组合钥匙形式,可以充分发挥船用门锁功能,使用方便、管理简化。形式如下:

一匙一锁式:一把钥匙专属一把锁。

总钥匙式:一把总钥匙用于开启该系统中各锁,同时各锁仍有其专属钥匙。

(三)闭门器和释放装置

1. 闭门器的种类、规格

闭门器是一种用来自动关闭房门的装置,有液压式与弹簧式两种,海船通常使用液压式闭门器,如图 4-5 所示。其规格根据门质量分为:65 kg 以下、85 kg 以下、100 kg 以下、120 kg 以下等。

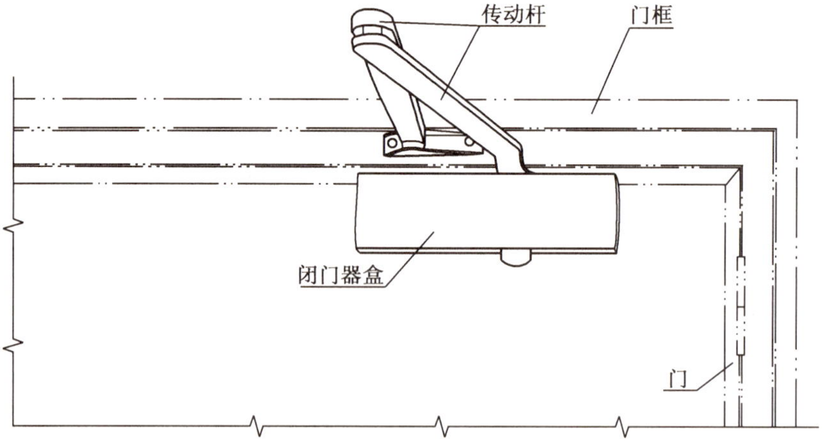

图 4-5 液压式闭门器

2. 闭门器的应用范围与选择

在起居处所、服务处所及控制站内的梯道与升降机围壁的保护规定中,仅穿过一层甲板的梯道,应至少在一个水平面上用至少为“B-0”级分隔及自闭式门保护,穿过多于一层甲板的梯道,应至少用“A-0”级分隔环围,并在所有水平面上用自闭式门保护。所有门的阻火性能应尽可能与它们所装配处的阻火性能等效，装在“A”级分隔上的门及门框应为钢质结构。装在“B”级分隔上的门应用不燃材料制成。装在 A 类机器处所限界面舱壁上的门应适当气密和能够自闭。

舱室内走道通向梯道的门，其闭门器一般选用 65 kg 以下。内走道通向机舱的门，其闭门器一般选用 85 kg 以下。

（四）定门器与释放装置

定门器的功能完全与闭门器相反，可使门保持常开的状态，如图 4-6 所示。定门器有背钩式、磁性式、电磁式等数种。货轮使用的定门器通常为背钩式。磁性式定门器在海轮上几乎不用。电磁式定门器又可叫作定门释放装置，它是利用电磁的吸引力，使门保持常开的状态，一般用在通常情况下需要常开，而一旦发生特殊情况时又可自动关闭的门上。如在海船客轮的内走道防火门上，一般就要装电磁式定门器。平常乘客过往通道保持通道门处于常开的状态，一旦发生火警，由驾驶室遥控切断电源，使电磁式定门器失去磁性，这样门在闭门器的作用下就会自动关闭。舱室门如图 4-7 所示。

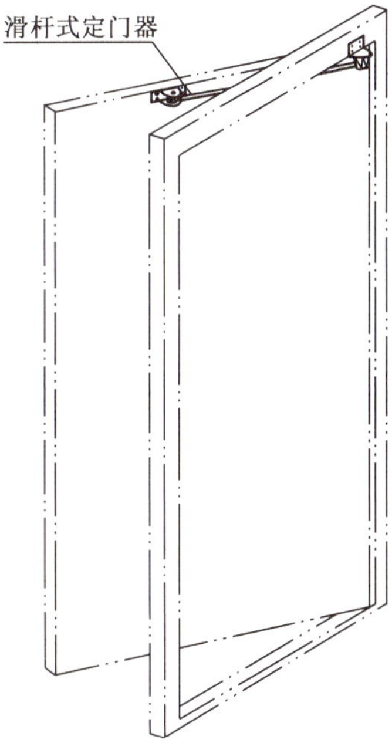

(a)

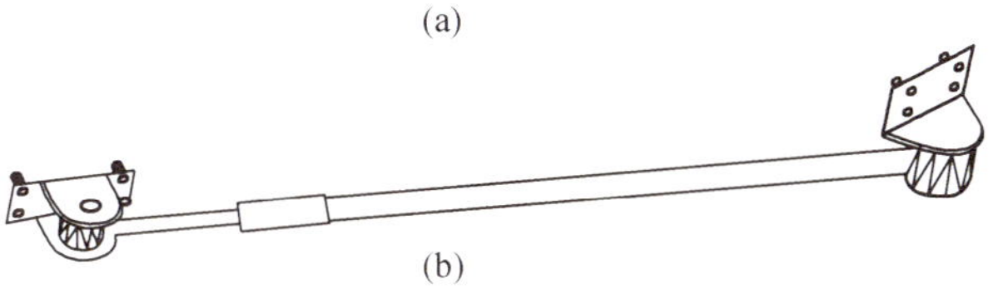

(b)

图 4-6　滑杆式定门器安装节点

图 4-7　舱室门

五、A 级门

A 级门(图 4-8),即 A 级防火门,是耐火分隔的一种特殊形式。A 级分隔上的防火门应尽实际可能地提供等效于所在舱壁的耐火性以及阻止烟和火焰穿过的效能,即与所在舱壁相同的耐火等级。如 A-60 级分隔上如设置门,就应为 A-60 级防火门,其余的类推。A 级门具有关闭设备所具有的功能。

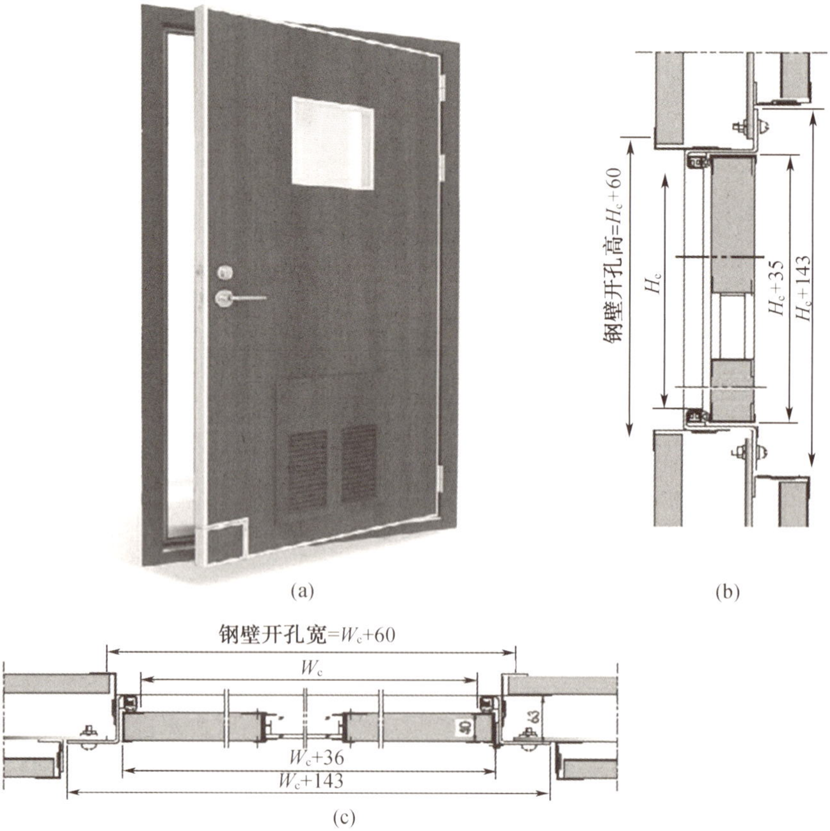

图 4-8　A 级门(单位:mm)

(一)安全公约及我国规范对 A 级门的有关规定

(1)A 级分隔上的所有门、门框及门在关闭时的制牢装置,其构造应尽可能提供等效于其所在舱壁的耐火性能,具有阻止烟和火焰穿过的效能,门叶及门框应由钢材或其他等效材料制作。可见,对于 A 级门的各项主要要求,都与 A 级舱壁、A 级甲板的要求相同。

(2)A 级门与 A 级舱壁、A 级甲板一样也必须进行法定试验和履行认可手续,而在遵循的耐火试验程序方面也完全相同。

(3)A 级门由两类门组成,一类是防火门,另一类是水密门。这两类门很难绝对地加以区分。在限界线以下水密舱壁(有时即为主竖区舱壁)上的门虽也能兼起防火门的作用,但由于它们设于水下部位,主要的作用是关闭后保持分隔的水密性,以维持船舶的抗沉性,因此安全公约规定,这类门一般不要求充填隔热材料;在限界线以上部位的 A 级门,则应首先满足有关公约和规范对防火性能的要求,再兼及水密性(如有水密性要求)。这里主要叙述防火门。安全公约规定,A 级门的门叶和门框应为钢质结构,同时要求防火门应在舱壁的每一面均能由一人即可将其关闭。因此,船用防火门设计时所应遵循的原则是:在满足耐火性能(包括背火面温升、维持耐火完整性等)的前提下,应尽量使门及门框结构轻巧、质量减小至最低,以便开闭自如。这就要求设计者在保证必要的强度和抗阻火灾状况下翘曲变形能力的前提下,尽可能采用轻型的钢质构架、面板以及低容量的隔热材料。

(4)对于应用于模数化标准舱室的防火门,设计时应使门框安装尺寸和门叶通孔尺寸都符合模数化的要求。

(二)A 级门的结构形式和主要组成

(1)钢质门叶由框材、扶强材和面板组成。一般根据门的宽度 B 来设置扶强材,$B\leq$ 700 mm 时,设两根扶强材;$B>700$ mm 时,设三根扶强材。与一般非防火舱室门不同的是,为了防止形成热交接点,扶强材在整个门叶厚度范围内不应贯通,而且应错开布置。

(2)为了控制门叶在火灾状态下的翘曲变形导致烟或火焰的穿透,门叶在门锁一侧上、下部位应做适当的局部加强。

(3)A 级门与 A 级舱壁一样,要求具有阻止烟及火焰透过的能力,因此门框内缘四周都要有充填以不燃材料制成的门垫条的结构,以保证防火门关闭时具有良好的密闭性。目前应用得最普遍的门垫条是玻璃布包覆的陶瓷棉绳。

(4)门锁及铰链的局部结构在设计时也应充分注意。门锁的锁芯及门把手都是贯穿门叶厚度的金属部件,导热很快。虽然在标准耐火试验时允许热电偶偏离锁芯及把手中心线 100 mm 布置,但锁盒内仍应适当充填隔热材料,以防止背火面温升超过标准。铰链与门叶门框连接处应设有复板,以防止铰链松动。铰链应采用熔点不低于 950 ℃的材料制成,一般采用不锈钢。门锁在标准耐火试验后要求能借助简单工具打开,故主要部件也应采用不锈钢。

(5)以往 A 级门一般不允许在门上设置开口,仅有极个别情况例外,即无线电报务室通向内走道的门允许在门上设置可踢出的应急通孔(逃生出口)。但近年 A 级门允许在门上设置开口,如华南建材(深圳)有限公司生产的 ZMA60CXT 防火门,门叶为带窗、通孔和通风栅的 A-60 级防火门,获得了 ABS、CCS、DNV、EC、NK 的认可。A 级门的结构形式和基本组成见表 4-3。

表 4-3　A 级门的结构形式和基本组成

序号	耐火等级	门叶				门框		参考质量/kg(通孔尺寸 1 750 mm×750 mm(高×宽),门框深度 90 mm)
		总厚度/mm	面材材质	面材厚度/mm	绝缘材料	结构形式	材质及厚度/mm	
1	A-60	41~48	钢板喷漆或烘漆	1.2~1.5	1. 硅酸钙板+陶瓷棉; 2. 硅酸钙板	凸框式	钢质≥1.5	90~100
2	A-30 A-15	~40	同上	0.8~1.2	1. 陶瓷板; 2. 硅酸钙板; 3. 岩棉	同上	同上	70~85
3	A-0	~40	同上	0.8~1.2	一般为空腹,兼作隔音门使用时,充填玻璃棉或岩棉	同上	同上	60~70

(三)A 级门在不同种类的船舶上使用的特殊要求

1. 客船

(1)设在主竖区舱壁及梯道围壁上的 A 级门,应为在关闭方向倾斜 3.5°时仍能将门关闭的自闭式门。门的关闭速度,需要时应能加以控制,以防止突然关闭对人身发生不应有的危险。

(2)所有自闭式的防火门,除经常处于关闭状态之外,应能同时地或成组地由控制站将它们脱开,同时也应能个别地在门所在部位就地脱开。脱开机构应满足:一旦控制系统失灵或损坏,门能自动关闭。不允许使用不能由控制站脱开的门钩。

(3)当主管机关同意使用双摆动门时,这种门应具有受防火门脱开系统控制的自动插上的插销装置。

(4)对于国际航行客船,位于脱险通道上的梯道、公共处所和主竖区舱壁上的 A 级门,应装有自闭式的能供消防水穿过的通道。CO_2 室、乙炔室、油漆间、蓄电池室的门应达到气密的要求。船舶外部限界面上的门,不要求满足所在舱壁的耐火完整性,但如果此门位于脱险通道上,则应用不燃材料制成,如果利用该门脱险的人少,可用低播焰特性的材料制造。

由于客船人员集中,一旦发生火情对人员生命威胁和可能造成的损失都较其他种类的船舶大,因此安全公约对客船提出的要求特别高,规定特别严格。上述规定的实质在于,客船上分隔主竖区和梯道围壁上的门应具有自闭的功能,保证发生火警时能安全、及时地关闭,以便将火控制在局部范围内并加以扑灭,防止其穿越主竖区限界面或经由梯道蔓延。

2. 干货船和油船

对于干货船和油船,则仅要求装设在 A 类机器处所限界面舱壁上的门具有适当气密和自闭的功能。这些能自闭的门不能装设门背钩,但可以设置遥控的安全释放型门背装置。气密门实际上是 A-60 级防火门的门叶与门框接触面上加一圈厚度约 2 mm 的软橡皮。

六、B 级门

B 级门,即 B 级防火门,是设置在 B 级舱壁上,且与该舱壁具有等效的耐火性能(包括火焰穿过的效能)的门。与 A 级门相仿,B 级门应该属于 B 级舱壁耐火完整性的范畴。

图 4-9 为 B 级门。其结构主要由门框、门板、芯材(绝缘材料)、踢出口、锁链、拉手、加强材等组成。

(a)

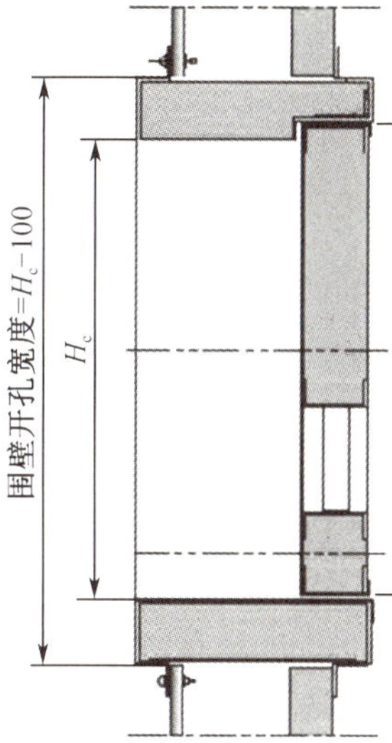

(b)

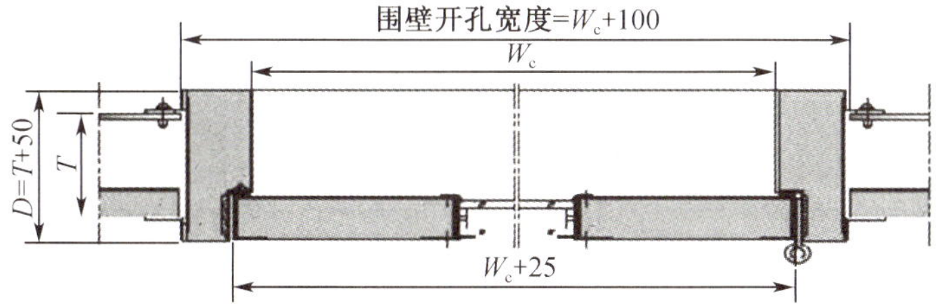

(c)

图 4-9　B 级门(单位:mm)

B 级门与其他 B 级分隔一样,分为 B-15 级和 B-0 级两个耐火等级,具体选用时遵循“提供等效于其所在舱壁的耐火性能”的原则,即与所在舱壁相同的耐火等级。但对上层建筑甲板室的外门不做此要求,这类门不需要满足防火门的要求。

(一)B级门的结构形式和主要组成

除了梯道环围的门上及门下不允许开设通风口外,其余用于走廊舱壁上通往起居处所等舱壁上的B级门按使用要求可设置应急通孔或通风栅。在船体因碰撞等意外原因造成结构变形时,可能导致门不能正常开启,为避免人员被困在舱室内,往往在门上设有可踢出的应急通孔。譬如,在客船上层建筑范围内的乘客舱室门,就常设有这种应急通孔。这种应急通孔可单独设置,亦可将通风栅设在其上。这种应急通孔的设置,应满足最初半小时标准耐火试验中火焰不从缝隙中穿过,以及满足结构背火一面对于温度增高限制(B-15级门)等基本要求。

当门上设置应急通孔或通风栅时,应兼顾使用要求和公约的规定。应急通孔一般取为400 mm×500 mm(宽×高),通风栅的净开口面积不得大于0.05 m^2,它们均应用不燃材料制作。当这种开口开在门上时,此开口应设有不燃材料制成的格栅。仅在门上开设开口时,而门上开口的格栅处于开放状态时,开口的总净面积应不超过上述规定,即透风面积不得大于0.05 m^2。不管这种开口是开在门上(门扇下部)还是开在门下(门框下),一个或几个这样的开口的总净面积均不得超过0.05 m^2。

B级门的结构形式和基本组成见表4-4。

表4-4 B级门的结构形式和基本组成

序号	耐火等级	门叶				门框		参考质量/kg
		总厚度/mm	面材材质	面材厚度/mm	绝缘材料	结构形式	材质及厚度/mm	(通孔尺寸1 750 mm×750 mm(高×宽),门框深度90 mm)
1	B-15	34~40	1. 钢板喷漆或烘漆; 2. 复塑钢板; 3. 三聚氰胺塑面板;	0.7~1.2	1. 岩棉或玻璃棉; 2. 硅酸钙板	凸框式 平槛式	钢质 0.8~1.6	55~70
2	B-0	34~40	同上	0.7~1.2	1. 一般为空腹,兼作隔音门使用时,充填玻璃棉或岩棉; 2. 硅酸钙板	同上	同上	55~5

七、C级门

C级舱壁上设置的门叫作C级门,也称C级防火门(图4-10)。C级门在构造和组成方面都与B-0级防火门相仿。由于它没有阻止火焰穿过的要求,因此门的加工精度(如门与门框的间隙)、所使用的门锁和锁链等,都可适当放宽要求。

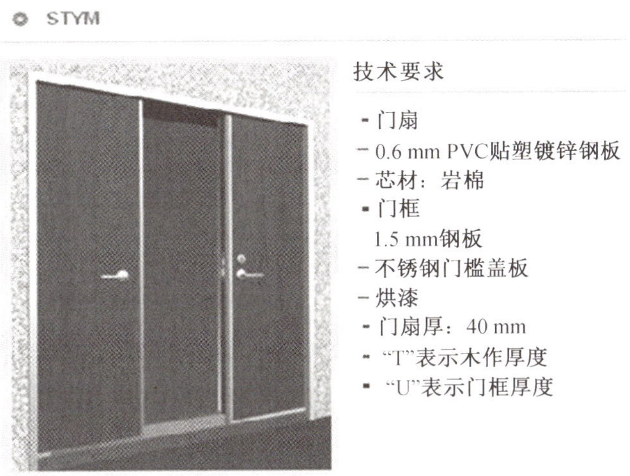

图 4-10　C 级门

八、其他类型门

其他类型门主要指房舱木门、玻璃钢门、玻璃门、金属移门、冷库门等非防火门。

（一）房舱木门

房舱木门(图 4-11)在海船上已不多见了,主要用于我国内河船只或不受国际公约约束的船(如军舰)上的舱室门。其结构一般是中间为木质框架,两面覆三合板或五合板,现在常用塑料贴面胶合板。门叶下部可带通风栅,门的上部可设方窗或圆窗,也可不带窗。

图 4-11　房舱木门

（二）玻璃钢门

玻璃钢门由玻璃钢材料制成,可用在独立梳洗室代替木门。由于玻璃钢门不怕水,外表光滑美观,质量比 C 级门小,在某些军舰上,为减小船舶自重,也可用作房舱门,但价格高。

（三）玻璃门

用玻璃作为门叶制成的门称为玻璃门。其常用于装饰性场合,如餐厅、舞厅、会议室等。一般玻璃门是不防火的,为了达到防火要求,在门的外侧设置“常开型”的防火门。这类门一般做成暗式(如藏在衬板与钢围壁间隙内),以免影响观瞻。常用的玻璃门有两种:第一种是木框玻璃门;第二种是金属框玻璃门,金属材料由长方形异型钢管或铝合金异型方管组成,后者用得较多。如配用的茶色玻璃门用古铜色铝合金,则白色玻璃门要用银白色铝合金。在选用木框玻璃门时,一般采用双向弹簧铰链,而用金属框玻璃门时大多用地弹簧铰链。在上面两种玻璃门上有时为了装饰需要,可以在玻璃表面喷砂画成艺术画或写字。整块大玻璃门由 12~16 mm 厚钢化玻璃制成。

(四)金属移门

因驾驶室外门不需要防火,为节约空间常采用金属移门,材质可是铝合金的,也可是不锈钢的。

(五)冷库门

冷库门(图 4-12)是用于低温冷冻舱室的一类特殊门。

图 4-12 冷库门

任务4.2 水密门

任务准备

船舶舱壁甲板以下的水密舱壁上的出入口需设置水密门(图 4-13),其形式有滑动式、铰链式和滚动式。滑动式水密门按其结构可分为竖动式和横动式，按其操纵方式可分为手动和动力操纵两种形式。

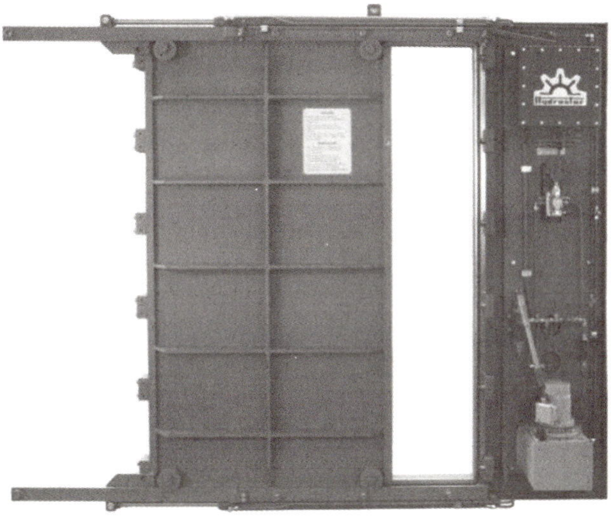

图 4-13 水密门

任务实施

掌握水密门的结构形式

一、手动滑动式水密门

目前，常用的手动滑动式水密门有两种形式：A 型手动水平滑动式水密门，如表 4-5 和图 4-14 所示；B 型手动垂直滑动式水密门，如表 4-6 和图 4-15 所示。这两种门均为手动机械传动，但只能在门的一侧用手摇动扳手，经传动轴带动齿条来操纵门的开启和关闭。该门的门板、门框、门框底座、导向板及传动装置等主要零件采用钢质材料，其中门框可以采用铸钢或钢材焊接，门滑条则采用黄铜。该门主要用于甲板间分隔货舱的水密舱壁上。

表 4-5 A 型手动水平滑动式水密门的规格及主要尺寸

通孔尺寸 $b\times h$/mm	舱壁开口尺寸/mm	B/mm	H/mm	C/mm	C_1/mm	l_1/mm	l_2/mm	质量/kg
500×1 000	532×1 032	1 270	1 216	700	256	346	295	792.5
600×1 200	632×1 232	1 500	1 416	850	262	355	295	960.0
700×1 400	732×1 432	1 680	1 616	920	264.8	362	295	1 110.5

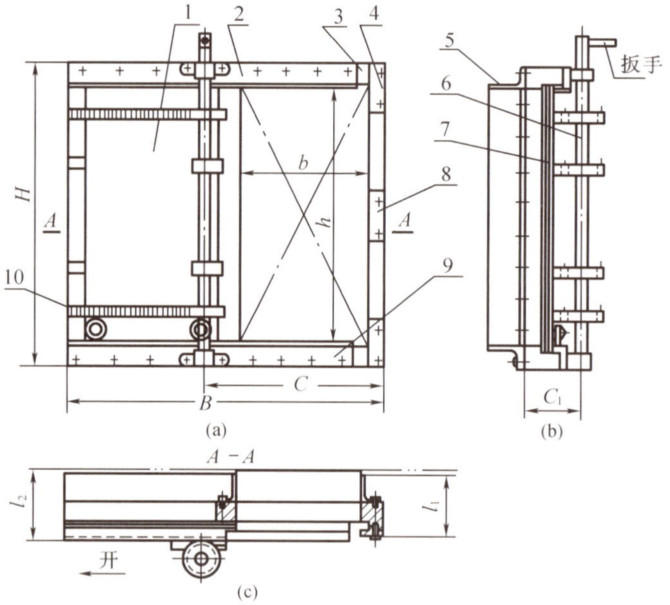

1—门;2—上导向板;3—门框;4—压板;5—门框底座;6—传动轴;7—压紧轮;8—中间压板;9—下导向板;10—齿条。

图 4-14　A 型手动水平滑动式水密门

（注:图示为左开式(Z),右开式(Y)与此对称。）

表 4-6　B 型手动垂直滑动式水密门的规格及主要尺寸

通孔尺寸 $b\times h$/mm	舱壁开口尺寸/mm	B/mm	H/mm	L_1/mm	L_2/mm	质量/kg
500×1 000	532×1 032	716	2 280	1 990	1 191	931
600×1 200	632×1 232	816	2 700	2 360	1 389	1 121

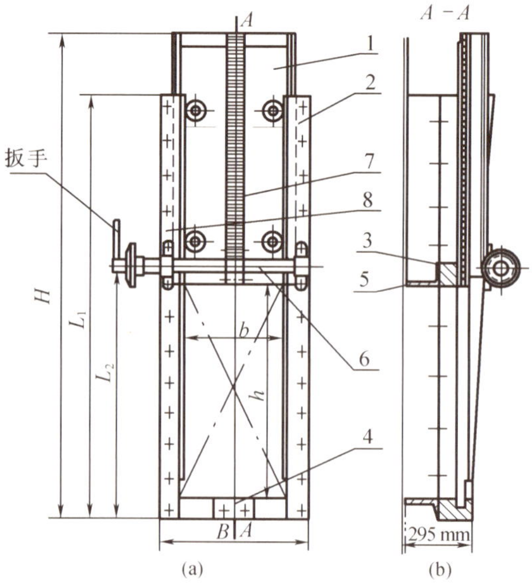

1—门;2—右导向板;3—门框;4—压板;5—门框底座;6—传动轴;7—齿条;8—左导向板。

图 4-15　B 型手动垂直滑动式水密门

二、液压滑动水密门

常用的液压滑动水密门为水平滑动式（横动式），其结构如图 4-16 所示，规格及基本尺寸见表 4-7。该形式水密门的门板、门框及门框底座均为焊接结构，门的关闭和开启采用液压缸，按其所配置的控制系统可分为手动液压滑动水密门以及手动/电动两用液压滑动水密门（动力滑动水密门）。

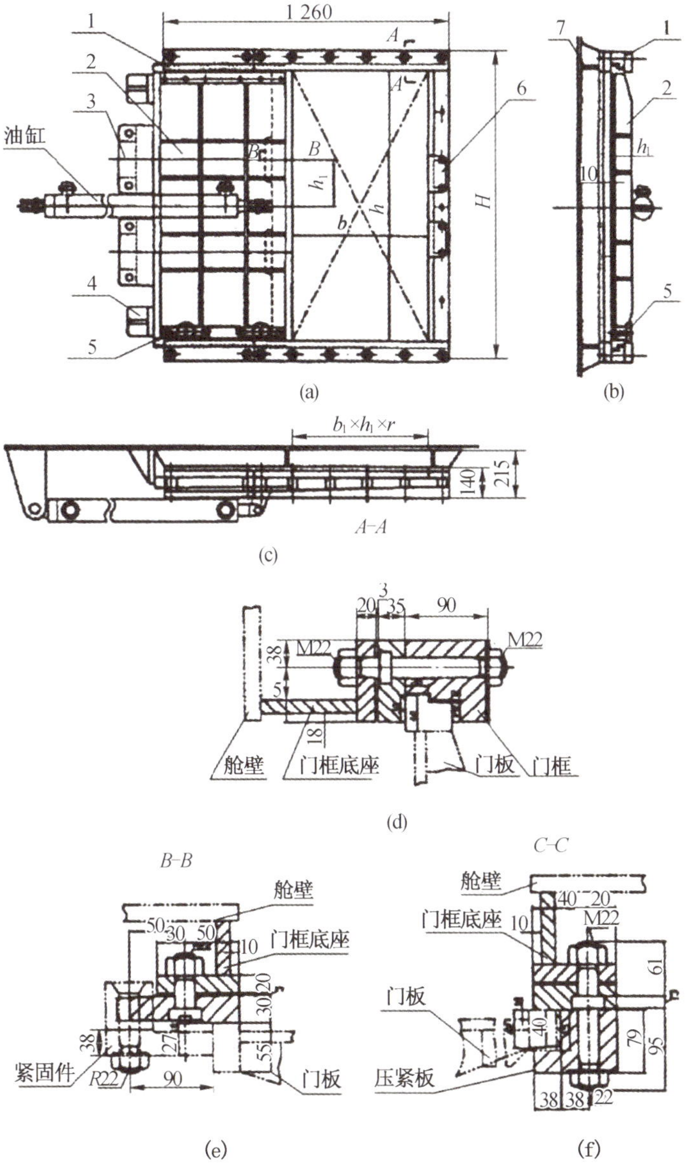

1—门框；2—门板；3—压紧锁扣；4—止动板；5—滚轮；6—压紧板；7—门框底座。

图 4-16　液压滑动水密门结构形式（左开）（单位：mm）

表 4-7 液压滑动水密门的规格及基本尺寸

通孔尺寸 $b \times h$/mm	舱壁开孔尺寸 $b_1 \times h_1 \times r$/mm	H/mm	h_2/mm	h_3/mm	质量/kg
600×1 000	600×1 000×80	1 180	165	65	530
600×1 200	600×1 200×80	1 380	205	75	601
600×1 400	600×1 400×80	1 580	245	85	716

手动液压滑动水密门的控制系统包括电控系统及液压系统。电控系统配置显示水密门处于开启或关闭状态的指示控制箱。其系统原理如图 4-17 所示，系统中设有油箱并配有 3 套手动操纵装置——手摇泵和手动换向阀，可在门的两侧及上甲板某一位置各自分别操纵液压缸开启或关闭水密门，关闭时间不超过 90 s。手动液压滑动水密门可用于甲板间分隔货舱的水密舱壁上。

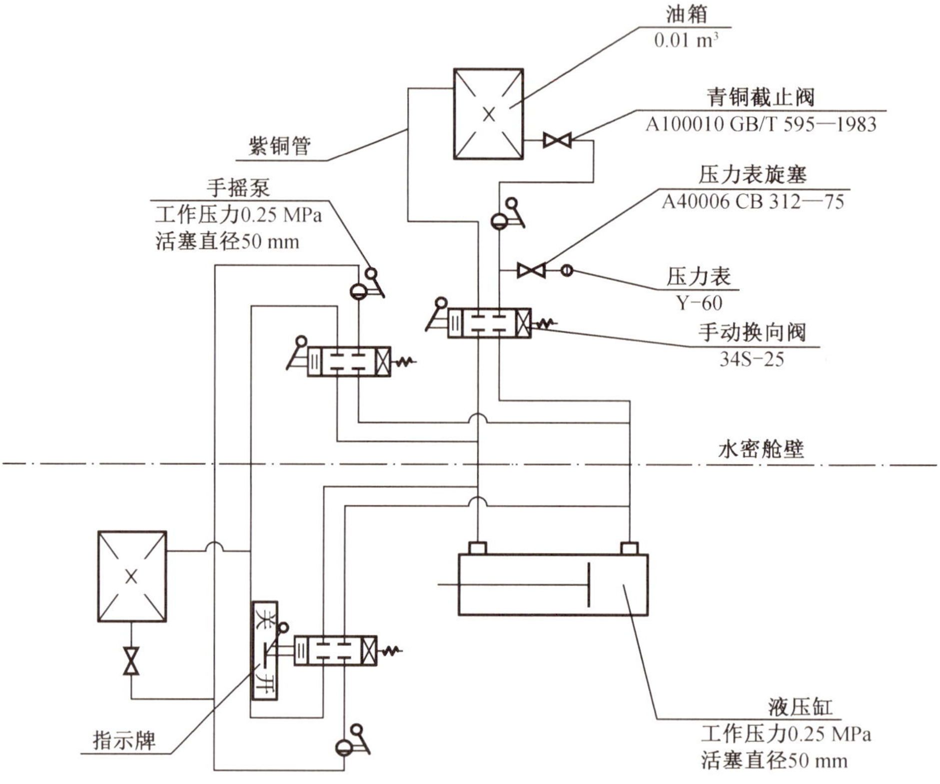

图 4-17 手动液压滑动水密门系统原理

手动/电动两用液压滑动水密门的控制系统也包括电控系统及液压系统。其系统原理如图 4-17、图 4-18 所示，其中的手动液压系统与上述手动液压滑动水密门相似。电动液压系统设有独立的液压泵组及电磁换向阀，可由设在门两侧的按钮操纵液压缸开启或关闭水密门，并可通过设在驾驶室的水密门控制箱遥控关闭水密门，关闭时间不超过 60 s。驾驶室水密门控制箱设有显示水密门处于开启或关闭状态的指示器。手动/电动两用液压滑动水密门作为动力滑动水密门可用于客船和货船的水密舱壁上。

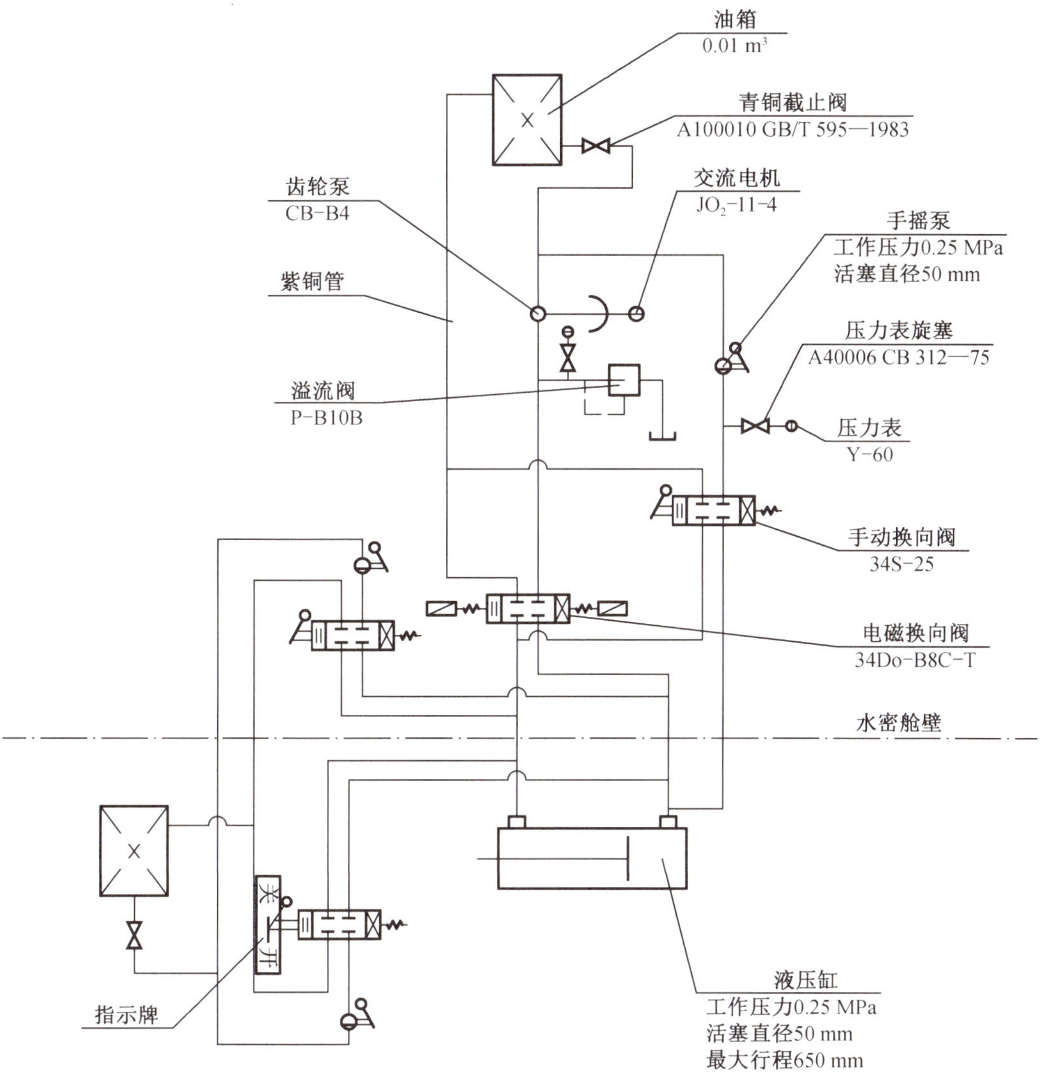

图 4-18　手动/电动两用液压滑动水密门系统原理

三、工艺流程

船用门对于船舶安全来说至关重要。中国江南造船厂的搭载兄弟连的三兄妹,用严格的操作流程按时完成了巨型分段的搭载工作。在船舶建造过程中,每一个小步骤都不容忽视,因此,即使如门这种平日常见的船用设备,也需要按工艺流程严格进行。

防火门及门框安装

(一)操作程序

校对开孔尺寸→修正开孔尺寸→校正门孔平整度→顶装门框→上吊轨支撑角钢固定→门页装入上轨道→调节吊紧螺母→安装下轨道→调节上、下轨道→拆下密封压槽→门框固定→密封压槽复位→调节密封压槽内外螺母并固定→安装锁盒→安装罩盖→封胶→安装缓冲座→固定装饰压框→检查门开闭灵活性。

(二)工艺方法

(1)按图纸要求的开孔位置及开孔尺寸,检查结构开孔。

(2)校正钢围壁开孔,保证高度、宽度及对角线长度偏差在±2 mm 范围内,门槛高度偏差为0~5 mm,开孔处钢围壁平面度偏差≤2 mm。

(3)安装门框,贴橡胶条处需注满封胶,固定门框四角,按图 4-19 所示尺寸固定上吊轨支撑角钢,保证角钢上平面水平,且上轨道前端与门框前部橡胶条平齐。

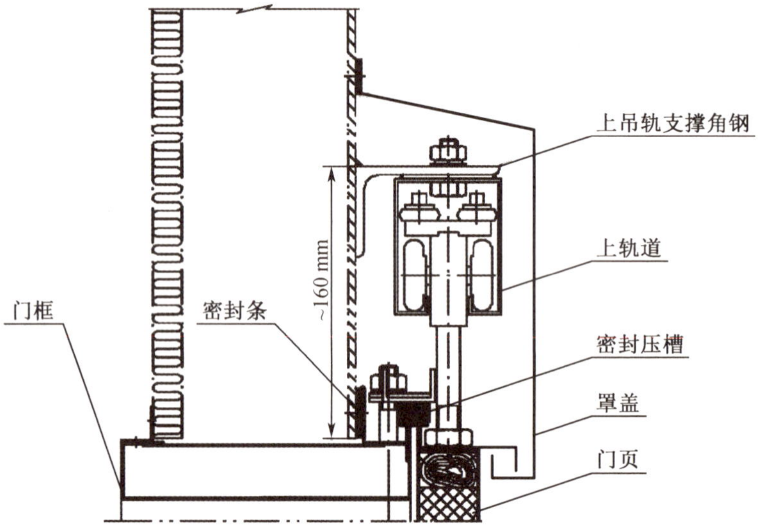

图 4-19　上吊轨支撑角钢定位尺寸

(4)将门页放入上轨道,调节门页上部吊紧螺母,使门框密封刀与门页密封刀无明显高低错位。

(5)安装下轨道,同时注意门页前密封刀应与门框前密封胶条上下距离相同,将下轨道伸进门页下滑槽,确保下轨道伸进门页下滑槽 4~5 mm,将下轨道角钢焊接牢固。下轨道前端需与门框前部橡胶条平齐,调节上轨道与下轨道,保证门页与门框间距为 4~5 mm。门页开闭应轻便,再拧紧上下轨道吊紧螺母。

(6)拆下门页及门框上下密封压槽,固定门框,将门框上所有安装孔与钢壁连接牢固,再将门页及门框上下密封压槽复位。

(7)调节密封压槽内外螺母,使密封手柄松紧合适,并能同时压紧门页与门框密封刀,固定密封压槽内外螺母。

(8)安装锁盒,先取下锁盒面板,在锁盒内腰形孔中间钻孔,然后固定锁盒。调节锁盒与门框距离,保证门框与门页上下能完全勾紧,最后固定锁盒面板。

(9)安装罩盖,罩盖橡胶条处需注满封胶。

(10)安装缓冲座。

(11)固定装饰压框。

任务4.3　船用窗与窗斗

任务准备

通过图 4-20、图 4-21,说说船用窗的结构(图 4-22)。

为满足采光、通风的需要,船舶舱室有各种各样的窗。如舷窗、方窗、落地窗、天窗等。船用窗按材质分为钢质窗和铝质窗;按其外形分为矩形窗和圆形窗。船用窗除了具有窗的使用功能外,对于有防火要求的舱壁还要求与所在的舱壁具有相同等级的耐火性能。

船用窗

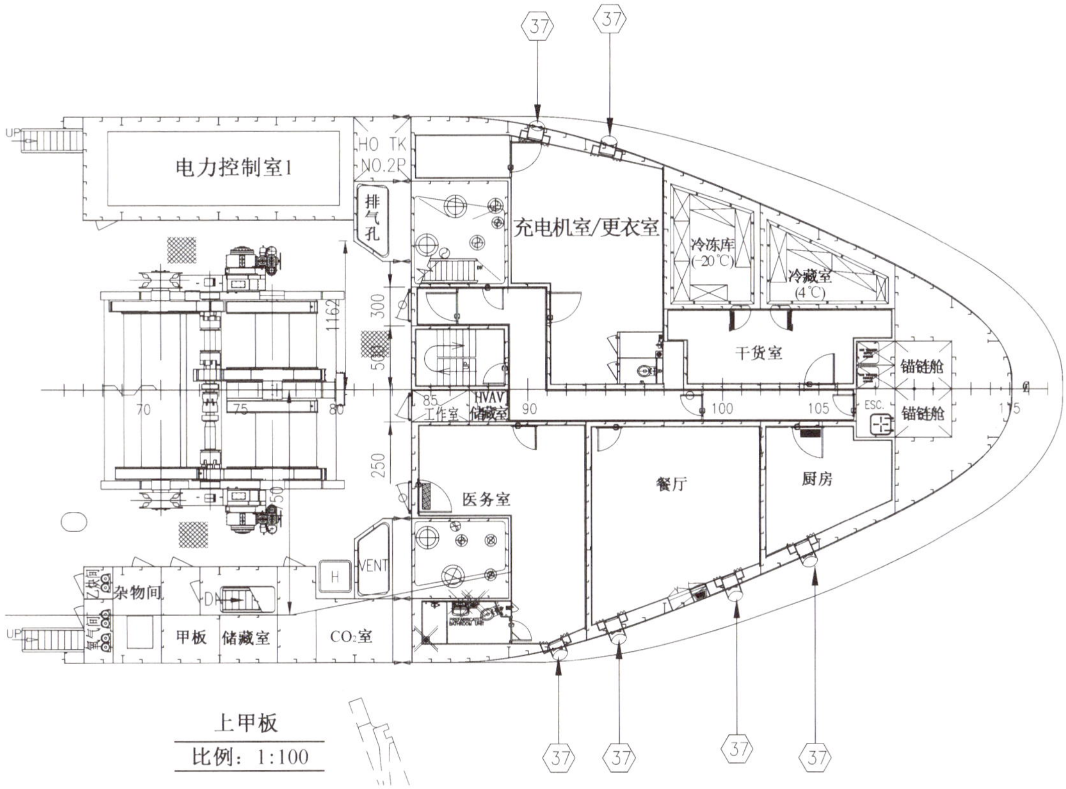

图 4-20　某船上甲板船用窗布置图(单位:mm)

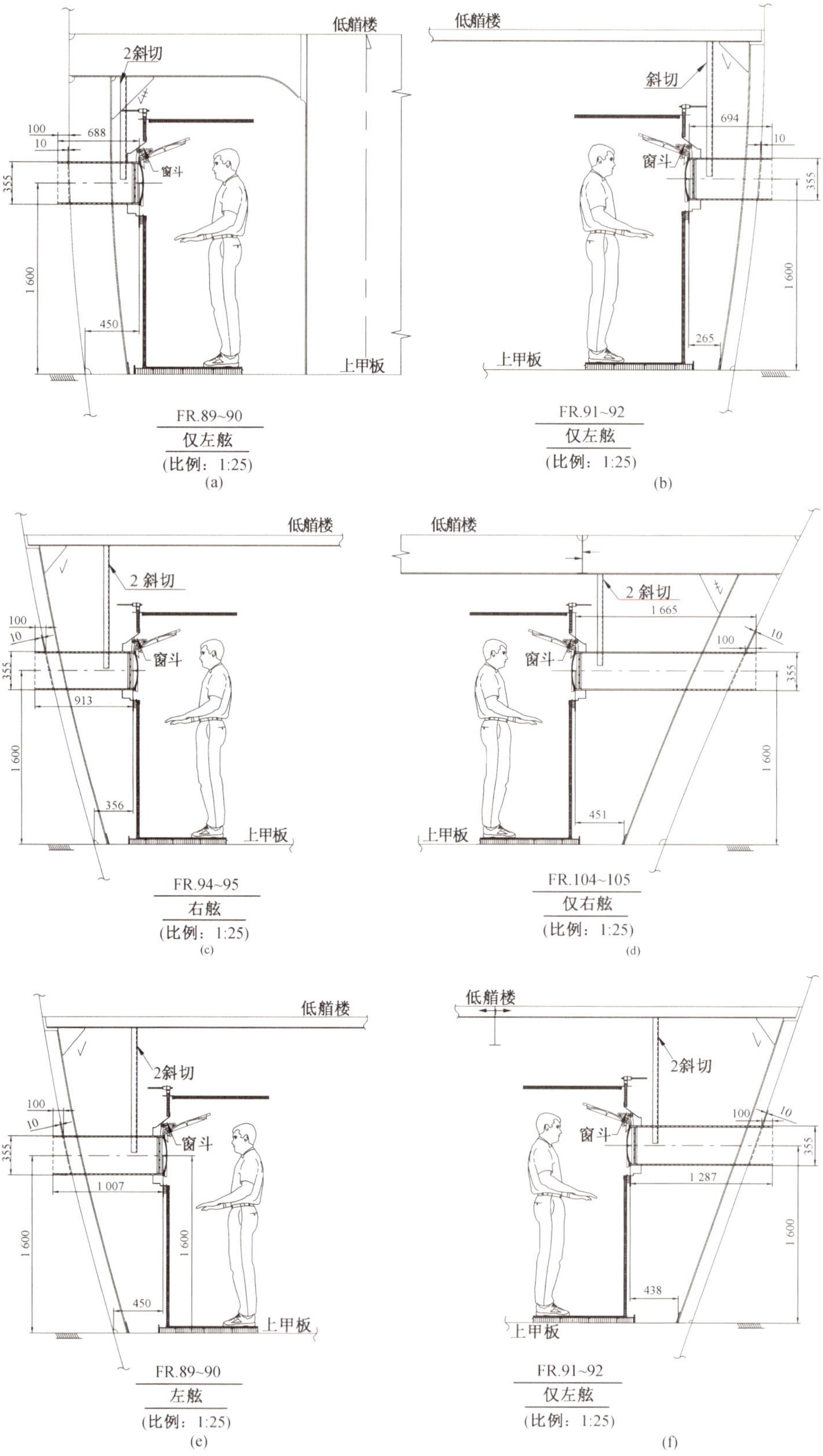

图 4-21 船用窗的剖面图(单位:mm)

图 4-22　船用舷窗

任务实施

一、舷窗

舷窗(图 4-23)的安装位置与海船的抗沉性有关。主船体由于有水密要求,只能设置透光面积较小的舷窗。舷窗用金属材料制成,装有尺寸和材质符合要求的钢化玻璃,可设或不设风暴盖,可为开式或闭式。根据与舱壁的连接方式不同,舷窗有焊接式和螺栓式。

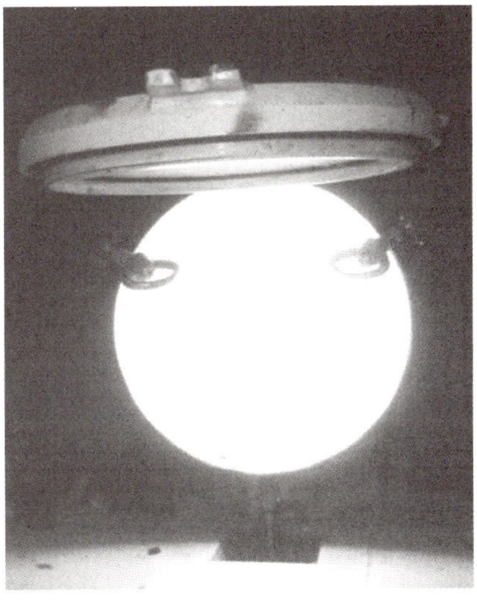

图 4-23　舷窗

(一)舷窗的分类及配置

1. 分类

舷窗分重型(7~10 m 水柱)、中型(普通型 5~10 m 水柱)和轻型(2 m 以下水柱),主要区别在于钢化玻璃的厚度,以及主要零件材料的抗拉强度与延伸率(表 4-8、表 4-9)。

表 4-8　钢化玻璃厚度

舷窗的公称尺寸 ϕ/mm	各种舷窗的钢化玻璃厚度/mm			备注
	重型	中型	轻型	
200	15	12	10	ϕ 为透光玻璃直径，兼作逃生口必须在 ϕ350 mm 以上
250	19	12	10	
300	—	15	12	
350	—	19	12	
400	—	19	15	
450	—	—	15	

表 4-9　舷窗主要零件强度

舷窗类型	最小抗拉强度 1 N/mm²			最小延伸率/%
	主窗框	玻璃窗框架	风暴盖	
重型	300	300	300	15
中型	180	180	180	10
轻型	140	140	140	2

2. 配置

通常将船舶划分为以下几个区域。

(1)最大夏季吃水线以上至 2.5%船宽的区域为甲区。

(2)甲区以上至 1.37 m 的区域为乙区。

(3)乙区以上至舱壁甲板的区域为丙区。

(4)丙区以上至第一层上层建筑(包括甲板室在内)的区域为丁区。

船舶甲区不得设舷窗。乙区的舷窗必须是重型带风暴盖的固定式舷窗。位于丙区的可以是带风暴盖的可开启的重型舷窗。位于丁区的，当直接贴靠舷边时仍要求为重型舷窗，则可设置带风暴盖的其他型开启式舷窗。

(二)耐火舷窗

与船舶上其他窗一样，舷窗的设置除了用来采光，有时兼备眺望、自然通风，有的还可兼作应急逃生口。对于有 A 级分隔要求的舱壁上的舷窗，应与所在舱壁具有相同的耐火等级，下面介绍两种 A-60 级耐火舷窗。

(1)焊接式 A-60 级耐火舷窗，如图 4-24(a)所示。

(2)螺栓式 A-60 级耐火舷窗，如图 4-24(b)所示。

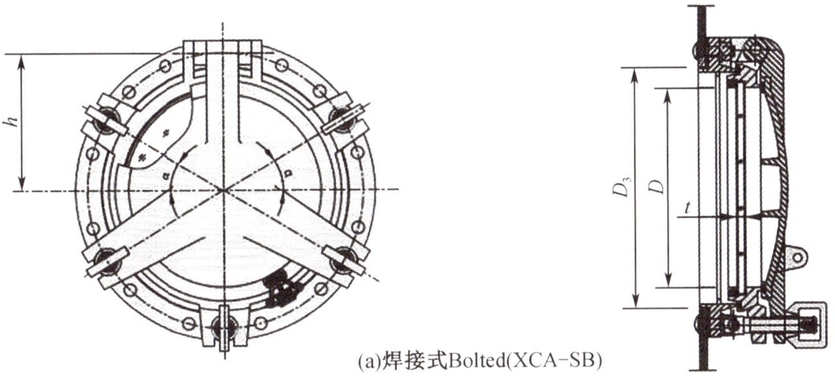

(a)焊接式Bolted(XCA-SB)

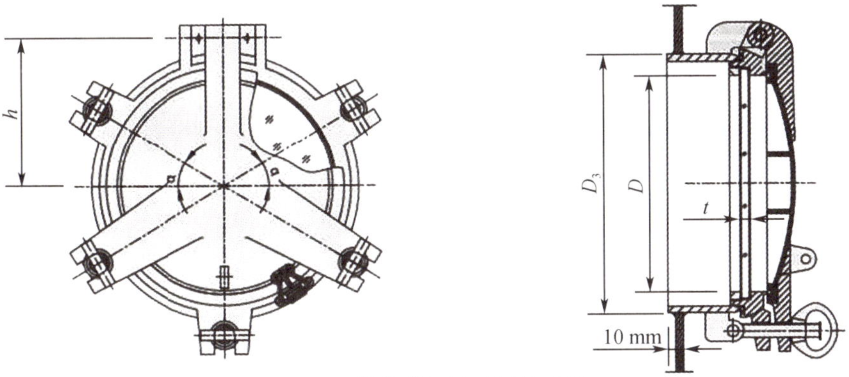

(b)螺栓式Welded(XCA-SW)

图 4-24　A-60 级耐火舷窗

二、矩形窗

(一)分类

矩形窗一般设于第二层上层建筑以上的舱室,其结构以内侧开式为主,此外尚有外侧开、内上开、跌落式及固定式多种,承压小于 5 m 水柱。透光尺寸(宽 W×高 h)愈大,承压愈低,配备时根据肋骨间距的大小及视野和透光的需要设置。

(二)配置

矩形窗除了具有窗的功能外,还应满足与其所在舱壁相同的耐火性能,即 A-60 级的舱壁上的窗也应为 A-60 级,以此类推。

(1)焊接式 A-60 级耐火矩形窗,如图 4-25 所示。

(2)螺栓式 A-60 级耐火矩形窗,如图 4-26 所示。

三、舷窗的定位

舷窗的定位应遵守国际公约、规则、船级社规范和船籍国主管机关的有关规定。

舷窗的定位与船舶长度、窗槛高出夏季载重线的高度和舷窗的形式(重型、中型、轻型)及其在船上安装的部位有关。

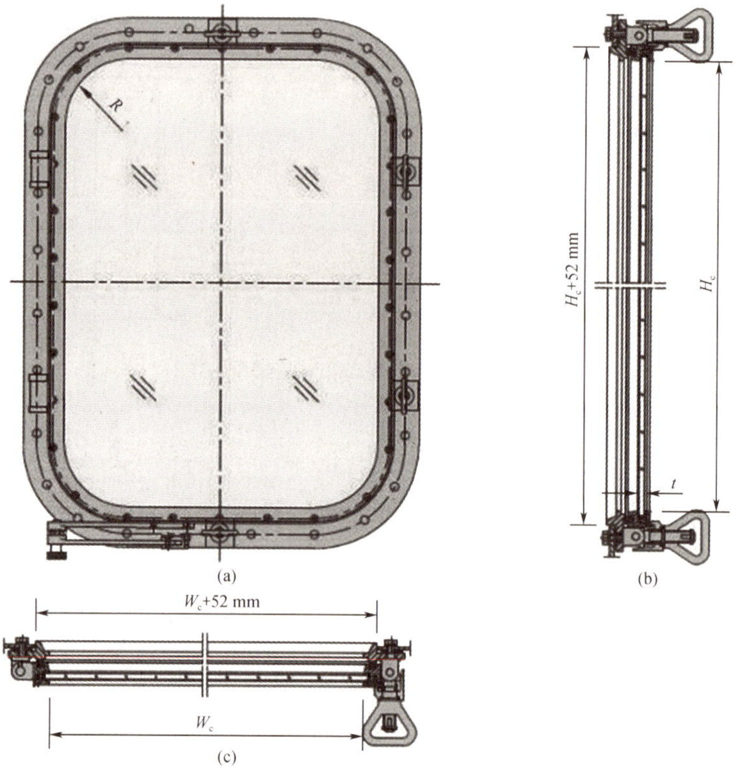

图 4-25　焊接式 A-60 级耐火矩形窗

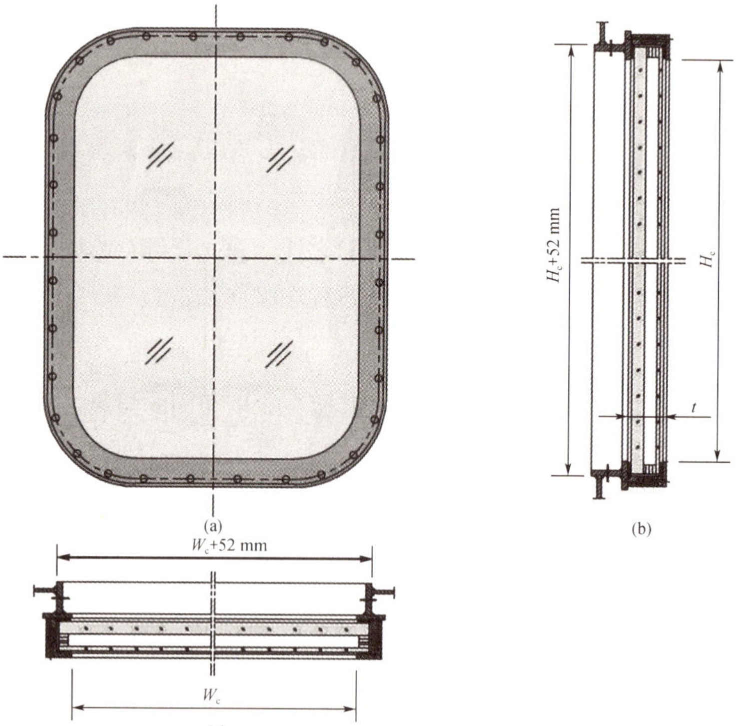

图 4-26　螺栓式 A-60 级耐火矩形窗

需满足破舱稳性要求的船舶，舷窗窗槛位于破损状态的最终水线以下和破损后会浸水的处所的外侧，应装不可开启的舷窗。

船舶舷侧外板或有通道通向干舷甲板以下处所的第一层上层建筑或甲板室，仅允许安装带有永久性风暴盖的重型或中型舷窗。有直接通道通至封闭的第一层上层建筑或干舷甲板以下处所的第二层上层建筑舱室，应安装带有永久性风暴盖的重型或中型舷窗。

此外，各种舷窗允许的最低位置还取决于该种舷窗的强度，该强度与作用于该位置的外力有关。船上任一部位的设计压力超过舷窗所能承受的最大允许压力时，不能安装该种舷窗。

四、工艺要求

A-60 防火窗在出厂前的技术要求必须满足《船用耐火窗技术条件》(GB/T 17434—1998)的规定。为了保护玻璃，在整个安装过程中，不得移开或损坏窗的防护夹板或其他保护层，若有受损应立即采取补救措施。

钢围壁开孔必须满足图纸要求。开孔要求：高度偏差为±3 mm，宽度偏差为±3 mm，对角线长度偏差为±2 mm，开孔处钢围壁平面度≤2 mm。船用窗开孔四周的钢围壁要平整，如不平整，则要用火工校平整。窗焊接应尽量采用 CO_2 气体保护焊，以减少窗的变形。

焊接应检查所焊部位的清洁，发现有油污、铁锈、水分等对焊接有害的物质时应及时清除。窗焊接程序应严格按对角、对边的原则，并严格按图 4-27 施工，不得连续焊完，以免窗框过热变形。

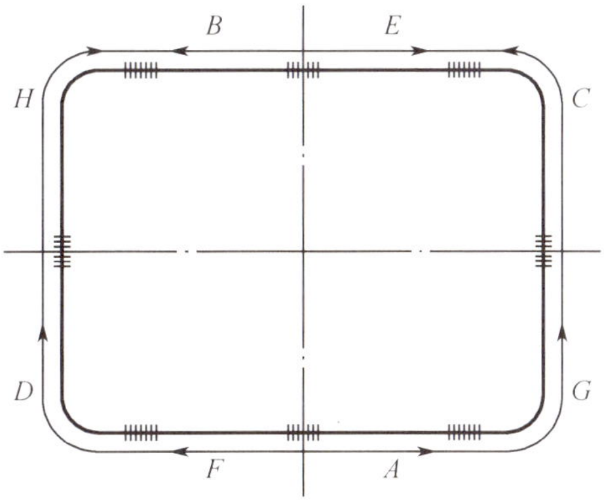

图 4-27 窗焊接顺序

一次连续焊接长度不得超过 150 mm，大尺寸窗框须按照交替原则增加焊接段数。焊接完成后，焊缝应光滑，无夹渣、气孔等缺陷，如有须及时修补。

窗安装要求：窗中心线高度偏差为±5 mm，窗中心垂直度≤2 mm，密封垫距中心偏差为±1.5 mm。窗安装后，窗框不允许有毛刺和裂纹现象存在，窗玻璃无划痕，表面无明显缺陷。舷窗安装后，应保证舷窗的棘爪能够固定风暴盖，并且不与窗斗相碰。

五、工艺过程

(一)操作流程

检查结构开孔→拉对角线检查窗孔的平整度→火工校正窗孔→窗就位、点焊固定→消除焊接缺陷→校正,调整→焊接→冲水试验提交。

(二)工艺方法

(1)检查窗开孔 H_1、W_1、R 值是否正确,若不正确,应改正。

(2)检查窗四周的平整是否正确,若不正确,应火工校正窗孔。

(3)船用窗开孔图如图 4-28 所示。

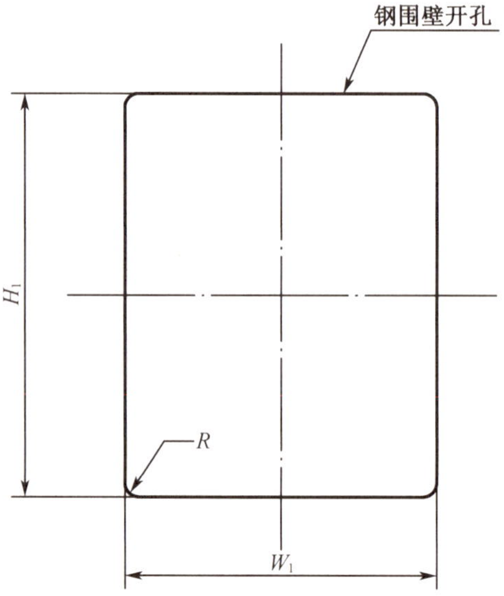

图 4-28　船用窗开孔图

(4)在舱室甲板顶部靠近窗部位处,焊接起吊眼板,如图 4-29 所示。

(5)打开木箱,用 500 kg 的手动葫芦将窗吊出,移至安装位置,整个过程应小心轻放,避免碰撞。

(6)将窗放置到位,并点焊固定,如图 4-30 所示。

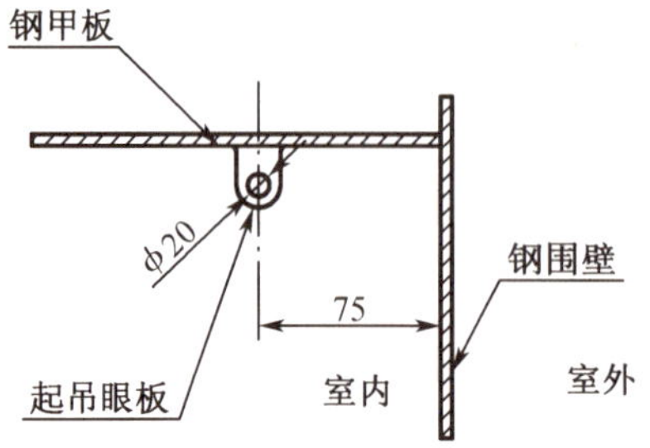

图 4-29　吊眼板安装图(单位:mm)

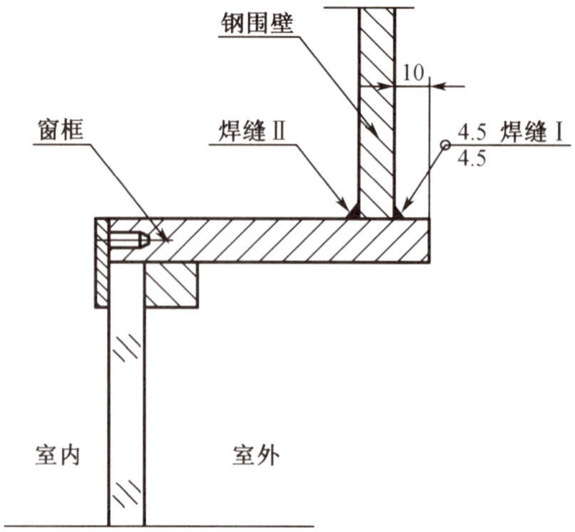

图 4-30　窗焊接节点(单位:mm)

(7)采用双面连续焊方法,按照图 4-27 的焊接顺序和图 4-30 的节点要求焊接窗框与钢围壁,先焊外侧(Ⅰ),再焊内侧(Ⅱ)。

(8)检查焊缝并修整。

(9)清洁,冲水试验。

六、窗斗

窗斗也叫窗盒子(window box),是一个组成部分,与舱室衬板有密切的联系(图 4-31 和图 4-32)。为模仿陆地上的房间,从舱室里面看上去像方形的窗,为此衬板和绝缘上开了一个矩形口,窗盒子遮住了这些切口表面,并与窗连接,起到装饰的作用。

图 4-31　窗斗

图 4-32　驾驶室的船窗斗

窗斗有特殊的作用。首先修饰衬板。外围壁上开窗而该围壁又有衬板时,则位于窗口部分的衬板必须挖成一个孔,这样就暴露了衬板和外围壁之间的构架与绝缘物,而窗斗遮住了这些外露物,从外面看来,窗、窗斗、衬板组成了完整的整体。其次,窗斗能收集从玻璃上落下来的冷凝水。如果船在冬季或者内外温差很大的地区航行,由于室内温度高于室外,室内空气中的水蒸气遇到玻璃界面,就凝结成小水滴落到窗斗下面的积水槽内,对于不开启的窗,积水槽内放置一吸水海绵,对于开启的窗,窗斗下面的积水槽内有的接一根细管子直接排到室外。最后,窗斗能保证舱壁耐火完整性,并改善窗部位的隔热、隔声效果。

制造窗斗的材料有木质、钢质和玻璃钢三种。木质窗斗一般用于内河船舶。窗斗按其与窗的配合情况分为单窗窗斗和双窗窗斗两种,双窗窗斗即在矩形窗斗内包含两个窗。窗斗按其结构形式可分为单式窗斗和复式窗斗两种。单式窗斗是指仅有一层外壳的窗斗,而复式窗斗是指内外两层壳体组合式窗斗。

任务4.4 隔声窗和服务窗

任务实施

一、隔声窗

船舶主辅机舱或其他有强噪声产生的机器处所内的监视控制室，在面向机器一侧的围壁上，通常设置具有隔声效果的玻璃窗。

目前常用的隔声窗为铝合金中空玻璃隔声窗。其按中空玻璃的形式分为双层和三层两种。玻璃之间留有空隙，并抽真空，从而起到隔声作用，同时在有温度变化时不会影响玻璃的透视效果。玻璃与窗框连接处设密封垫圈，窗框与围壁连接处设橡胶垫片以阻隔声音的传播。

隔声窗如图 4-33 所示。

图 4-33 隔声窗

(一)双层中空玻璃隔声窗

双层中空玻璃隔声窗的形式和基本尺寸如图 4-34 及表 4-10 所示。

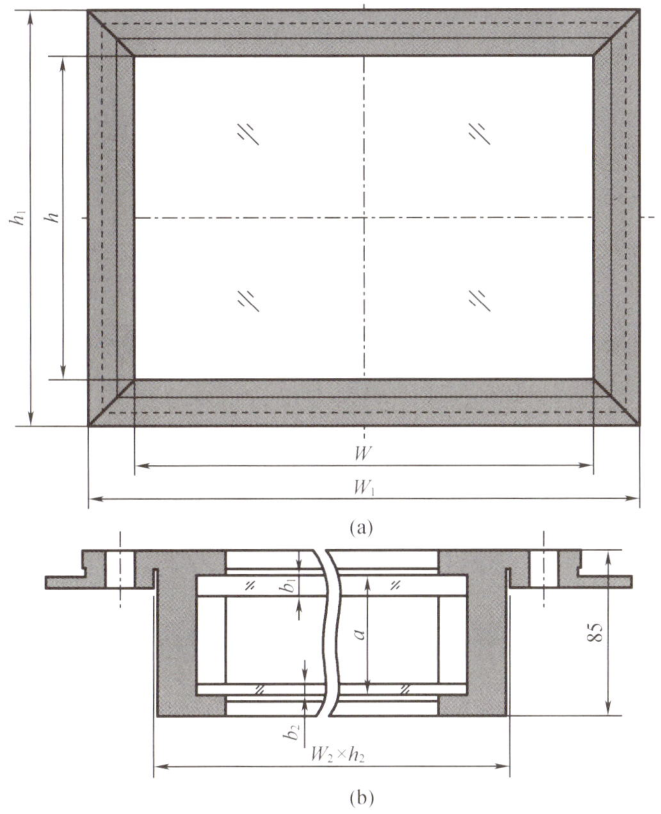

图 4-34　双层中空玻璃隔声窗的形式(单位:mm)

表 4-10　双层中空玻璃隔声窗的基本尺寸

单位:mm

<table>
<tr><th>公称尺寸</th><th>外形尺寸</th><th>围壁开口</th><th colspan="3">玻璃厚度</th><th colspan="2">窗框螺钉</th><th>平均隔声量</th><th>质量</th></tr>
<tr><th>$W\times h$</th><th>$W_1\times h_1$</th><th>$W_2\times h_2$</th><th>a</th><th>b_1</th><th>b_2</th><th>个数</th><th>直径</th><th>TL/dB</th><th>m/kg</th></tr>
<tr><td>500×710</td><td>640×850</td><td>570×780</td><td rowspan="7">60</td><td rowspan="2">6</td><td rowspan="7">6</td><td>22</td><td rowspan="7">$M12$</td><td>≥31</td><td>25. 86</td></tr>
<tr><td>900×630</td><td>1 040×770</td><td>970×700</td><td>26</td><td>≥31. 8</td><td>35. 48</td></tr>
<tr><td>1 000×800</td><td>1 140×940</td><td>1 070×870</td><td rowspan="2">8</td><td>32</td><td>≥35</td><td>49. 23</td></tr>
<tr><td>1 200×800</td><td>1 340×940</td><td>1 270×870</td><td>34</td><td>≥34</td><td>56. 87</td></tr>
<tr><td>1 400×800</td><td>1 540×940</td><td>1 470×870</td><td rowspan="3">10</td><td>36</td><td>≥33</td><td>70. 11</td></tr>
<tr><td>1 600×1 000</td><td>1 740×1 140</td><td>1 670×1 070</td><td>40</td><td>≥32</td><td>93. 39</td></tr>
<tr><td>1 800×1 200</td><td>1 940×1 340</td><td>1 870×1 270</td><td>44</td><td>≥30. 5</td><td>119. 9</td></tr>
</table>

(二)三层中空玻璃隔声窗

三层中空玻璃隔声窗的形式和基本尺寸如图 4-35 及表 4-11 所示。

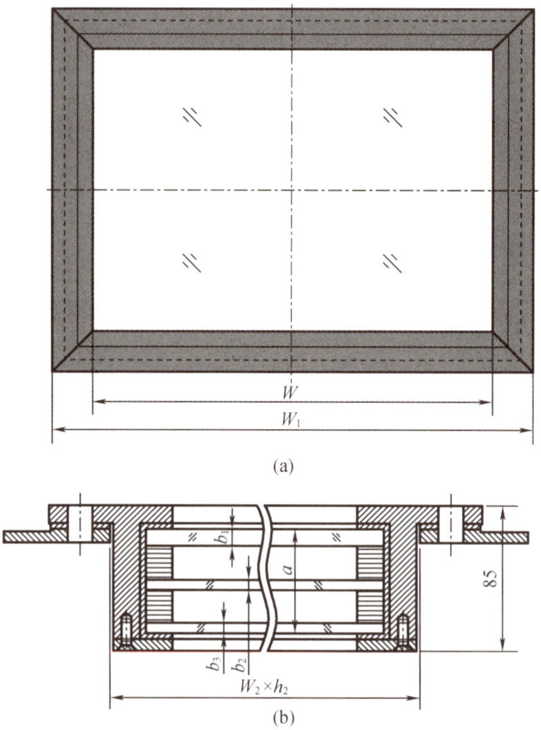

图 4-35　三层中空玻璃隔声窗的形式(单位:mm)

表 4-11　三层中空玻璃隔声窗的基本尺寸

单位:mm

公称尺寸	外形尺寸	围壁开口	玻璃厚度				窗框螺钉		平均隔声量	质量
$W×h$	$W_1×h_1$	$W_2×h_2$	a	b_1	b_2	b_3	个数	直径	TL/dB	m/kg
500×710	640×850	570×780	60	6	6	6	22	$M12$	≥31. 3	31. 21
900×630	1 040×770	970×700					26			43. 97
1 000×800	1 140×940	1 070×870		8			32		≥37. 1	61. 23
1 200×800	1 340×940	1 270×870					34			71. 27
1 400×800	1 540×940	1 470×870		10			36		≥36. 6	86. 91
1 600×1 000	1 740×1 140	1 670×1 070					40			117. 39
1 800×1 200	1 940×1 340	1 870×1 270					44			152. 28

二、C 级服务窗

C 级服务窗通常用于船舶的餐厅、值班室和小卖部等处所,可满足 C 级分隔围壁的要求。

常用的 C 级服务窗有平板结构移动式、闸片结构移动式、闸片结构卷启式(图 4-36 至图 4-37)。服务窗的规格按其透光尺寸(宽×高,单位:mm)有:630×500,900×630,1 100×800,1 400×1 000,1 800×1 100 及 2 300×1 200 等。

服务窗的窗框、平板窗、闸片移窗、闸片卷启窗、导向槽等采用不锈钢或铝合金制作。导轨、导向轮和滚轮等采用不锈钢制作。安装时,将窗框与围壁用螺栓和螺母固定。

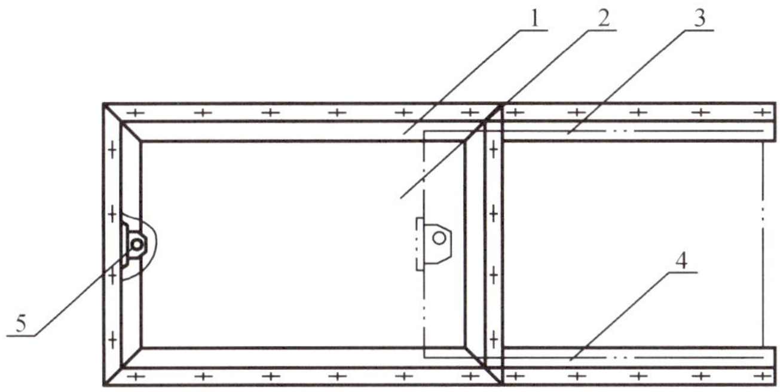

1—窗框;2—平板移窗;3—导向槽;4—导轨;5—小蟹钳锁。

图 4-36　平板结构移动式服务窗

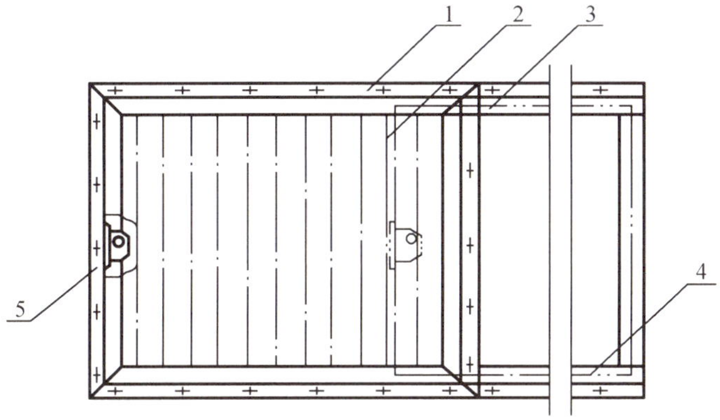

1—窗框;2—闸片移窗;3—导向槽;4—导轨;5—小蟹钳锁。

图 4-37　闸片结构移动式服务窗

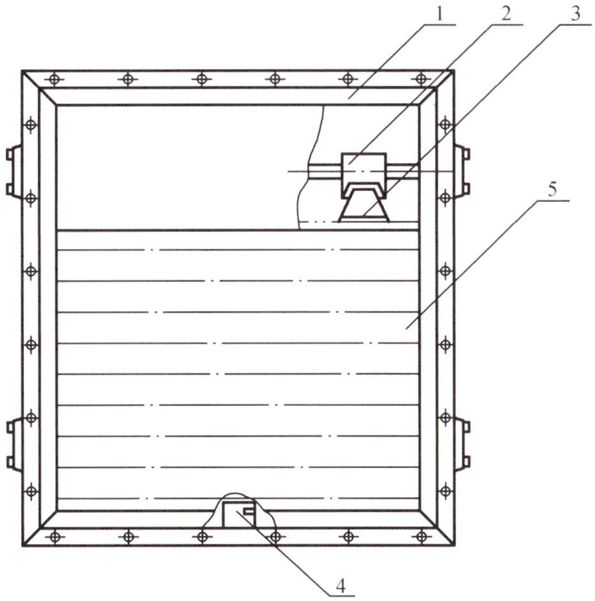

1—窗框;2—弹簧盒;3—挂钩;4—小蟹钳锁;5—闸片卷启窗。

图 4-38　闸片结构卷启式服务窗

三、A 级服务窗

A 级服务窗通常放置在厨房和餐厅之间以及有 A 级耐火要求的围壁上。常用的为平板结构移动式，窗框、窗本体内均填充防火材料，窗关闭时，窗框与窗本体之间无空隙。图 4-39 为 A15 级服务窗的示意图，其主要尺寸见表 4-12。

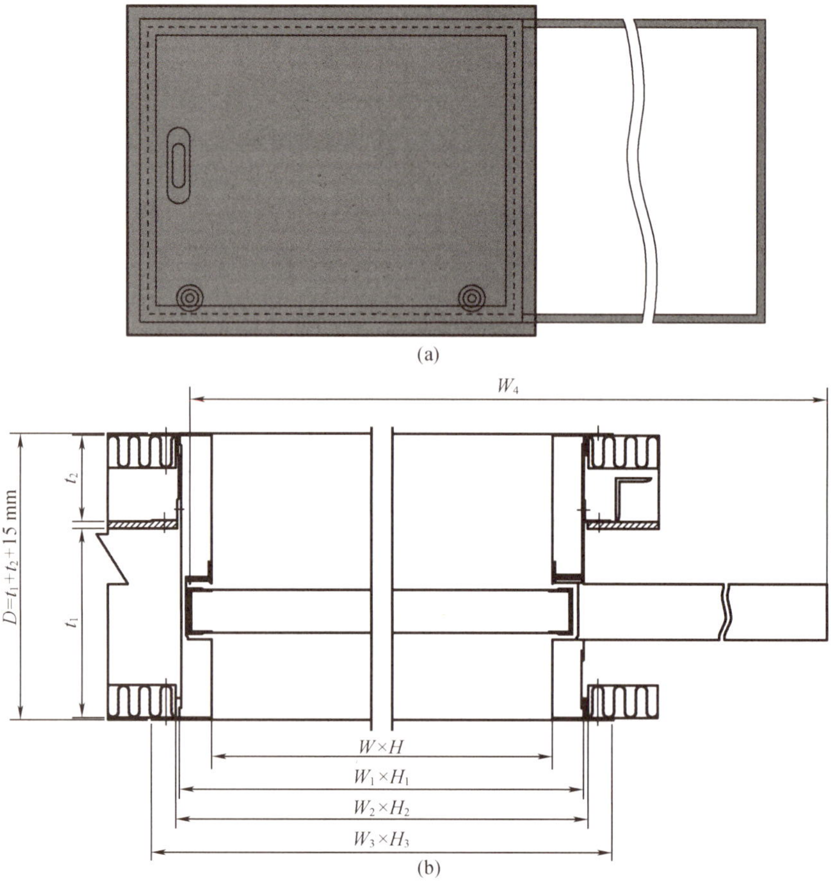

图 4-39　A15 级服务窗的示意图

表 4-12　A15 级服务窗的主要尺寸

单位：mm

透光尺寸	围壁开口	窗框尺寸		滑轨长度	窗框深度			质量
$W \times h$	$W_2 \times h_2$	$W_1 \times h_1$	$W_3 \times h_3$	W_4	D	t_1	t_2	m/kg
630×500	696×566	690×560	750×620	1 350	185	100	70	33.1
900×630	966×696	960×690	1 020×750	1 890				47.3
1 100×800	1 167×867	1 160×860	1 220×920	2 290	225	110	100	64.6
1 400×1 000	1 467×1 067	1 460×1 060	1 520×1 120	2 890				89.3
1 800×1 100	1 868×1 168	1 860×1 160	1 920×1 220	3 690	265	140	100	118.2
2 300×1 200	2 368×1 268	2 360×1 260	2 420×1 320	4 690				152.4

任务实施的依据

一、舱室门、窗安装图设绘要求

(一)舱室门安装图(表4-13)

(1)以详细设计舱室门布置图为蓝本,绘制船体中心线、钢围壁轮廓线、木作线、房间名及房间号。

(2)按详细设计舱室门布置图和船体结构图绘出舱室门位置及开启方向。

(3)标志出门的通孔宽度、防火等级及附件符号。

(4)编制舱室门明细表,说明门的编号、名称、型号、围壁开孔尺寸、通孔尺寸、门框深度、开向、门锁类型、附件等。

(二)钢质门安装图

(1)以详细设计钢质门布置图为蓝本,绘制船体中心线、钢围壁轮廓、木作线、房间名及房间号。

(2)按详细设计钢质门布置图和船体结构图绘出钢质门位置及开启方向。

(3)编制钢质门明细表,说明门的编号、名称、型号、通孔尺寸、开向、围壁开孔尺寸、门附件等。

(三)窗安装图

(1)以详细设计窗布置图为蓝本,绘制船体中心线、钢围壁轮廓、木作线、房间名及房间号。

(2)按详细设计窗布置图和船体结构图绘出窗位置及开启方向。

(3)编制窗明细表,说明窗的名称、规格、材料、质量等。

二、图面要求

(1)图面一般要求按《金属船体制图一般规定》(GB 4476.1—84)制定。

(2)图纸宽度可采用A3或A4图纸宽度,长度允许按《技术制图 图纸幅面和格式》(GB/T 14689—93)的规定放长。

(3)图纸所选用的比例一般以1:100、1:50为宜,节点详图可选用1:10或1:5设绘。

(4)居装门、窗安装图一般以甲板平面图绘示,一层甲板一个图面,图中标注各层甲板及各个房间名称。

(5)各层甲板舱室平面图中所绘门、窗等图形符号应按《船舶布置图图形符号》(GB 3894.1~5—84)等规定表达,在布置图中应标注门、窗位置。

(6)图纸线条原则上规定:

粗实线——钢围壁及钢围壁扶强材截面;

细实线——舱室内装壁板线、梯子、门、窗等轮廓线、尺寸线;

细点划线——船体中心线、设备家具中心线、搁架对角线等。

表 4-13　舱室门安装图示例

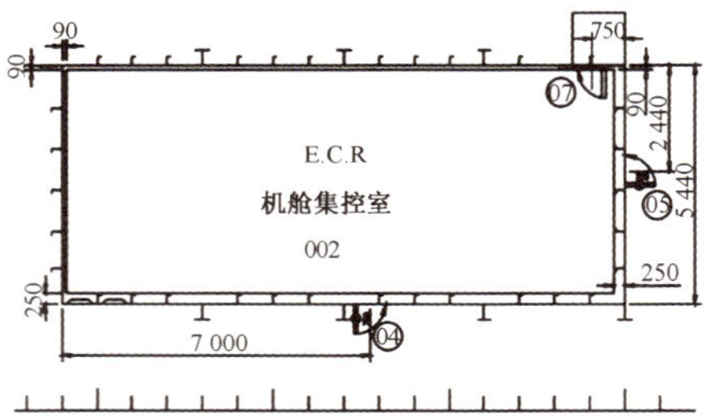

其他甲板

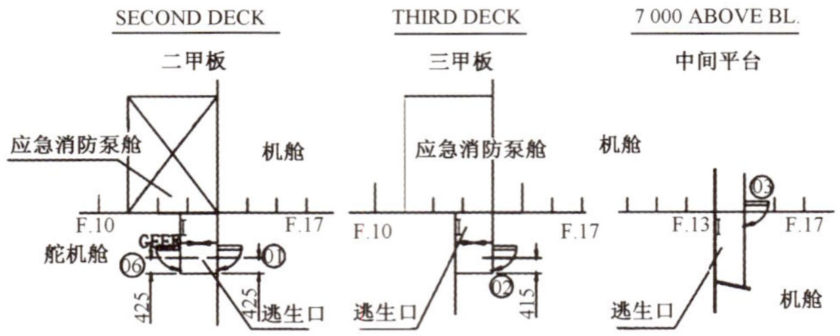

机舱集控室

序号	房间名	名称	型号	图号或标准号	通孔			门框深度	开向	门框型式	门板厚度	围壁开孔				门锁	附件	锁匙			附注
					高 (H)	宽 (W)	门槛 (h)														
01	逃口	防火门	A60	REF. CB/T 3518.3—92	1 800		200	90	RO			1 900	750		150	C-2	C				二甲板
02	逃口	防火门	A60	REF. CB/T 3518.3—92	1 800		200		RO			1 900	750		985	C-2	C				二甲板
03	逃口	防火门	A60	REF. CB/T 3518.3—92	1 800		200	90	RO			1 900	750		150	C-2	C				中间平台
04	机舱集控室	带观察窗隔音门	AZ	REF. CB * 3217-84	1 800		200	290	LO			1 900	800		230	C-1	C				二甲板
05	机舱集控室	带观察窗隔音门	AZ	REF. CB * 3217—84	1 800		200	290	LO			1 900	800		230	C-1	C				二甲板

表 4-13(续)

序号	房间名	名称	型号	图号或标准号	通孔			门框深度	开向	门框形式	门板厚度	围壁开孔				门锁	附件	锁匙			附注
					高（H）	宽（W）	门槛（h）														
06	舱机舱	防火门	A60	REF. CB/T 3518.3—92	1 800		200	90	LO			1 900	750		150	C-2	C				二甲板
07	集控室逃口	防火门	A60	REF. CB/T 3518.3—92	1 800		200	140	LI			1 900	750		230	C-2	C				二甲板

评价与考核

课程名称	船舶内装生产设计		
学习项目	舱室门窗	授课教师	
知识掌握情况(40分)			
序号	知识考核点	分值	教师评分
1	了解舱室门的定义和特征	10	
2	了解舱室门的安装工艺	10	
3	了解船用窗的定义和特征	10	
4	了解船用窗的安装工艺	10	
任务执行情况(60分)			
序号	能力执行考核点	分值	教师评分
1	能够根据需求进行舱室门的布置	30	
2	能够根据需求进行船用窗的布置	30	
违纪扣分(25分)			
序号	违纪考核点	分值	教师评分
1	上课吃东西	5	
2	上课睡觉	5	
3	上课玩手机	5	
4	上课打电话	5	
5	其他扰乱课堂秩序的行为	5	

小故事园地

1990年和2001年，考古工作者两次发掘浙江萧山的跨湖桥遗址，出土了一批距今7 500~8 000年的文物，其中最为珍贵的是一艘独木舟(图4-40)。据在现场的考察，该独木舟底部有随处可见的火烧痕迹，舟的周围有不少有段石锛及其木柄，所以被推测该舟是先用火燃烧后，再用有段石锛等石器制的。舟身已残损，最宽处尚有70 cm，舱深15 cm，舟体两侧各有一处小木桩。迄今为止，世界上年代最早的独木舟实物出土于荷兰，距今约8 300年，跨湖桥独木舟的年代与之约略相当。

图 4-40　独木舟

任务测试模拟题

1. 选择题

(1)对于各种类型的门说法不正确的是 (　　)

A. 非防火门有玻璃钢门、玻璃门、金属移门等

B. 某些军舰类船舶使用玻璃钢门的主要原因是因为质量比较轻

C. 驾驶室外面常使用移门的目的是为了美观

D. 玻璃门多用于装饰性场合

(2)B-15 级舱壁上安装门,其上的通风栅的防火等级应为 (　　)

A. A-0　　B. B-30　　C. B-15　　D. A-15

(3)舷窗兼作逃生口时,透光玻璃的直径应在 (　　)

A. ϕ250 mm 以上　　B. ϕ350 mm 以上　　C. ϕ450 mm 以上　　D. ϕ550 mm 以上

(4)关于窗斗作用说法正确的是 (　　)

A. 修饰衬板

B. 保证耐火的完整性

C. 收集从玻璃上落下来的冷凝水

D. 能维护舱壁耐火完整性,并改善窗部位的隔热、隔声效果

(5)客船上 A 类机器处所的界限面上不能设窗,但机器处所内的控制室上可以安装玻璃窗。 (　　)

A. 正确　　B. 错误

(6)船舶驾驶室的窗应尽可能大些,窗框尽可能细些,这可以更好地保证驾驶员的视线。 (　　)

A. 正确　　B. 错误

(7) B级门上应急孔的设置会降低其防火等级。 (   )

A. 正确　　　　B. 错误

(8) B级门可以按使用要求设置应急通孔或通风栅。 (   )

A. 正确　　　　B. 错误

(9) A级防火门钢质门叶上的扶强材在整个门叶厚度范围内为确保强度要求,应连续贯通。 (   )

A. 正确　　　　B. 错误

(10) A级防火门要求应在舱壁的每一面均能由一人将其关闭。 (   )

A. 正确　　　　B. 错误

项目五

舱室设备

引导语

“通计一舟,为人五;为窗八;为箬篷,为楫,为炉,为壶,为手卷,为念珠各一;对联、题名并篆文,为字共三十有四。而计其长曾不盈寸。盖简桃核修狭者为之。嘻,技亦灵怪矣哉!”一只船,五个人,八扇窗。小小的一枚果核不仅展现了微型雕刻的精湛技艺,也将千百年的文化记忆呈现在了我们的眼前,如图 5-1 所示。

图 5-1　微雕篷船

欲善其事,必利其器。核雕有平刀、半圆刀、凿子等多种刀具。每种工具都有独特的使命,核雕匠人利用不同器具让手中的果核更显精美。

在现代船舶中,人们对于物质生活需求更加丰富,要满足人们的物质生活需求,各种不同功能的设备也在船舶中不断增多。

学习目标

任务说明

本项目通过介绍船舶舱室设备的种类、特点及使用场所,使学生能在进行舱室设备选型时选择适当的设备;通过讲解厨房等舱室设备的施工工艺和配备要求,使学生能按工艺进行设备施工,并能进行舱室设备配置。

知识目标

1. 了解船舶舱室设备的种类；
2. 了解船舶舱室常用设备的特点；
3. 了解舱室设备的安装工艺；
4. 以 NORSOK C 对厨房(厨房)、餐饮和洗衣设备的要求为例，熟悉设备的安装配备规范。

能力目标

1. 能根据舱室设备的特点以及船东的使用要求，选择合适的舱室设备；
2. 能根据舱室设备配备情况，编制设备安装工艺。

任务5.1 船用舱室设备概述

任务准备

船舶舱室设备是指设置在船舶起居处所、公共处所、服务处所以及某些控制站(如驾驶室)等处所的生活设备及设施，包括家具、厨房设备、卫生设备、医疗设备以及文化娱乐设施等。

船用厨房和厨房设备

任务实施

一、厨房及餐饮设备

船用厨房设备是指用于食品或餐具的洗涤、加工、烹饪、分配、储存、输送、消毒以及废弃物处理的设备的总称，这些设备通常设在厨房内或邻近厨房的工作间(如配餐间等)内。

餐饮设备是指散置于厨房以外各处所(如餐厅自助区域、休息室以及茶水间等)的保温台、饮水机、饮料机、保温桌、冰箱、制冰机等设备。

船用厨房、餐饮设备由于船上工作环境及作业工况的不同，其在设计、制造和安装方面与陆地上用的厨房、餐饮设备相比，都有一定的差别，另外，根据船型的差异以及作业水域的不同，还应符合各挂旗国以及国际海事组织的相关要求。

(一)厨房设备

厨房与
餐饮设备

1. 食品原料加工设备

食品原料加工设备,主要是指对肉类、蔬菜水果、米面等原食品原材料进行初步粗加工的设备,常用的食品原料加工设备包括锯骨机、绞肉机、肉类切片机、蔬菜处理机、土豆去皮机、多用途机、和面机以及制作面条、饺子和馒头等的专用设备等。

船舶厨房中的食品原料加工设备,其类型和数量通常会根据船上就餐人员的餐饮习惯以及人员数量进行配置。每一种原料设备都会有多种不同的型号或有各类可供选择的附件,不同型号的设备及附件,其食品加工处理能力会有一定差别。下面选取了几种不同的食品原料加工设备进行简单介绍。

(1)锯骨机

锯骨机通常设置在船上冷库的出口处或者布置在厨房内靠近冷库入口的位置,可用于切分冷库中储存的冷冻肉品或者较大的猪骨、牛骨等食品,以方便厨师进行进一步的烹饪处理。船用锯骨机主要组成部分包括机身、工作台、电机、锯轮、锯条、安全推板等,机身及工作台通常采用不锈钢制作,方便清洁及冲洗。具体如图 5-2、表 5-1 所示。

图 5-2　锯骨机

表 5-1　常用的锯骨机参数表

电制	功率	处理能力
220 V/ 380 V,50/60 Hz	0.6~1.5 kW	80~300 kg/h

(2)多用途搅拌机

多用途搅拌机也叫多功能搅拌机,如图 5-3 所示。该设备通常设置在厨房间的食品原料加工区,通过在机头卡槽上安装不同用途的附件,可以实现不同的功能,经常用于和面、搅拌馅料、打蛋等加工作业。多用途搅拌机主要由电机、搅拌桶(料桶)、防护罩、底座、变速手柄和升降手轮几部分组成,变速手柄用于调节搅拌头旋转的速度,升降手轮用于调节搅拌桶的定位高度。参数如表 5-2 所示。

图 5-3　多用途搅拌机

多用途搅拌机的附件通常分为标准附件和额外附件两部分,一般的标准附件包括和面钩、搅拌桨和打蛋笼三类,额外附件一般包括绞肉头、蔬菜切割头等。

表 5-2　常用多功能搅拌机参数表

电制	搅拌桶体积	功率
220 V,单相,50/60 Hz 400 V/440 V/480 V,三相,50/60 Hz	9.5~38 L	0.25~1.2 kW

(3)台式切片机

图 5-4　台式切片机

台式切片机是船上厨房中常用的小型肉类加工设备,适合切割无骨类肉制品,例如肉肠、肉砖等,用于制作香肠片、肥牛卷等食品。切片机分为全自动型和半自动型,半自动型切片机为单电机模式,电机仅驱动刀盘旋转,切肉时需要人工推动肉台进行切削,效率相对较低。全自动型切片机配备两个电机,分别驱动肉台往复行进和刀盘的旋转,使用时将肉品在肉台上固定好,调节切片厚度,打开开关即可自动切削,使用方便,效率较高。具体如图 5-4、表 5-3 所示。

表 5-3　台式切片机参数表

电制	功率	刀盘直径	切断行程	切片厚度
110 V/220 V,单相,50/60 Hz	半自动型:0.2~0.4 kW	250~350 mm	150~300 mm	0.1~18 mm
	全自动型:0.5~1.0 kW			

(4)去皮机

去皮机是船上厨房间的常用设备,由于在船上主要是用于给土豆去皮,所以在很多的船舶建造规格书上,去皮机也被称为土豆去皮机。实际上去皮机的用途非常广泛,既可以用于对根茎类蔬菜(例如土豆、红薯、生姜、芋头、洋葱、胡萝卜等)进行清洗或去皮处理,也可以用于对贻贝等海鲜产品的外壳表面进行刷洗处理,还可以用于清洗水果,甚至有些厂家的去皮机还专门配备了用来甩干水果或蔬菜的附件。

去皮机主要的部件包括电机、控制旋钮或控制板、料桶、料桶上盖、底座以及过滤盒等,不同的生产厂家,其产品的样式也会有所差别,例如有的厂家会将料桶和电机集成在一起,由于自动化程度的不同,其控制按钮或控制板也会有差别。具体如图 5-5、表 5-4 所示。

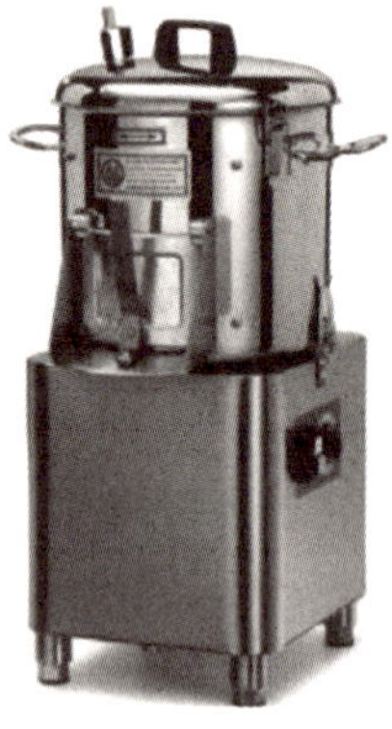

图 5-5　去皮机

去皮机在工作时,通过装有砂纸的料桶内壁以及料桶底板对放入料桶内的蔬菜进行清洗、刮刷或者去皮处理,在料桶上盖上或者料桶本体上通常会设置有进水接口,用于清洗并冲走菜皮等垃圾,料桶底板有多种类型,例如带有砂粒的底板、带有硬毛刷的底板以及带有刀片的地板等,可以根据不同的作业需要进行更换。处理下来的垃圾或菜皮等,通过排水口安装的过滤盒收集起来,以免堵塞排水管路。

表 5-4　去皮机的主要参数

电制	功率	单次处理能力
220 V/230 V,单相,50/60 Hz 440 V,三相,50/60 Hz	0.35~1.0 kW	5~25 kg/h

(5)切菜机

切菜机是食材加工处理设备的一种,其主要用途是根据烹饪要求对各类蔬菜和水果进行加工处理,例如蔬菜的切片、切丝、切粒和研碎等。图 5-6 所示为某品牌的一款切菜机,外形尺寸约为 250 mm×500 mm×500 mm(长×宽×高),可放置在工作台面上使用,可配置 42 种不同的切削刀盘,利用这些刀盘,这台设备可以实现近 80 种不同规格的蔬菜切割和切片作业,功能非常强大,能够满足各种类型的蔬菜烹饪加工需要,并最大限度地提高厨房工作人员的工作效率。

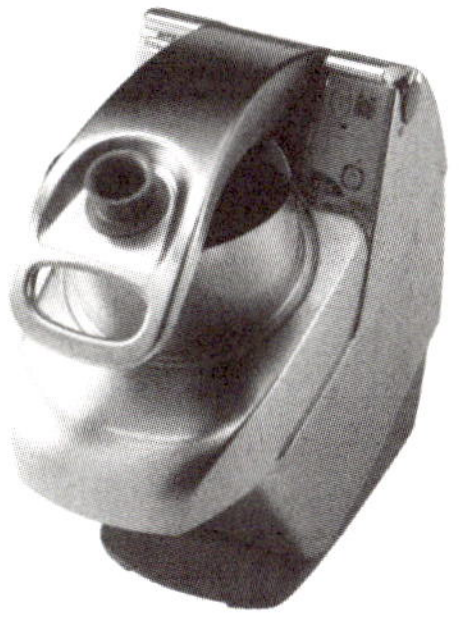

图 5-6　切菜机

表 5-5　某型切菜机的主要参数

电制	功率	处理能力
220~240 V,单相,50/60 Hz	0.35~1.0 kW	550 kg/h

2. 烹饪设备

船用厨房烹饪设备种类较多,包括电灶、电磁灶、煎锅、炸锅、烤箱及蒸烤箱、蒸饭箱以及汤锅等多种不同用途的设备。在现代大型船舶或海洋工程上,为了尽可能地避免和减小火灾发生的风险,厨房烹饪设备基本都采用电加热的形式,而不采用燃油或者燃气炉灶,因此本章节所介绍的船用烹饪设备主要为电热型设备。

(1)电灶

电灶是船上常用的烹饪设备,一般配备 4 块或者 6 块电热板,习惯称为四头电灶或六头电灶,电热板一般为铸铁材料,每块电热板都配有单独的温控旋钮和指示灯。有些船舶在配置电灶时,通常会在电灶底部额外配备一个烤箱,图 5-7 为带烤箱的六头电灶样式。

船用电灶一般适用平底锅具进行烹饪或蒸煮,可通过温控旋钮调节电热板的加热温度,当电热板温度超过设定温度时,电灶会自动停止加热,使用时应避免干烧或空锅加热,以提升加热板的使用寿命。表 5-6 为电灶的主要参数。

图 5-7　电灶

表 5-6　电灶的主要参数

电制	功率	电热板数量
440 V/480 V,三相,50/60 Hz	电热板:2.5~3.0 kW/块 附带烤箱:4~6 kW	2~8 块

另外,由于船舶在海上漂浮或航行时,会有一定幅度的摇晃,为了避免正在烹饪的锅具从电灶上掉落,船用电灶在电热板的四周通常会安装有防倾挡杆,同时,在电灶的正面也可根据要求安装风暴扶手,供人员在船舶摇晃时抓握,这也是船用灶具与陆用灶具的设计差别之一。

(2)可倾式浅煎锅

可倾式浅煎锅也称可倾式炒菜台,是用于加热、煎炸和蒸煮食物的烹饪设备。该设备主要由立柱、煎锅和锅盖三部分组成,立柱部分是浅煎锅的基座,市场上的浅煎锅一般有单立柱和双立柱两种形式(图 5-8),水电接口通常也设置在立柱的背面,煎锅部分由锅盘和不锈钢外壳组成,煎锅的锅盘一般由不锈钢或铸铁制成,锅盘和不锈钢外壳之间填充隔热材料,在煎锅的正面一般设置有温控旋钮、指示灯以及旋转手柄或控制板,温控旋钮可以调整锅盘的加热温度,以适应不同的烹饪需要,旋转手柄用于倾倒煎锅,便于将汤水倒出。有些浅煎锅还会设置供水龙头,使烹饪用水更加方便,还有一些自动化程度更高的浅煎锅产品,煎锅的倾倒、龙头供水等操作都可以在控制板上按键完成,甚至还可以根据烹饪人员的身高不同,调整煎锅的操作高度。具体参数如表 5-7 所示。

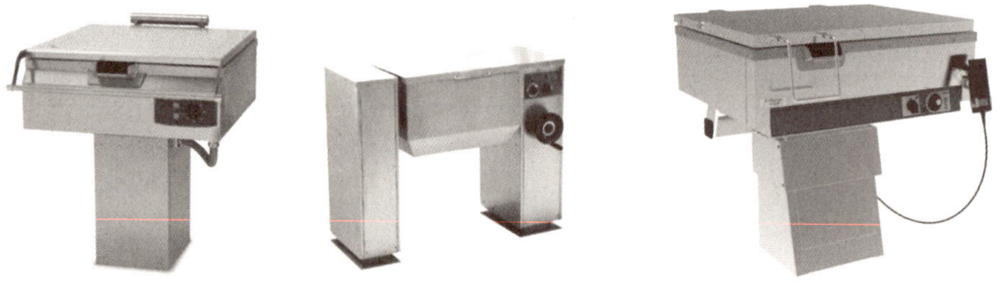

(a) 电动可倾式浅煎锅　(b) 手动可倾式浅煎锅　(c) 电动可倾式浅煎锅（高度可调）

图 5-8　可倾式浅煎锅

表 5-7　可倾式浅煎锅的主要参数

电制	功率	锅盘深度	锅盘体积
400 V/440 V,三相,50/60 Hz	5~10 kW	80~200 mm	20~25 L

(3)深煎锅

深煎锅也称深油炸锅、电炸炉等,是一种用于食品油炸烹饪的设备,一般配置 1~2 个油池,烹饪时用温控旋钮控制油池内的油温。由于油炸烹饪时会用到大量的食用油,如操作不当,会具有较高的失火风险,因此 IMO 的《国际海上人命安全公约》对深煎锅的温度控制以及灭火系统有较为严格的规定,要求深煎锅必须安装有一个主恒温器和一个后备恒温器,并配备一个在任一恒温器出现故障时引起操作人员警觉的报警装置,其灭火系统也许满足相关国际标准(ISO 15371:2009)。因此,船上厨房用的深煎锅应为经过认证的产品,并配备符合标准的灭火系统。目前市场上符合 IMO 要求的深煎锅主要有两种,一种是自带集气罩和灭火系统的整体式的深煎锅,如图 5-9(a)所示,另一种是分体式深煎锅,其灭火系统与深煎锅本体是分离的,如图 5-9(b)所示,此类产品的灭火系统需在船上现场安装,并应满足 ISO 15371:2009 的相关要求。表 5-8 为深煎锅的主要参数。

表 5-8　深煎锅的主要参数

电制	功率	油池容积
400 V/440 V,三相,50/60 Hz	5~20 kW	10~20 L

(b1)　(b2)

(a) 整体式深煎锅　(b) 分体式深煎锅及其灭火系统

图 5-9　深煎锅

(4)电扒炉

电扒炉也是船上厨房经常会用到的设备,可用于各类食物的煎炒烹饪。电扒炉主要由三部分组成,即上部加热板(扒板)、温控旋钮和下部柜体。加热板一般采用较厚的合金钢板制作,温控旋钮用于控制加热板的表面温度,一般的温控范围为 120~280 ℃,根据加热板的尺寸大小,可设置 1 个或多个温控旋钮,实现加热板表面的分区控制。

图 5-10　电扒炉表

以加热板的表面形式不同,电扒炉可以分为平面型、棱面型两类,平面型和棱面型分别适用于不同的烹饪类型,电热板表面还可以进行镀铬处理,主要是为了增强加热板的表面抗挂刷强度,以增强加热板的防锈和易清理的性能。

表 5-9　电扒炉的主要参数

电制	功率	电热板表面类型
400/440 V,三相,50/60 Hz	5~15 kW	平面板、棱面板

(5)蒸烤箱

图 5-11　蒸烤箱

蒸烤箱也称万能蒸烤箱、多功能烤箱等,主要用于各类食物的蒸烤烹饪,如图 5-11 所示。蒸烤箱工作时除了需要提供电源外,还需要连接一路进水管路,因此,蒸烤箱除了具备普通烤箱烤制食物的功能外,它还能够利用淡水产生蒸汽,对食物进行蒸煮或者蒸烤组合烹饪,这也是蒸烤箱与普通烤箱之间最大的差别。同时,蒸烤箱还能够在配餐前对食物进行降温处理,使之达到最佳的食用温度,有些烤箱甚至具备自我清洁功能,以降低厨房工作人员的劳动强度。参数如表 5-10 所示。

表 5-10　蒸烤箱的主要参数

电制	功率	烤盘规格/数量
400/440 V,三相,50/60 Hz	10~40 kW	烤盘规格:GN 1/1 烤盘数量:5~20

注:GN 1/1 是指外形尺寸 530 mm×325 mm 的食品容器。

(6)可倾式电汤锅

可倾式电汤锅是船上用于蒸煮食物的设备,主要用途是用来煮汤,也可以通过在锅上面增加笼屉等配件,实现蒸饭和蒸制面食的目的。一般的船用可倾式电汤锅主要由锅体和立柱以及其他附件组成,锅体可以电动或手动旋转,能够方便地将锅内的食物倾倒出来。具体如图 5-12、表 5-11 所示。

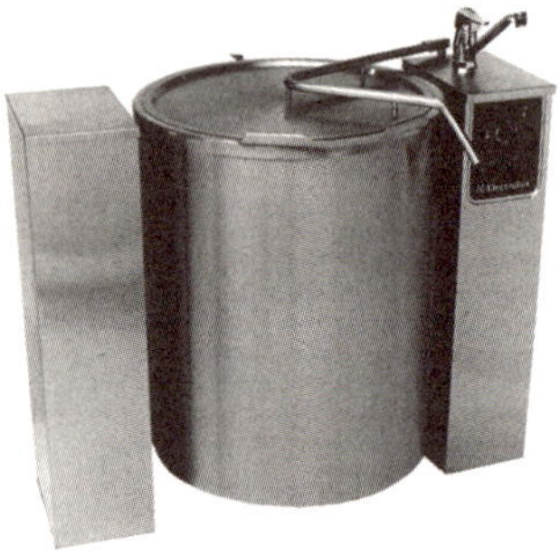

图 5-12　可倾式电汤锅

表 5-11　可倾式电汤锅的主要参数

电制	功率	规格
380/400/440 V,三相,50/60 Hz	9~15 kW	40/60/80/100 L

3. 餐具洗涤、消毒及食物垃圾处理设备

餐具的洗涤、消毒和食物垃圾处理设备是大型船舶及海洋工程厨房中必不可少的,这类设备主要包括冲洗花洒、食物垃圾粉碎机、洗碗机和消毒柜等。

(1)冲洗花洒

冲洗花洒,也叫预清洗花洒,一般设置在厨房收盘窗口附近的洗池上,如图 5-13 所示。其主要用途是对回收的餐盘进行预清洗,并将餐盘中的剩菜等食物残渣冲洗到安装在附近的食物粉碎机中。冲洗花洒根据供水的不同,可分为单冷式和冷热混水式两种,从安装位置上来分,又可以分为台面式和壁装式。

2. 食物垃圾粉碎机

跟冲洗花洒一样,食物垃圾粉碎机也通常设置在厨房间餐盘回收窗口处,用于粉碎餐厨垃圾和食物残渣。船上厨房常用的食物垃圾粉碎机主要分为台下式和独立式两类。台下式粉碎机如图 5-14(a)所示,是指安装在厨房洗池或台盆下的粉碎机。台下式粉碎机主要由粉碎机机身、冲洗喷嘴及电磁阀、控制按钮盒三部分组成,粉碎机机身通过上部的一个可拆式法兰接口与洗池的底部连接,冲洗喷嘴安装在洗池的侧壁,并通过电磁阀与船上的供水管路连接,控制按钮盒安装在墙壁板上合适的位置,设备启动后,电磁阀可自动控制冲水,将食物垃圾连续倒入洗池内的粉碎机投料口,粉碎机将食物垃圾粉碎后,通过泄放口直接排海或者排放到收集柜中。

独立式粉碎机如图 5-14(b)所示,设备上部开口是食物垃圾倒入口,设备前端壁上安装有启停按钮,后壁设有进水管接口和泄放管路接口,其工作方式和原理与台下式粉碎机是一样的。

(a)单冷式冲洗花洒　　(b)冷热混水式冲洗花洒

图 5-13　冲洗花洒

根据 IMO 的《国际防止船舶造成污染公约》(MARPOL),在规定的海域,食物垃圾允许直接排放入海,但是业经粉碎或磨碎的食品废弃物应能通过筛眼不大于 25 mm 的粗筛。其主要参数见表 5-12。因此,在大型海船或海洋工程项目上,其厨房所配备的食物粉碎机应满足上述要求。

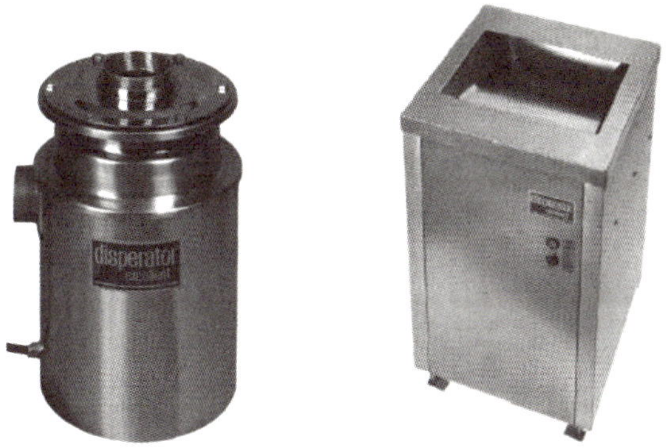

(a) 台下式粉碎机　　(b) 独立式粉碎机

图 5-14　食物垃圾粉碎机

表 5-12　食物垃圾粉碎机的主要参数

电制	功率	垃圾处理能力
400/440/480 V,三相,50/60 Hz	0.75~4.5 kW	300~1 000 kg/h

(3)洗碗机

洗碗机一般设置在船上厨房的洗碗区,主要用途是洗涤餐盘、碗碟以及杯具等,有些洗碗机还可以用于洗涤各类锅、壶以及其他食品容器等餐厨具。相对于人工操作来说,洗碗机具有清洁能力强、洗涤速度快、清洁卫生等特点,并能够大幅减小厨房工作人员的劳动强度。

船上常用洗碗机分为台下式和揭盖式两种类型,如图 5-15 所示。两种洗碗机在工作原理上是相同的,主要区别在于台下式洗碗机通常安装在厨房工作台下面,使用时从洗碗机前部打开下拉门放入专用碗篮,揭盖式洗碗机通常独立安装,在使用时需提起洗碗机上盖放入碗篮。碗篮放入洗碗机后即可操作控制面板开始洗碗程序,每一次洗碗程序一般都包括清洗和漂洗两个流程，清洗和漂洗的时长均可根据操作者的需要来进行设定。一般的洗碗机漂洗的水温通常在 85 ℃左右，这个温度的水流能够起到较好的清洁和除菌效果，同时又不会产生大量的蒸汽，洗碗流程结束后即可开盖取出碗篮，然后进行下一个清洗操作。大多数的洗碗机都有自清洁程序，操作者可根据实际洗碗机的实际使用情况进行操作。

(a) 台下式洗碗机

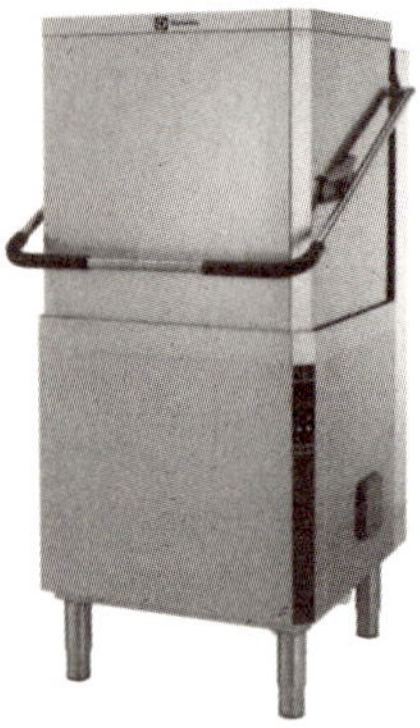
(b) 揭盖式洗碗机

图 5-15 洗碗机

表 5-13 洗碗机的主要参数

电制	功率	洗涤量
230/380/400/440 V, 1/3 Ph, 50/60 Hz	6～20 kW	40～80 篮/小时

注：影响洗碗机每小时洗涤量的因素有很多，例如碗碟脏污的程度、洗碗机的洗涤模式以及船上供水的水温等，表中洗涤量仅供参考。

(4) 消毒柜

消毒柜的主要用途是对碗碟、刀叉、筷子等餐具进行消毒，一般消毒柜的消杀方式主要有三种，分别是电热高温消毒、臭氧消毒和紫外线辐射消毒。其中紫外线辐射消毒只是作为辅助的消毒方式。对应于不同的消毒方式，消毒柜一般有电热消毒柜、臭氧消毒柜和组合式消毒柜三类，电热消毒柜和臭氧消毒柜为单一消毒方式的消毒柜，而组合式消毒柜则是由不同的消毒方式的消毒室组合而成的餐具消毒柜。船用消毒柜一般设置在厨房间或餐厅，设置在厨房间的消毒柜通常为耐腐蚀、易清洁的不锈钢材质外壳。

无论采用哪种消毒方式的消毒柜，如使用操作不当，都会对人体带来伤害，例如高温烫伤、紫外线灼伤或者臭氧泄漏引起人体呼吸系统的不适等，因此，消毒柜的外部一定要根据相关标准张贴安全操作的警示标记，尤其是在船上，还应注意将警示标记根据项目的要求翻译成相关的语种。

图 5-16 为国产某品牌船用电热消毒柜，不锈钢外壳，采用远红外线加热至 120 ℃以上，并具有超温断电保护功能，配有不锈钢可调底脚，方便船上安装，其主要参数见表 5-14。

图 5-16 消毒柜

表 5-14　某品牌消毒柜的主要参数

电制	功率	容量
220/230 V,单相,50/60 Hz	0.6~2.7 kW	80~350 L

4. 食物冷藏及冷冻存储设备

船上使用的食物冷藏及冷冻存储设备有柜式和台式两大类,主要是指冰箱和冷藏、冷冻台等,这些设备又可以根据具体的功能细分为很多不同的类型。与陆用冷藏和冷冻设备相比,船用厨房冰箱和冷藏台有一些特殊的设计要求,例如设备外壳一般都选用不锈钢材质,耐腐蚀且方便清洁;底部配有适合船上安装的可调高度的底脚,冷藏台的抽屉上一般都设有把手锁,冰箱门也应为自闭型或者安装门锁,以防止在恶劣海况下,船舶摇晃时抽屉和门自行打开。另外,由于目前大多数的制冷剂都会有一定的环保风险,有些船舶与海洋工程项目需要满足一些特殊的船级符号,这些规范会对制冷剂提出一些环保要求,在食物冷藏、冷冻设备选型时应予以关注。

(1)冰箱

冰箱一般为直立式设备,有单门、上下双门以及左右对开式双门等多种形式;船用冰箱与陆用冰箱在技术要求方面存在一定的差异,主要体现在环境条件和结构设计方面。由于船舶航行时会有倾斜摇摆,同时还可能会存在长期的横倾和纵倾的情况,船用冰箱应该能保证在这种特殊的工况下正常工作;另外,冰箱内部搁架以及冰箱门等部件的设计,应该考虑到船舶倾斜摇摆的情况下,冰箱内搁架上的食品不应撞击箱壁和箱门,冰箱门应为自闭式或安装门锁,放置冰箱门在船舶摇摆时自行打开。

根据制冷温度的不同,冰箱又可以分为冷藏式冰箱、冷冻式冰箱、速冻式冰箱和冷藏冷冻组合式冰箱等多种类型。船用各式冰箱如图 5-17 所示。冰箱可以根据不同的布置区域以及不同的食物储存需求进行选择。一般船用冰箱的主要参数见表 5-14。

(a) 双门冰箱　(b) 单门冰箱　(c) 速冻式冰箱

图 5-17　船用各式冰箱

(2)冷藏台和冷冻台

冷藏台和冷冻台通常布置在厨房间,是一种具有冷藏或冷冻功能的台式设备,台面可以作为工作台使用,台面以下部分设有抽屉或者柜门,可用于冷藏或冷冻存储瓶装或罐装饮料以及各类食品等。具体如图 5-18、表 5-15 所示。

表 5-15　一般船用冰箱的主要参数

电制	制冷能力	容量
220/230 V,单相,50/60 Hz	冷藏冰箱:1~10 ℃; 冷冻冰箱:-18~-23 ℃ 速冻冰箱: 90 分钟内 90 ℃降低至 3 ℃; 4 小时内降低至-18 ℃。	50~1 500 L

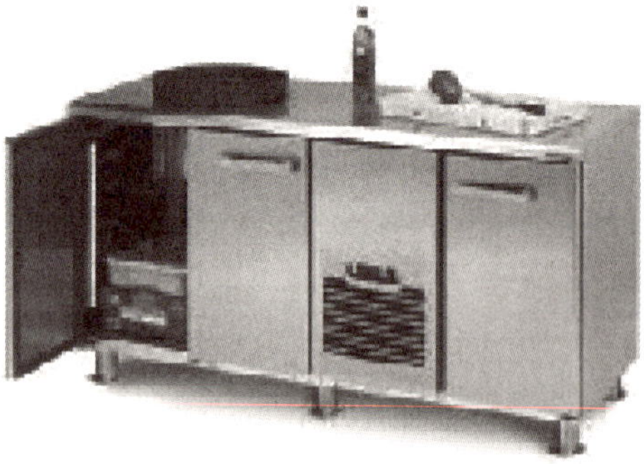

图 5-18　冷藏台和冷冻台

表 5-16　冷藏台、冷冻台主要参数

电制	制冷能力	功率
220~240 V,单相,50/60 Hz	冷藏台:3~10 ℃; 冷冻台:-15~-25 ℃	0.6~1.0 kW

(二)配餐及饮料设备

与陆上的餐厅类似,船上的配餐方式也分为有人服务和自助服务两种,有些船舶在厨房和餐厅之间设有专门的配餐间,就餐时,由船上的餐饮服务人员派发食品和饮料,也有些船舶会在餐厅设置自助餐台、自助饮料设备等,供船员自行取用。配餐设备通常包括热保温台、沙拉吧以及碗碟分配器等,饮料设备包括饮料机(果汁机)、牛奶分配器、开水器、咖啡机以及饮料陈列柜等。

1. 热保温台

热保温台是船上常用的配餐设备,用于热的食物的短期存放和派发。一般的热保温台通常由食品防护罩、食品保温槽以及下部柜体三大部分组成;食品防护罩由支架以及玻璃挡板组成,用于保护食品免于被就餐人员的喷嚏、飞沫以及其他灰尘等污染;食品保温槽用于放置食品份数盘,并对其中的食物进行热保温,常用的热保温台都是采用水保温的形式,即在保温槽里加水,采用电加热板或加热管对水进行加热,通过产生的热蒸汽对存放食物的份数盘底部进行加热,从而实现对食品的保温。热保温台的下部柜体可以作为储物柜使用,也可以设计成具有保温功能的热保温柜。具体如图 5-19、表 5-16 所示。

图 5-19　热保温台

表 5-16　热保温台主要参数

电制	保温范围	容量
220～240 V,单相,50/60 Hz	30～90 ℃	上部保温槽:(1～6)×GN 1/1 份数盘 下部柜体:(4～12)×GN 1/1 65* 上份数盘

注:GN 1/1 65* 即深度为 65 mm 的 GN 1/1 份数盘。

2. 沙拉吧

沙拉吧是用于存放和派发冷菜及冷饮的配餐设备,与热保温台相比,沙拉吧的功能和形式更加多样,既可以存放蔬菜沙拉等冷餐,也可以存放冰淇淋桶,还可以冰镇酒水饮料等,下部柜体可以作为普通的储物柜,也可以设计成具有冷藏功能的冷柜。具体如图 5-20、表 5-17 所示。

图 5-20　沙拉吧

表 5-17　沙拉吧主要参数

电制	制冷能力	功率
220～240 V,单相,50/60 Hz	2～12 ℃;	0.35～1.0 kW

3. 碗碟分配器

碗碟分配器是用来存放餐盘的设备,通常与热保温台和沙拉吧等配餐设备布置在一起，方便配餐和就餐人员取用餐盘。碗碟分配器可以用于存放特定尺寸范围的餐盘，其内胆安装有餐盘导轨，可以根据实际使用餐盘的尺寸进行调节。该设备有加热型和非加热型两种，加热型碗碟分配器也称为暖碟机，一般是通过内置的电热管对碗碟进行加热，并通过温控旋钮对加热温度进行控制调节；暖碟机可以使碗碟保持干燥，在取用餐盘盛放食物时，不会因为餐盘的温度低而影响食物的口感。具体如图 5-21、表 5-18 所示。

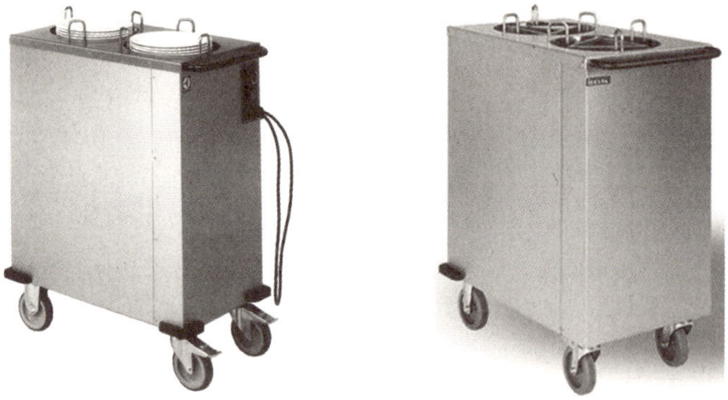

(a) 加热型碗碟分配器　　(b) 非加热型碗碟分配器

图 5-21　碗碟分配器

表 5-18　碗碟分配器的主要参数

碗碟直径	碗碟存放数量
200～280 mm	100～130 个

4. 饮料机

饮料机也叫果汁机，通常布置在餐厅的自助服务区域，用于存放和分配各种非碳酸饮料，并具有一定的制冷能力，能够对饮料槽内的饮料进行制冷，同时还能够对饮料进行持续搅拌，适合存放和供应含有果粒的果汁类饮料等。具体如图 5-22、表 5-19 所示。

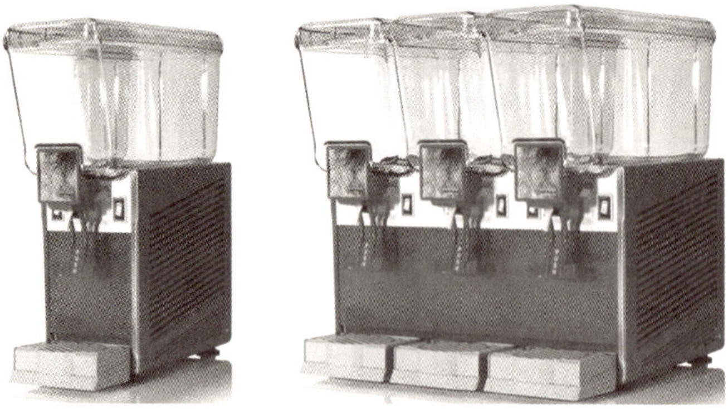

(a) 单槽式饮料机　　(b) 三槽式饮料机

图 5-22　饮料机

表 5-19　饮料机的主要参数

电制	饮料容量
220～240 V，单相，50/60 Hz	单槽：12～18 L 双槽：24～36 L 三槽：36～54 L

5. 牛奶分配器

牛奶分配器是用来冷藏存放和供应牛奶的设备，一般有单仓和双仓两种型号，适合装入 3 gal（1 gal=4.596 dm^3）、5 gal 或者 6 gal 等规格的牛奶包，可根据不同的需求进行选用。具体如图 5-23、表 5-20 所示。

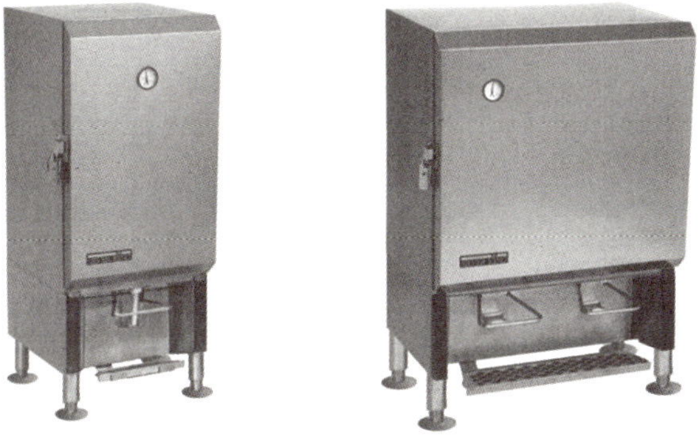

(a) 单仓式牛奶分配器　　(b) 双仓式牛奶分配器

图 5-23　牛奶分配器

表 5-20　牛奶分配器主要参数

电制	最大容量	制冷温度
220～240 V，单相，50/60 Hz	单仓：22.5 L 双仓：45 L	2～3 ℃

6. 开水器

开水器也叫沸水器，与船上饮用水管直接连接，可以为船员提供恒定的热水。开水器一般有挂壁式和落地式两种，通常带有自动补水装置，并带有温度计、水位计等，有些开水器还带有温度控制旋钮，能够提供不同温度的热水。具体如图 5-24、表 5-21 所示。

图 5-24　开水器

表 5-21　开水器主要参数

电制	容量	功率
220～240 V，单相，50/60 Hz	10 L～40 L	2～6 kW

7. 饮水机

饮水机是船上能够供应直饮水的设备，可直接连接到船上的饮用水系统，通常配有鹅颈龙头和按压式喷水嘴，有些饮水机还带有脚踏式出水装置，供人们用手不便时使用。饮水机内部都设置有过滤装置，能够对船上的饮用水进行进一步的过滤，以达到直饮水的标准。一般的饮水机仅能够提供冰水，有些品牌型号的饮水机能够提供冰水和热水。

图 5-25、表 5-22 为某品牌单冷饮水机的外形及相关参数。

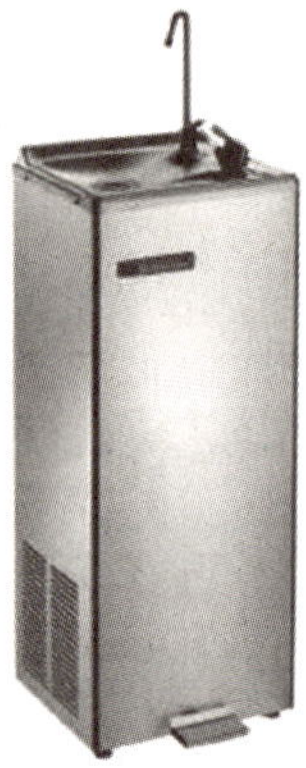

图 5-25　饮水机

表 5-22　单冷饮水机主要参数

电制	出水能力	出水温度
220~240 V，单相，50/60 Hz	25~50 L/H	8 ℃~12 ℃

二、卫生设备

（一）洗衣、干衣设备

船舶卫生以及其他的设备选型

船用洗衣、干衣设备主要有洗衣机、干衣机、电熨斗及熨衣板、熨皮滚筒等设备，一般布置在船上专门的洗衣房中，在不同的船舶上，可以根据实际使用需求配置洗衣干衣设备。

1. 洗衣机

在大型船舶及海洋工程上，一般都会配备大型商用洗衣机用于洗涤工装或者外衣裤，洗衣机数量和容量根据船上人员数量确定，人员较少的小型船舶上也会配置少量的家用洗衣机或者洗脱一体机，方便船员洗涤私人衣物。具体如图 5-26、表 5-23 所示。

船用洗衣机与陆用洗衣机基本没有差别，但是船用洗衣机在选型上要注意以下几点：

（1）由于海上的特殊环境，洗衣机的外壳一般会选用具有耐盐雾腐蚀能力的不锈钢材质；

（2）为了满足船上的噪声要求，应尽可能地选用运行噪声较低的产品；

图 5-26　洗衣机

（3）为了节约宝贵的淡水，船上通常较多的选用节水型滚筒式洗衣机。

表 5-23　船用洗衣机主要参数

电制	功率	容量
220~240 V，单相，50/60 Hz 380 V，三相，50 Hz 440 V，三相，60 Hz	2~27 kW	6~39 kg

2. 干衣机

船上衣物的烘干主要有两种形式，一种是设置有专用的烘衣间，内设加热器和晾衣杆，对衣物进行烘干，另外一种就是采用干衣机来烘干衣物。船用干衣机通常有两种加热方式，即蒸汽式和电热式。蒸汽式干衣机就是利用热交换器提取高温蒸汽中的热量，用于烘干衣物，电热式干衣机就是利用电加热空气对衣物进行烘干，目前船上最常用的大型干衣机均为电热式干衣机。

图 5-27　干衣机

电热式干衣机的主要部件包括电加热器、滚筒电机以及风机电机等，内部还设置有过滤装置，能够对烘干时产生的织物毛屑进行过滤，在使用时需要定期清理滤网。商用大型干衣机通常有很多个内部设定的烘干程序，可以根据不同的需要进行选择，用户也可以自行设定所需的烘干程序。具体如图 5-27、表 5-24 所示。

表 5-24　船用干衣机主要参数

电制	功率	容量
380 V，三相，50 Hz 440 V，三相，60 Hz	3～48 kW	6～35 kg

3. 熨烫机

熨烫机在船上的主要用途是用于熨烫被单、床单以及床帘、幕帘等大尺寸纺织品，熨烫的压力和滚筒的速度都是自动控制，并可以根据不同的织物种类设置不同的熨烫程序，用户可以根据需要自行选用。由于熨烫机的操作具有一定的危险性，一般的熨烫机都设有紧急停止按钮，有的熨烫机甚至设有紧急停止压杆。

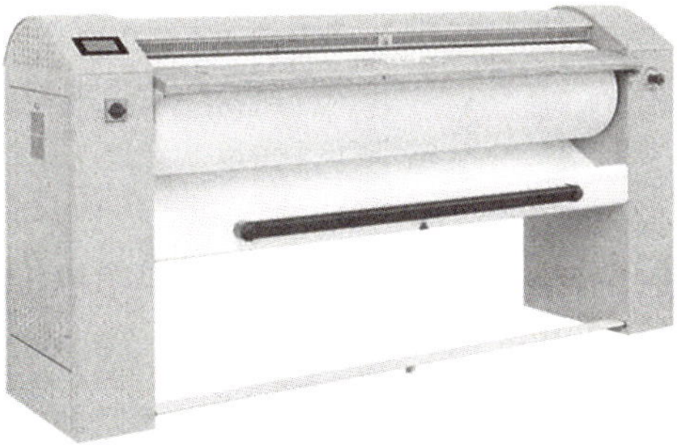

图 5-28　熨烫机

表 5-25　熨烫机主要参数

电制	功率	滚筒直径	滚筒长度
380 V，三相，50 Hz 440 V/480 V，三相，60 Hz	5～17 kW	160 mm，250 mm	1～2 m

(二)医疗设备

船上医院或医务室通常会配备一定数量的医疗及急救设备,医疗设备的种类及规格是根据船舶建造规格书确定的,通常是基于世界卫生组织的规范以及一些地区性标准的要求进行配置。一般来说,远洋船舶及海洋工程项目上经常配置的医疗及急救设备有医用灭菌器或消毒柜、检查床、检查灯、病床、医用冰箱、担架等。

1. 医用灭菌器或消毒柜

商船和海洋工程项目上常用的医用消毒装置一般为医用灭菌器,图 5-29 是一种利用具有一定压力的高温蒸汽对医疗器具进行灭菌处理的小型装置。图 5-30 所示的医用消毒柜也是船上常用的设备,一般采用紫外线或者臭氧消毒的方式,是一种可以对织物、玻璃器皿、不锈钢、搪瓷、陶瓷、塑料、木质等材质的医用器具进行表面消毒的设备,与前文所述食具消毒柜不同,其对大肠杆菌、金黄色葡萄球菌、白色念珠菌以及脊髓灰质炎病毒都有严格的消杀要求。

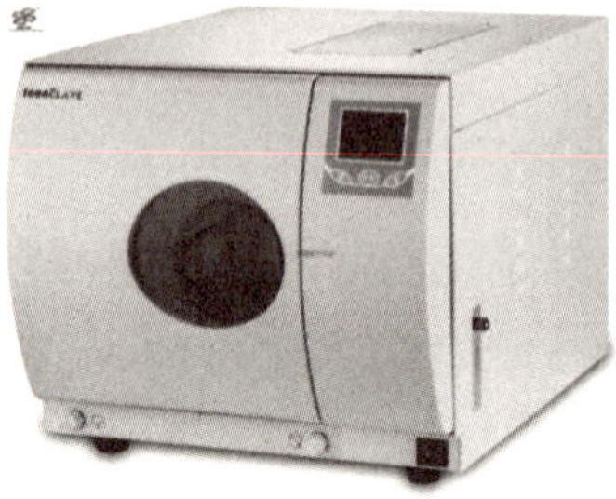

图 5-29　灭菌器

图 5-30　医用紫外线消毒柜

2. 检查床

检查床是医务室用于医学检查的辅助医疗器具,是船上医务室必备的设备,常规的陆用检查床安装到船上时,需将底脚固定在甲板上,以防止船舶摇晃时倾倒。

图 5-31　检查床

3. 检查灯

检查灯是用于在诊断和治疗过程中为医务人员提供照明的设备,通常设置在检查床的旁边,通常采用 LED 冷光源照明,可以采用交流和直流电源。在船上,检查灯安装形式一般分为落地式和顶装式两种。

4. 病床

病床主要用于病员的检查、诊断、护理及疗养之用,分为平型病床、二折病床和三折病床三种,船上医务室用的病床都是选用不带脚轮的形式,而且为适应船上的环境,需要将底脚与甲板进行固定，这也是与陆用的病床最大的差别。

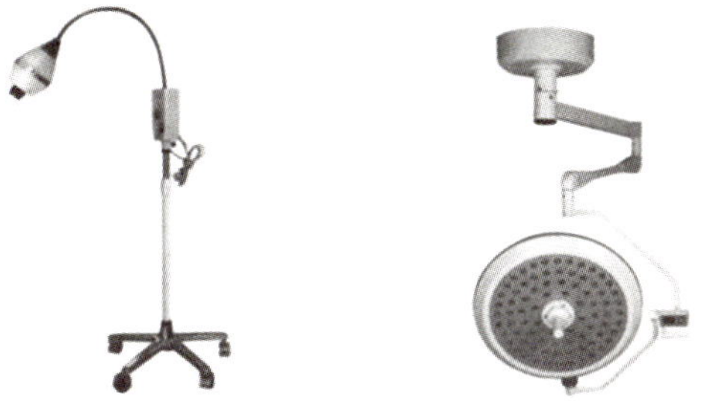

(a) 落地式检查灯　　(b) 顶装式检查灯

图 5-32　检查灯

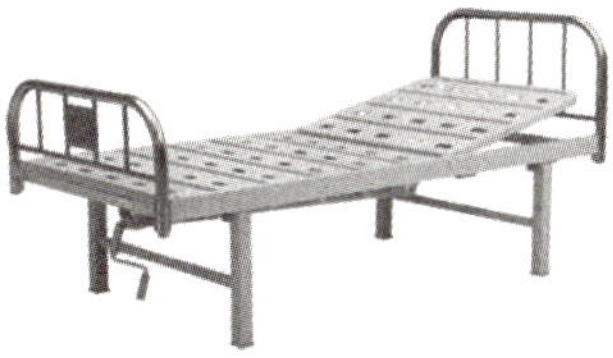

图 5-33　病床

5. 医用冰箱

船上常用的医用冰箱实际上是药品冷藏箱，箱内温度为 2～8 ℃，容量一般为 70～100 L，可用于保存药品、试剂、疫苗等，使其处于恒温状态，保持活性，确保正常使用。船用冰箱一般选用直立式，冰箱门通常有玻璃门和发泡门两种。

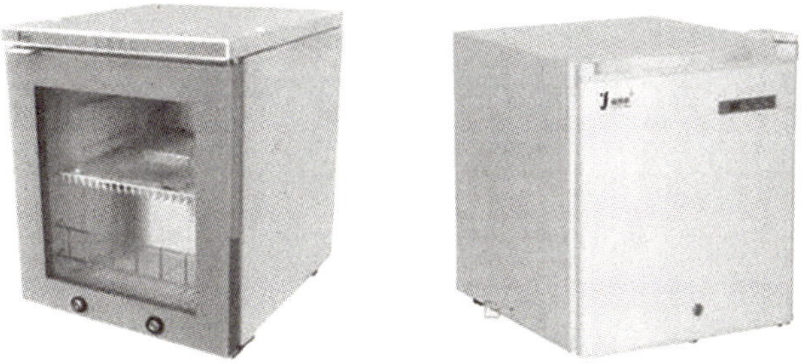

(a) 直立式玻璃门医用冰箱　　(b) 直立式发泡门医用冰箱

图 5-34　医用冰箱

6. 担架

根据不同的需要，船上医务室通常配备的担架有三种，即铲式担架、折叠式担架和篮式担架；铲式担架和折叠式担架主要用于伤病员在船上的搬抬和运送，篮式担架也被称为船型担架，在船上主要用于重伤病员的直升机紧急转运。

(三) 生活垃圾加工、处理设备

根据《73/78 国际防止船舶造成污染公约》(MARPOL 73/78)的定义，垃圾，系指产生于船舶正常营运期间并需要持续或定期处理的各种食品、日常用品和工作用品的废弃物。其中，对于一切塑料制品以及可能包含有毒或重金属残余的塑料制品的焚烧炉灰烬均禁止处理入海。对于食品废弃物和一切其他垃圾,包括纸制品、碎布、玻璃、金属、瓶子、陶器及类似的废弃物,禁止在距离最近陆地 12 n mile 内处理入海,但是如果这些垃圾通过粉碎机和磨碎机后,可允许在距离最近陆地 3 n mile 以外处理入海,这种业经粉碎或磨碎的垃圾应能通过筛眼不大于 25 mm 的粗筛。

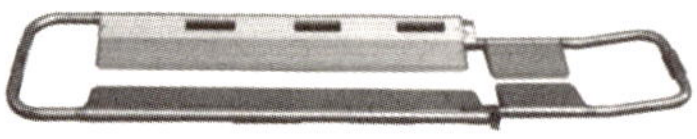

(a) 铲式担架

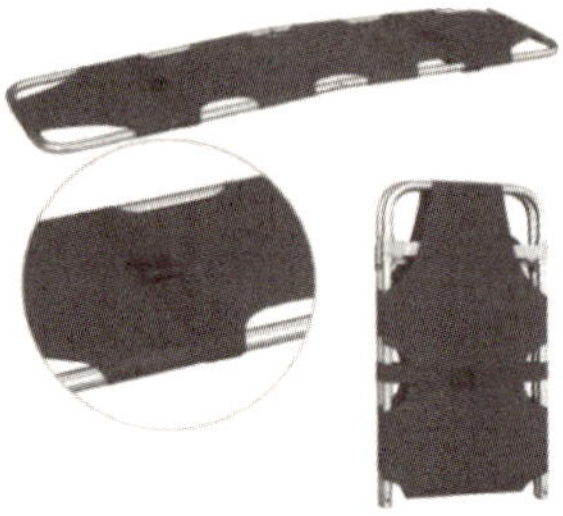

(b) 折叠式担架

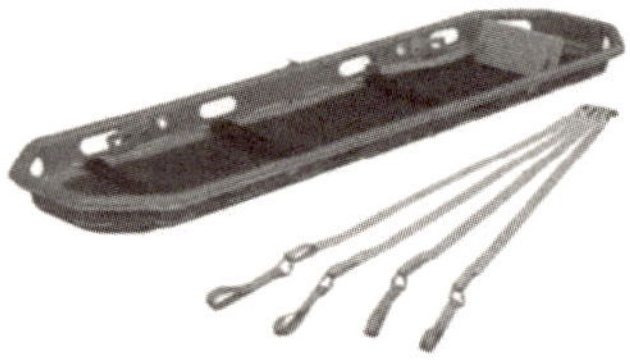

(c) 篮式担架

图 5-35　担架

基于上述规范要求,对于不能处理入海的垃圾,则需要在船上储存,为了在有限的空间内存放更多的垃圾,很多船上会配备垃圾打包机,对垃圾进行压缩打包,以方便存储和运输;而对于可以处理入海的垃圾,则需要配备粉碎机进行粉碎或磨碎,在法规允许的情况下直接排海。

1. 垃圾打包机

垃圾打包机是针对生活垃圾,例如塑料制品、纸制品以及铁皮罐等生活垃圾进行压缩打包的设备,根据动力源的不同,通常分为电动液压式打包机和气动液压式打包机,其中气动液压式打包机比较适合在船上的危险区域使用。

图 5-36　垃圾打包机

2. 垃圾粉碎机

船上使用的垃圾粉碎机根据用途主要分为两类,一类是用于厨余及餐余垃圾粉碎的食物垃圾粉碎机,另一类是用于对食物以外的其他生活垃圾粉碎的粉碎机。其中,食物粉碎机应满足 MARPOL 公约的相关要求,即其粉碎或磨碎的垃圾应能通过筛眼不大于 25 mm 的粗筛,这类粉碎机通常直接联通船上的排海管,在公约允许的海域可以直接将粉碎的食物垃圾进行排海处理。

(a) 食物垃圾粉碎机

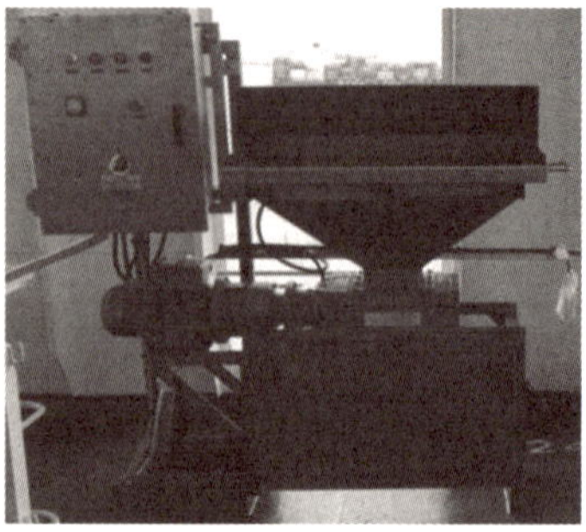

(b) 生活垃圾粉碎机

图 5-37　垃圾打包机

三、健身、娱乐设备

大型商船和海洋工程项目的生活区，通常都会设置供船员及作业人员休息、健身的区域，例如健身房、乒乓球室、吸烟室以及娱乐室等，在这些房间通常会根据船上的人数配备一定数量的健身和娱乐设备。

健身房中一般配备跑步机、健身自行车、划船机、多功能训练器以及举重架等健身器材，这些器材都是陆上的商用设备，在船上安装时应注意与船体结构进行固定，以免船舶摇晃时倾倒带来安全隐患。

娱乐室配备的娱乐设备一般是电视机、影碟机、棋牌桌以及麻将机等。在选用电视机时，如果船东对电视机有接收数字视频广播的要求时，则应注意电视机信号系统的调制方式，应满足船舶作业或运营区域的数字电视标准。

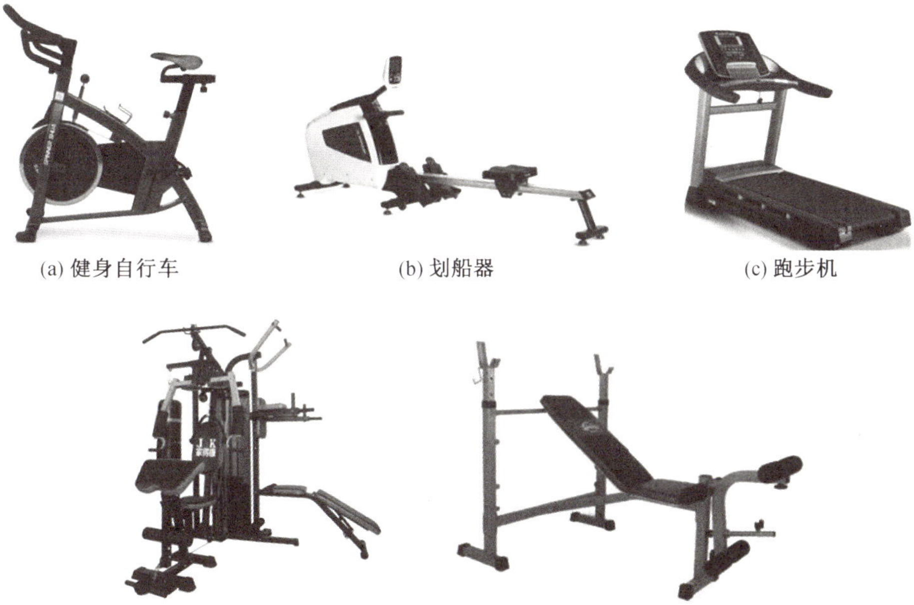

(a) 健身自行车　(b) 划船器　(c) 跑步机

(d) 多功能训练器　(e) 举重架

图 5-38　健身、娱乐设备

四、雨刮器及旋转视窗

（一）雨刮器

雨刮器又称作雨刷或者刮水器，是用于刮除附着在驾驶室视窗上的雨雪或者灰尘的装置，以改善船舶驾驶人员的能见度，保证船舶航行安全。船用雨刮器根据其动力源的不同，一般分为电动式和气动式两类；电动式雨刮器又由于其电机安装位置的不同而进一步分为电机内置式和外置式两种类型；气动式雨刮器的动力源为压缩空气，由于其防爆性能良好，而经常被安装在有防爆要求的危险区域。根据刮臂的行进方式，雨刮器又分为平移式雨刮器和扇形雨刮器两种。

通常所说的雨刮器，指的是雨刮器系统，是由雨刷及其控制系统组成的。以船上常用电动雨刮器为例，其控制系统主要是一个安装在驾控台上的控制箱，控制箱面板上有多个控制按钮或旋钮，既可以调节雨刮器的挂刷速度和频率，也可以控制雨刮器的喷嘴冲水，便于雨刮器对窗玻璃表面的灰尘进行清洁，还可以通过控制箱对雨刮器本体进行电加热，或者对冲洗水管进行吹扫等；雨刷安装在驾驶室外，由传动机构、雨刷臂和刮片三部分组成。雨刷的刮片及刮臂尺寸应与窗的尺寸相匹配，刮刷范围应尽可能大，才能为驾驶室提供更清晰的视野。雨刮器如图 5-38 所示。

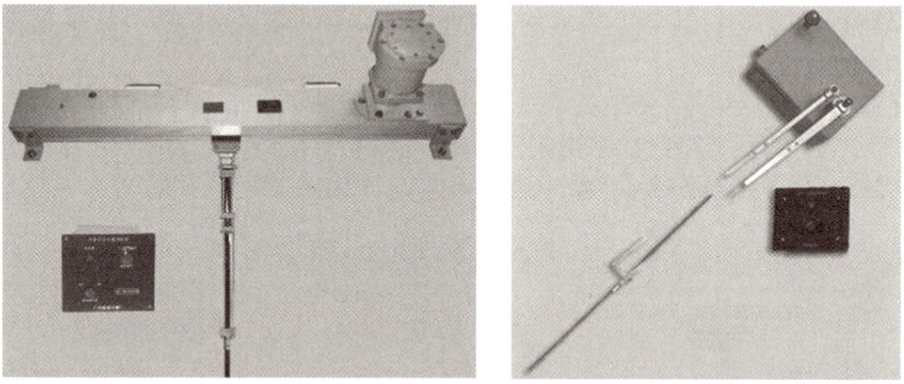

(a) 外置马达雨刮器及控制面板　　(b) 扇形雨刮器及控制面板

图 5-39　雨刮器

(二)旋转视窗

船用旋转视窗也称扫雪器，是船舶安装在驾驶室窗上，雨雪天供观察用的视窗，其利用装在主框架上的电动机直接带动玻璃视盘高速旋转所产生的离心力作用，甩除附在视窗上的雨、雪或海浪水花，以保持视野清晰。旋转视窗根据电机安装的位置可以分为 A 型、B 型和 C 型三种；A 型和 B 型旋转视窗驱动电机偏置于框架上方或一侧，玻璃盘由环状皮带驱动，C 型旋转视窗驱动电机安装在玻璃盘中心，玻璃盘由电机直接驱动。

旋转视窗的透光尺寸一般为直径 280~380 mm，通常由两层玻璃组成，室外一层为旋转玻璃，室内一层为固定玻璃，使旋转视窗具有一定的风雨密性，能够保证雨水等不能从视窗进入驾驶室，有些旋转视窗在两层玻璃中间还设置有电热器，能够起到一定的融冰的作用，保证旋转视窗的全天候使用。

C 型旋转视窗及控制箱如图 5-40 所示。

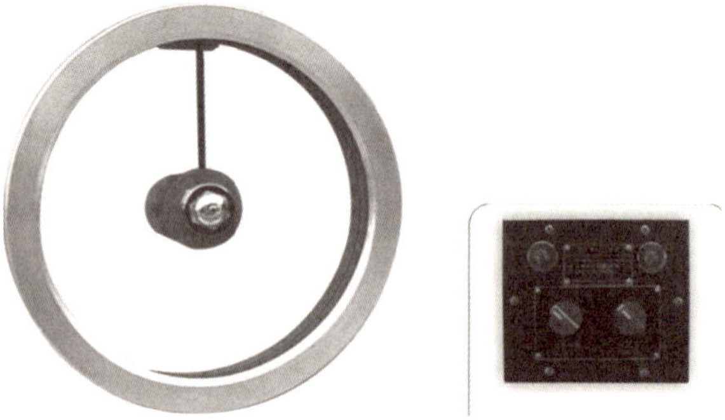

(a)　　(b)

图 5-40　C 型旋转视窗及控制箱

任务5.2　船舶舱室设备图的施工工艺及设备配置

任务准备

船舶舱室设备的配置同船舶的类型、用途、人员数量以及舱室布置情况有密切的关系。在现代船舶上，舱室设备的配置不仅应满足人们生活的基本需要，还应考虑各种文化娱乐的需要。

本任务主要介绍各种舱室设备的类型及规格。船舶舱室设备配置的一般要求，可查阅《国际航行海船法定检验技术规则》及《非国际航行海船法定检验技术规则》中关于船员舱室设备和乘客舱室设备的规定。现代船舶的厨房是十分重要的餐饮后方的工作舱室，关系到船员和旅客的饮食和身体健康，因此，在进行船舶舱室设计时，应遵照规范和标准对厨房的特殊要求耐心、细心地进行设计和安装。旅客厨房和船员厨房是分开的，厨房中分中式和西式设备，分别做出不同的菜肴。厨房的大小和复杂的程度随船型、吨位、船员习惯的不同而不同。船上的冷库分高温库和低温库，分别存放蔬菜、鱼肉和粮食等，其位置靠近厨房。

任务实施

一、厨房、洗衣设备安装工艺

（一）施工前准备

1. 技术资料

施工前首先把厨房设备安装图、洗衣设备安装图、厨房、洗衣设备底座布置图、托盘表、设备附带的说明书等仔细阅读，在安装过程中进行沟通、交流是非常必要的，因此必要时要进行技术交底。

2. 物资材料

施工前要了解厨房设备、洗衣设备是否到货、配套附件是否短缺。厨房设备、洗衣设备要经过进厂入库前的质量检验，并应具有产品合格证书。凡不符合质量检验认可的产品，不准上船安装。

3. 施工工具

施工前应把所有的施工工具：焊接切割工具、电钻、卷尺、石笔、扳手、榔头等准备好。

（二）人员

1. 施工人员上岗前，应进行专业知识和安全知识培训。

2. 电焊工上岗时必须携带焊工上岗证。

(三)工艺要求

(1)安装前须检查厨房、洗衣设备的型号、规格、数量应满足图纸要求。

(2)厨房、洗衣设备的封仓件,在上建分段合龙前按照封仓件的品种、规格、数量、封仓位置到位。

(3)厨房、洗衣房设备在搬运、吊装时应确保设备的完好性。

(4)对部分进厂时的设备散件,安装前须拼装完整。

(5)厨房、洗衣设备安装时设备的高度和工作面的水平度应满足图纸与设备厂商的技术要求。

(6)厨房、洗衣设备的安装应按不同的设备底座采用不同的安装形式。

①在角钢型底座上安装设备,如图 5-41 所示。

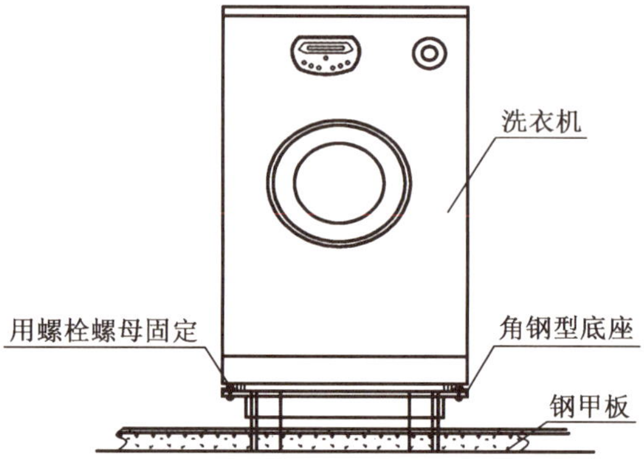

图 5-41　在角钢型底座上安装设备

②在平板型底座上安装设备,如图 5-42 所示。

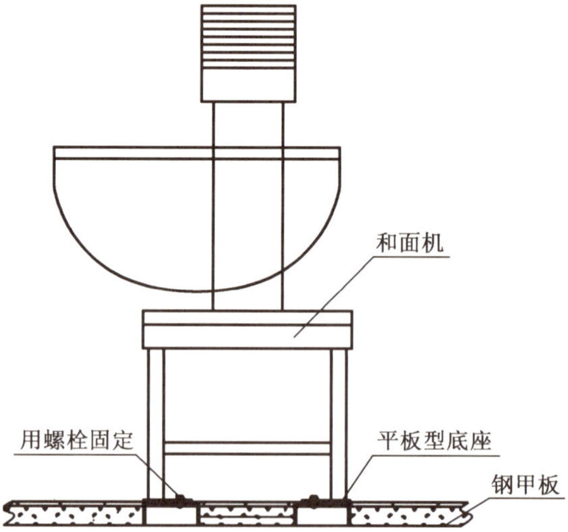

图 5-42　在平板型底座上安装设备

在角钢型底座上安装设备用螺栓,螺母固定时,螺栓须从上面插入,螺母在下端并且配好弹簧垫圈。在平板型底座上安装设备,底座上需攻螺纹,其钻孔尺寸应满足螺纹要求。

厨房、洗衣设备安装时四周应留有维修空间，确保设备的检查维修。有进出水管的设备如电汤锅、洗碗机、制冰机、洗衣机等应装好进水、排水软管。有蒸汽出口的设备如干衣机应装好排气软管。厨房、洗衣设备固定后应检查设备可拆卸零件是否齐全，并装上全部零件，对有传动部件的设备应手动检查传动的灵活性。对有些靠围壁的设备如电开水器、小容量电冰箱、饮水机等，安装时可不用底座固定而直接固定在围壁上。所有电动设备安装后，均需进行通电效用试验。对角钢型底座，要求钻孔孔径和设备底脚上的孔径相同，对平板型底座钻孔后需攻螺纹，其钻孔尺寸应根据不同的螺纹尺寸确定。表 5-26 为不同的螺纹尺寸所需钻孔直径。

表 5-26　不同的螺纹尺寸所需钻孔直径

螺纹尺寸	钻孔直径/mm
*M*6	ϕ5
*M*8	ϕ6.7
*M*10	ϕ8.5
*M*12	ϕ10.3
*M*14	ϕ12
*M*16	ϕ14

（四）工艺过程

1. 操作顺序

按图设备到位→调整厨房、洗衣设备的高度和水平度→按设备底脚的螺孔位置在底座上定出钻孔中心点→移去设备→在设备底座上钻孔（平板型底座需攻螺纹）→设备到位对准底座孔→螺栓，螺母，弹簧垫圈固定→装上可拆卸零件→通电效用试验。

2. 工艺方法

（1）参照厨房、洗衣设备布置图检查每一件设备所在的位置，按设备的前后方向，把设备放在底座上。

（2）在底座上调整设备底脚高度，使设备的高度和水平度达到图纸和设备资料的要求。

（3）按设备底脚上的螺孔在底座上画出相应的钻孔位置，移去设备，在底座上钻孔。

（4）钻孔或攻螺纹后放上设备，对准底座螺孔，用六角螺栓配好弹簧垫圈从上面旋入拧紧。

（5）装上可拆卸零件，对有进出水管或排气管的设备需用夹箍装好进出水管和排气管。

（6）通电进行效用试验。

（五）检验

厨房、洗衣设备安装前的检查应满足图纸要求，封舱前检查应在上建分段合龙前按照封仓件的品种、规格、数量、封仓位置到位。设备吊运完好性检查应符合设备完好性的要求。

二、船舶厨房和餐厅的设计

(一)船舶食品供应系统

船舶食品供应系统,指的是从食品原料的采购到船员进食的全过程。一般的食品供应流程是:

食品原料采购→粗加工→分类储藏→运送→上船验收入库→计量、解冻、分拣→洗净→切制成形→冷、热烹调→配膳→用餐→餐具清洗、消毒、储藏→厨房污物处理。

为此,在船上通常要设置的场所是:储存粮食等干货食品的干粮库和储存蔬菜、肉类的冷冻、冷藏库;食品加工的厨房;分配食物的配膳间;用膳场所的餐厅。

(二)厨房与干粮库、冷库和餐厅的合理布局

厨房设计的成功与否,取决于厨房在船上的合理布局以及厨房设备的合理配置。对于厨房在船上的合理布局,重点要解决好厨房与餐厅、干粮库、冷库的衔接线路,保证运膳方便、人流畅通。对于厨房设备的合理配置,重点要解决好厨房食品加工、清洁和污物处理的流程路线,改善作业环境和工作条件。

以 16 000 t 多用途货船的厨房为例,其位于上层建筑区域(左舷)的上甲板,厨房的后面是干粮库和冷库,右面是餐厅:干粮库和冷库→厨房→餐厅呈 L 形布局。无论从总体布置还是从实用性来看,这种布局是比较理想的,其特点符合了食品供应流程的基本要求。

船上有一个食品供应作业线:食品通过干粮库上方的货物舱口送入,经过分类后分别储藏在冷库和干粮库内;食品经过厨房间的加工后传送至餐厅供船员享用。由此可以得出一个结论,即厨房并不是孤立的,而是与干粮库、冷库、餐厅构成一个有机的整体。如果我们在设计中忽略了任何一个环节,都会给使用带来不便。

16 000 t 多用途货船干粮库、冷库厨房和餐厅的面积及容积,见表 5-27。

表 5-27　16 000 t 多用途货船干粮库、冷库厨房和餐厅的面积及容积

序号	舱室名称	面积/m^2	容积/m^3	位置
1	冷冻库	9.570	20.097	上甲板#-6~#-1
2	冷藏库	7.650	16.065	上甲板#-6~#-1
3	上豆库	5.405	11.351	上甲板#-1~#4
4	干粮库	23.241	51.363	上甲板#0~#8
5	厨房	19.771	41.519	上甲板#8~#18
6	餐厅	35.370	73.748	上甲板#14~#20

在设计中,我们根据该船甲板间高(2.95 m)较高的特点,把冷库和厨房的净高设计成 2.1 m,把干粮库和餐厅的净高设计成 2.21 m,使人进入上述舱室时没有压抑感。

上述布置的特点是:

(1)满足了食品供应流程的基本要求。无论是干粮库上方的货物舱口,还是厨房间直接通向主甲板外部的风雨密门,整个流程显得非常通畅。

(2)厨房间布置在左舷,使其远离居住舱室,既避免了油烟污染,又减少了噪声对居住

舱室的影响。

(3)透过厨房内的2扇舷窗和餐厅内的6扇舷窗,给室内带来了比较充足的自然光。

(4)合理的运送、配膳路线,充分利用了船上的有限空间,整个食品供应流程显得紧凑而不忙乱。

(三)厨房设备和布置

厨房不仅是做菜的地方,也是饭后收拾的场所,从烹调准备开始到饭后收拾为止的流水线叫作作业线。当我们考虑作业方便、工作效率高的布置方法时,就不难看出,在厨房里使用率最高的是洗池、电灶、冰箱。这三者所形成的三角形,就是烹调作业的作业线。厨房的洗池、电灶和冰箱呈三角形布置。在厨房设备的布置方面,我们围绕着洗池、电灶、冰箱这3点分别形成食品清洗区、食品烹调区、食品分类加工储藏区。这3个区域的工作既相互联系又相对独立,整个作业线给人以协调便利的感觉。

在厨房设备的选择上,为了提高效率、减轻厨师的劳动强度,我们着重于机械化程度较高、较为先进的厨房设备上。同时对设备的外表面,要求尽可能选用不锈钢材料制造。厨房设备主要技术参数,见表5-28。

表5-28　厨房设备主要技术参数

序号	设备名称	外形尺寸 (宽×深×高)/mm	数量	电子参数 (V/相/Hz)/功率
1	深烤箱电灶	800×800×900	1	(400/3/60)/17.5 kW
2	深煎锅	398×580×950	1	(400/3/60)/14.4 kW
3	微波炉	423×564×335	1	(230/1/60)/2.9 kW
4	配电箱	450×240×500	1	
5	厨房多用机	513×655×935	1	(230/1/60)/0.75 kW
6	切片机	390×500×400	1	(230/1/60)/0.15 kW
7	剥皮机	454×680×1 040	1	(230/1/60)/0.12 kW
8	洗碗机	600×600×850	1	(440/1/60)/6.85 kW
9	电冰箱	700×700×1 565	1	(230/1/60)/0.6 kW
10	咖啡机	205×360×438	2	(230/1/60)/2.2 kW
11	烤面包机	430×210×225	1	(230/1/60)/2.3 kW
12	废物处理机	305×515×785	1	(230/1/60)/0.7 kW
13	不锈钢厨房多用机放置台	590×640×500	1	
14	不锈钢双水池洗桌	1 900×700×900	1	
15	不锈钢配膳桌	1 300×700×900	1	
16	不锈钢工作桌	2 300×700×900	1	
17	不锈钢碗蝶架	900×300×450	1	
18	不锈钢杯架	1 000×350×650	1	
19	不锈钢杯钩板	500×50×500	1	

（四）餐厅的设计

餐厅是船上人员较集中的场所，除了要满足用膳的基本要求外，还应考虑多用性。为此，本船餐厅从以下几个方面进行设计。

(1) 本船定员为 17 人，餐厅容量按 20 人进行设计，共布置了 4 人餐桌 5 张，配置相应的扶手餐椅 20 把。

(2) 根据食品供应流程的要求，确定餐厅在船上的位置，使餐厅紧邻厨房，便于人员出入，减小了厨师的工作量。

(3) 餐厅为矩形，长 9.3 m，宽 3.9 m。餐桌沿舱壁分别布置在两旁，中间留出宽约 1.1 m 的通道。为方便人员进出，在餐厅设置了两扇门。

(4) 在餐厅长度的 2/3 处设置了可折叠隔断，既避免了餐厅天花板给人造成的压抑感，又可以把餐厅灵活地分隔成高级船员和普通船员餐厅。

(5) 餐厅选用的可折叠隔断、为新西兰进口产品。其基本构造是：可见面采用的纺织品，纺织品内衬乙烯基。中间夹层的上、中、下部分别装有一排可伸缩铰链，在衬里的内表面敷设有隔音涂层。该隔断具有隔音效果，在信频为 630 Hz 的情况下，隔音值可达到 26 dB。可折叠隔断的安装。

(6) 为满足餐厅可兼做舞厅的功能，除了可折叠隔断可以向两边收拢，我们还把餐桌脚设计成可拆式，扶手餐椅则采用防浪绳加以固定。

(7) 对于餐厅的颜色，由于餐厅具有多功能性，因此，在一定的基调下，经与船东商定，最终的配色方案是：

部位	颜色	色卡
壁板	沙滩贝壳色	GISLAVED 27-F12U
天花板	霜白色	GISLA VED 74-1139
家具可见面	贵族榉	
可折叠隔断	纯羊毛自色	MAIZE
餐椅面料	冬青果红色	
窗帘	DRAPILUX 21201	
PVC 地板	MIPOPLAM 2313	

(8) 在餐厅的照明方面，采用整体扩散照明的方式。共配置 5 盏 40 W 嵌入式蓬顶灯和 1 盏 30 W 嵌入式蓬顶灯。灯光结合色彩，使得餐厅达到了满意的效果。

三、舱室设备

以 NORSOK C 对厨房（厨房）、餐饮和洗衣设备的要求为例，了解设备的安装配备规范，规范与规则是进行设计和生产的基本准则，应遵守纪律与规则，不得散漫，无规矩不成方圆。

（一）一般要求

所有设备应为公认的专业餐饮标准的标准专有产品，除非严格要求，否则不得修改。主要的噪声控制措施应为安装具有低噪声特性的设备。如果需要额外的吸声措施，详细说明应避免灰尘、油脂和疏污物，并允许有效的清洁。设备不得有任何尖锐的边缘或棱角。所有标准和专用制造的设备、固定装置和配件都应易于清洁，以保持极高的卫生标准。

（二）材料性能应适用的性能

碳钢应完成粉末环氧或聚酯涂层；铝应阳极氧化或完成粉末环氧或聚酯涂层；所有暴露的不锈钢表面应有刷漆处理；塑料层压板应具有最佳的防火等级；拐角和边缘应光滑和圆角；铁芯应为合适的不燃材料，各边密封；五金件应尽可能为不锈钢；可锁定的物品应配备嵌入式气缸锁和三把编号、标记和编码的钥匙。

（三）设计和制造

所有钢或铝板或型材应充分加固，以防止屈曲或“油罐”。

所有家具和设备应尽可能实际安装在墙上或控制台上。地板支撑点的数量应保持在最低限度，并详细说明已符合卫生规定。

地漏格栅和过滤篮应详细说明，以方便和频繁地拆卸清洁，以免造成手部伤害。大光栅应细分成小段，便于搬运。

所有地板控制台均应为完整的单元，可提供所有必要的服务和接口连接点。应为防水、可拆卸的检查面板后面的所有服务提供方便的通道。

工作台、机器和设备的所有支架与支架应内置，从外部看不到，即不得通过螺栓或可见的螺钉头等。所有地板控制台的基础细节应防止基础之间存在未检测到的水分。所有提供永久工作场所的工作台和设备应符合人体工程学设计，其高度为 800～1 050 mm，固定工作台高度为 660～800 mm。高度调整应易于进行。所有橱柜门应在整个摆动中保持水平，并靠近密封条形成紧密密封。滑动门和抽屉应具有刚性，并易于在导轨或滚轮上滑动。

移动装置上的所有架子都应具有风暴边缘。服务柜台应固定在一个大约 250 mm 高的底座上。不得有可见的管道或电线。所有台面的材料、涂层、饰面和颜色都应相同。所有计数器均应为“自助服务”类型。所有水槽均应为不锈钢，并尽可能与台面集成。应尽量减少可见的爆裂铆接或螺钉。不得有重叠的边缘，在那里可以捕获油脂和污垢。所有接头和连接件应紧密连接，无任何摩擦。每个主要设备应配备谨慎放置和安全固定的铭牌，显示制造商名称、设备类型、电气要求、型号、序列号等。洗衣机和干燥机的安装应使前装载门达到符合最佳人体工程学的工作高度。

（四）电气要求

所有电气设备的电源供应功率均应为 230 V/380 V/50 Hz 和/或符合项目标准。该设备应配备一个控制面板。所有电气设备均应接地。高度可调的工作台面和设备应连续接地。电气设备应贴标签，并提供“制造商声明”，说明符合要求，包括规定的效果、电压、频率和 IP 额定值。需要特殊接地方法的设备，或对水纯度敏感的设备，应在相关数据表的早期阶段突出显示这些方法。大型设备项目应具有符合验收标准或项目标准的电缆标记和相关接线图，以加快出现故障时问题的解决。所有滚筒式干燥机的时间开关应有 0～2 h 的运行周期。

（五）管道要求

设备应具有标准配件、喷嘴、阀门等。准备好安装所有项目都应具有本地关闭阀，以便于设备的更换、维护等。厨房一般区域应有明确标记和易于接近的主关闭阀。卫生管道应符合工程标准。除非另有规定，应使用以下水温：热水饮用水温度为 55 ℃；使用时极热水饮用水温度至少为 80 ℃。用于软管准备工作台的软管卷轴是唯一需要高温饮用水的项目,应具有软管、阀门和温度限制装置的可变温度显示调节,在此温度下安全运行。建议将非常热的饮用水作为一个单独的系统来安装,以减少事故的可能性。

废物处理器应连接到温度可调的热水供应处。来自废物处理器的出口管应按照制造商的说明连接到排水管上,并应允许在需要时进行高度调整。废物处理器和土豆削皮器应与机器至少有 101.6 mm 的管道连接,以避免堵塞。洗碗机和盆洗机排水管道不得排入地面。相关的地漏应易于清洁。冷水和热水管应保温,并有电绝缘支撑。

厨房区域的所有搅拌龙头应为单杆控制型,表面为哑光铬或刷丝不锈钢。洗手盆上的水龙头应按照卫生规定进行弯头或自动操作。洗衣机排水管道应直接通过管道进入相邻的地坪排水沟,该排水沟能够同时清空所有机器。排水光栅应易于拆卸,用于地漏的维护和清洁。高度可调平台的排水管应具有重型的柔性细节。具有压力供应限制的设备应根据需要在供应管道中安装减压阀。

(六)厨房区域提取通风罩等

一般提取物罩应采用不锈钢制成。它们不得产生过多的噪声。它们的主要功能在以下的介绍中将均有描述。

1. 厨房提取罩

厨房提取罩应安装在主烹饪区域的上方,并至少应包含以下内容:

(1)火焰防护过滤器、带有安全清洗通道的润滑脂过滤器;

(2)过滤器清洗装置;

(3)排水管道;

(4)综合手动灭火系统;

(5)集成照明配件,用于工作台的指定照明;

(6)自动清洗系统;

(7)降噪设施。

提取罩不得产生过多的噪声,其最小板厚度应为 1.0 mm,或 1.2 mm,其中板屈曲是一个潜在的问题。应详细说明,没有可能促进细菌生长的间隙。

提取罩系统的设计应防止人员暴露于油炸烟雾的可能性。

2. 烘焙台提取罩

该罩应安装在烘焙台上方,并包含一个面粉过滤器,便于清洗和维护。它应包含集成的照明配件,用于以下工作台的指定照明。

3. 烘焙烤箱/蒸笼提取排气罩

在需要时,排气罩应安装在烘焙烤箱和/或组合蒸笼上方,并包含便于清洁和维护拆卸的油脂过滤器。如果设备和布置允许有效的抽蒸汽,则可能不需要发动机罩。

4. 洗碗机清洗和擦洗提取系统

该系统应具有特别好的排出热量和蒸汽的能力。该系统应配备一个冷凝器装置。

(七)噪声控制

要求噪声水平不得超过 NORSOK S-002 中的规定。制造商的数据表应保证设备的噪声水平。

(八)推荐设备

操作人员/公司要求的任何特定设备都应为每个项目单独列出。

1. 洗碗/洗碗机

典型设备如下:

(1)洗碗篮接收台,温和连续水冲洗和排水(水深 50 mm)。无须起吊,即可拉到洗碗输送带上。

(2)垃圾滑槽,下方有标准麻袋集装箱小车;滚轮台。

(3)两个预冲洗盆,带有手动预冲洗装置;洗碗机,包括必要的隔音和蒸汽冷凝装置。机器应按照现行控制机构的温度限值运行。

(4)货架。

(5)洗手盆(如适用)。

(6)推车或货架下方的货架;废推车。

(7)清洗软管卷筒,包括恒温器水龙头和可调节管嘴。

(8)带预冲洗的废物处理装置(手动操作)。如果可能,机器应位于下面的甲板上。

2. 服务

典型设备如下。

(1)服务台,包括托盘滑块。

(2)带有内部衬里的平板分配器,直径符合操作员要求(为热板加热)。

(3)托盘架,托盘尺寸由操作员/公司说明。

(4)下面有集成溢流管和温暖的橱柜,从展示架加热和照明食物。在浮动装置上,母装置应具有防止波浪移动导致溢出的装置。

(5)在沙拉或甜点井中,最多应达到 7 ℃,在货架上方、下方有食物照明。沙拉应放置在食品供应线的早期。

(6)冷桌,下面有冷柜,并从过渡架子的边缘供应冷空气。在服务板之间测量为 7 ℃,并在安装前进行验证。为所有食物提供综合照明。应包括单独的托盘架和平板分配器。

(7)带排水系统的饮料柜台。

(8)咖啡机。

(9)果汁机。

(10)牛奶机。

(11)碎冰机。

(12)冰直接进入玻璃。

(13)板凳下的橱柜,有可用的空间,有高度可调节的架子。

3. 暖厨房

典型设备如下。

(1)控制台墙和管道供应。

(2)油炸锅(空气对流型),或深脂油炸锅;

(3)倾斜水壶,下面有超大底槽;

(4)烹饪灶(浮动装置有风暴轨),高度可调;

(5)高度可调倾斜煎锅(150~200 mm 深用于浮动装置),下面有超大底槽;

(6)应沿煎锅的侧面和前边缘设置不锈钢冷却空气供应系统,以减少油炸的烟雾;

(7)组合蒸汽,冷凝排放至排水管;

(8)采用集成照明,用于下面工作台的指定照明;

(9)带下架的可调工作台;

(10)搅拌机,并在墙上安装了所要求的搅拌设备;

(11)冰箱、洗手盆、污水槽、蒸汽锅;

(12)冷凝排放管至排水管;

(13)冷镇工作台,带冷柜,高度可调;

(14)清洁软管卷轴,包括恒温器水龙头和可调喷嘴;

(15)加热式食品储存柜(加热式食品柜)。

4. 冷厨房

典型设备如下。

工作台,高度可调节,下面有架子和/或橱柜;集成照明的搁架,用于下面工作台的指定照明;食品加工机;带水槽和冷柜,高度可调;切分机;冰箱、面包切片机、喷冷水机等。

5. 清洗区

典型设备如下。

(1)锅洗机,包括控制柜、凝汽器、装载架和设备。排水不得妨碍通道。

(2)锅洗台,高度可调,带有水槽(400 mm 深)和搅拌水龙头。

(3)壁挂式锅架;废物处理装置,通过管道连接热/冷、不堵塞的排水管连接。

(4)壁装式磨砂机,包括所有必要的固定支架、墙板和附件。

6. 面包店(如果经营者/公司要求)

典型设备如下。

(1)搅拌机,所需的搅拌设备安装在墙上。

(2)组合蒸笼和烤炉。

(3)烤盘小车,带有可锁定的车轮。

(4)烤烤台,高度可调,下面有抽屉和冷柜。山毛榉或 Corian ® /Surrel ® [2]的顶板,三面约 30 mm 凹凸支撑。

(5)货架、控制台、烤箱、松饼机。

(6)工作台带洗手盆,高度约为 900 mm。

(7)高冰箱,有玻璃门。

7. 准备(工作)区

典型设备如下。

(1)工作台,高度可调节,带抽屉和/或半托架,水槽(400 mm 深),带搅拌水龙头。

(2)安装在机架和可锁定车轮上的组合刀具,附件的壁挂式支架;解冻柜。

(3)带有冷热管道连接的废物处理装置。至少 101.6 mm 不堵塞排水管连接。如果可能,机器应位于下面的甲板中。

(4)货架、洗手盆。

(5)马铃薯削皮机,安装在机架上,不堵塞排水管连接。

(6)带有前端紧急停止功能的肉锯。

(7)清洗软管卷轴,包括节温器水龙头和可调节的喷嘴。

8. 解冻区

应提供单独的房间或橱柜进行解冻。温度范围为 0~6 ℃。解冻室应设置地漏。

9. 咖啡吧

吧台应包括固体无孔复合材料(如科利安)的台面,带集成水槽和混合龙头,正面和侧面的橱柜,冰箱,上方的架子或壁挂橱柜。包括咖啡/热水机和冷饮机及相关的管道,以及垃圾处理袋的综合解决方案。如果操作员/公司指定,应提供洗碗机。

10. 洗衣房

典型的设备如下。

(1)自动洗衣机与旋转干燥机。洗衣机门的下部应距地面 800~1 000 mm。自动清洗系统。

(2)大小式滚筒式烘干机,通风管道内有毛绒过滤柜,配有铰链进入面板,设计用于安全有效的日常清洁。

(3)清洗软管卷轴,包括节温器水龙头和可调节喷嘴。

(4)拖把洗衣机、带浸泡水槽的工作台、浸泡式小车等。

11. 厨房和洗衣房设备数据表

项目应使用表 5-29 来规定每个项目设备的容量、尺寸和其他功能和技术要求。

表 5-29 厨房和洗衣房设数数据表

NORSOK 厨房和 洗衣房 cd-207c-002	厨房和洗衣房设备 项目	CDS-207 Rev. 2, Oct. 1997	
O. No. Package no.	Doc. No. Area:	Rev.	

标签号:××-××-　　位置/房间编号:

型号:　　描述:

供应商:

制造商:

制造商型号/品牌名称:　　数量:

	项目要求	制造商资料	说明
运输/操作质量/kg			
运输尺寸(*W*·*D*·*H*)/mm			
工作高度在 FFL 以上/mm			
在 FFL 以上的机组顶部/mm			
固定细节:双板、基座高度、墙钢筋			
材料/饰面			
容量/温度范围			
电量			
El. conn 到盒子/插座			
电压/Hz			
相位/W			

表 5-29(续)

	项目要求	制造商资料	说明
特殊的接地需求			
IP 等级			
管道			
冷水最大/(L/min)			
热水最大/(L/min)			
非常热水/(L/min)			
最大排放、最小排放/(L/min)			
最高的噪音/dB(自由区域连续声)			
实际噪声/dB(已安装)			
直接通风提取物要求			
直接通风提取物要求		m^3/h	
间接通风提取液的要求		m^3/h	
需要专业人员安装			
在功能测试后需要进行特殊保存			
备注:* 应由供应商进行填写			

评价与考核

课程名称	船舶内装生产设计		
学习项目	舱室设备	授课教师	
知识掌握情况(40 分)			
序号	知识考核点	分值	教师评分
1	了解船舶舱室设备的种类	10	
2	了解船舶舱室常用设备的特点	10	
3	了解舱室设备的安装工艺	10	
4	以 NORSOK C 对厨房(厨房)、餐饮和洗衣设备的要求为例,熟悉设备的安装配备规范	10	
任务执行情况(60 分)			
序号	能力执行考核点	分值	教师评分
1	能根据舱室设备的特点以及船东的使用要求,选择合适的舱室设备	30	
2	能根据舱室设备配备情况,编制设备安装工艺	30	

（续）

课程名称	船舶内装生产设计		
学习任务	舱室设备	授课教师	
违纪扣分（25 分）			
序号	违纪考核点	分值	教师评分
1	上课吃东西	5	
2	上课睡觉	5	
3	上课玩手机	5	
4	上课打电话	5	
5	其他扰乱课堂秩序的行为	5	

小故事园地

战国时，有一个叫惠施的人，他是当时一位有名的哲学家。惠施和庄子是好朋友，但在哲学上他们又是一对观点不同的对手。庄子与惠施经常在一起讨论切磋学问。他们在互相争论研讨中不断深化、提高各自的学识。特别是庄子，从惠施那里受到很多启发。后来惠施死了，庄子再也找不到像他那样才智过人、博古通今，能与自己交心、驳难、使自己受益匪浅的朋友了。因此，庄子感到十分痛惜。一天，庄子给一个朋友送葬，路过惠施的墓地，伤感之情油然而生。为了缅怀这位曲高和寡不同凡响的朋友，他回过头去给同行的人讲了一个故事：

在楚国的都城郢地，有这样一个泥水匠。有一次，他在自己的鼻尖上涂抹了一层像苍蝇翅膀一样又薄又小的白灰，然后请自己的朋友、一位姓石的木匠用斧子将鼻尖上的白灰砍下来。石木匠点头答应了。只见他毫不犹豫地飞快抡起斧头，一阵风似地向前挥去，一眨眼工夫就削掉了泥水匠鼻尖上的白灰。看起来，石木匠挥斧好像十分随意，但他却丝毫没有伤着泥水匠的鼻子；泥水匠呢，接受挥来的斧子也算是不要命的，可他却稳稳当当地站在那里，面不改色心不跳，泰然自若。倒是旁边的人为他们捏了一把冷汗。

后来，这件事被宋元君知道了。宋元君十分佩服这位木匠的高超技艺，便派人把他找了去。宋元君对姓石的木匠说："你能不能再做一次给我看看？"

木匠摇摇头说："小人的确曾经为朋友用斧头砍削过鼻尖上的白灰。但是现在不行了，因为我的这位好朋友现在已不在人世了，我再也找不到像他那样跟我配合默契的人了。"

庄子讲完了故事，十分伤感地看着惠施的坟墓，长叹了一口气，然后自言自语地说："自从惠施先生去世以后，我也失去了与我配合的人，直到现在，我再也没有能够找到一位与我进行辩论的人了！"

【庄子和石木匠的感受向我们表明，高深的学问和精湛技艺的产生，依赖于一定的外界环境；红花虽好，还要靠绿叶扶持。一个人如果不注意从周围的人和事中吸取营养，他的智慧和技巧是难以得到发挥与施展的。】

任务测试模拟题

1. 判断题

(1)根据 IMO 的《国际防止船舶造成污染公约》,食物垃圾允许直接排放入海。

(2)一般的洗碗机漂洗的水温通常在 85 ℃左右,这个温度的水流能够起到较好的清洁和除菌效果。

(3)船用消毒柜一般设置在厨房间或餐厅,设置在厨房间的消毒柜通常为耐腐蚀、易清洁的不锈钢材质外壳。

(4)对于不能入海的垃圾需要打包处理,可以入海的垃圾,可以直接丢弃入海。

2. 问答题

(1)比较半自动切片机与全自动切片机的特点。

(2)常用的厨房设备有哪些?

(3)食物粉碎机的作用是什么?

(4)与家用洗衣机相比,船用洗衣机有什么特殊要求?

(5)请根据要求编制厨房设备安装工艺顺序。

项目六

船舶厨房与舱室卫生系统设计

引导语

“水从碧玉环中过，人在苍龙背上行。”这是元代诗人刘百熙对赵州桥的赞美。“碧玉环”指的便是赵州桥的拱形桥洞。不知你有没有发现，中国很多建筑都偏爱“拱形”？拱形门、拱形桥、拱形屋顶……，像是一个神奇的存在，成为中国古建屹立千年的秘密之一。拱形结构对中国古建筑的建造有着极其重要的意义。拱形的对称美学。对称性是构成形式美的基本原理，对称可以赋予建筑形象静态美，呈现出稳重、古朴之美。

1. 拱形的结构特性。

拱形在受到压力的时候会将力分散传递给向下或向外的部分。因此，只要拱形结构质地均匀，它所分散传递的力也会非常均匀。拱形结构的曲面缓冲、分散承受的压力，增强了建筑的坚固性。这一结构应用至桥梁建设时，能极大地增强泄洪能力，减小洪水对桥身的冲击力。

2. 拱形的材料成本。

拱形结构可以少用很多材料，因而节省了许多成本开销。受力高、成本低，难怪拱形结构的建筑风格如此受古人喜爱。

赵州桥(图 6-1)所采用的敞肩圆弧拱，被认为是世界桥梁史的“开创者”。据世界桥梁考证，中国比欧洲敞肩拱结构早了一千二百多年出现。而赵州桥在 1 400 多年的历史中，经受住了无数次洪水冲击，历经了数次大地震，同时有无数人与车辆曾经于这座桥上驶过，至今仍挺立于河上，被称为世界桥梁的奇迹。

图 6-1　赵州桥

拱形所展现的中华美学，以看似简单柔和的线条，塑造出均衡稳重的形态，一次又一次成就了中国建筑史上的奇迹。

学习目标

任务说明

本项目通过介绍船舶内装工程的主要内容，使学生了解船舶内装工程的发展历程，内装工程中舱室设计的总原则。

知识目标

1. 掌握船舶厨房的特征和布置要求；
2. 掌握船舶餐厅的功能和设计要求；
3. 掌握船舶舱室卫生系统的设计与配置。

能力目标

1. 能根据内装发展的过程，了解船舶内装的发展趋势；
2. 能根据船舶内装工程的主要工作内容，掌握从事内装设计主要从事的工作。

船舶星级标准的标志。厨房与卫生舱室分别属于不同类型的舱室，设计时需针对其特点进行。并且随着时代的发展、新技术的应用，技术的革新与突破，我们在进行设计时也要不断与时俱进。图 6-2 所示为某船的厨房和卫生系统布置图。

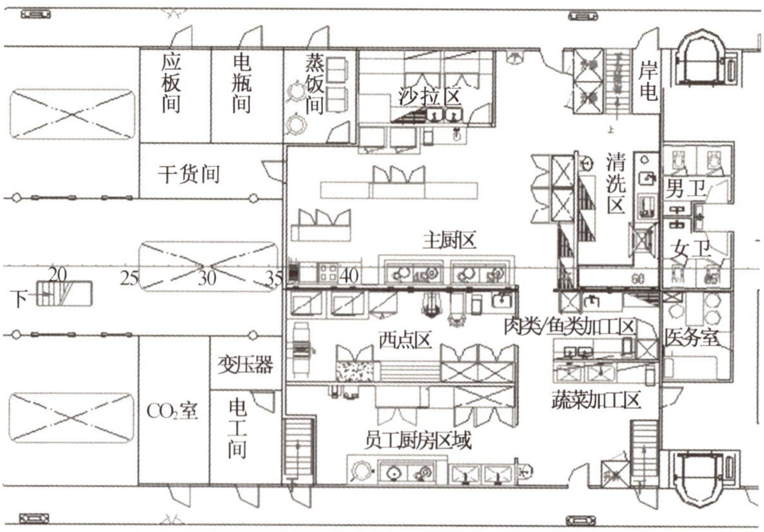

图 6-2　厨房和卫生系统布置图

任务6.1　厨房系统的设计

任务准备

了解船舶厨房的特征

厨房是保证船员和乘客正常生活的重要舱室,其主要功能有食品准备、洗涤清理和烹调。由于SOLAS和各国的建造规范对船舶的防火有严格的要求,因此船舶厨房除了满足其功能要求外,还有特殊的防火要求。由于船舶空间的紧凑性,船舶厨房相对于其他舱室人均面积来说比较小。

船舶厨房和卫生系统设计

我国沿海及长江客货船公共舱室面积见表6-1。

表6-1　我国沿海及长江客货船公共舱室面积

船名 公共场所	7 500 t级 沿海	5 000 t级 沿海	3 000 t级 沿海	长江 申汉线	长江 汉渝线
餐厅总面积	195.6	374.4	132.0	210	174
人均面积/(m^2/人)	0.23	0.288	0.144	0.174	0.218
二等客休息室面积	75.6	83.2	—	56.0	40
人均面积/(m^2/人)	4.73	1.26	—	1.75	2.0
阅览室面积	140.10	—	74.9	62.0	—
人均面积/(m^2/人)	0.17	—	0.082	0.052	—
厨房总面积	96.1	106.2	80.3	117.0	78
人均面积/(m^2/人)	0.117	0.082	0.088	0.099	0.098

任务实施的依据

船舶厨房的布置要求如下:

厨房设计一般原则

一、厨房的布置

(1)厨房的布置应从加工使用等工艺流程考虑,应靠近冷库,有利于食品储存。靠近粮库、食品库及餐厅,有利于取送食物。

(2)船舶上层建筑的空间是非常宝贵的,考虑到厨房特殊的环境和工作情况,最好将它布置在上层建筑底层的后端,或机舱的一侧,一般厨房上下层对齐,有利于管路的布置以及污水的集中排除。设计时应注意避免将浴室、厕所布置在厨房之上或邻近。

(3)为迅速和便利供应食品,厨房与餐厅要邻近,厨房与餐厅在同一甲板设置输送专用窗口;如餐厅布置在厨房的上一层甲板,则配备专用输送的升降机。要防止厨房的烟气影响餐厅。

二、有关"法规""规范"的要求

1. 我国"规范"对内河厨房的规定

(1)《内河船舶乘客定额与舱室设备》规范,对客船的规定:厨房的大门应开向开敞甲板,并不应由厨房通向其他舱室。

(2)《内河钢船建造规范》对客船的补充规定:

厨房的排气管道、通风导管、升降机的通道,一般不应通过起居处所,其围壁应为"A"级分隔,且应装有隔烟板,或失火时,也应有可将每一处所隔断的其他有效措施。

(3)《内河钢船建造规范》对客船的补充规定:

①厨房炉灶烟道的排烟管应装设有效的火星熄灭器。

②厨房与居住舱室邻接的舱壁和甲板应为"A-0"分隔,厨房甲板敷料应为认可的不易燃材料。

(4)《内河钢船建造规范》对拖船附加要求:拖船的厨房应设置重柴油炉灶。

(5)《内河钢船入级与建造规范》规定:

①厨房升降机的通道围壁应为钢质,并应有防止焰火从一层甲板通至另一层甲板的措施。

②厨房内设有燃油炉时,其日用燃油柜应远离燃油炉灶上方,且应装有闭路的注油装置和合适的透气装置;其透气管和注流管,应设有防止超压的设施,炉灶燃烧量的燃油供应,当厨房炉灶发生火灾时,应能在易于接近的地点予以控制。

2. 我国"规范"对海船厨房的规定:

(1)《海船乘客定额及舱室设备规范》规定:

①在第一、二、三类客船上应设置为乘客服务的厨房,第二、三类客船的乘客厨房,可以和船员厨房合并设置。

②为了便利和迅速供应食品,厨房应尽可能设在靠近餐厅处,对大型客船尽可能在船上装设上下各甲板的升降机。

③厨房尽可能远离厕所、诊疗室、浴室等处所,并且厨房的出入口与递送食物的小窗口,不应开设在上述处所出入口的对面。不准有经过厨房而通向其他处所的通道,特别应注意避免厨房的烹调气味透入居住处所或餐厅。不应将厨房设置在高温处所之上。如必须设置在高温处所之上,应特别注意绝热。

④厨房的面积应根据船舶种类、乘客人数及服务的人数而定。设置的炉灶、蒸饭锅及其他设备,应适合于船舶计划乘客最高额之用,炉灶前面的通道至少为 1 m,工作台和厨房其他设备前面的通道宽度应为 0.8 m。

⑤所有厨房设备的布置应便于厨房的打扫和清洁卫生工作。

⑥厨房内应设置良好的排气通风设备,自然采光和照明设备。

⑦厨房内地板应敷设防滑材料,若炉灶设于舱壁处,则炉灶与舱壁之间至少应隔开150 mm,且舱壁上要敷设绝热材料,外部包以镀锌钢板,该绝热装置应高出炉灶的台面20至30 mm。炉灶经过厨房的一段烟道,应仔细地以绝热与防火的敷料绝缘。在烟道上应装有开口盖,以便清洁烟道。炉灶燃油柜一般应设在厨房外部,并符合安全防火要求。

⑧第一类客船厨房内应分设一间单独的配膳室,根据配菜需要备有各种设备,其面积根据各种设备设置的需要而定。第二、三类客船上建议设置上述配膳间。

3. SOLAS 公约对船舶厨房布置的防火分隔的规定

厨房周围应为 A 级分隔;在两个厨房之间不要求有舱壁分隔,但油漆间和厨房之间需设置有“A-0”级舱壁。

4. 国外船级社对船舶厨房布置的防火分隔的规定

(1)英国劳氏船级社《内河船舶入级规范》的要求:

①厨房和高度易燃材料如油漆和油类的储藏室,当邻室为居住舱室和应急发电机室时,其壁板应是钢质的或其他等效材料。

②厨房应当与居住舱室和公务舱室等处所采用 A-30 级耐火结构分隔。

5. 船舶厨房的能源及要求

船舶厨房的能源大多为电制,小型内河船舶厨房的能源有的为油或石油液化气,使用液化气灶时应满足以下要求:

(1)液化石油气的燃具、钢瓶、角阀及减压阀等应符合国家标准并应具有国家有关部门认可的产品证书。

(2)储存的液化石油气量应经验船部门核定,不得超额储存。

(3)厨房应位于主甲板以上,其内部应设有通往位于其下方舱室的开口及梯道。

(4)厨房门、窗应通向开敞甲板处所,应为向外开启。并应能保证厨房舱室内其上部和下部空间有可流通的自然通风或机械通风。

(5)液化石油气燃具应可靠地固定在设计位置上,且应有防止移动的措施。

(6)液化石油气钢质管系的连接应采用焊接,燃具阀件、检测仪表等与管路以及阀的连接可用螺纹连接。其结合处应装有耐油密封圈或涂以黏合剂以保证气密。

(7)液化石油气钢瓶应垂直放置,应有可靠的固定装置,紧固的瓶箍应能方便快速地脱开,钢瓶底部应有防撞击的木质垫料。

(8)液化气管系的强度和密性试验压力应满足表 6-2。

表 6-2　试验压力表

液化石油气管道	试验压力 强度试验(在车间)/MPa	密性试验(装船后) /MPa
钢瓶至减压阀管系	2.4	2.0
减压阀至燃具管系	0.2	0.1

任务实施

任务布置

完成某沿海 10 000 t 客货船厨房的总布置设计及设备配置。设计要求：船员 25 人，其中高级船员 5 人。设备中西餐厨房，航行周期一周以内。

船用厨房和厨房设备

一、设计依据

厨房机械的配置除能满足其功能性要求之外还应具有容易维修、易清洗、防锈防腐蚀的特点，配备设备的大小应合理，与船上发电机的容量相适应。

（一）厨房设备的配置

厨房设备包括：生食品准备用具；餐具及调味品用具；熟食品配发用具；污物处理用具；西餐厨房及配菜间用具。

厨房设备是根据船员及乘客人数、船舶的大小、种类配置的。船舶厨房还根据用膳的方式分为中式和西式两种，但随着生活节奏的加快和一部分人饮食习惯的西化，这两种方式的区别逐渐不明显了。

厨房设备的布置原则

（1）满足功能要求，即满足食品准备区、洗涤区、烹调区和发配区功能要求。

（2）便于操作：厨房设计应符合人体工程学要求，对于厨房内设备、设施的尺寸和布置位置，如台子高度、吊柜高度、搁架深度，以及通道宽度，都应考虑操作人员各种作业姿势的方便与舒适程度，达到方便操作、省时省力的目的（图 6–3）。

图 6–3　厨房操作区

（3）餐饮卫生：生熟用品分别设置，生熟食物应分开。

（4）流程合理：根据烹调的顺序合理布置厨房设备（图 6–4），有利于提高工作效率。

图 6-4　船舶厨房设备

(5)布置紧凑,便于清洁。

(二)船舶厨房设计原则

船舶厨房设计原则

厨房的设计应首先从其功能出发,满足船员乘客的饮食需要,然后在此基础上进行艺术形式的装饰,塑造其鲜明个性,内装设计是诸要素的组合过程,协调有机的组合,才能塑造出鲜明艺术风格,表现完善的舱室形象。

1. 厨房设计

(1)厨房的界面处理

厨房界面处理

厨房内部表面处理应遵循一定的原则:首先满足功能需要,即不沾油污,易清洗,有利于室内采光,材料容重不能大,同时考虑局部重量分配。其次是结构上易于建造,还应防火、防漏、防潮,外露表面应具有低播焰性。隐蔽或不能到达的空间的表面也应是低播焰性,界面处理对于创造舱室美的环境有着重要的作用。

①地面

厨房内湿作业多,地面不可避免地要沾染泥、水、油等污物。地面材料选择要适当,过硬、过冷、过滑会引起下肢血管收缩,肌肉紧张,使人消耗大量体能而影响工作。厨房的各种底脚基座、甲板敷料和排水装置也要设计得便于打扫干净。各种设备的基座可以是封闭式的,也可以是敞开式的。使用敞开式的基座时,厨房的固定设备是放在与甲板相隔一定距离的支架上。为了使下面的空间能便于打扫干净,下面开口的高度至少要有 250 mm。设备需要封闭的,要采用封闭式的基座,底边留出高 100 mm 和纵深 100 mm 的空间。使用这种基座时,要向里面塞满轻质甲板敷料。在地面装饰材料,现通常采用表面具有凸纹防滑或防滑地砖。事先在地板上铺设 30~40 mm 厚的水泥层作为铺砌面砖的黏固底层,需要考虑减小质量的地方,可以采用浆或其他相当的材料为基础,其厚度也可以大大缩减。防滑地砖种类多、规格及色彩丰富,质地坚硬耐腐蚀、耐压,吸水率水,是目前理想的材料。

现在很多出口船舶地面采用整体浇注的聚酯材料,具有弹性。同时应该设置环形明沟或暗沟，也可在正确的位置设置流水槽，配疏水孔，以免积水。

厨房地面如图 6-5 所示。

图 6-5　厨房地面

②壁面

厨房的墙壁材料除了要防油烟易清扫外，在水池、炉灶及操作台等局部应做到防火、耐腐蚀、耐高温等特殊处理。通常采用镀锌铁皮外贴耐火贴面材料，木档应防火处理后固定在防挠材上，其中不锈钢不怕火、不怕水，耐久性好，易于清洗保洁，但是金属特有的冰冷质感是其缺陷，设置炉灶处的舱壁要敷设绝缘材料，绝缘装置高于炉灶 30 mm。小型船舶的周围板表面敷镀锌铁皮，下半部墙裙采用釉面砖。

厨房壁面如图 6-6 所示。

图 6-6　厨房壁面

③天棚

厨房的天棚材料应满足防火要求，采用耐潮耐热材料。除此之外，吸声效果也是比较重要的，厨房操作噪声大，壁面和地面材料在满足防火、防水、易清洗、高强度等要求后，吸声的功能主要由天棚负责，同时需增强排风和通风，自然通风进气口应设置在厨房高度的1/2以下，排气口设在距天棚800 mm以内。

厨房顶棚如图6-7所示。

图6-7　厨房顶棚

(2)厨房的通风与防火

厨房的通风
与防火

厨房的通风应采用高标准，一般要采用机械进风和排气，并使排气超过进风，这样可以使周围舱室的空气向厨房内移动，从而避免厨房的气味侵入周围舱室(图6-8)。炉灶等产生热量的设备，要在上方装设用耐腐蚀铁皮制成的排气罩，与排气系统相通。排气罩上应有滴水槽和排水管，铁皮厚度要经得起锅勺等炊具的碰撞。所有的排气罩上要装设油脂过滤器，过滤器应当容易拆卸，以便定期擦洗。一组炉灶共同使用一个大排气罩的大型装置，要装设有恒温器、自动控制的蒸汽喷嘴和二氧化碳灭火系统，以保护装置的管路不受火灾。

厨房的各种管路系统应绝缘；进风管的绝缘是为了防止由于管内的冷空气遇管壁内的热潮气所造成的冷凝水；排气管绝缘是为了防止热的再辐射。一般来说，25 mm厚度的绝缘层是足够的。

据SOLAS公约及各国船级社现行规范定义，船舶厨房为较大失火危险处所，是船舶造成火灾的主要源地之一。当厨房失火时，极易沿着厨房通风管传播出去。为使火灾发生的可能性降至最低，保障船员的生命安全，SOLAS公约和各国船级社规范对厨房通风防火、灭火构造提出了诸多要求。

①厨房通风管穿过起居处所、服务处所或控制站的构造

厨房通风管一般均不穿过起居处所、服务处所或控制站(包括直接穿过和间接穿过)，但若实际布置困难不得不穿过时，则需要满足：

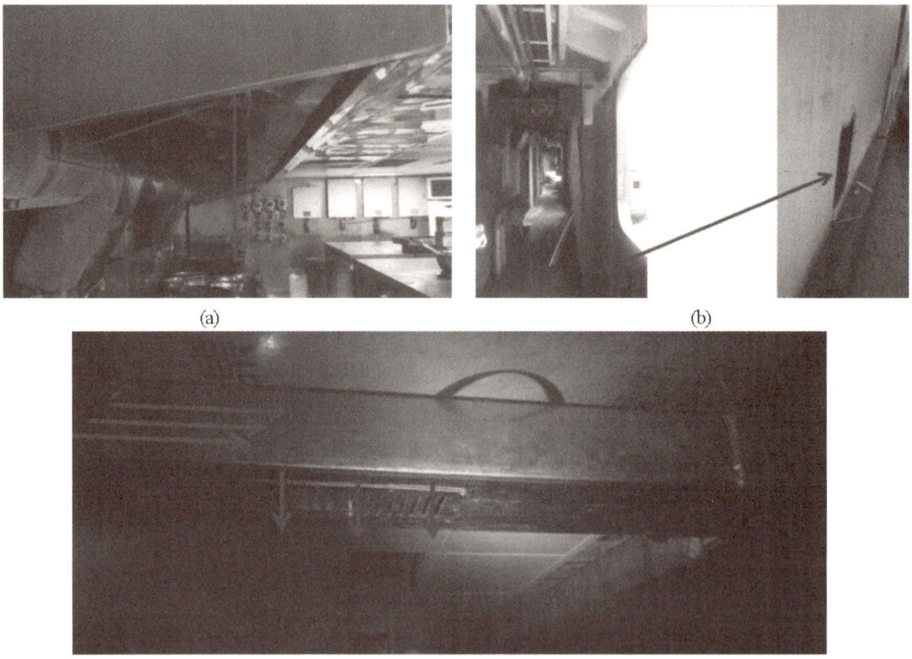

(a) (b) (c)

图 6-8 厨房通风系统图

a. 在起居处所,服务处所或控制站内的通风管应为钢质,如果矩形风管的一边或圆形风管的直径为 300 mm 及以下者,所用钢板厚度至少为 3 mm;如其一边或直径为 760 mm 及以上者,钢板厚度至少为 5 mm;如一边或直径为 300 mm 和 760 mm 之间者,钢板厚度用插值法求得。

b. 在起居处所、服务处所或控制站内的通风管应设有适当的支撑和加强。

c. 在通风管穿过起居处所、服务处所或控制站的限界面处应设挡风闸。挡风闸通常设在起居处所、服务处所或控制站内,而不是在厨房或间接穿过的处所。该挡风闸应是船级社认可型,并具有能在厨房失火时自动关闭和手动关闭的功能。另外该挡风闸还设有一个指示牌,以示出其关闭位置。

d. 厨房通风管穿过起居处所、服务处所或控制站的限界面,若设挡火闸,则应至挡火闸起至少 5 m 的范围内按 A-60 级标准予以隔热。若不设挡火闸,应将这些导管在起居处所等处所内的整个长度按 A-60 级标准予以隔热。

②厨房通风管穿过 A 级防火分隔舱壁或甲板的构造

与其他处所通风管一样,厨房通风管应为不燃材料(包括风机与通风管之间的软接头)。当通风管穿过防火分隔舱壁或甲板时,在贯穿处应保持该舱壁或甲板的耐火完整性。厨房与其毗邻处所的舱壁或甲板根据规范要求,至少 A-0 级。当厨房通风管穿过 A 级防火分隔舱壁或甲板时,在贯穿处应保证该舱壁或甲板的 A 级耐火完整性,满足该要求的具体做法如下:

a. 当通风管净横截面积超过 0.02 m^2 时,通风管在舱壁或甲板贯穿处应设置导管或设置套管。导管与通风管可采用法兰连接,也可采用焊接;后者让通风管在套管中穿过,套管与通风管的间隙需充满不燃材料。导管或套管必须符合下述ⓐⓑ项的要求，其详细结构图还需交船级社认可。

ⓐ管壁厚至少为 3 mm，长度至少为 90 mm，当穿过舱壁时，该长度最好分成在舱壁两侧，各为 450 mm。导管或套管应具有与所贯穿的舱壁或甲板等效的耐火隔热性。

ⓑ当通风管净截面积超过 0.075 m^2 时，通风管在舱壁或甲板的贯穿处应设置挡火闸，该挡火闸应是船级社认可的，并在失火时，能具有自动关闭和在舱壁或甲板两侧手动关闭的功能，同时应设置提示牌，以示挡火闸的关闭位置。挡火闸通常设在相对失火较小的处所内。

ⓒ当通风管净横截面积超过 0.075 m^2，且通风管穿过由 A 级防火分隔包围的处所，该处所又不使用该通风管时，只要保证通风管在穿过该处所时，通风管按其穿过的舱壁或甲板的防火等级制造，则可免设上述ⓑ项要求的挡火闸，并认可没有削弱该处所舱壁或甲板的耐火完整性。

③起居处所、服务处所或控制站通风管穿过厨房的构造

起居处所、服务处所或控制站的通风管一般不允许通过厨房（包括直接穿过和间接穿过）。但若设计布置困难不得不穿过时，则必须符合下列 a～c 或 d 和 e 项所要求的通风形式，两种形式可任选一种。

a. 厨房内的通风管应符合上述①项中 a 和 b 有关通风要求。

b. 在接近起居处所、服务处所或控制站的限界面处的通风管，应设置符合上述②项所要求的挡火闸，该挡火闸通常设在起居处所、服务处所或控制站内，而不是在厨房或间接穿过的处所。

c. 当通风管穿过防火分隔舱壁或甲板时，应保证贯穿处的舱壁或甲板的耐火完整性没有被削弱。

d. 在厨房内的通风管应符合上述①项中 a 和 b 的有关通风管要求。

e. 在厨房内的通风管应包敷 A-60 级隔热绝缘。

④厨房炉灶排风系统结构

a. 厨房炉灶排风管应尽可能不穿过起居处所或内含可燃材料的处所，若实际布置困难不得不穿过时，在上述处所内的排风管应按 A 级分隔制造（最低 A-0 级）。

b. 厨房炉灶排风系统应设有以下装置：

ⓐ接排风管始端的吸气罩应装设易于清洗的集油盘；

ⓑ在厨房吸气罩与排风口的交汇处设置挡火闸，该挡火闸应是船级社认可的，并具有自动和手动关闭功能；

ⓒ设能在厨房内关闭厨房炉灶排风机的系统；

ⓓ设置熄灭排风管内火灾用的固定灭火装置。

c. 厨房炉灶排风管灭火应为独立的二氧化碳灭火系统：

ⓐ该系统包括二氧化碳瓶、管路和喷嘴。二氧化碳瓶应置于厨房内或靠近厨房易于到达的地方。喷嘴固定在风道内，中间通过管路与二氧化碳瓶相连，二氧化碳气体的数量可参照规范对装货处所灭火需备二氧化碳气体数量的要求，通常不小于常压下厨房容积的 30%。

ⓑ炉灶排风管灭火和炉灶排风机还应具有连锁功能，即当排风管内释放二氧化碳灭火的同时，自动停止炉灶排风机运转。

ⓒ应设有提示牌，固定在二氧化碳瓶旁醒目的地方，提示人员如何操作二氧化碳的释放。

⑤厨房通风的室外进风口和排风口

a. 排风口通常设在进风口的上面并尽量远离进风口，且尽可能设在高处和远离居住区。

b. 进风口应设在空气清新的区域。

c. 室外进风口和排风口应设置关闭装置，通常设置可开闭的带水密盖百叶窗。

2. 厨房的色彩与风格

厨房的构图是流线型且充满效率的，而厨房的色彩、风格选择、搭配恰当，会给人以优雅清洁的感觉，在这样的环境中工作心情愉快，这些在厨房设计时，必须得到重视。

厨房、配膳间等处采用青色系统多。色彩搭配除了选择材料的固有色彩外，油漆也是一种美化涂饰，油漆漆膜美观，色彩悦目能改善环境，使舱室色彩调和(图 6-9)。

图 6-9　厨房色彩

(1)海上货船的内部色彩(图 6-10)

图 6-10　海上货船的内部色彩

厨房和配膳间墙壁和天花板：白色。150~200 mm 宽的护壁脚板：灰色。地板：红色。

（2）内河客轮、客货轮和拖轮的内部油漆

①厨房

墙上复板到炉灶高度：钢铁色、青灰色、银白漆；复板以上的墙和天花板：白色。

②炉灶上的烟罩：银白色

3. 厨房的照明与采光

明亮、健康、卫生是形成厨房良好环境的必要条件，自然采光是必需的。但要注意不使人的脸部背光而显暗淡，在这一点上正面和侧面采光窗是有效并接近自然的方法。通常采用 600 mm×900 mm 的长边开启的天窗，天窗设有支撑，打开时可用支撑将盖板撑起；还有 1 100 mm×800 mm 的方窗，透光尺寸很大，这样人在厨房中向外观望，视线十分开阔，给人一种心旷神怡之感，同时又增强心理空间，给人以增大空间的错觉，厨房的门槛高度一般为 150 mm 以上。

厨房的照明即人工采光，具有实用与美学双项功能，而且有一定的标准。照明装置应能防尘和防油污。

4. 厨房里的人机工程学

厨房的设计既要考虑规范公约要求，也要从人机工程学上探讨其实用性。

厨房是人类生活领域中的一个重要环节，在人机工程学的应用上具有典型性，在功能上要求明确，厨房设备较多，人体活动频繁，持续时间长，因此需要细致地分析人体尺度，确定动作域空间，厨房设备都应考虑操作人员各种作业姿势的方便与舒适程度。

操作台是厨房中的基本设备，人体的多数活动是围绕着操作台进行的，实验表明操作台的高度与操作者的身高呈一定的比例关系。台面过高或过低都会使人感到不舒适，如长期屈就则不仅过度消耗人的体力，久而久之会造成人体劳损、变形。

据日本研究，操作台高应为人体的高度的一半加 5 cm，即

$$h=H/2+5$$

式中　h——操作台高度，cm；

H——人体高度，cm。

储藏柜是厨房中必不可少的，吊柜高度和宽度应注意避免碰头或影响排水，搁架除考虑储备量，还要与人体功能动作和厨房之间相协调，一般人略探身时，可触及 0.8 m 左右的地方，因此，搁架深度应以此为限。

5. 垃圾处理

垃圾一般放于位于舷侧和厨房区的垃圾桶内。在货船和油船上，一个简单的垃圾桶就能满足需要。垃圾桶要采用坚实的结构，按规定应加水密盖，外壳上应有止回机构。为了便于清除，应采用手头接头。客船和某些港口进出时间较长的货船上，由于港口的限制，必须在船上安装垃圾磨碎机。客船上的垃圾磨碎机一般设在盘菜配膳间内。在大型船舶上，由于废篓的体积很大，往往需要装设焚化炉把它们烧毁。美国卫生局要求垃圾处理和贮藏舱室必须与处理食物的舱室完全隔离，此外，在布置配膳间时，必须在橱柜下面留出放垃圾容器的空间，关于厨房和配膳间，美国卫生局的要求详细地涉及舱壁的构造、绝缘、排水、管系、照明、通风、防鼠设备的细节等，这方面的规定一般都是高标准的。

船用垃圾桶如图 6-11 所示。

图 6-11　船用垃圾桶

正在装修的厨房

(三)配膳间的设计

货船和油船一般设几个配膳间，由配膳间向独立餐室里不同等级的船员供膳。

配餐间的配置要按船员与乘客人数、用膳方式及服务制度而定。一般大型货船配餐间厨房设备见表 6-3。

表 6-3　配餐间厨房设备

配餐间厨房设备	配餐间厨房设备
咖啡机	吐司炉
饮料机	微波炉
全自动电热沸水器	电热板
洗碗机	电冰箱
配餐桌	服务台
碗碟架洗桌	

二、设计结果

根据以上的设计及规范要求，现将厨房及配餐间布置于靠近船层、机舱附近，并紧邻船员餐厅。在厨房设计时，考虑到饮食安全性，设有独立的出入通道，与餐厅相通。完成布置图如图 6-11 所示。

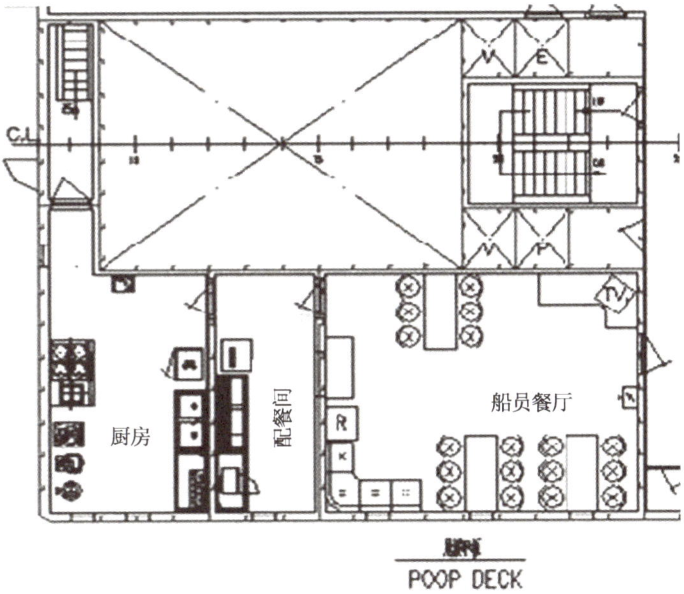

图 6-12　厨房及配餐间布置图

任务6.2　舱室卫生系统设计

任务准备

船舶卫生系统的概念及分类

船舶卫生系统是江、河、海区域内各类船舶,包括各类军用舰船、钻井平台等,供人们洗漱,淋浴、排便必不可少的;是维护人身卫生,有关健康的重要场所;是居住舱室不可缺少的组成部分。

船舶卫生舱室主要分为三大类:公用卫生舱室、单人(单元)卫生舱室、专用卫生舱室。

公用卫生舱室(图 6-13):主要是供普通船员、一般舱室旅客、舰船士兵等使用的浴室、厕所、盥洗场所。

单人(单元)卫生舱室:主要是供中高级船员、高等客舱旅客、舰船官官使用的集浴、厕、盥洗为一体组合舱室。

专用卫生舱室:主要是指医疗、病室配套的舱室,以及为主体船员、舰船官兵、旅客等提供洗衣、烘衣、烫衣的舱室。

公用卫生舱室分为三种:①厕所间;②盥洗室;③淋浴室。

舱室卫生系统

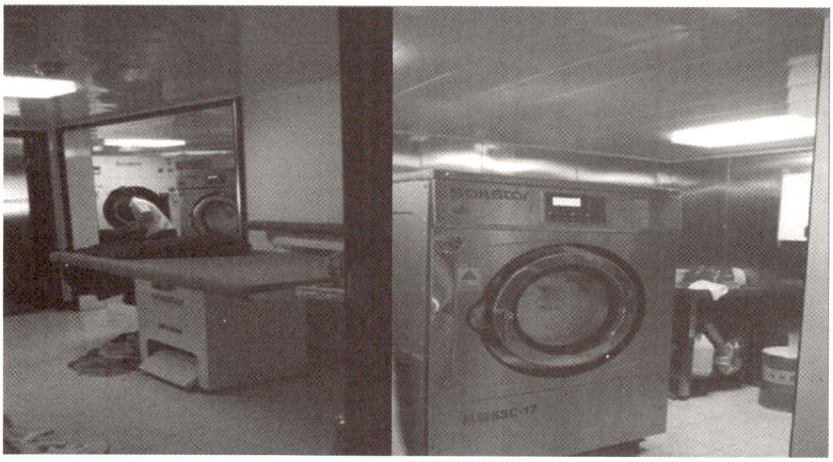

图 6-13　公用卫生舱室

在船舶设计中，公用卫生舱室的划分和设置是以船舶类型、舰船总吨位、登船人员类别而确定的（图 6-14）。

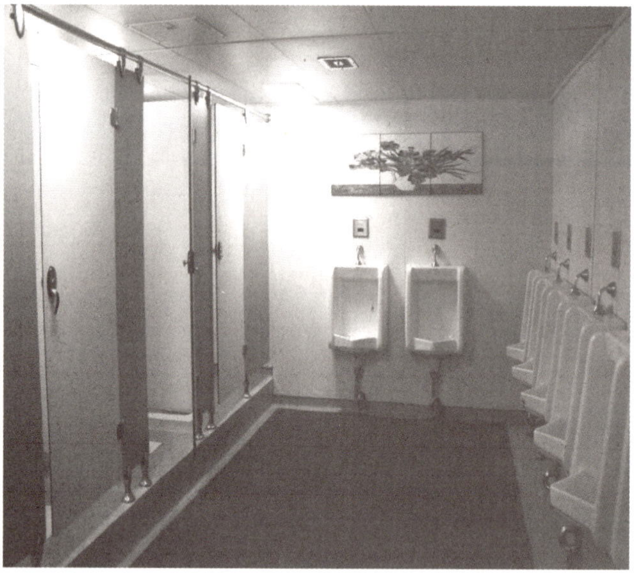

图 6-14　公用卫生舱室的划分和设置

任务实施依据

一、船舶卫生舱室的布置及设备配备一般要求

（一）在条件允许的情况下，通常 5 个高级船员，即船长、政委（船东）、轮机长、大副、大管轮，在独用卧室内设置分隔的独用卫生间（图 6-15），其中卫生洁具包括抽水马桶、浴缸或淋浴设备及冷热水的洗脸盆等。

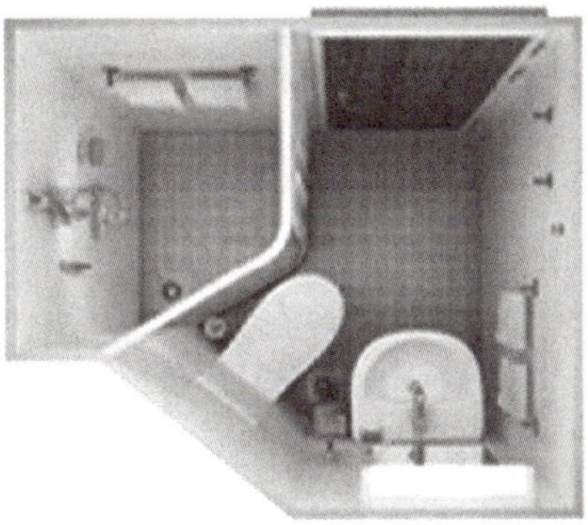

图 6-15　卫生间单元

(二)总吨位在 2 500 总吨以上的有条件的船舶,通常普通船员按 2 人设置一间卫生间或者按每 6 人配置一套卫生洁具,即抽水马桶、浴缸或淋浴设备以及冷热水洗脸盆,大于 3 000 总吨的船舶,船上的抽水马桶至少为 6,还应配置相应的小便斗。

(三)同一舱室内有多只抽水马桶时,则做有效的分隔,且每只的占地面积不少于 0.8 m^2,包括小便斗进行分隔。

(四)载客船舶中分别设置男、女厕所间及淋浴间,并设置独立的公用盥洗室,包括有女船员的任何船舶也单独设置卫生间。

(五)在客船中普通旅客分别设置男、女厕所,一般不设置抽水马桶,采用便槽工艺。

(六)公用淋浴室内一般不设浴缸,配置相应的热水淋浴设施和洗脸盆以及更衣箱。

(七)公用盥洗室一般配置有冷热水的洗脸盆,在洗脸盆的上方配置单片镜或镜面箱。

(八)根据船员人数的适当比例和正常的续航时间在一些船舶中设洗衣间、烘衣间。洗衣设备包括洗衣机或洗涤槽、冷热水装置及加热设备。烫衣装备包括熨斗和烫衣板及储物箱、柜。

(九)在一些船舶中还设置特种公用卫生舱室,即理发室、美容室以及蒸汽浴室。

蒸汤浴分为两种:一种是低温高湿度,称蒸汽浴;另一种是高温低湿度,称芬兰浴,也称桑拿浴。

二、船舶卫生舱室设备

(一)常用的卫生设备

1. 洗脸盆(图 6-16)

洗脸盆的规格可以根据生产单位提供的产品样本选用。常用的规格有 500 mm×400 mm,又称 4 号脸盆。有地位狭小的地方也有用 400 mm×300 mm 的小号脸盆,洗脸盆有双眼(带两只水龙头)与单眼(仅一只水龙头)之分,一般均用双眼式(一只为热水水龙头,另一只为冷水水龙头)。水龙头有自闭型和普通型两种,自闭型水龙头用于公共舱室和普通船员舱室,普通型水龙头用于高级船员舱室。水龙头的造型和陆上的不一样,出水方向不是垂直向下,而

常用的卫生设备

是偏向下。

图 6-16　洗脸盆

2. 大便器(也称马桶或大便池)(图 6-17)

图 6-17　船用大便器

船用大便器一般包括两个部分:瓷质马桶和冲洗装置。瓷质马桶有蹲式和坐式两种,欧美国家喜欢用坐式,东亚地区坐、蹲兼用。坐式马桶可分落地式和壁式安装两种。落地式用得较多,其污物可以通过本舱室甲板排放,而壁式的污物是经过隔壁后的空间再排放(但管子可不通过房间)。冲洗大便池的方式有两种:水箱冲洗和冲洗阀冲洗。船上常用冲洗阀冲洗。冲洗阀与冲洗管路相连接。

近几年的发展中,为了节省冲洗水,遵循国际防污公约关于在近海不准排放污物及排放污水必须经过处理的规定,在底舱均设置了储存柜,大便等污水直接进入储存柜。为了使储存柜尺寸不致过大,因此必须压缩每次冲洗大便的用水量,于是产生了所谓的真空马桶,冲洗一次仅用 1~2 L 水,比一般冲洗阀用水节省 75%~80%,这种马桶比常规马桶要大,分上下两个空腔及阀门机构,使用时上腔后下缘的后门是始终关闭的,上腔备有剩水,当需要冲洗时按压手柄,活门打开,污物落入下腔,上腔被同时清洗,释放手柄 2~4 s 活门自行关闭,冲洗水稍待 1 min 即自动切断。此时下腔的污水不是靠重力而是依靠储存柜管路内的真空被抽吸进储存柜。管路内的真空是借储存柜上的循环污水泵将污水泵过抽射器而产生的。

真空马桶的优点:

(1)用水少,产生污水量少,因此在近距离沿海船只可以做到无污水排放。

(2)由于污水不是依靠重力输送的,因此管道布置可以水平状态直至向上倾斜,对总体布置有较大灵活性。

(3)排污管径小,仅 50 mm,有利于节省管材。

由于真空坐便器每次冲洗仅耗 1~2 L 水,比常规坐便器省得多(10~12 L),因此可采用淡水冲洗;这样既可省去原来的海水系统又可避免使用停靠在被污染的水域港口的污水,从而保证了卫生。另外,每冲洗一次真空坐便器大约有 60 L 的空气进入真空系统,从而使卫生间的空气不断得到更新,因此卫生间内无任何令人不适的气味,但若使用不正规的便纸或乱丢杂物于真空坐便器易使其阻塞。

3. 浴缸

船用浴缸有玻璃缸和钢板搪瓷浴缸两种。玻璃钢浴缸使用较多,因为它外表光滑,色彩丰富,且质量较钢板搪瓷浴缸轻。设计时可参照生产厂家提供的产品样本。

4. 淋浴器(图 6-18)

船用淋浴器可装在浴缸上部使用也可在无浴缸的场合使用。船用淋浴器有固定高度的硬管式淋浴莲蓬头和电话听筒式软管淋浴器两种。由于软管式淋浴器既可在固定一定高度也可拿在手上随手使用,比较方便自然,所以目前应用较广。近年来,在建造一些国外船只时为了防止由于热水的温度和压力的突然变化而发生淋浴者的烫伤事故已广泛采用了恒温式混合阀装置。

图 6-18　淋浴器

5. 镜面箱

镜面箱又叫梳妆箱,用于梳洗时刮脸、梳头、照镜子并储存盥洗品,一般都设在洗脸盆的上方。箱子的盖是镜子,镜箱顶部有一盏 12 W 日光灯。旁边有 220 V 的插座供电动剃须刀。镜面箱的材料过去都是硬木,现在都用塑料或薄钢板烘漆或玻璃钢。其外形尺寸为 350 mm×400 mm。

6. 其他

和卫生设备相匹配的还有风暴扶手、烟灰缸和浴缸上的翻板小凳等。

(二)相关规范要求

各国造船规范对舱室卫生设备都有具体要求。

1. 中国船级社《海船乘客额定及舱室设备规范》规定

(1)每 20 名乘客应设有一副水龙头,但总数不得多于两副;

(2)乘客在 100 名以上者,每超过 40 人应加一副水龙头;

(3)大便器的数量要求在不超过 500 名乘客的船上每 40 名乘客配一只大便器,超过 500 名乘客的大便器的数量另有专门公式计算;

(4)浴室按客船类别及客船等级分别计算。例如对第一类客船的二等舱规定每 30 名乘客配一个淋浴器。

2. 德国《商船船员居住规则》的要求

(1)每 4 名船员就要配一个淋浴器,每 6 名船员就要配一间厕所,一个浴缸,或一个淋浴器。

(2)1 000总吨位的船上至少设3间厕所;1 000~5 000总吨位的船上至少设4间厕所;5 000总吨位以上的船只至少设六间厕所;

3. 英国DOT规范

对船用卫生设备的材料与性能也有明确要求,如要求每个淋浴设备应配备一个防烫伤的冷热水混合阀,这种阀应为恒温并经DOT的认可。

(三)卫生洁具配置基准

1. 适用范围

适用于载货量万吨级以上的国内、国外商船之厕所和盥洗室用具的配置,但客船除外。

2. 基准尺寸

(1)基准尺寸确定的经过

①国内商船以日本人的人体尺寸为基准。穿夹衣时的最大的肩宽与身体侧面宽度的尺寸是:

最大肩宽515 mm;

身体侧面厚度最大尺寸335 mm。

②外国商船以北欧人的人体尺寸为基准。穿夹衣时的最大的肩宽与身体侧面厚度的尺寸是:

最大肩宽560 mm;

身体侧面厚度最大尺寸385 mm。

③本基准只规定平面的尺寸,不规定天花板的高度。

④在本基准中为了给出宽度而采用了长方形的平面。在此平面中,可以含有骨材、各种管子和其他舣装品,但这些舣装品应限于不防碍便器、洗脸盆等器具的使用。

⑤镜子、化妆品箱等小型舣装品不是决定宽度的主要因素,故在处理本基准时不包括在内。

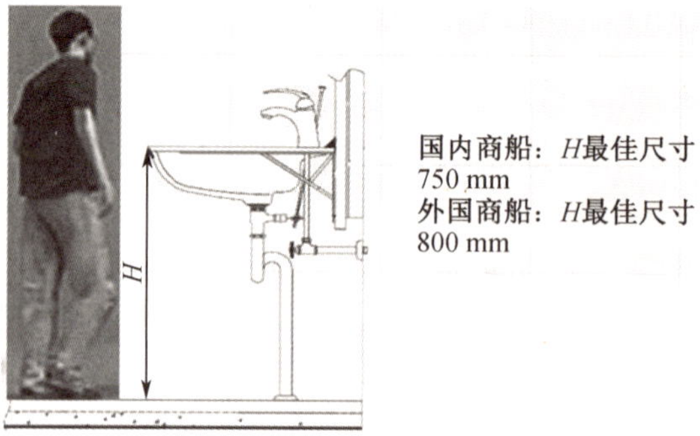

图6-19 基准尺寸

(2)国内商船各种详细尺寸确定的依据

①抽水马桶

(a)$B=915$ mm。

穿夹衣时的最大肩宽为515 mm;

肘部稍微张开的宽度为 200 mm；

左、右两边的余量为 200 mm。

故 515+200+200=915 mm。

(b) $L=X+170$ mm+615 mm。

X 为陶瓷抽水马桶的尺寸取 500 mm；

从马桶到背后壁面的距离，在考虑了冲洗管系的最小尺寸以后取 170 mm；

最大肩宽 515 mm 加动作空间余量 100 mm 为 615 mm。故 500+170+615=1 285。

(c) B 与 L 的最小尺寸分别是从最佳尺寸中减去余量后的尺寸。

②日式大便池

(a) $B=915$ mm，同抽水马桶。

(b) $L=X+200$ mm+150 mm。

X 为陶瓷大便池的尺寸取 560 mm；

从前面壁子到便池前端的尺寸为 200 mm，这是考虑了下蹲姿势时头部到冲洗管子所需的尺寸。最小尺寸 810 mm 中 50 mm 为人在便池上做脱衣等其他动作所需的尺寸。

(c) B 与 L 的最小尺寸分别是从最佳尺寸中减去余量后的尺寸。

③日式两用便池

(a) $B=915$ mm，用抽水马桶。

(b) $L=X+200$ mm+615 mm。

X 为陶瓷大便池的尺寸取 600 mm。200 mm 与日式大便池的情况相同，615 mm 与抽水马桶的情况一样是动作空间，故 600+200+615=1 415 mm。

(c) $H=300$ mm 是考虑便池的安装而采用的安装尺寸。

(d) B 和 L 的最小尺寸是从最佳尺寸中减去余量后的尺寸。

④小便斗

(a) $B=665$ mm。

穿夹衣时的最大肩宽为 515 mm；动作所需的活动空间尺寸为 100 mm；余量 50 mm。故 515+100+50=665 mm。

(b) $L=X+435$ mm。

X 为陶瓷小便斗尺寸取 270 mm；动作所需的活动空间尺寸为身体侧面厚度 335 mm 加余量 100 mm 等于 435 mm。

(c) $H=580$ mm 是根据各委员会的意见及实验结果选取的。

(d) B 和 L 的最小尺寸分别是从最佳尺寸减去余量后的尺寸。

⑤洗脸盆

(a) $B=515+100+100=715$ mm。

穿夹衣时的最大肩宽为 515 mm；余量和动作所需的活动空间尺寸各为 100 mm。

(b) $L=X+600$ mm。

X 为陶瓷洗脸盆尺寸取为 450 mm；由实验求得的动作所需的活动空间尺寸为 550 mm 加上动作余量 50 mm，故 $L=1\ 050$ mm。

(c) $H=750$ mm 是采用了征集意见的结果。

(d)B 和 L 的最小尺寸分别是从最佳尺寸中减去余量后的尺寸。

⑥洗手盆

(a)B=515 mm,即采用了穿夹衣时的最大肩宽尺寸。

(b)L=X+480 mm。

X 为陶瓷洗手盆尺寸取 300 mm;动作所需的活动空间尺寸为 430 mm 加上动作余量 50 mm,故 L=780 mm。

(c)H=750 mm,取同洗脸盆一样的高度。

(d)B 和 L 的最小尺寸分别是从最佳尺寸减去余量后的尺寸。

(2)外国商船各种详细尺寸确定的依据

①洗脸盆

(a)B=760 mm。

穿夹衣时的最大肩宽为 560 mm;动作所需之活动空间尺寸为 100 mm;余量为 100 mm,故 560+100+100=760 mm。

(b)L=X+650 mm。

X 为陶瓷洗脸盆尺寸取 450 mm;动作所需的活动空间尺寸取 600 mm 加上动作余量 50 mm,故 L=1 100 mm。

(c)H=800 mm 为采用征集意见的结果。

(d)B 和 L 的最小尺寸分别是从最佳尺寸中减去余量的尺寸。

②洗手盆

(a)B=560 mm,即采用了穿夹衣时的最大肩宽尺寸。

(b)L=X+530 mm。

X 为陶瓷洗手盆的尺寸取 300 mm;动作所需的活动空间尺寸为 480 mm 加上动作裕量 50 mm,故 L=830 mm。

(c)H=800 mm,同洗脸盆高度一样。

(d)B 和 L 的最小尺寸是从最佳尺寸中减去余量后的尺寸。

(3)抽水马桶

(a)B=960 mm。

穿夹衣时的最大肩宽为 560 mm;肘部稍微张开的宽度为 200 mm;左右两边的余量为 200 mm ,故 560+200+200=960 mm。

(b)L=X+170 mm+660 mm。

X 为陶瓷抽水马桶尺寸取 500 mm;从马桶到背后壁面的距离,考虑了冲洗管系后的最小尺寸为 170 mm;660 mm 为最大肩宽 560 mm 加动作空间余量 100 mm。

(c)B 和 L 的最小尺寸分别是从最佳尺寸中减去余量后的尺寸。

(d)H=400 mm 是外国人与日本人的下肢长度差值约为 35 mm 及在地面上直接安装马桶时的高度 360 mm 和 395 mm 调整后的数值。

④小便斗

(a)B=710 mm。

穿夹衣时的最大肩宽为 560 mm;动作所需的活动空间尺寸为 100 mm;动作余量为

50 mm，故 560+100+50=710 mm。

(b) $L=X+485$ mm。

X 为陶瓷小便斗的尺寸取 270 mm；动作所需的活动空间尺寸为身体侧面厚度 385 mm 加余量 100 mm，现取为 485 mm。

(c) $H=640$ mm，考虑到外国人与日本人胯下高度的差值约为 60 mm，故日本国内商船用小便斗高度 580 mm 加上 60 mm。

(d) B 和 L 的最小尺寸分别是从最佳尺寸中减去余量后的尺寸。

⑤淋浴空间

采用了征集意见中占多数的尺寸。

⑥使用上的注意事项

在应用本基准时，不仅要考虑骨材和各种管系管舾装件，同时要十分注意考虑一定的心理余量。

三、船舶卫生单元舱室

过去造船对于卫生间建造总是等船体钢结构完成后，然后在钢壁上贴瓷砖，甲板上敷设水泥陶瓷，再安装一件件卫生设备，然后接通管子、电源。这样，制船周期长、船厂工作量大。现在对造船周期要求很严格，要求尽量缩短上船台和码头舾装的时间。在设计中引进生产设计的概念，要求增加分段或总段的预舾装量，预制卫生单元是把所需的卫生设备合理地布置在一定的窖里（包括卫生间的顶、坐板和地板），在码头舾装或在上层建筑分段制造中把像集装箱似的盒（卫生间元单）吊进去、定位、安装即可使用。

卫生单元
舱室

卫生单元（也称合子卫生间），是近年来船舶内装逐步扩大应用的一种新型产品。通常是由专业厂生产几种形式的卫生单元供船厂选用。卫生单元有整体型和组装型两种。

卫生单元制造的材料主要有两大类：金属结构类；非金属结构类。

卫生单元制造的工艺有三大类：框架结构；板块结构；混合结构。

我国船用卫生单元大多是阻燃型玻璃钢单元卫生间、不燃型复合岩棉板单元卫生间和不燃型金属结构单元卫生间三种结构类型。

（一）玻璃钢卫生单元（图 6-20）

玻璃纤维增强塑料（英文缩写 GFR），习惯上简称为玻璃钢，是由玻璃纤维与合成树脂复合而成的一种高强度复合材料。用玻璃钢制造的整体型或组装型的卫生单元有以下优点：质量小，强度高。一套标准型的玻璃钢合子卫生间自重约 200 kg 左右。属整体性，不渗漏。卫生单元的底盘采用整体模具工艺，不用拼接，施工快。组装一套标准的卫生间，两个工人用常规木工工具和电动工具一天左右就能完工。该卫生单元多式样美，设计灵活；能满足船舶的划分，根据甲板的状态，可调节高低和倾斜；也能与船舶内装材料（壁板、天花板）组合；表面可以做成各种浮雕画面和仿砖装饰，色彩可任意调配，光泽明亮。

图 6-20　玻璃钢卫生单元

(二)钢结构框架式卫生单元

通常这种卫生单元为整体式,框架用方管或角钢,六面衬底板用薄钢板焊接成型,室内表面胶贴瓷面砖,地面敷设马赛克或陶瓷面砖,也可在室内表面胶贴 PVC 塑料卷材或者仿瓷涂料。另一种是钢结构框架、复合岩棉板或玻璃钢平板组合成型的卫生单元。

这种卫生单元整体性较强,内部的卫生洁具、附件、配件均安装完整(包括单元门扇)。外部预留管系合龙接头及照明接线盒,顶部设有吊运耳环,底部装有调节螺杆。因而,整体型卫生单元的应用是提高船舶内装质量、缩短施工周期的重要工艺途径之一。

(三)组装式卫生单元的施工

组装式卫生单元的主要组合部件有:底盘、墙板、顶帽、门套框及门扇。

安装工艺流程:底盘定位安装→墙板拼装(包括门框)→顶帽安装→各种内设施安装(包括小五金等)。

安装过程中应注意如下几点。

(1)底盘安装过程应根据舱室布置位置、尺寸定位,定位固定肘应对准地漏开孔,并调节脚底螺柱向地漏处倾斜,脚底螺柱与甲板至少保证三向焊接。

(2)墙板与底盘连接处缝隙、墙板与墙板的拼接缝隙(包括转角处)、墙板与顶帽连接处缝隙均浇注硅(胶密封胶)。

(3)墙板安装时要保持垂直和平整,特别要确保门洞的尺寸对角线的误差在 1~2 mm 之间。通常是以舱室内几个面的若干扶强材作为参照基准线,反复校正每个立面的垂直度,然后固定到位。顶帽板可以与墙板同时安装,但必须待墙板到位后才能固定顶帽板(盖)。顶帽板的通常连接件与钢舱壁或甲板横梁焊接。

(4)如室内表面装有金属装饰压条,也应涂布硅胶,并用钢质或不锈钢螺钉固定。

(5)所有小五金、水暖附件、面盆、手纸盒、防浪扶手、镜箱、衣帽钩、毛巾架等配件、附件,均采用钢或不锈钢螺钉或螺栓紧固。

组装式卫生单元的主要优点:装运方便,运费低;易进舱,不受分段合龙进度的影响;特别是对甲板强横梁、甲板层高限制程度较低;对相关工程的施工干扰较少。例如油漆涂装、绝缘材料的敷设等。

组装式卫生单元的主要缺点：实船组装工作量较大；内部设施、五金、附件要等整体完整后施工；各种组合件、零部件、散件较多，易破损或丢失。

（四）整体卫生单元的安装

整体卫生单元在船厂施工时，通常作为大型进舱计划。因此在船体或上层建筑分段合龙之前必须吊装上船。

（1）整体卫生单元在安装中应注意的几个问题

单元吊上船后须采取保持措施，防止其他工种在施工时造成损失，特别是进行油漆涂装，安装管系、敷设电缆时，舱室内脚手架，焊工操作，开割门洞，火工校正等容易受到损坏。在需要敷设甲板敷料的舱室，尽可能将单元初步位，减少移位次数；在单元背面的舱壁、甲板顶部需要敷设绝缘材料时要先施工后移位，要看清舱室所有相关的技术文件、资料和图纸后施工。

（2）整体卫生单元的安装与操作

在完成上道工序并提交验收后才能安装整体卫生单元。

①划线。根据舱室布置，校对管路合拢布置，搞清舱室内装材料安装工艺。划出整体单元的外轮廓线。特别是安装模数舱室的板材，必须划出单元门沿中心线后校对排板模数。

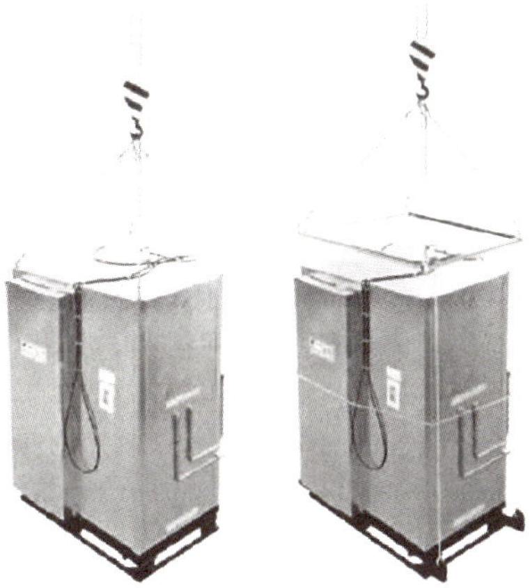

吊装方式1　　吊装方式2

图 6-21　整体卫生单元的安装

②定位。整体卫生单元质量小，体积大，不易移位，因此定位一般只需两次，即初步移动到位，根据划线准确定位。

③校正垂直度。校正单元落水坡度，通常在整体设计和制造时已经解决。因此，安装单元时要保持双向垂直度，即纵、横向垂直度。主要依据船体扶强材，对底脚螺柱进行曲微调，至少要保证三只底脚螺柱落在甲板上。

④固定。在确认旨线、校正无误后，在单元壳体睛部或顶部用角钢纵横向与舱壁或甲板进行焊固，然后再焊固底螺柱。

(3)整体卫生单元的主要优缺点

①施工周期短,操作工艺简单。

②完整性强,内设施安装统一,不易渗漏。

③计划要严密,吊移位困难,特别是避让强横梁,对甲板层高要求苛刻。

④对划线、定位限制性较强。

任务实施

一、公用卫生间设计

完成某豪华邮轮公用卫生间布置图(图 6-22)的绘制,如下。

(1)根据船厂内装设计经验、甲板总布置图绘制出卫生间单元;

(2)确定卫生间内设备种类及位置;

(3)绘制设备定位线;

(4)绘制各项设备示意图;

(5)绘制 B-B 剖面图;

(6)标注尺寸线;

(7)绘制典型设备安装详图;

(8)编制设备明细清单。

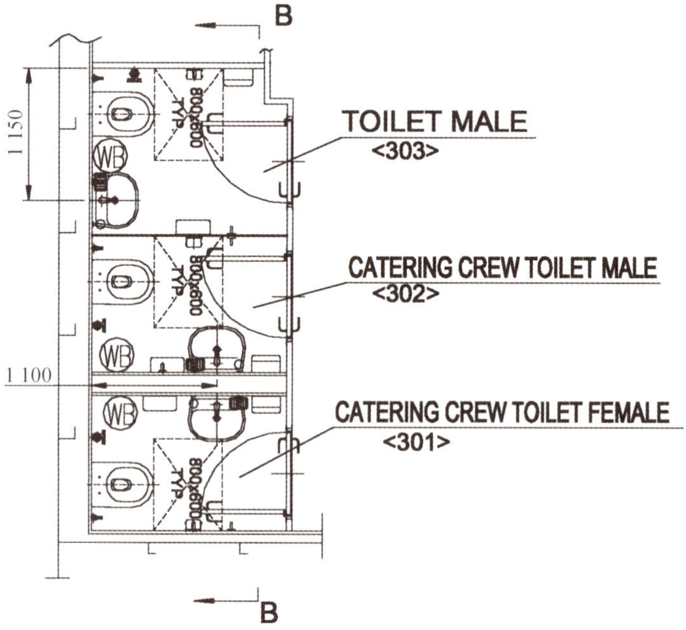

图 6-22 公用卫生间布置图(单位:mm)

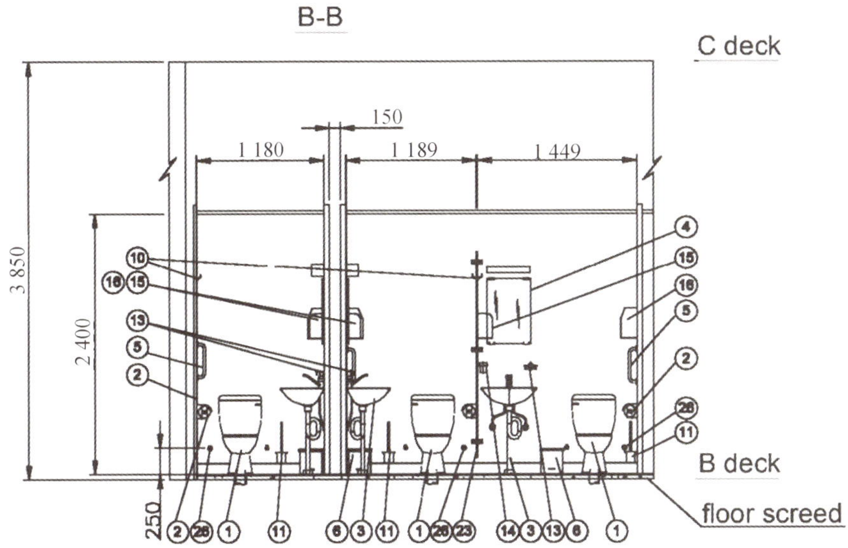

NOTE:
1. 更衣室内厕所及浴室的布置，是指xxxxxxxxx。
2. 卫生设备的详细情况将由供应商提交给业主。

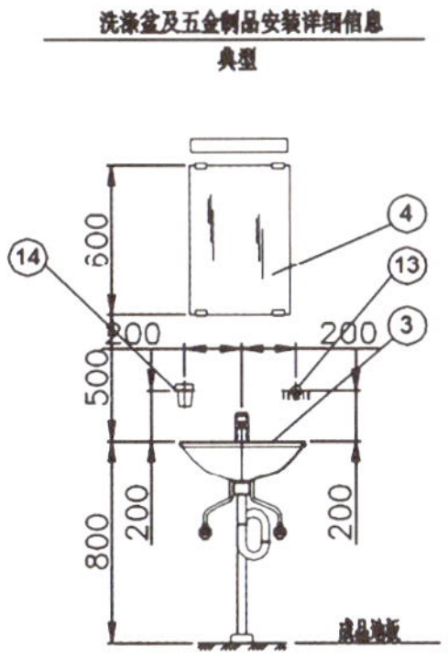

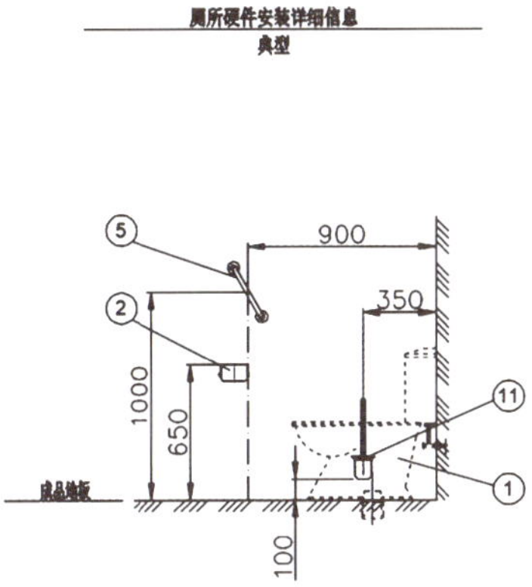

NO.	项目	规格	质量	备注
25	拖把架		7	
24	不锈钢水槽		7	
23	卫生间隔板	氨基甲酸酯面板, l=12 mm	1	
22	燕尾榫		1	
21	猫头鹰钩		3	
20	收纳架		1	
19	淋浴盘	尺寸:850 mm×900 mm	1	
18	恒温混合水龙头(医院类型)		1	
17	恒温混合水龙头		1	
16	电动手摇干燥机		8	
15	卷纸架		8	
14	T形伞架		8	
13	香皂盘		10	
12	带扶手的浴缸		1	
11	卫生间刷/刷架		8	
10	衣物挂钩		9	
9	浴帘杆		1	
8	淋浴帘		1	
7	淋浴和附件		1	
6	废纸箱		8	
5	风暴扶手轨		9	
4	浴室镜与镜前灯		8	
3	洗手盆		8	
2	手纸架		8	
1	马桶及马桶盖		8	
26	浴盆式淋浴		8	

图 6-22(续)

二、船用卫生单元典型舱室设计

(一)典型卫生间单元案例图

1. 带浴缸的卫生单元(图 6-23)

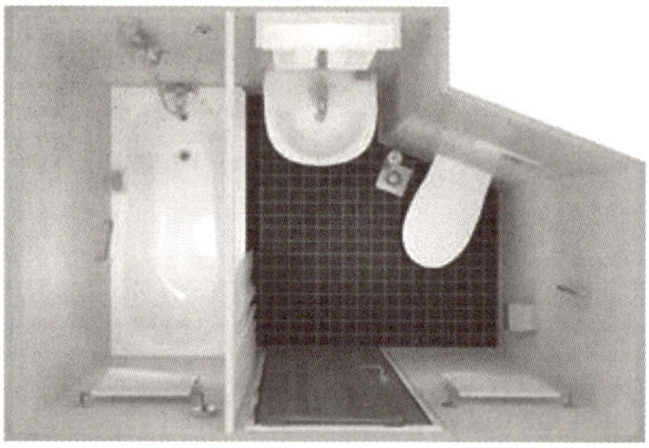

图 6-23　带浴缸的卫生单元

2. 淋浴式盥洗卫生单元(图 6-24)

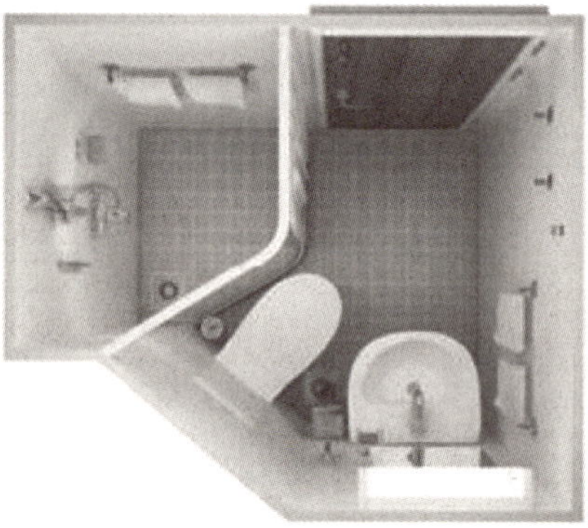

图 6-24　淋浴式盥洗卫生单元

3. 对称式卫生单元(图 6-25)

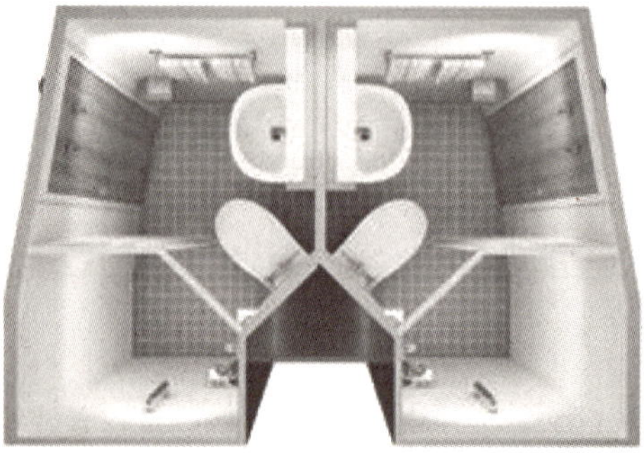

图 6-25　对称式卫生单元

4. 淋浴式盥洗卫生单元(图 6-26)

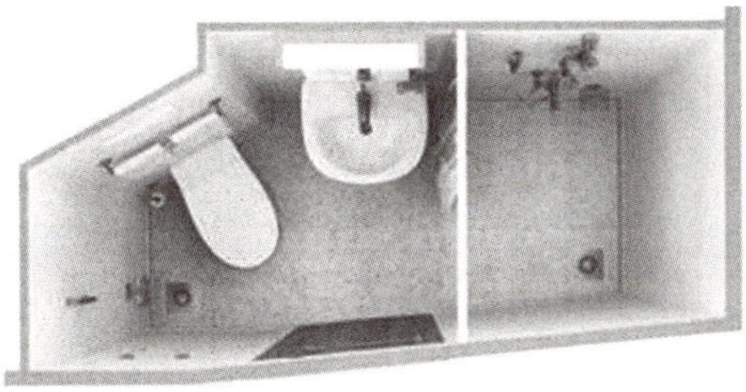

图 6-26　淋浴式盥洗卫生单元

5. 双套间公用卫生单元(图 6-27)

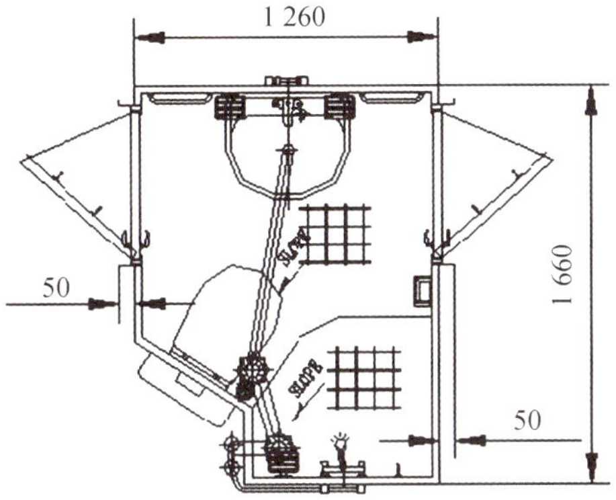

图 6-27　双套间公用卫生单元(单位:mm)

(二)识读某豪华邮轮标准间卫生间单元设计

T1型淋浴单元内立面布置图

INSIDE VIEW OF SHOWER ONIT PLAN

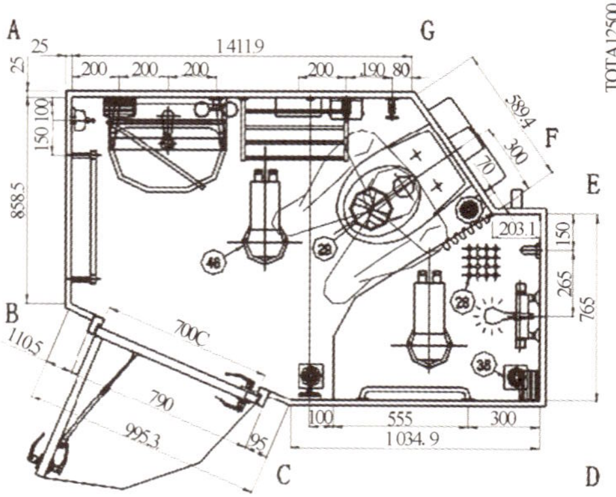

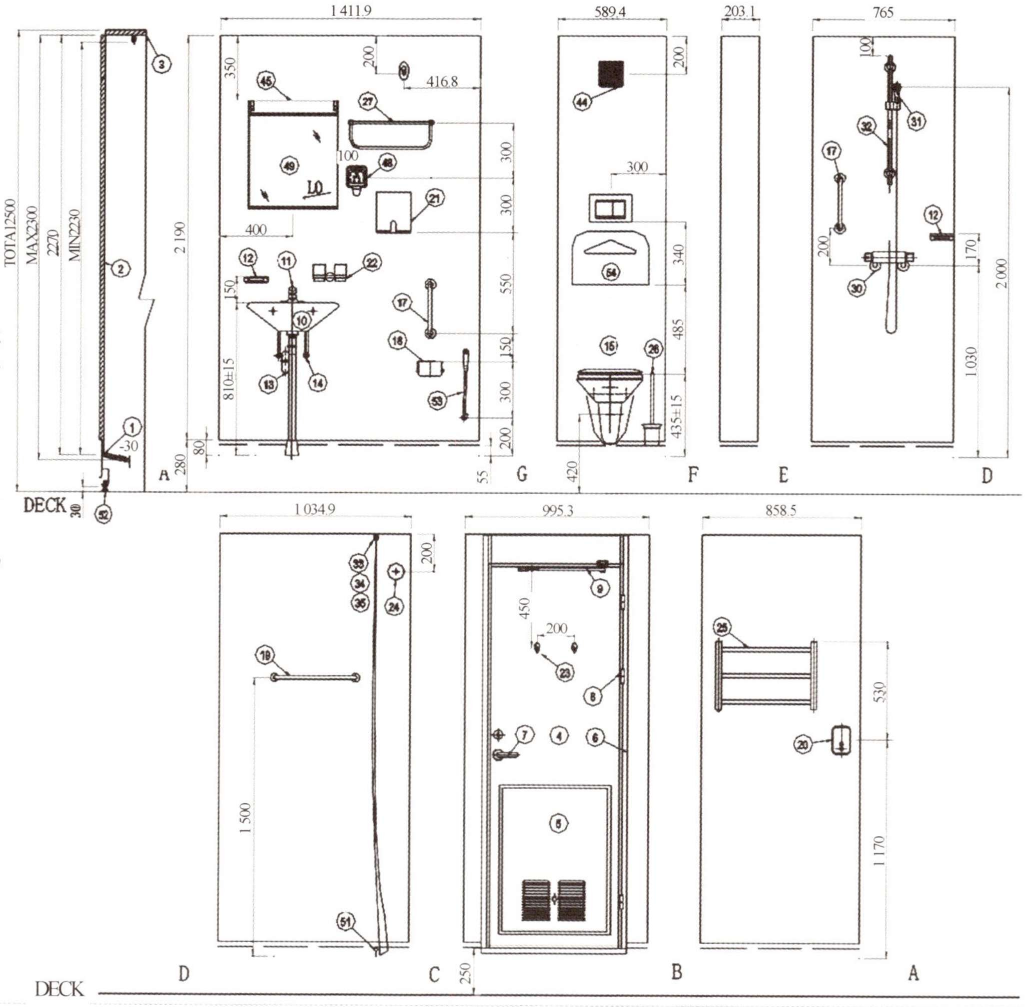

型号 Type	房间 Room No.	甲板 Deck	数量 Quantity
T1	602, 603, 605, 607, 608, 610, 612, 614 616, 618, 620, 622, 631, 634, 636, 639	E DECK	16
	502, 503, 505, 507, 508, 511, 514, 516 518, 520, 522, 530, 533, 535, 538	D DECK	15
	402, 404, 405, 420	C DECK	4

(a)

图 6-28　某豪华邮轮标准间单元布置图

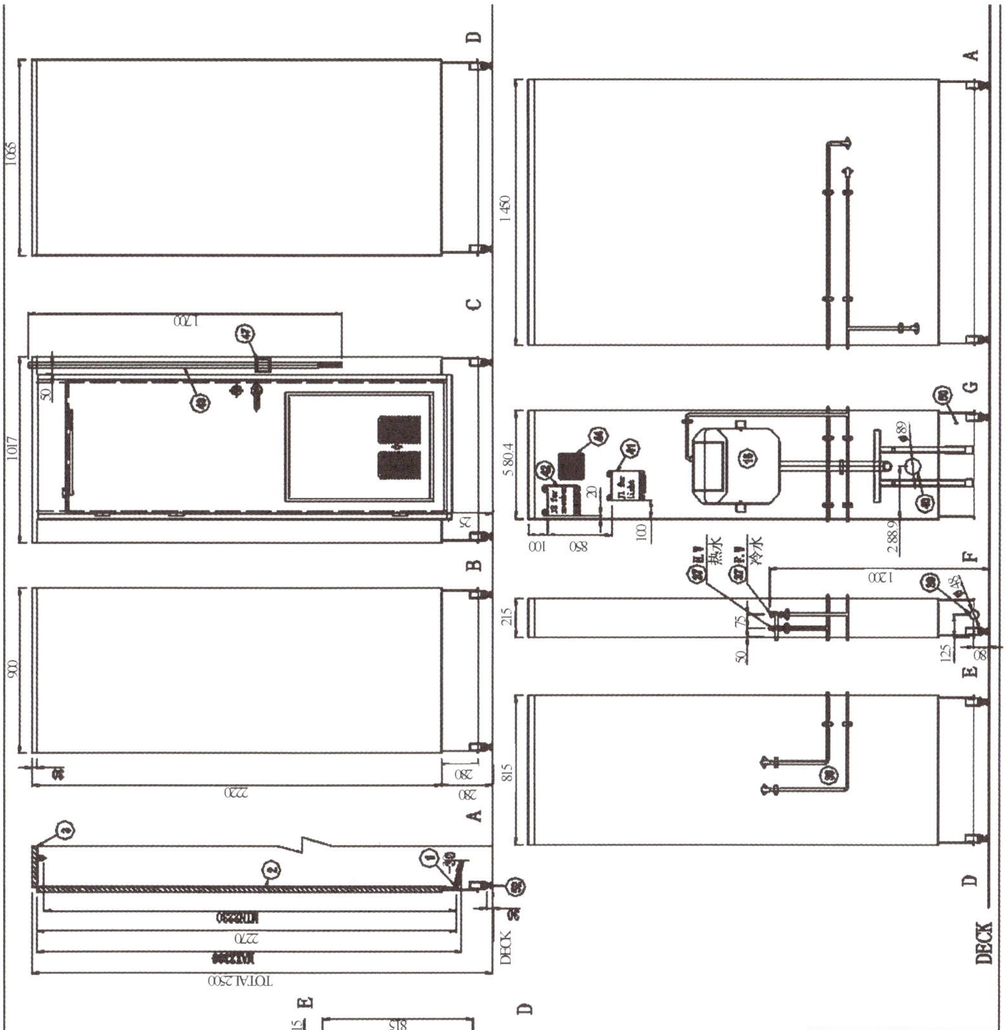

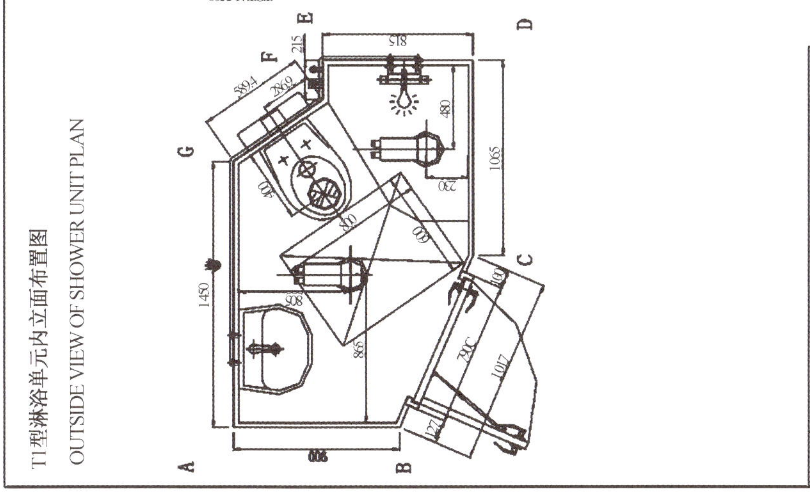

型号 Type	房间 Room No.	甲板 Deck	数量 Quantity
T1	602, 603, 605, 607, 608, 610, 612, 614 616, 618, 620, 622, 631, 634, 636, 639	E DECK	16
	502, 503, 505, 507, 508, 511, 514, 516 518, 520, 522, 530, 533, 535, 538	D DECK	15
	402, 404, 405, 420	C DECK	4

(b)

图 6-28（续）

表 6-4 整体式卫生单元设备明细表

序号	名称	数量	品牌	简述	备注
1	地面	1	Norac	4.0 mm 钢板上贴防滑地砖	
2	壁板	1	Norac	PVC 复合岩棉板 $T=25$ mm	
3	天花板	1	Norac	烤漆复合岩棉板 $T=30$ mm	
4	门扇	1	Norac	PVC 复合岩棉板 $T=38$ mm	
5	逃生口	1	Norac	集成在门扇上，带通风格栅，800 mm×600 mm	
6	门框	1	Norac	1.5 mm 钢板烤漆	
7	门锁	1	康博	C-4 有无人指示锁 SUS304	
8	门铰链	3	兴中	SUS304	
9	定门杆	1	唐博	SUS304 82006	
10	洗脸盆	1	Norac	陶瓷，白色	
11	脸盆调温龙头	1	Norac	铜铍铬单把	配提拉落水
12	肥皂架	2	名扬	SUS304	
13	S 形存水弯	1	金易	SUS304	
14	三角阀	3	Norac	钢镀铬	
15	马桶	1	Norac	陶瓷(挂壁式白色)	
16	水箱	1	威迪亚	塑料(挂壁式白色)	
17	防浪扶手	2	金易	SUS304	
18	手纸架	1	名扬	SUS304	
19	毛巾杆	1	金易	SUS304	
20	皂液器	1	名扬	不锈钢，铜铍铬	
21	纸巾盒	1	名扬	不锈钢，铜铍铬	
22	双杯架	1	Norac	组合件	
23	衣帽钩	2	唐博	SUS304	
24	晾衣绳	1	名扬	组合件	
25	电加热毛巾杆	1	Norac	SUS304，230 V，30 W，IP44，60 Hz	3 层
26	清洁刷及架	1	Norac	组合件	
27	浴巾杆	1	名扬	不锈钢，铜镀铬 430×270×140	
28	防滑垫	1	Norac	PVC	
29	抽风口	1	科曼	不锈钢，$\phi160$，带铝箔弹性软管及 2 个不锈钢卡箍 $L=300$ mm	
30	恒温沐浴龙头	1	Norac	钢镀铬	
31	花洒及软管	1	Norac	组合件	
32	带浴升降杆	1	Norac	组合件	
33	浴帘轨	1	Norac	铝合金	

表 6-4（续）

序号	名称	数量	品牌	简述	备注
34	浴帘钩	1	Norac	塑料	
35	浴帘	1	Norac	尼龙 L=2 230 000 mm×1 800 mm	
36	冷、热水管	1	Norac	ϕ15×1.0 钢管外包 PVC 绝缘	
37	卡套球阀	2	Norac	黄铜 一头 ϕ16 卡套，另一头管螺纹 G1/2 外丝	
38	地漏	2	健雄	SUS304 100 mm×100 mm	防臭
39	灰水管	1	Norac	ϕ48×3 不锈钢管带 ϕ48 橡胶波纹软管及 2 个 SUS304 卡箍	
40	黑水管	1	Norac	ϕ89PE 管带 ϕ98 橡胶波纹软管及 2 个 SUS304 卡箍	
41	接线盒 J1	1	协普	定制 SUS316	单元照明系统用
42	接线盒 J2	1	协普	定制 SUS316	扬声器用
43	备用电缆	1	红旗	3×2.5 mm^2 CJPF96/SC 非铠装电缆	符合 IBC 标准
44	扬声器	1			船厂供
45	镜前灯	1		与镀箱做成一体式	船厂供
46	吸顶灯	2			船厂供
47	开关	1			船厂供并安装
48	剃须刀插座	1			船厂供
49	镀面箱	1	协普	钢板烤漆，CM486，486 mm×590 mm×111 mm	
50	接地螺栓	1	Norac	SUS304	
51	拦水扇钢	1	Norac	SUS304	
52	调节螺栓	6	Norac	镀锌	
53	冲洗器	1	Norac	组合件	
54	马桶坐垫纸巾架	1	Norac	SUS304	

任务6.3　船用桑拿房设计

任务准备

桑拿房是采用经高温处理的白松制造，并使用隔断棉保温，实际可以按成品规格选取。桑拿房又可依照容纳人数的不同，随大小做多规格的设计，规格有多种。如洗浴中心接待客人较多时,可设计两间温度不同的小桑拿房,比单设计一间大桑拿房更经济和实用,这样既可以满足客人对桑拿房温度高低的不同需求,又可以在非客流量高峰时,关闭其中一间,以减低用电量。由于桑拿房是组合式结构,对土建有灵活的要求,并且利于拆除,方便搬运到另一地方装置。

任务实施

一、桑拿房设计及规格(表 6-4)。

表 6-4　桑拿房规格

型号	容量/人	外形尺寸/mm			条凳尺寸/mm	电容量/kW
		长	宽	高		
Ⅰ	1	1 290	1 290	2 010	400×1 120 400×1 120	2.2
Ⅱ	2	1 290	1 800	2 010	400×1 630 400×1 630	4.5
Ⅲ	2~4	1 630	2 060	2 010	600×1 880 600×1 880	6
Ⅳ	6	1 630	2 570	2 010	400×2 380 400×2 380	8
Ⅴ	4~6	2 060	2 060	2 010	600×1 880	6~8
Ⅵ	8	2 060	2 570	2 010	600×2 380 500×1 300	8
Ⅶ	11	2 060	3 000	2 010	600×1 880	10.5

注:以上规格尺寸并不是绝对要求,仅供参考。

如需接待大量顾客,装设两间温度不同的桑拿浴室,要比设计一间大浴室,更符合经济原则及实际需要。由于顾客对温度的要求不同,因此可设计两间温度不同的桑拿浴室,便于顾客自由选取,各适其需,效果更好。

在非繁忙时间,可关闭其中一间以减低用电量,即浴室化大为小,分散比集中要好。桑拿房内可设电视、立体音响、隐闭灯光及湿度调节器等。

1. 桑拿房样式

桑拿房的样式多种多样,这里介绍订造式和组合式两种样式的桑拿房。

(1)订造式桑拿房(图 6-29)

采用经加工处理的白松木,可以依照企业的设计要求或现场情况进行订造,不受固定尺码限制,能达到最理想的效果。订造式桑拿房的设计要点主要有:①设有通过墙的气孔;②在桑拿房顶部中空间格设一气孔,假如中空间格被密封,则间墙(如桑拿门以上)上最少要有一个通风孔,以确保桑拿房内空气与外对流。③通过桑拿房顶设通风管。通风管应装置于间墙与桑拿房顶的相接处。

图 6-29 订造式桑拿房

(2)组合式桑拿房(图 6-30)

组合式桑拿房的款式很多,可以迎合不同的桑拿房设计需要。组合式桑拿房的优点是兼有内外墙身,可省却造外墙的土建工程,并且安装简单快捷,搬运容易。

图 6-30 组合式桑拿房

2. 桑拿浴室装修要求

(1)桑拿浴室设分隔式小桑拿浴室。各室顶棚、墙面选用防热、防水材料装修。

(2)配浴床、专用水桶、电炉、大勺和橄榄枝,设温度计、湿度计及沙漏计时器。

(3)浴室内各种设施设备齐全、完好,其完好率 100%。

3. 配套设施要求

(1)桑拿浴室旁边要有与接待能力相应档次与数量的男、女更衣室,淋浴室和卫生间更衣室配带锁更衣柜、挂衣钩、衣架、鞋架与长凳。淋浴室各间互相隔离,配冷热双温水喷头、浴帘。

(2)卫生间配隔离式坐式大便器、挂斗式便池、大镜及固定式吹风机等卫生设备。

(3)配套设施墙面、地面均满铺瓷砖或大理石,有防滑措施。

(4)浴室内设饮水处。

(5)各种配套设施材料的选取和装修,应与健身房设施设备相适应。配套设施设备完好率应至少98%。

4. 环境质量要求

(1)桑拿浴室门口设立营业时间、客人须知、价目表等标志标牌。标牌设计要求美观大方,安装位置合适,有中英文对照,字迹清楚。

(2)室内分隔成小桑拿浴,室温保持在26~30℃上下。各室内通风良好,空气新鲜,环境整洁。

(3)客人有舒适感、方便感和安全感。

5. 卫生标准要求

(1)各桑拿浴室的顶棚、墙面无灰尘、水渍、印痕,无掉皮、脱皮现象。地面干燥,无灰尘、垃圾和卫生死角,整洁干净。

(2)所有金属件表面光洁明亮,镜面无水迹。所有木板洁净、光滑,无灰尘、无污迹、碳化物。

(3)客人有舒适感。

二、桑拿房蒸汽房预留项目

通常来讲,桑拿设备由专业的厂家供应和安装,但要求各方面具有一定的配套条件:

1. 装修方面

地面如要求不高时,做一个水泥地面就可以了,通常要求装修方面铺普通地砖,利于清洁。在做墙面地面时要先做好墙地面的防水,通常防水高度为两米上下。

对桑拿房和蒸汽房的墙面从严格的角度上讲需要做保温。

成品桑拿房和蒸汽房中的墙面不需要做装修,而对于现场制作的蒸汽房就要求做贴墙砖等装修了,以及做铝塑板之类可防水天棚天花。

对于现场制作桑拿房和蒸汽房的门一定要记住,门的开向是向外的。(桑拿房中一旦出现问题,可以马上从中走出来。)

2. 机电方面

(1)在蒸汽房上天花内要预留一个DN15的冷水管;

(2)在桑拿房和蒸气房的地面中间要预留一个DN50的地漏 ;

(3)为桑拿房和蒸汽房预留独立的电源,并带漏电保护;

(4)桑拿房和蒸汽房中没有空调和消防的要求;

(5)其他的设备安装、水管电管的连接、电灯的安装就交给桑拿专业技术人员完成。

桑拿设备(湿蒸蒸汽房、干蒸桑拿房)安装如下。

①湿蒸蒸汽房的安装方法:

a. 测量安装位置实际尺寸并核对桑拿房尺寸是否适合安装;

b. 检查地漏位置是否合适;如不合适,须将地漏进行改造,方便蒸汽房排水;

c. 按设计要求供电、供水位置进行水电改造施工;

d. 将房体底座固定后安装蒸汽设备；
e. 连接水、电源。
②干蒸桑拿房的安装方法：
a. 按设计要求对桑拿房墙体进行施工处理；
b. 做好防水工程；
c. 按设计要求预设电源、水源；
d. 桑拿房内面用经过热处理的松木板进行铺贴；
e. 安装桑拿房门，为减少木门的变形通常选用钢化玻璃门。
f. 安装桑拿炉及附件，并接通其电源、水源。

评价与考核

<table>
<tr><td>课程名称</td><td colspan="4">船舶内装生产设计</td></tr>
<tr><td>学习项目</td><td colspan="2">船舶厨房与舱室卫生系统设计</td><td>授课教师</td><td></td></tr>
<tr><td colspan="5">知识掌握情况（40 分）</td></tr>
<tr><td>序号</td><td>知识考核点</td><td>分值</td><td colspan="2">教师评分</td></tr>
<tr><td>1</td><td>掌握船舶厨房的特征和布置要求</td><td>10</td><td colspan="2"></td></tr>
<tr><td>2</td><td>掌握船舶餐厅的功能和设计要求</td><td>15</td><td colspan="2"></td></tr>
<tr><td>3</td><td>掌握船舶舱室卫生系统的设计与配置</td><td>15</td><td colspan="2"></td></tr>
<tr><td colspan="5">任务执行情况（60 分）</td></tr>
<tr><td>序号</td><td>能力执行考核点</td><td>分值</td><td colspan="2">教师评分</td></tr>
<tr><td>1</td><td>能根据内装发展的过程，
了解船舶内装的发展趋势</td><td>30</td><td colspan="2"></td></tr>
<tr><td>2</td><td>能根据船舶内装工程的主要工作内容，
掌握内装设计主要从事的工作</td><td>30</td><td colspan="2"></td></tr>
<tr><td colspan="5">违纪扣分（25 分）</td></tr>
<tr><td>序号</td><td>违纪考核点</td><td>分值</td><td colspan="2">教师评分</td></tr>
<tr><td>1</td><td>上课吃东西</td><td>5</td><td colspan="2"></td></tr>
<tr><td>2</td><td>上课睡觉</td><td>5</td><td colspan="2"></td></tr>
<tr><td>3</td><td>上课玩手机</td><td>5</td><td colspan="2"></td></tr>
<tr><td>4</td><td>上课打电话</td><td>5</td><td colspan="2"></td></tr>
<tr><td>5</td><td>其他扰乱课堂秩序的行为</td><td>5</td><td colspan="2"></td></tr>
</table>

小故事园地

自行车在奔驰着，前车轮瞥了后车轮一眼，得意地笑出声来："哈哈，我们同样都是车轮，可我总走在你的前面，你总跟在我的后面。你不感到屈辱吗？"后车轮也不争辩，默默地继续行它的路。不久，这辆自行车拆散修理了。在修好整装的时候，主人把车轮换了一下位置。

自行车又开始奔驰了，过去的后车轮瞥了一眼如今的后车轮说道："老兄，你这回可明白了吧，过去并不是你能干、先进一些，而是我们所处的位置不同而已！"现在轮到后车轮默默无语了。

【《菜根谭》有句云："我贵而人奉之，奉此峨冠大带也；我贱而人侮之，侮此布衣草履也。然则原非奉我，我胡为喜；原非侮我，我胡为怒？"所以人对于自身应有一个清醒的认识：在职场上，无论从事什么工作，只有岗位的不同，而无优劣之分；得志不必喜，失志不必忧。】

任务测试模拟题

1. 填空题

(1)舱室卫生系统包括________、________、________等。

(2)对厨房配套的冷库也有________和________，在设计时最好能靠近厨房。

(3)中、大型船的船员餐厅面积应尽可能满足全体人员同时进餐，一般至少满足________同时就餐。

(4)二、三类客船的每批进餐乘客人数占乘客人数应分别不小于________和________。

(5)厨房的固定设备为了使下面的空间能便于打扫干净，下面开口的高度至少要有________ mm。

(6)卫生单元制造的工艺有三大类：________；________；________。

2. 问答题

(1)组装式卫生单元的施工安装过程中应注意的问题有哪些？

(2)请分析组合式卫生单元、整体式卫生单元的优缺点。

(3)订造式桑拿房的设计要点有哪些？

(4)人们对于桑拿房的环境质量有何要求？

项目七
家具及室内用品

引导语

中华民族自古因地缘等客观因素,养成了勤劳实干的民族精神,认真务实与实事求是,以及乐天知命的哲学美学思想被贯彻到了上至思想领域,下至器物制造领域等各个层面的生活之中。从当代产品设计的功能性观点而言产品的实用、认知、审美三分了其整体功能的各个层面,而这种功能结构的组成早在传统时期的家具制造行业之中,即存在着一定的设计基因。古代家具设计中,拔步床、月牙桌、太师椅、顶箱柜等经典家具的设计形式,都兼顾了实用与审美的功能,甚至包括了认知功能,说明中华民族的设计灵感来源于实践,来源于实际应用,也在实事求是的价值基础上完成了民族性的审美升华。

学习目标

任务说明

本项目通过介绍船用家具及室内用品的特点和使用要领,使学生了解不同材料的船用家具的设计原则及安装要求。

知识目标

1. 了解船用家具及室内用品的种类;
2. 掌握船用家具及室内用品的主要特点;
3. 掌握船用家具及室内用品的设计原则。

能力目标

1. 能根据需求,选择合适的船用家具;
2. 能根据船舶内装工程的主要工作内容,掌握船用家具的设计及安装工作。

小知识　家具的历史和发展

研究船用家具必须和陆上家具互相联系起来，因为船用家具主要是沿用了陆上家具并进行了改革、发展而产生的，所以首先要回顾一下关于家具的发展历史。家具和人类的生活与生产有着密切的关系，家具发展的近代历史大体上可分为三个时期。

第一个时期是20世纪40年代以前，各国的家具风格有着显著的差别。在德国有规格严谨、造型自然的科伦式家具、哥特式家具，哥特式家具同哥特式建筑十分协调，如图7-1所示。丹麦、瑞典等国则造出了柔和典雅的实木弯曲家具即称之为曲木家具。法国家具则以优雅、圆滑的线条著称，弯腿上带有旋涡状的花纹，脚上用浅雕进行装饰，整个家具显得十分华美，被称为路易十四式家具。意大利家具习惯用正方形断面，呈锥形的脚型，家具表面镶嵌很多饰品，也很华丽。

图7-1　哥特式家具

现代家具的类型

第二个时期是从20世纪50年代后期到60年代，这是一个机械、电子、化工、人造板等工业飞速发达的时代，因此家具制作也产生了革命性的变化。各种传统的框架式结构家具开始让位于板式结构家具。这个时期国际上也出现由单体的板式家具发展成一种将板式箱柜叠加组合起来的家具群体——被称为组合式家具。其具有整齐、大方、室内空间利用率高等优点。

第三个时期就是从20世纪60年代到最近的阶段，由原先的板式家具发展成为多种材料组成的板式组合拆装家具，这种家具的基本材料是规格化的人造板，金属或塑料的矩形材。这种家具便于包装运输，从家具厂出厂时是一些成形的板块和连接件，在使用地点可以很方便地装配成需要的家具。

中国家具是世界家具史上起源最早的国家之一，其发展随着社会的进程经历了多次的变革。其中以家具鼎盛时期，最具代表力的明清家具作为中国家具的代表。在当今世界人们的生活与工作中，无论在使用、鉴赏或者是收藏上，或是在象征主人的生活品位与地位上，其仍然有着重要而深远的意义。

中国古典家具的价值不仅仅是服务于人的使用价值，同时还凝集着在特定环境下形成的各个时期不同的艺术风格，综合反映了不同历史阶段的生产发展、生活习俗、观念意识、审美情趣以及科学技术和物质的发展水平。

任务7.1 木质家具

任务准备

船舶家具介绍

一、根据图 7-2，说出木质家具的主要特点

图 7-2 木质家具

船用家具特点和要求

木质家具具有成本低、成型好、装饰性强、纹理自然、制作加工方便、体积小等特点，特别是木材本身的绝缘性较好，不易导热，软硬适中，适合于做床、台、椅等直接和人的身体相接触的家具。

大家都知道，木质家具是中国文化的重要组成部分，是中国自古传承的精髓。木制家具历史悠久，源远流长，在其漫长的历史发展过程中，创造了辉煌的东方文化。木制家具是中华民族的文化遗产，是全世界的财富；木制家具，作为中国家具的重要组成部分，是中国家具中有代表性的元素；实木家具以其独特的魅力屹立于家具之林，传承着古老绚丽的中华文化。

现代木质家具是由木材和各种人造板制成的家具。在我国船用木质家具制造中，一般都是用水曲柳、椴木与东北松这三种木材。板式家具的板材主要有胶合板、塑面板、刨花板、细木工板和空芯板五种。

二、木质家具的种类

(一)纯木家具

全部用实木制作家具在陆上还在继续,但在船舶舱室中已基本不用了。木材制作的家具属于高档家具,表面油漆要求相当高;制作精细,便于雕刻花纹和图形处理,艺术性比较高,大部分属于手工制作为主。

(二)胶木结合的家具(胶合板)

胶木结合的家具基本有两大类型:

木框架式(如空芯板)的胶木结合家具和细木工板式的胶木结合家具,如图 7-3 和图 7-4 所示。

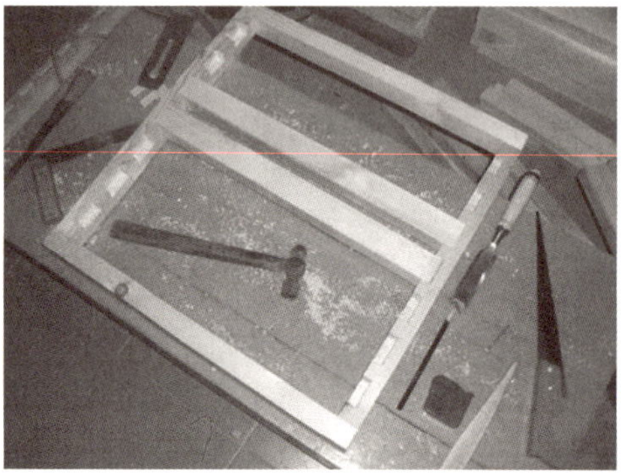

图 7-3　空芯板

图 7-4　细木工板

空芯板的芯板是用几根木条子拼成的木框架,在框架两面再胶以胶合板,由于空芯板质量小,又节约木材,形状稳定,因此应用较广。

胶木结合家具特点是结构稳定,可以在任何部位开榫打眼,能适应各种接合方法。胶木结合家具表面装饰可分为三种形式,其一是胶合板表面刷油漆;其二是胶合板表面贴 0.5~1 mm 的薄木皮子,有柚木、樟木、水曲柳等有天然纹理的木材;其三是胶合板表面贴三聚氰胺装饰板(称塑料贴面板)。

胶木结合的家具具有加工方便,表现性能好,不易变形,节省木材等优点,一直沿用至今。

(三)刨花板结构家具

刨花板是利用木花、木屑经加热加压制成的人造板,如图 7-5 所示。

船用刨花板家具表面处理有两种形式:

(1)刨花板作为芯材,两面复贴胶合板或三聚氰胺板;

(2)在刨花板表面直接贴三聚氰胺板。

目前,在我国造船中仍较多采用木质家具,木质家具最大的缺点是防火性能差。

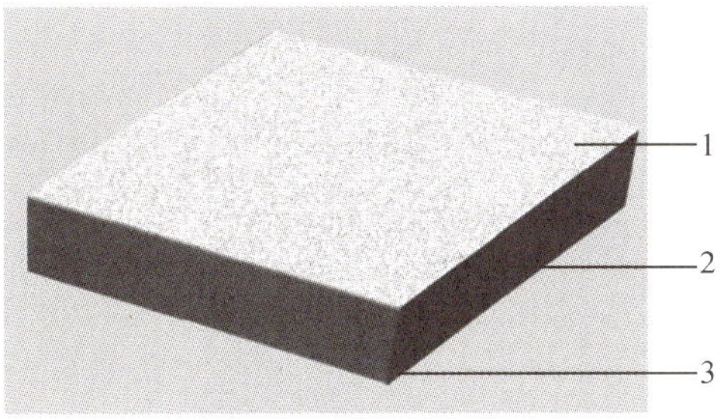

1,3—镀锌板;2—高密度刨花板。

图 7-5　刨花板

任务实施 1

常用船用木质家具的设计:要满足船上家具的使用要求,并符合人体工学,在有限的空间里满足生活和工作需要。

一、船用写字台

一般船员和旅客舱室都设置写字台,它既为船员学习提供方便,也可以起到一般桌子的功能,如可作为吃饭、堆放其他用品的台面。

(一)写字台的各种形式

传统的写字台形式可以分为三种:

双墩写字台、单墩写字台与无墩写字台,如图 7-6、图 7-7、图 7-8 所示。

(二)外形尺寸的确定

(1)桌面高度。

(2)桌面宽度和深度。

(三)船用木质写字台的设计

设计木质写字台应考虑以下因素。

图 7-6　无墩写字台

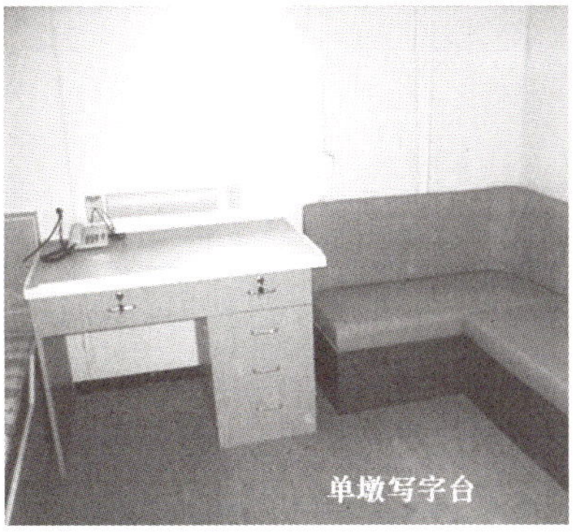

图 7-7　单墩写字台

图 7-8　双墩写字台

船用写字台

(1)根据船上船员的级别配置。

(2)必须考虑船只的大小。

由于船只小,不可能有很大舱室面积,因此即使船长房间里的写字台也不过是双墩写字台。

(3)根据舱室布置的实际情况。

二、海图桌

海图是船上的重要物品,如图 7-9 所示。海图桌是船用的大型家具之一,是一般船上驾驶必备的家具。海图桌外形像一个大型的抽斗柜,如图 7-10 所示。

图 7-9　海图

(一)作用

(1)制作航海图,储藏海图;

(2)大型海图桌可储藏天文钟、救生艇、无线电台及航海记录仪。

(二)对海图桌的要求

(1)有较多及较大的储存海图的抽斗(或储存海图的滑盘);

(2)能在海图桌上(或紧靠海图桌的墙壁上)固定计程仪、测向仪等各种航海仪器;

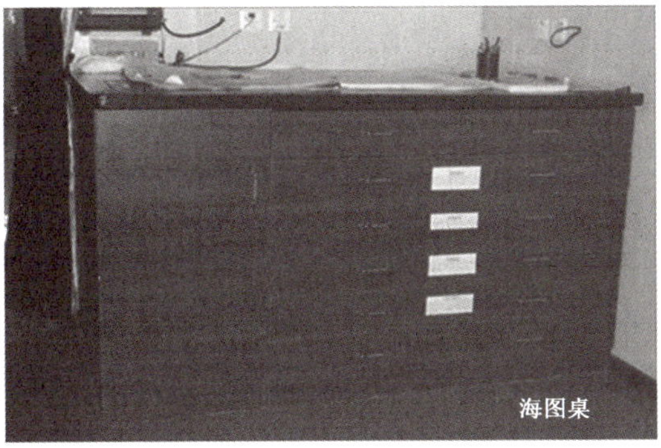

图 7-10　海图桌

海图桌

(3)有较大的桌面以供摊开海图进行绘制和查询航海图;
(4)桌面能防滑,防止海图从桌上滑下来,一般台面最好用油地毡材料;
(5)有些还要求有玻璃表面的天文钟柜及储存救生衣、电台等小柜;
(6)较小海图桌两侧及背面有升高式包线,较大的海图桌正面装有风暴扶手。

三、船用椅子

(一)木椅

椅子的功能是用来支持人体的质量,给人在工作、学习与休息时提供方便。椅子的种类很多,按照它是否带有扶手来分可分为靠背椅和扶手椅两种;按照坐垫及靠背的材质可分为硬质、半软和全软三种;按照木椅的造型划分则品种更为繁多,有普通椅、曲木椅、薄板胶合弯曲椅等多种。一般靠背椅的座宽为 380 ~ 450 mm,座深 350 ~ 420 mm,前座高 440 mm,背总高 800~900 mm。扶手椅的尺寸稍大些,扶手内宽不小于 480 mm,座深 420~260 mm,座前高 440 mm ,扶手高 180~230 mm,背总面 850~900 mm。

(二)沙发

沙发是坐椅的一种,主要是供人休息用,如图 7-11 所示。垫子与靠背为全软式可供人坐或卧(长沙发)着休息,代靠手的沙发又叫包手沙发。高级的沙发面料为真牛皮或羊皮,普通的沙发面料为呢料与沙发布、人造革等。

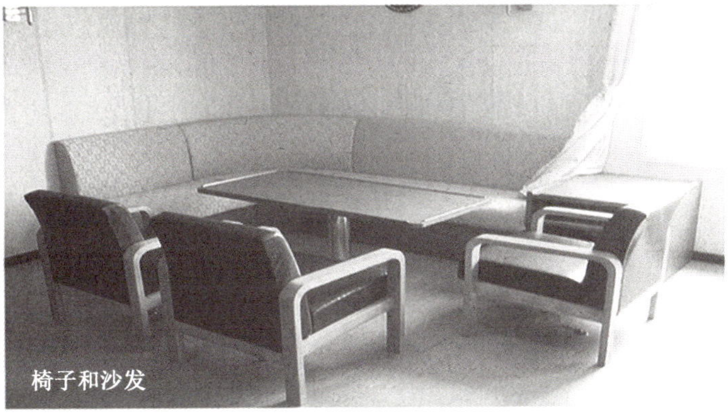

图 7-11　椅子和沙发

四、船用木床

（一）船用木床的功能和要求

对于陆用床铺，它的功能就是给人睡觉休息用，所以它的尺寸足以容纳一个人或两个人躺着并翻身；而船用床铺的功能除了能给人以睡觉休息外，还要兼储藏柜的功能。

因为首先船上的房间一般都比陆上要小，房间里可以储藏物品的柜子没有陆地上房间的多；其次船用床都是与墙壁或地板固定死的，不会发生移动的。因此，床底下大量的空间用来作为闭式的储藏或抽斗柜是最合适的。

有关船用床的几点要求：

（1）应为每个船员提供一个与其身体大小相适应的床铺，床铺至少应有 2 m 长和 0.8 m 宽，床铺必须有安全措施，保证船员在海浪作用下不会从床上掉下来。

（2）床铺的安排应避免须越过一个床铺才能到达相邻床铺的情况，上下床铺不得多于两层。在床铺以上有窗的地方，不允许沿壁布置上下铺。

（3）双层床铺的下铺至少高出地板 0.3 m，上铺在天花板最低位置以下和铺面以上的垂直距离至少应有 0.8 m。

（4）床铺，包括床柜和铺板，必须用牢固、光滑防腐蚀的材料制成，如果床框用管材制成，不准留下害虫可以钻进去的孔口，双层铺的上铺应设防尘床罩，每个床铺都应配有弹簧床垫，或其他等效软垫。

（二）船用木质床结构（图 7-12）

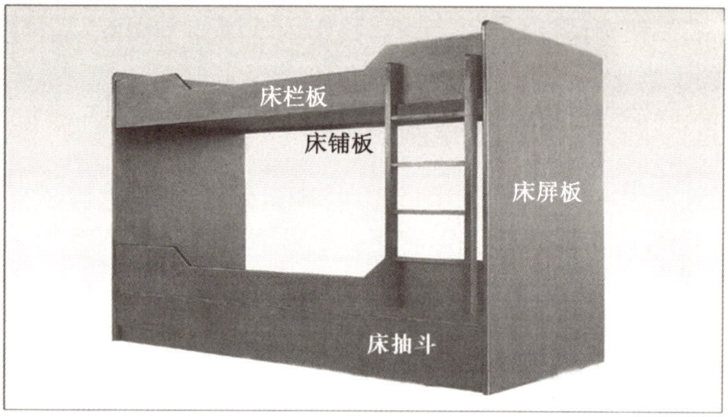

图 7-12　船用木质床结构

船用床

（三）船用木床的形式

船用木床的种类和形式很多。其造型的重点基本上是在床栏板部分，因为床栏板的体量较大，也是人在舱室内视觉感受的正面部分，这与陆用床铺以床头屏板为造型的重点是有所不同的。

首先要根据舱室布置图明确该床是安装在房间里什么位置，是哪一边靠墙，是一头还是二头均靠墙，这样可以确定床屏板与床栏板的数量。

其次，根据床头柜的位置决定床抽斗的安装位置，床抽斗应该装在与床头柜相对的位置，以便抽斗可以顺便地抽出来。

木床包脚板为实木松板、床屏板与栏板为细木工板，所有暴露面都贴塑料面板，板的边缘以相同色彩的塑料薄皮包边。所有各种条子，凡正面的不是包塑料贴面就是用水曲柳材料，而凡是看不见的都可以用松木条子，床铺板是松木条和胶合板组成的空心板结构，船屏板和船栏板之间用镀铬小角钢进行连接，两块床屏板靠墙一面也用小角钢连接，床与甲板需专门连接。

五、木质衣柜

（一）船用木质衣柜的功能和要求

衣柜是船舶居住舱室必备的三大家具之一（床、桌、衣柜）。因此，有些国家的造船规范与规则对船用衣柜有明确的要求。

衣柜的功能是用来存放衣服，可以用来挂上衣或大衣，也可用来存放其他物品，像帽子、鞋子。此外船用衣柜还要储存救生衣，存放救生衣的部位一般是不能锁的，而且拿取应方便。在现代船上衣柜门背面还要装上镜子，供穿衣系领带、整理衣着与梳头用。船用衣柜有单门衣柜、双门衣柜和三门衣柜之分，常用的都是单门衣柜，如图 7-13 所示。门向左开的称为左开式，门向右开的称为右开式。在两人共同居住的卧室内也可以配双门衣柜或两个单门衣柜。在较大的船上船长等高级船员房间，也可以每人设一个双门衣柜，如图 7-14 所示，至于三门衣柜一般在居住卧室中用得很少。

木质衣柜

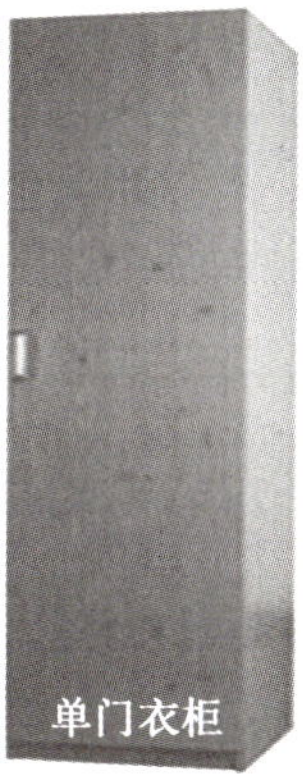

图 7-13　单门衣柜

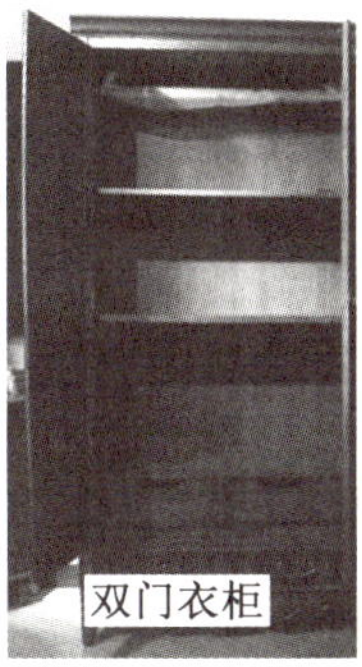

图 7-14　双门衣柜

（二）船用木质衣柜的设计

木质衣柜无论在质感上，还是抗潮湿等方面均较钢质衣柜优，故其造价虽比钢质衣柜低，但国外的高级船员住房及高级客房一般均设置木质衣柜，钢质衣柜只用在普通船员的卧室。设计衣柜应考虑以下几个方面。

首先是该衣柜设置的舱室是什么等级的房间，大小如何？

其次是衣柜在舱室中的位置。

六、床头柜

(一)船用床头柜的功能和形式

床头柜西方人称床边桌。主要是为睡觉的人存放一些东西。台面上可放台灯、电话、茶杯等物。床头柜可做成小柜式、抽斗式、落地式或直接挂在床边上。

落地型床头柜、抽斗式床头柜、悬挂式床头柜,如图 7-15、图 7-16、图 7-17 所示。

图 7-15　落地型床头柜

图 7-16　抽斗式床头柜

图 7-17　悬挂式床头柜

(二)外形尺寸

床头柜一般高度为 610 mm,其尺寸与床栏板高度相一致,一般床栏板高度为 450+150=600 mm,所以床头柜的尺寸稍比床栏板高一些,宽度一般为 400 mm,深度为 600 mm,也可做成 450 mm×450 mm 的。

七、书橱

书橱是存放书的柜子。柜内设有搁板、挡杆,柜门为玻璃式,平时关上柜门可保持柜内清洁,如图 7-18 所示。

书橱一般只在大船的船长级高级船员的办公室内使用,一般安装位置是悬挂在墙上,甚至其顶通至天花板,而书橱下部在悬空一段距离后可以是写字台或其他柜子。

图 7-18　书橱

船用家具分类

任务实施 2

要满足规范要求，针对不同特点的木质家具进行正确安装。

一、术语与定义

(1)落地靠壁式木质家具，系指家具的背面或侧面借用舱室围壁，安装时用螺丝、耳板固定在舱室围壁上，如衣柜、边柜、组合柜、书柜、文件柜、抽屉柜、药品柜、床铺、写字台、报务台等。

(2)落地不靠壁木质家具，系指家具的钢管脚焊接在钢板上，用螺丝将金属板与家具面板固定，外罩木质装饰壳，如会议桌、餐桌、茶几、阅览桌等。

(3)壁挂式木质家具，系指家具离开地面一定的距离，并用螺丝直接固定在围壁上，如书架、折叠桌、穿衣镜、钥匙箱、格子旗箱等。

(4)嵌入式木质家具，系指埋入在舱室围壁内的家具，如望远镜箱等。

二、施工前准备

(一)技术资料

施工前，首先仔细阅读家具安装图、预埋件安装图、木质家具制作图、舱室颜色样本、木质家具安装托盘表，必要时，要进行技术交底。

(二)物资材料

(1)施工前，要了解木质家具等配套材料是否短缺。

(2)木质家具要经过进厂入库前的质量检验，并应具有产品质量合格证书，凡不符合质量检验认可的产品，不准上船安装。

(3)施工前应准备好必需的施工工具：电锯、电钻、木刨、弹线盒、卷尺、角尺、螺丝刀、榔头等。

三、人员

施工人员上岗前,应参加过专业知识和安全生产知识的应知、应会培训,考核合格后方能上岗操作。

四、工艺要求

(1)舱室内家具的名称、规格、数量、安装位置应符合舱室布置图及家具制作图的要求。

(2)家具安装完成后,家具表面不应留有锤印、胶水痕迹,连接螺钉的钉尾应敲扁,且沉入木材表面 1~2 mm,家具贴面及饰条封边不得有鼓泡、脱落和剥落现象。

(3)家具安装应水平和垂直,连接牢固,不得有明显歪斜、翘曲和松动现象,对于大型家具如海图桌应预埋底座,并在局部地方用钢质框架加强。

(4)到顶家具如衣柜,组合柜、书柜等,封板与天花板之间的间隙应小于 1 mm。家具侧面、背面与围壁的间隙小于 1 mm。

(5)柜门和抽屉应安装止动器或弹簧制止器。

(6)家具安装完成后,门及抽屉启闭应自如、灵活,不得有碰擦或卡死现象。

(7)带脚家具,其脚应完全触及地面,受力均匀,包脚家具要求包板下部与地平面完全吻合,其局部间隙不大于 1 mm。

(8)对于单脚家具,如茶几、阅览桌、餐桌等家具的装饰罩壳应固定牢靠,不得转动。

(9)安装家具时,不允许螺钉露出见光部位,若有特殊情况,如壁挂式书架等,应使用盖帽螺丝固定。

(10)在安装大型家具(指其外部尺寸超过舱室门尺寸)时,应该将这些家具拆散后在船上组装,在拆散时要做出明显标记,便于组合安装。

(11)撑档安装螺丝分布均匀,且间距约 200 mm。

(12)对于家具与家具,家具与围壁、家具与天花板间距小于 100 mm 的部位,必须封包。

(13)家具安装完成后,应用硬纸板等加以保护。

(14)对于家具表面有花纹的饰面,其断开面花纹应衔接,不能有断纹现象。

(15)家具安装完成后,对油漆破坏的部位应进行补漆工作,油漆颜色应与家具表面颜色尽量接近。

(16)装有双开门的家具,柜门上端应平齐。

(17)带有多个抽屉的家具,抽屉应在同一平面上。

五、工艺过程

(一)落地靠壁式木质家具

1. 操作程序

清扫安装场所→将家具主体移至到位→校正家具的水平度与垂直度→安装固定→固定封板或包板→安装柜门、抽屉等活动部分及附件→检查、修正→保护。

清扫安装场所将家具主体移至到位,校正家具的水平度与垂直度,安装固定固定封板或包板,安装柜门、抽屉等活动部分及附件。

2. 工艺方法

(1)首先将安装家具的场所清扫干净。

(2)固定家具主体。

①非组装件家具的固定

根据家具安装图,直接将家具主体移至到位,使家具侧面或背面紧贴围壁,同时校对家具是否垂直和水平,再用螺钉固定撑挡,在适当位置增加一到两个小耳板。固定方法如图7-19所示。

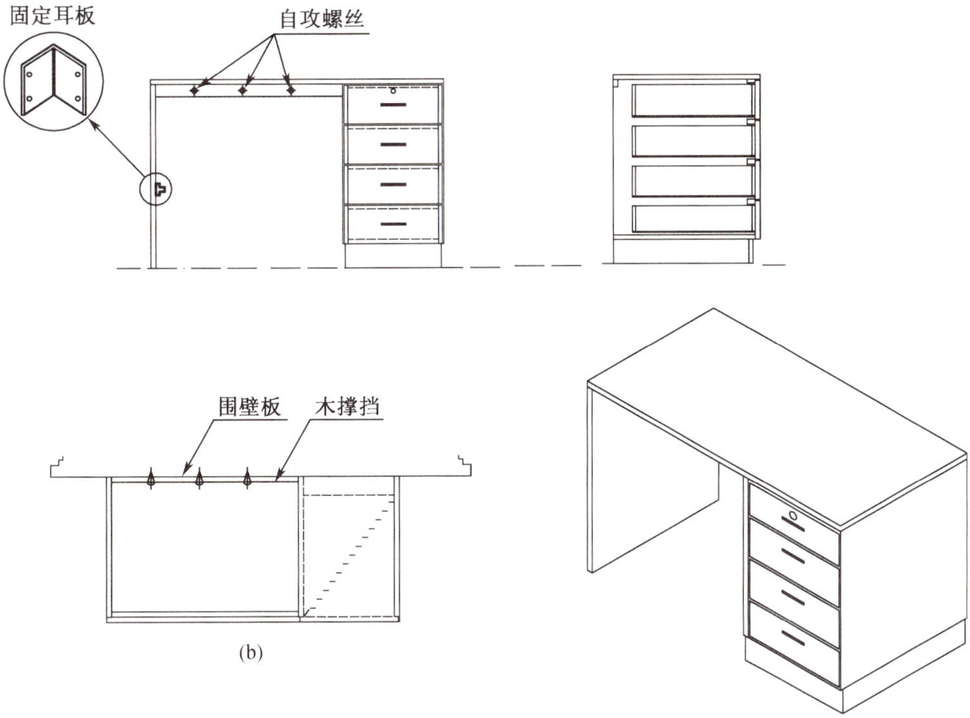

图7-19　非组装件家具的固定方法

②组装件家具的固定

首先将家具按照拆散时所做的标记,用连接螺钉组装起来,组装完成后,将家具按照舱室布置图移至到位,并校对家具垂直度和水平度,再用自攻螺钉固定撑挡或耳板。安装如图7-20所示。

(3)固定家具柜顶封板。

(4)安装柜门,调整调节螺丝,使柜门间隙满足工艺要求。

(5)将抽屉装入家具,并检查抽屉的灵活性。

(二)落地不靠壁木质家具

1. 操作流程

划线定位→装焊家具底脚→套上装饰罩壳→钢质底板就位→固定装饰罩壳→固定钢质底板→安装家具桌面→检查、修正→保护。

2. 工艺方法

(1)根据家具安装图和预埋件安装图,在甲板上画出家具底脚具体位置。

(2)将底脚焊接在甲板上,待甲板敷料与地板敷设完工后,再安装家具。

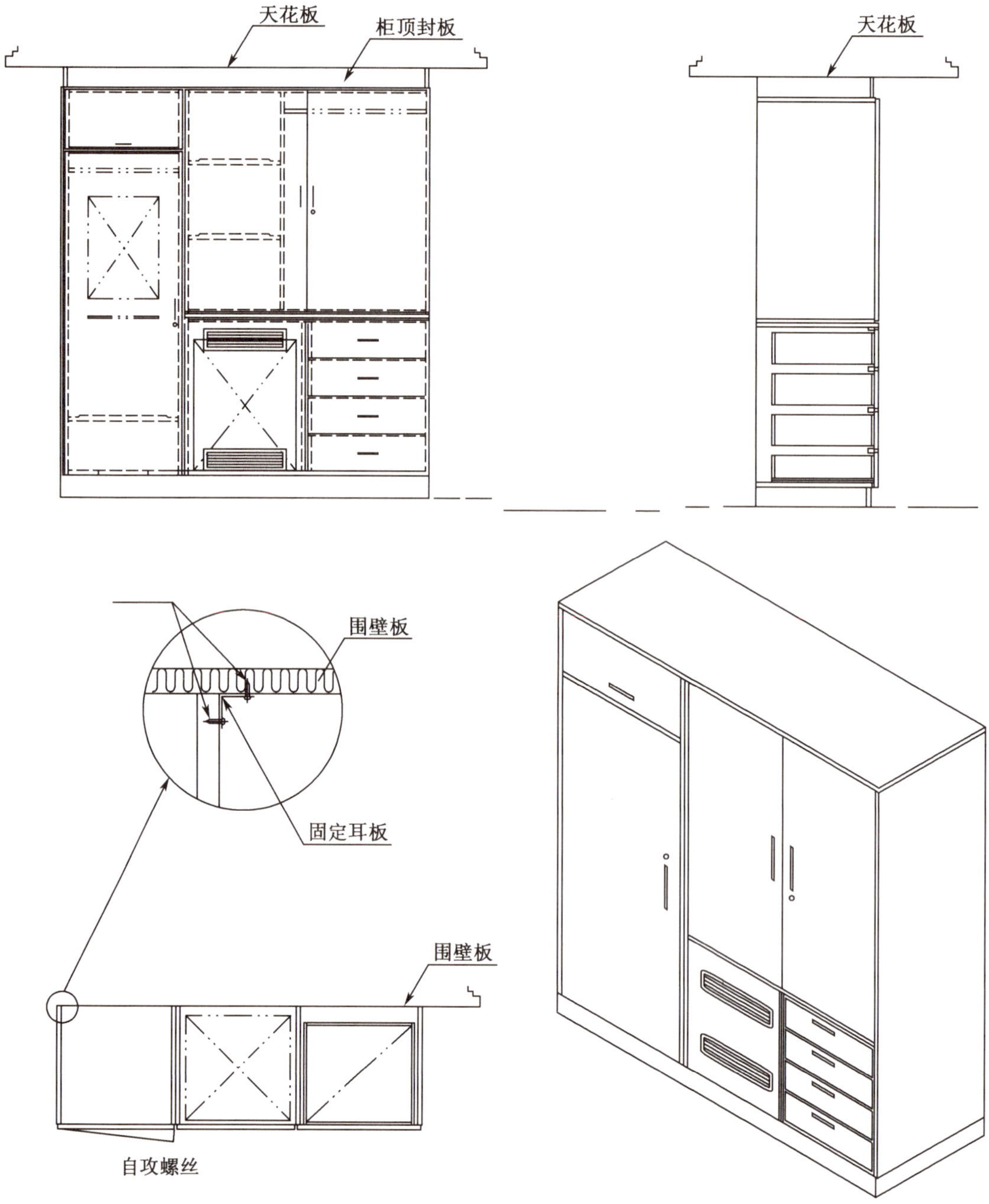

图 7-20　组装件家具的固定方法

(3)首先将装饰木罩壳套在底脚上,再将钢质底板与底脚连接,使底板无法转动,并按照家具安装图与家具制作图的要求,调整罩壳的位置并用螺钉将其固定在钢质底板上。

(4)将家具桌面置于底板上,固定家具面板,安装方法如图 7-21 所示。

(三)壁挂式木质家具

1. 操作流程

划线定位→家具就位→钻孔→固定家具→检查、修正保护。

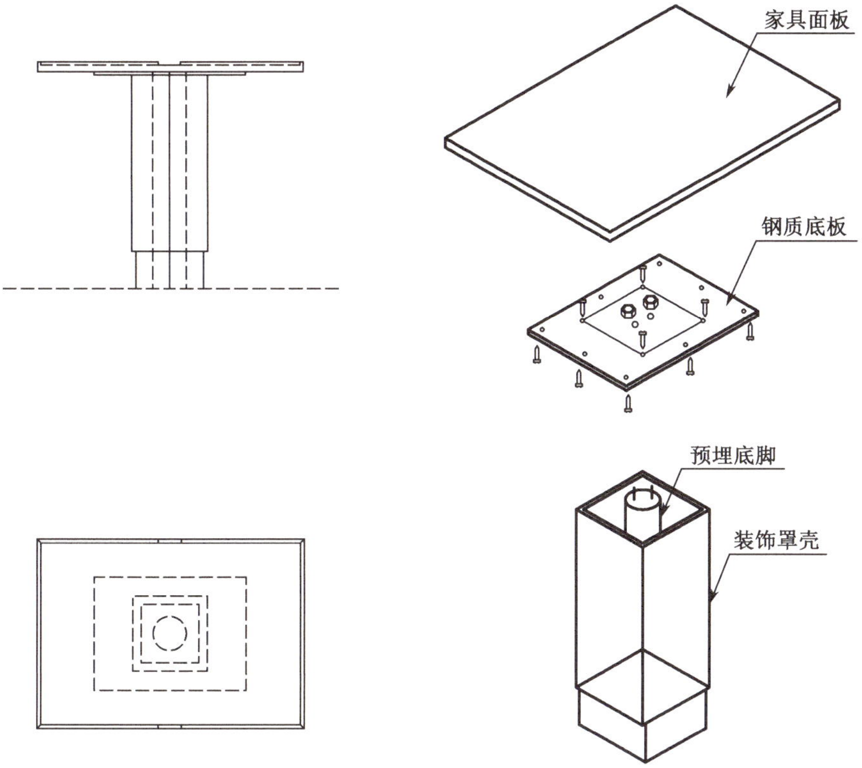

图 7-21 落地不靠壁木质家具安装方法

2. 工艺方法

(1)根据家具安装图,在围壁上画出具体位置。

(2)将家具移至到位,调整家具的水平与垂直度。

(3)钻孔,并用盖帽螺丝固定家具。

(4)安装其他附件,如活动拦挡等,安装方法如图 7-22 所示。

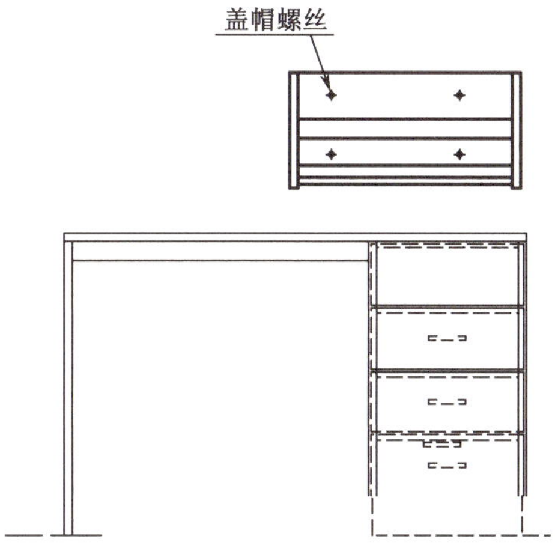

图 7-22 壁挂式木质家具安装方法

（四）嵌入式木质家具

1. 操作流程

划线定位→围壁开孔→消除毛刺→固定家具→检查修正→工艺方法。

(1)根据家具安装图，在围壁板上画出家具的开孔位置。

(2)按画出的位置将围壁板开孔，并消除毛刺。

(3)将家具塞入孔内，用自攻螺丝固定，安装方法如图7-23所示。

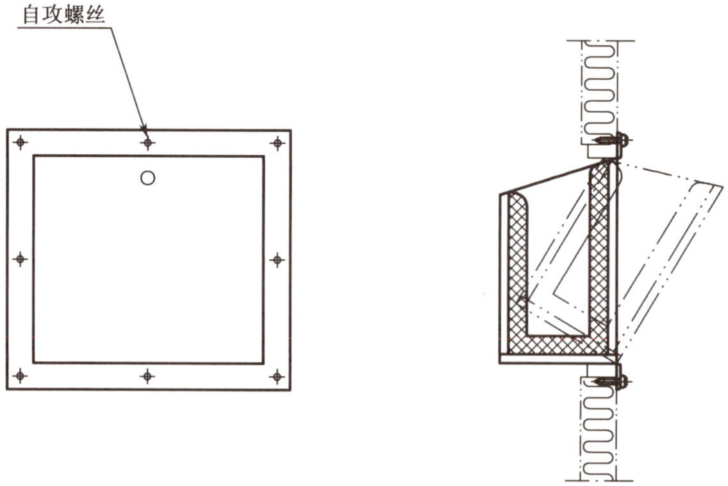

图7-23　嵌入式木质家具安装方法

任务7.2　金属家具

任务准备

一、根据图7-24，说出金属家具的主要特点

金属家具的主要特点是结构牢固，不易燃烧，因此在船上应用金属家具比陆上发展得要早、要快。金属家具有钢质家具和铝质家具两种，钢质家具比铝质家具便宜（比木质家具要贵），但铝质家具重量很小，适用于军用战斗舰艇。

众所周知，天然木材不仅稀缺，而且加工复杂，工艺繁复，极容易产生废品。加工过程中的油漆环节难以完全工业化，污染较为严重。相比之下，金属加工可以大规模，从而较易控制成本。

图 7-24 金属家具

小批量、个性化、充满艺术设计感的高端金属家具才刚起步,受益于全球消费品市场需求的不断增长,金属家具及用品市场需求增长趋势明确。随着财富持续积累,人们崇尚贴近生活本源与时尚、健康、精致的生活态度越来越强烈,金属家具也在这种背景下顺势发展。

相比国外知名厂商,国内企业在产品研发设计能力、技术装备水平、品牌知名程度等方面虽有较大进步,但仍处于劣势,生产的产品也主要满足中低档的消费市场。部分拥有先进生产设备、具有较强产品研发设计能力和管理经验的国内龙头企业在竞争中逐步提高了竞争能力,树立了优良品牌,并开始参与高档产品市场的竞争。随着发达国家将该产业逐步向中国转移,面对国际巨大的市场需求以及国内稳步增长的消费需求,国内的金属家具行业的前景将更加光明。

二、金属家具的种类

金属家具广泛应用于船舶舱室是在 20 世纪 70 年代。金属家具按其材质来分有普碳钢家具(也称钢质家具)、不锈钢家具和铝质家具。

(一)钢质家具

钢质家具是目前在船上应用得最多的金属家具,它是用厚度 1~1.5 mm 的冷轧钢板,经过剪冲滚轧、装配焊接、涂漆等工艺再配上塑料及五金等零件制作而成的。造型多数模仿木质家具,轮廓清晰、线条挺括、美观大方。这类家具包括柜、橱、架、桌及床等,如图 7-25、图 7-26 所示。

(二)不锈钢家具

不锈钢家具是用不锈钢薄板采用与钢质家具相同的工艺制作而成的家具。不锈钢家具表面不需要涂装,常见有镜面抛光与砂光两种。这种家具表现光亮,不会生锈,容易清洁,适宜用在厨房、卫生间、配餐间等经常和水接触的部位。如不锈钢洗槽、不锈钢洗脸盆、不锈钢工作台、不锈钢碗柜等,如图 7-27 所示。

图 7-25　钢制柜

图 7-26　钢制椅

（三）铝质家具

铝质家具是用铝合金薄板、铝合金管材等，经过加工、弯曲、铆接等各道工艺，或者用模具拉压而成各类型材，再配以塑料、纺织品、家用五金等制成的家具，包括床、柜、桌、椅等。这种铝质家具造型与钢质家具相仿，但质量比钢质家具要小一半多。因此，其被广泛使用在战斗舰艇上。但铝质家具价格高，所以在民用船上用得不多。

图 7-27　船用厨房的不锈钢家具

任务实施

常用船用钢质家具的安装：要满足规范要求，针对不同特点的钢质家具进行正确安装。

一、术语和定义

(一)落地式钢质家具

落地式钢质家具系采用螺栓或焊接的形式固定在甲板或底座上的家具。

(二)壁挂式钢质家具

壁挂式钢质家具系采用螺栓、自攻螺钉或焊接型式固定在围壁上的家具。

(三)吊顶式钢质家具

吊顶式钢质家具系采用焊接和螺栓形式吊挂在舱室顶部的家具。

二、施工前准备

(一)技术资料

施工前,首先把钢质家具布置图、托盘表仔细阅读,必要时,要进行技术交底。

(二)物资材料

施工前,要了解钢质家具是否到货、配套附件是否短缺。钢质家具要经过进厂前的质量检验,并应具有产品合格证书。凡不符合质量检验认可的产品,不准上船安装。

(三)施工工具

施工前,应把所有的施工工具:尺、石笔、弹线盒、角尺、打磨机、焊接切割工具、榔头等准备好。

三、人员

(1)施工人员上岗前,应进行专业知识和安全生产知识的应知、应会培训,考核合格后方能上岗操作。

(2)电焊工上岗前,应进行专业知识和安全生产知识的应知、应会培训,考核合格并达到电焊工三级资格方能上岗操作。电焊工上岗时,必须佩戴特殊工作上岗证。

四、工艺要求

(1)安装的钢质家具名称、规格、位置应符合钢质家具布置图的要求。

(2)钢质家具安装后应保持垂直或水平。

(3)钢质家具的安装必须牢固,不得摇晃和发出金属碰撞声。

(4)施工后焊缝表面应均匀、光滑,不得有假焊、裂缝、夹渣、气孔、焊穿、咬边、毛刺、焊瘤、飞溅或漏焊等缺陷。

(5)用螺栓固定的钢质家具,螺栓必须配弹簧垫圈,安装时螺栓应旋紧,不得松动。

(6)安装后的钢质家具表面应平整、光洁,金属薄板折边必须平直,不应有裂缝,表面油漆应完好无损。

(7)钢质家具安装后,其抽屉、柜门等应开关自如、灵活,无卡死现象。

五、工艺过程

(一)落地式钢质家具

落地式钢质家具根据不同的安装部位可分为预埋件形式和直接固定形式。

1. 预埋件形式

(1)安装工艺程序(图 7-28)

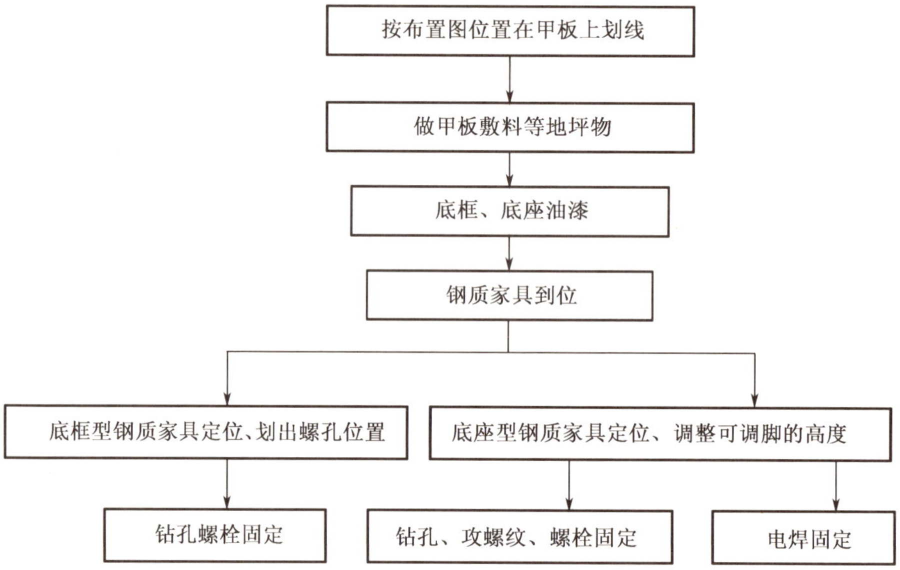

图 7-28　安装工艺流程

(2)安装工艺及方法

①划线

按钢质家具底座图布置要求,在甲板上划出底座位置线。

②装焊钢质家具预埋件

按划线位置,装焊对应家具的底框、底座预埋件。对底框型家具,应确保底框架平面水平,若有偏差,应切割修正;对底座型家具预埋件,应确保底座面在同一平面,且保持水平。

③钢质家具到位

待甲板敷料、塑胶地板等地坪物敷设完后,可安装钢质家具,按钢质家具布置图的对应位置查看底座预埋件,清除预埋件上的杂物,把钢质家具移动到位。

④钢质家具固定

a. 底框型钢质家具(图 7-29)。

把底框型钢质家具放在已预埋的底框上,若家具上有螺孔位置则用划针在底框上划出螺孔,划好后移开家具,对底框钻孔;若家具上无螺孔,则家具在底框上定位后,直接在家具底部相应位置钻孔。穿透底框,然后用螺栓固定。

直接在钢质家具底部和底框一起钻孔时,应在家具的角上各钻一个孔,且应钻好一个,就用螺栓固定一个。这样可防止钻孔时家具移动。

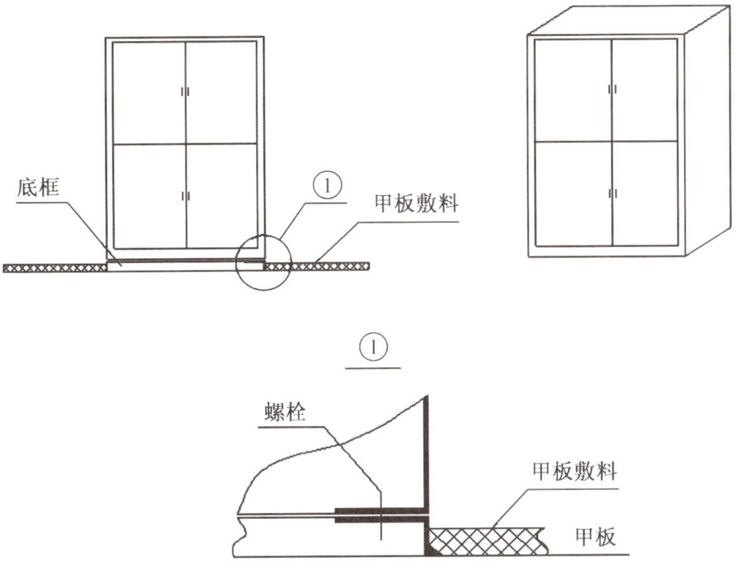

图 7-29　底框型钢质家具

b. 底座型钢质家具(图 7-30)。

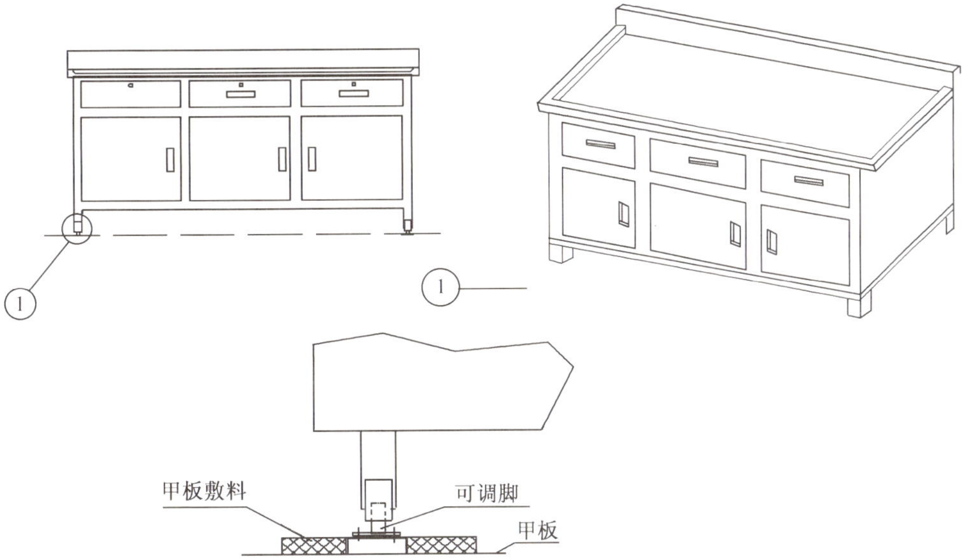

图 7-30　底座型钢质家具

把底座型钢质家具移动到位,检查底座是否和预埋件位置正确,检查无误后,调整底座可调螺栓,使钢质家具的高度、水平度、垂直度满足图纸要求。若采用电焊固定,则每个脚点焊定位,再检查一遍安装尺寸无误后施焊。若用螺栓固定,则用划针划出底座上的螺孔位置,移去钢质家具,在预埋件上钻孔,攻螺纹。结束后再把钢质家具到位,拧紧螺栓。

2. 直接固定形式

钢质家具安装部位若无甲板敷料和其他要求,则可直接固定在甲板上。

(1) 安装工艺程序

按布置图位置在甲板上划线→钢质家具到位→调整底座使钢质家具保持垂直或水平

→焊接固定。

(2)安装工艺及方法

按钢质家具布置图位置划线定位，移动家具到划线位置，调整家具到水平状态后焊接固定。

(二)壁挂式钢质家具

1. 壁挂式钢质家具内围壁安装

(1)安装工艺程序(图 7-31)。

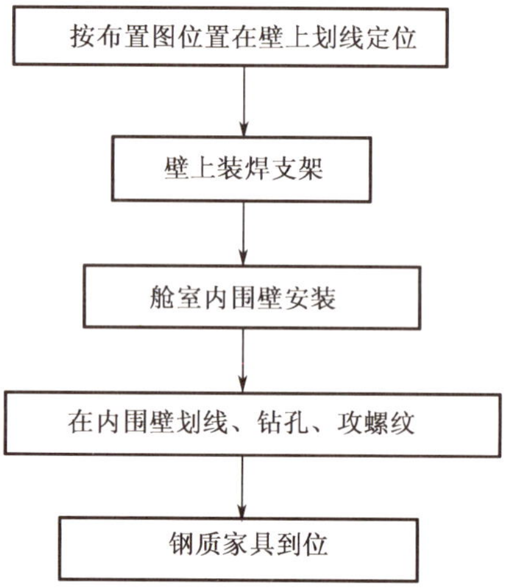

图 7-31　安装流程

(2)安装工艺方法(图 7-32)。

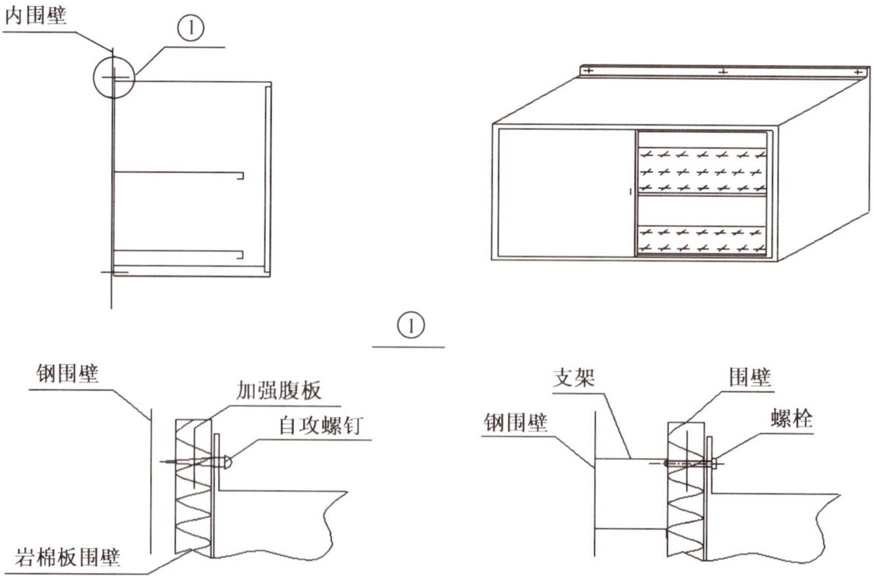

(a)10 kg以下的钢质家具的壁挂形式　(b)10 kg以上的钢质家具的壁挂形式

图 7-32　钢质家具内围壁安装典型安装图

①划线定位

按家具布置图的要求在钢围壁上划出定位线。

②壁上装焊支架

按内围壁板与钢围壁之间的距离，确定支架的高度，修正后焊于钢围壁上。

③内围壁划线、钻孔、攻螺纹

钢围壁上家具支架装焊后，进行舱室复合岩棉板安装。结束后，在壁上安装钢质家具，按家具布置图位置，在内围壁划出开孔线，然后钻孔，穿透吊柜支架，在支架上攻螺纹。

④家具固定

按内围壁上的开孔位置，放上家具，拧紧螺栓。

(三)吊顶式钢质家具

1. 安装工艺程序(图 7-33)

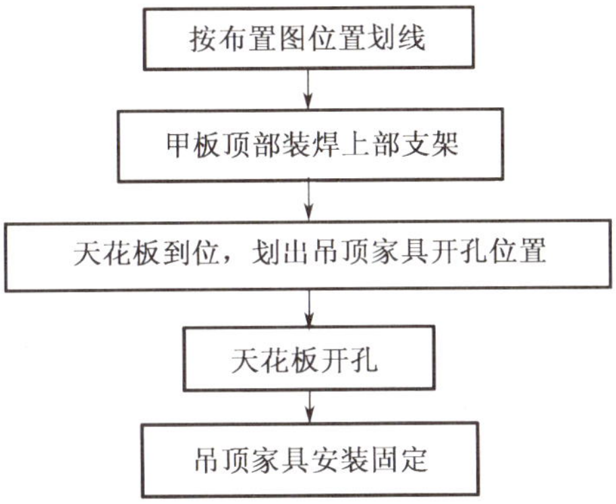

图 7-33　安装工艺程序

2. 安装工艺方法(图 7-34)

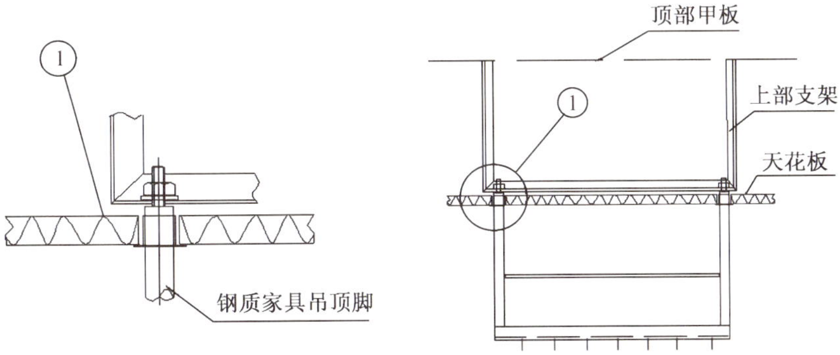

图 7-34　吊顶式钢质家具典型安装图

(1)划线

按钢质家具布置图位置，在顶部甲板划出钢质家具上部支架定位线。

(2)装焊上部支架

按划线位置，根据天花板上部高度修正上部支架后焊接固定。

(3)天花板到位,划出吊顶家具开孔位置

上部支架装焊结束,油漆后安装天花板,在天花板上划出吊顶家具开孔位置。

(4)天花板开孔

根据吊顶家具上的螺栓尺寸在天花板上钻孔,穿透上部支架。再按照钢质家具吊顶脚的尺寸把天花板上的钻孔开大至能插入家具吊顶脚。

(5)钢家具固定

天花板安装结束后在天花板开孔处装上钢质家具,拧紧螺栓。

任务7.3 其他室内用品

任务准备

请同学们说一说,除了木质和金属家具外,还有哪些常用室内用品及部件呢?

对绝大多数船舶来说,除了木质家具和金属家具外,还需要许多船用小五金来配合使用,如图 7-35 所示。而随着豪华邮轮的需求不断增长,一些奢华的软垫家具等也被广泛使用,这些也是需要同学们了解和掌握的。

家具及小五金件–吴春芳

高质量发展是未来相当长一段时间内五金行业发展的大趋势、大方向。《五金制品行业"十四五"发展指导意见》于 2022 年 3 月 3 日正式发布,其指出了当前五金制品行业正处于增长动力转换的关键时期,明确了行业"十四五"行业发展指导思想、遵循原则和重点任务,提出了行业"十四五"期间总产值年均增长达到 5%以上,在进一步巩固全球五金制造工厂地位的同时,完善现代化制造体系,向五金制造强国迈进的发展目标。

(a)舱室搁架

(b1) (b2) (b3)

(b)软垫家具

图 7-35 其他常用室内用品

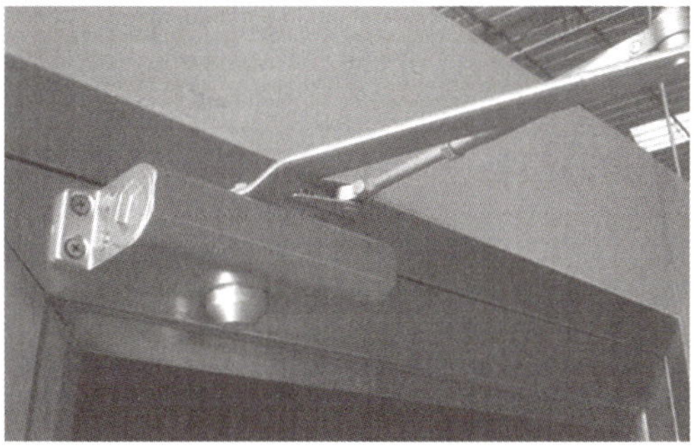

(c)闭门器

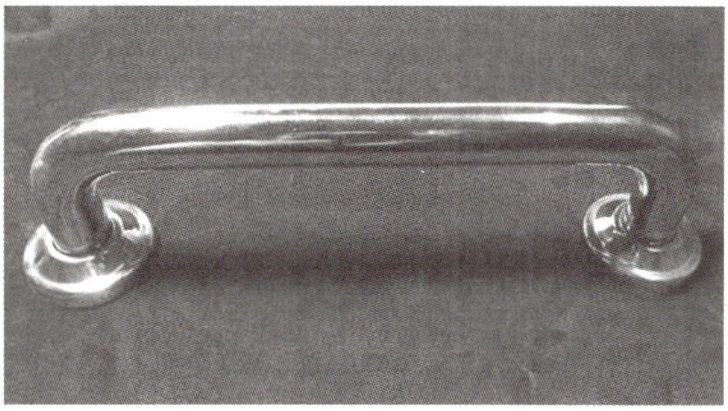

(d)防浪扶手

图 7-35(续)

船舶常用的五金件按用途可分为生活五金，门、窗五金，家具五金，其他五金四类(表 7-1)。

表 7-1　船舶常用的五金

序号	类别	品种举例
1	生活五金	毛巾架、水瓶架、杯架、化妆品托架、手纸盒(架)、肥皂盒(架)、衣帽钩(单、双)、防浪扶手、烟灰缸、挂衣棒底座等
2	门、窗五金	定门器、闭门器、滑杆式定门器、窗斗漏水斗、门碰垫、窗帘轨、窗帘别挡钩等
3	家具五金	螺栓式防浪钩、链式"T"型防浪钩等
4	其他五金	镜子螺丝、镜子包角、钥匙圈、梯道防滑条、应急钥匙箱等

接下来，让我们一起来学习这些船用五金件的安装。

任务实施

常用小五金的安装：要满足规范要求，针对不同特点的小五金件进行正确安装。

一、施工前准备

(一)技术资料

施工前首先仔细阅读舱室布置图，防浪扶手布置图，室内梯安装图，门、窗安装图，防浪钩预埋件布置图，公共卫生间布置图，托盘表等，必要时要进行技术交底。

(二)物资材料

施工前要了解船用小五金是否到货，配套附件是否短缺。凡要提供产品质量合格证书的必须资料齐全，否则不予上船安装。

(三)施工工具

施工前应把必需的施工工具：尺、铅笔、角尺、电钻、钢钻头、螺丝刀、榔头、板手、钢锯、帽钉枪等准备好。

二、人员

施工人员上岗前,应进行专业知识和安全生产知识的应知、应会培训,考核合格后方能上岗操作。

三、工艺要求

(1)船用小五金应采用耐久、滞燃和耐蚀的材料制成。

(2)船用小五金结构应合理、外形美观、有足够强度、便于安装。

(3)船用小五金紧固螺孔间距的公差应确保装配的互换性。

(4)闭门器安装后,在关闭过程中的第一、第二速度要符合产品设计要求。

(5)梯道防滑条的安装要紧贴踏步板,防滑板和橡皮条组装后不得有松动现象。

(6)定门器安装后,开启把手应轻便灵活,不应有卡死现象。

(7)钢围壁有扶强材且与防火门的距离大于 80 mm 时,定门器应设置底座过渡。

(8)水瓶架、杯架、化妆品托架等安装后,应保持其水平。

(9)应急钥匙箱安装后,箱体表面要有红色醒目标志。

(10)两只衣帽钩之间的距离大于或等于 200 mm,且不可有高低现象。

(11)座便器处的防浪扶手安装应呈 30°角,淋浴器处防浪扶手安装应呈 90°角。

(12)链式“T”型防浪钩面板应覆盖在 PVC 地板面上。

(13)风暴扶手端座固定在独立围壁板处,内要设加强板,若固定在肘板处,固定螺丝要穿过肘板的面板和底板两层,端座和扶手要有螺丝固定,使其不能转动。

四、工艺过程

(一)闭门器

1. 闭门器安装操作过程

划定位线→钻孔→螺丝固定→连接闭门器盒和传动杆→调节关闭速度→效用试验。

2. 闭门器安装工艺方法

(1)打开闭门器包装盒,取出闭门器实样安装图,将图贴在门和门框上,按图册要求画出闭门器盒和传动杆的螺孔位置。

(2)按螺孔位置进行钻孔。

(3)将闭门器盒和传动杆用螺丝固定。

(4)连接闭门器盒和传动杆(传动杆与闭门器盒的角度为 90°)。

(5)调节第一、第二关闭速度,试开闭。

(6)闭门器安装节点如图 7-36 所示。

(二)定门器

1. 定门器安装操作过程

划定位线→钻孔→螺丝固定→效用试验。

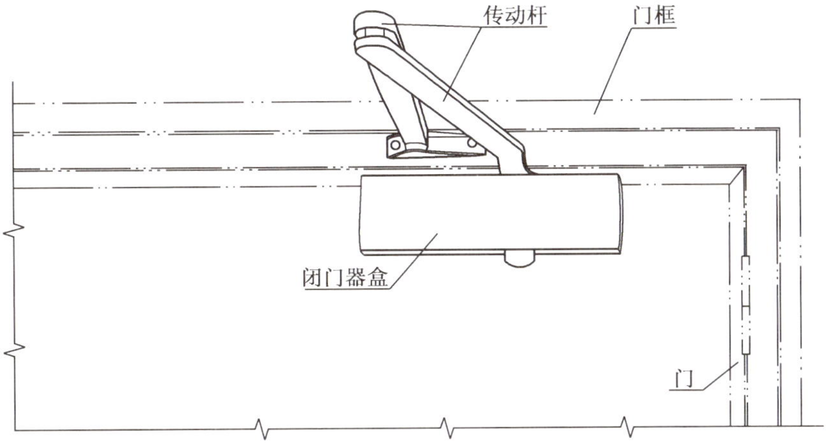

图 7-36 闭门器安装节点

2. 定门器安装工艺方法

(1)将门开启至靠围壁处,把定门器塞进门与围壁之间。

(2)调整好定门器位置,画出定门器螺孔标志后进行钻孔。

(3)用螺丝固定定门器。

(4)调节好定门器可调角度,试开闭。

(5)定门器安装节点如图 7-37 所示。

(三)滑杆式定门器

1. 滑杆式定门器安装操作过程

划定位线→钻孔→螺丝固定→效用试验。

2. 滑杆式定门器安装工艺方法

(1)将防火门关闭,把滑杆式定门器安放在防火门和门框的各一方,画出滑杆式定门器两端螺孔标志,用螺丝固定门框一边的端座(滑杆式定门器在关闭状态下)。

(2)将防火门打开到设定状态,把滑杆式定门器收缩螺杆拉伸到最顶端,对准螺孔标志检查螺孔是否吻合(如有误差,做进一步调整)。

(3)钻孔,用螺丝固定滑杆式定门器门板一边的端座。

(4)调整滑杆式定门器螺纹节头的松紧度,试开闭。

(5)滑杆式定门器安装节点如图 7-38 所示。

(四)座便器处船用小五金

1. 座便器处船用小五金安装操作过程

划线定位→钻孔→螺丝固定→效用试验。

2. 座便器处船用小五金安装工艺方法

(1)按公共卫生间布置图的定位尺寸,把座便器处船用小五金划线定位。

(2)钻孔,用螺丝固定船用小五金。

(3)作实用操作试验。

(4)座便器处船用小五金安装节点如图 7-39 所示。

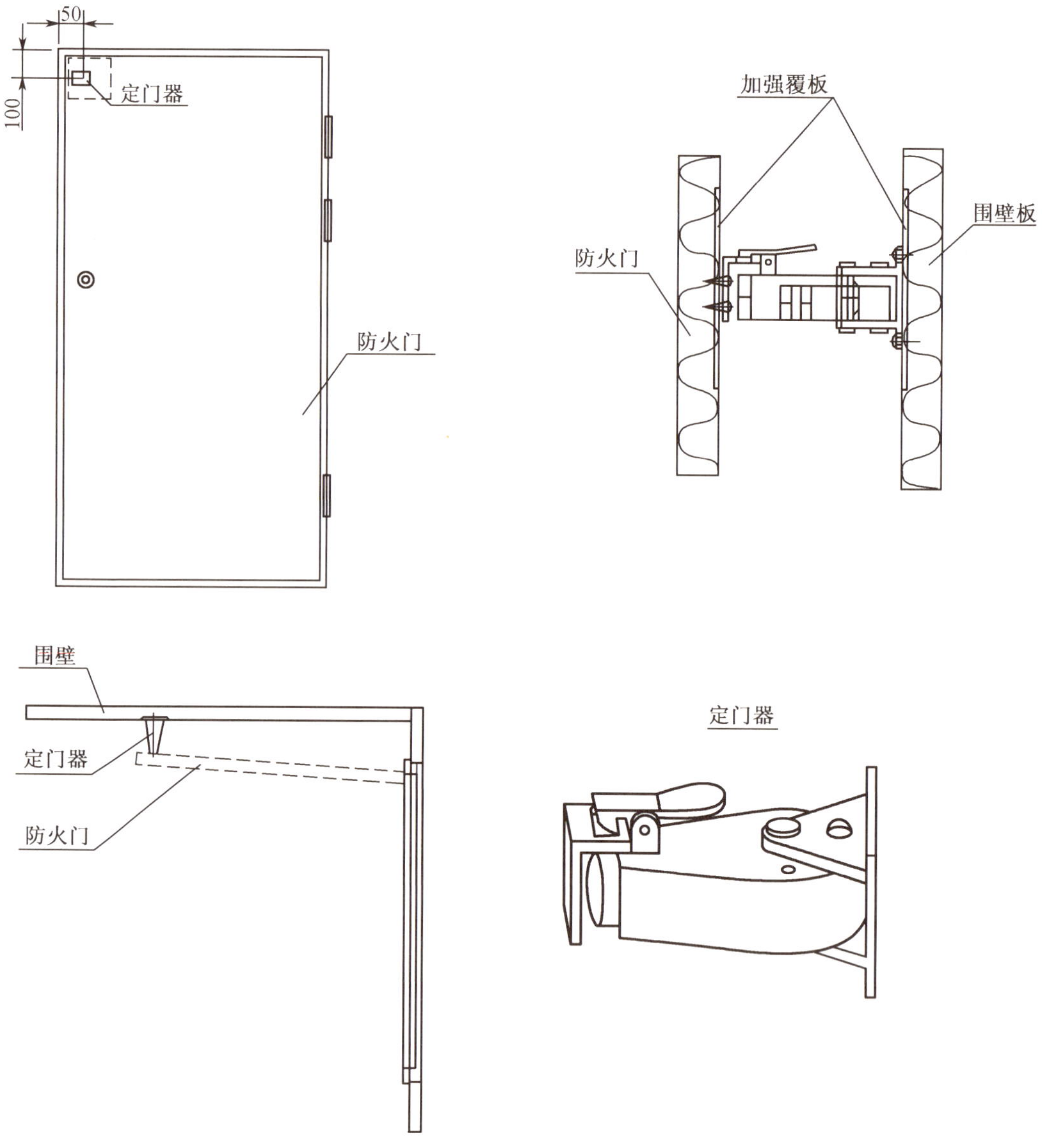

图 7-37　定门器安装节点(单位:mm)

(五)洗脸盆处船用小五金

1. 洗脸盆处船用小五金安装操作过程

划线定位→钻孔→螺丝固定→效用试验。

2. 洗脸盆处船用小五金安装工艺方法

(1)按公共卫生间布置图的定位尺寸,把洗脸盆处船用小五金划线定位。

(2)钻孔,用螺丝固定船用小五金。

(3)做实用操作试验。

(4)洗脸盆处船用小五金安装节点如图 7-40 所示。

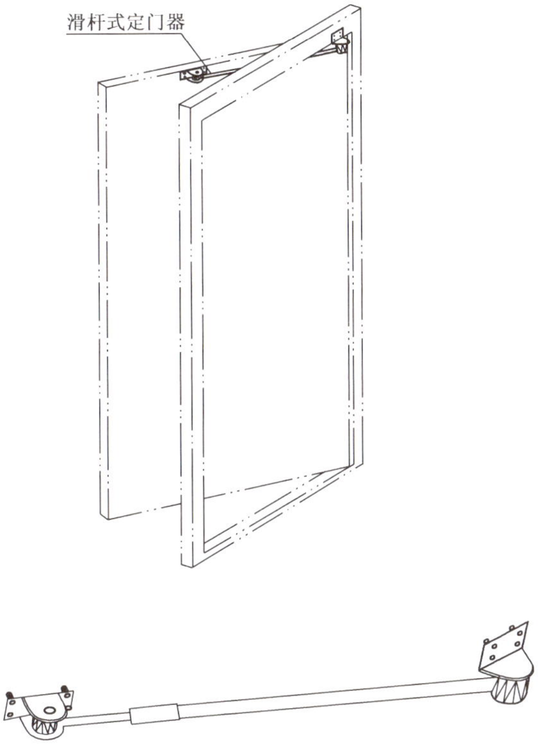

图 7-38　滑杆式定门器安装节点

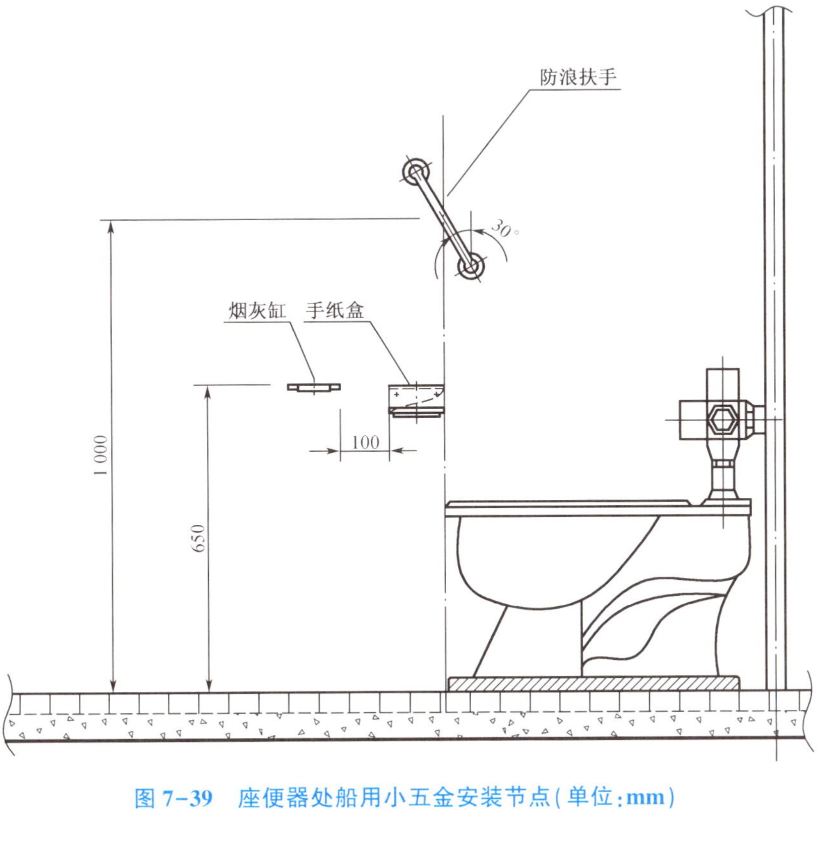

图 7-39　座便器处船用小五金安装节点(单位:mm)

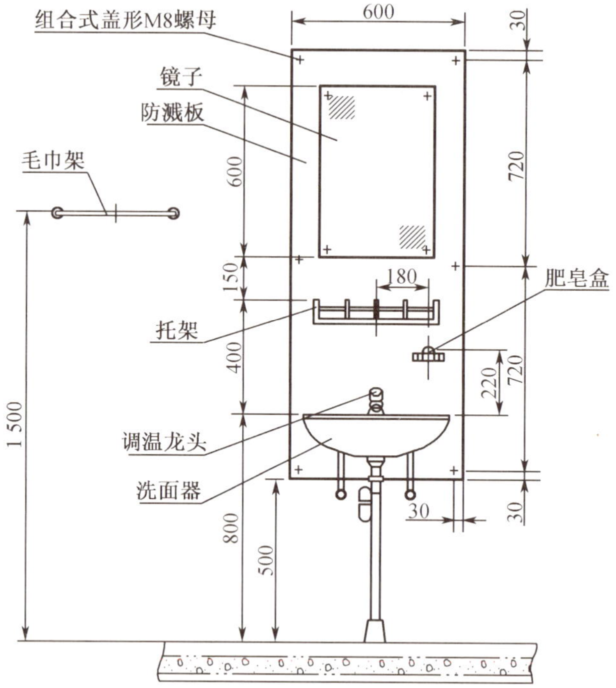

图 7-40　面盆处船用小五金安装节点(单位:mm)

(六)窗帘别挡钩

1. 窗帘别挡钩安装操作过程

划线定位→钻孔→螺丝固定→效用试验。

2. 窗帘别挡钩安装工艺方法

(1)按窗帘制作图和窗帘布置图的定位尺寸,画出窗帘别挡钩的位置。

(2)钻孔,用螺丝固定窗帘别挡钩。

(3)做实用操作试验。

(4)窗帘别挡钩安装节点如图 7-41 所示。

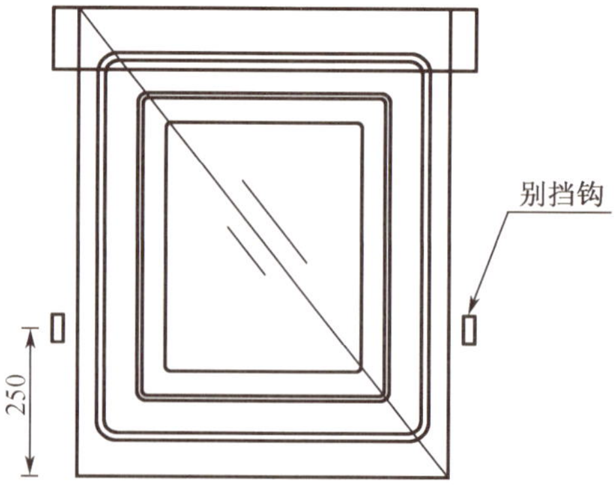

图 7-41　窗帘别挡钩安装节点(单位:mm)

(七)螺栓式防浪钩、链式"T"型防浪钩

1. 螺栓式防浪钩、链式"T"型防浪钩安装操作过程

划线定位→垫铁焊接→防浪钩预埋件固定→防浪钩预埋件表层保护→在铺设 PVC 地板前拆除表层保护→安装防浪钩面板→连接被钩物。

2. 螺栓式防浪钩、链式"T"型防浪钩安装工艺方法

(1)按舱室布置图和防浪钩预埋件布置图,画出具体位置。

(2)按甲板敷料布置图的敷料高度,安装垫铁并焊接。

(3)在垫铁上焊装防浪钩预埋件,表层进行保护(防浪钩螺纹口防止被甲板敷料封住)。

(4)待甲板敷料、流平层完工后,铺设 PVC 地板前拆除防浪钩预埋件表层保护。

(5)PVC 地板铺设后,安装防浪钩面板,连接被钩物。

(6)螺栓式防浪钩安装节点如图 7-42 所示,链式"T"型防浪钩安装节点如图 7-43 所示。

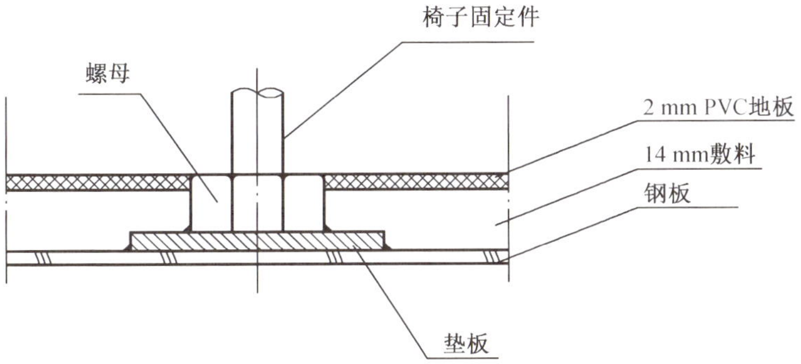

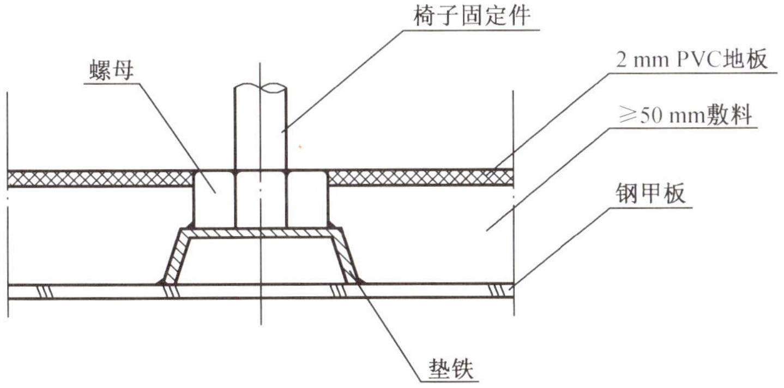

图 7-42　螺栓式防浪钩安装节点

(八)风暴式防浪扶手

1. 风暴式防浪扶手安装操作过程

划出扶手两端位置→钻孔→螺丝固定扶手两端端座→拉直线→划出中间座的位置→

钻孔→螺丝固定扶手中间座→安装扶手→螺丝固定中间座、端座和扶手→检查风暴式防浪扶手直线度。

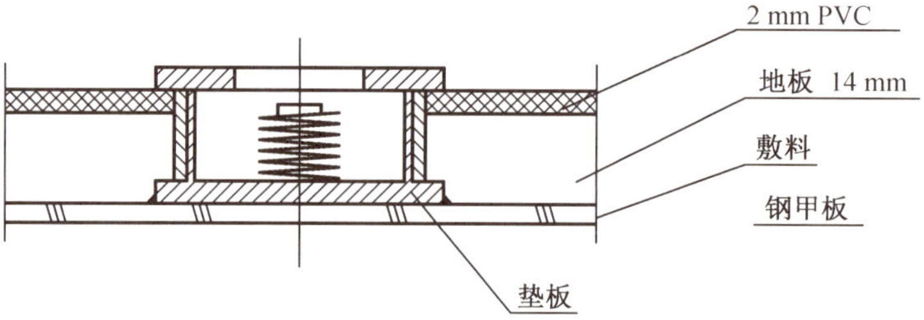

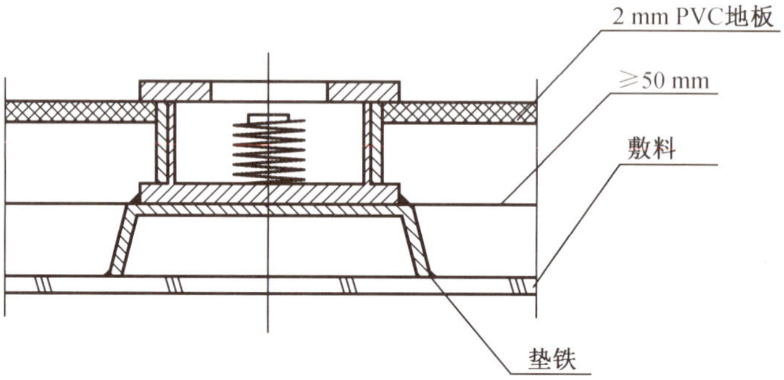

图 7-43　链式"T"型防浪钩安装节点

2. 风暴式防浪扶手安装工艺方法

(1)按防浪扶手布置图具体尺寸在围壁板上画出防浪扶手两端的端座尺寸。

(2)钻孔,用螺丝暂固定扶手两端的端座。

(3)在扶手两端的端座中间拉一条直线,划出中间座的位置。

(4)钻孔,用螺丝固定扶手中间座。

(5)拆除一只端座,把扶手逐一套入扶手中间座至端座,装复拆除的一只端座。

(6)螺丝固定中间座、端座与扶手。

(7)检查风暴式防浪扶手的直线度。

(8)风暴式防浪扶手安装节点如图 7-44 所示。

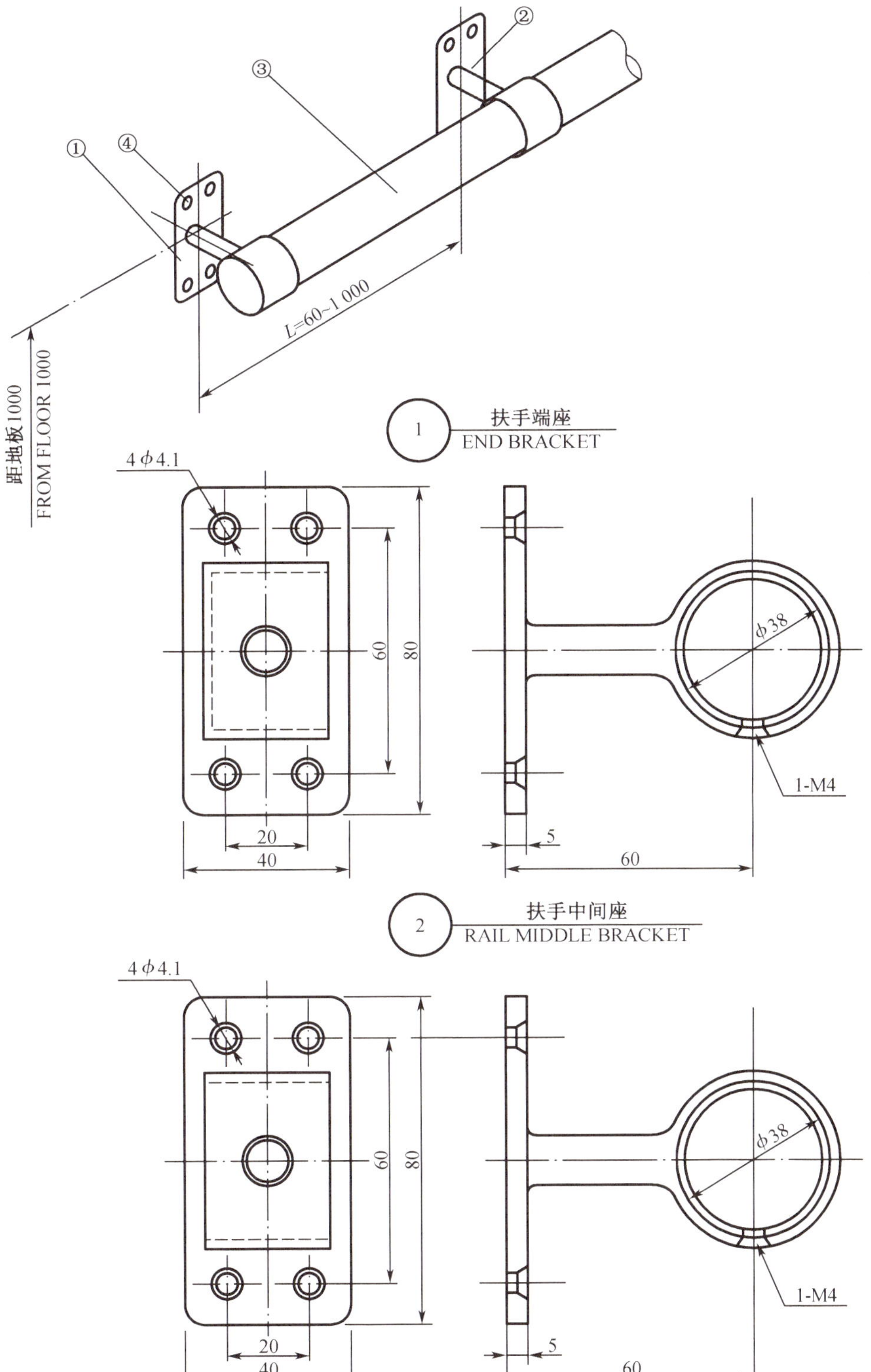

图 7-44　风暴式防浪扶手安装节点(单位:mm)

评价与考核

课程名称	船舶内装生产设计		
学习项目	家具及室内用品	授课教师	
知识掌握情况(40分)			
序号	知识考核点	分值	教师评分
1			
2			
任务执行情况(60分)			
序号	能力执行考核点	分值	教师评分
1			
2			
违纪扣分(25分)			
序号	违纪考核点	分值	教师评分
1	上课吃东西	5	
2	上课睡觉	5	
3	上课玩手机	5	
4	上课打电话	5	
5	其他扰乱课堂秩序的行为	5	

小故事园地

2019年度共和国勋章获得者、中国工程院院士、原中国船舶重工集团公司719所研究员黄旭华先生隐姓埋名三十年,为中国核潜艇事业的发展做出了卓越贡献。一旦“许国”,便隐姓埋名、无声奉献。黄旭华和老一代核潜艇人用自己的人生经历,完美诠释了“自力更生、艰苦奋斗、大力协同、无私奉献”的核潜艇精神。

【只有敢于攻坚,乐于奉献,才能克服困难,成就事业。】

任务测试模拟题

1. 选择题

(1)船用木质家具包括纯木质家具、胶木结合的家具和________。( )

A. 复合板家具　　B. 空芯板家具　　C. 细木工板家具　　D. 刨花板家具

(2)船用金属家具包括钢质家具、________和铝质家具。( )

A. 不锈钢家具　　B. 高强度钢家具　　C. 合金钢家具　　D. 高碳钢家具

(3)船舶居住舱室必备的三大家具是床、桌、__________。　(　　)

A. 椅子　B. 衣柜　C. 床头柜　D. 写字台

(4)船用床头柜的一般高度为__________,其尺寸与床栏板高度相一致,比床栏板略高。　(　　)

A. 450 mm　B. 500 mm　C. 610 mm　D. 730 mm

(5)金属家具的特点是结构牢固,不易燃烧.其中铝制家具质量轻,适用于军舰。　(　　)

A. 正确　B. 错误

(6)船用衣柜储存救生衣的部位需要能锁起来,防止丢失。　(　　)

A. 正确　B. 错误

(7)因为钢质家具比木质家具防火性能要好,所以国内外的船上大多采用钢质家具。　(　　)

A. 正确　B. 错误

(8)海图桌的高度一般比船用写字台的高度更高。　(　　)

A. 正确　B. 错误

(9)废碎木料制成的刨花板不适合用来制作船用家具。　(　　)

A. 正确　B. 错误

(10)钢质家具是目前在船上应用得最多的金属家具。　(　　)

A. 正确　B. 错误

项目八

舱室防火设计

引导语

1990年4月6日21时45分，停泊在挪威奥斯陆港口的“斯堪的纳维亚之星”号渡船踏上了开往丹麦腓特烈港的旅程，该船船长142 m，共有9层甲板，船上搭载着383名乘客和99名船员以及各种车辆，行程预计13个小时。

不幸的是凌晨2点左右第三层甲板的走廊着火了，转眼间，火势开始蔓延，不久后火势通过楼梯间，又向上一直爬上了第四层甲板、第五层甲板、第六层甲板……火势一发而不可收拾，到处都能听到爆裂声，浓烟滚滚。

凌晨2点50分，周边接到求救信号的船舶陆续赶到了现场，很快投入灭火以及营救幸存人员的战斗中。大火最终虽然被扑灭了，但是火灾却导致船上乘客和船员总共158人失去生命，船舶上层建筑被焚毁，损失惨痛。

这场火灾带给我们的震撼、恐惧以及血泪的教训不能忘记，严格贯彻落实船舶舱室防火等级设计与建造，加强船舶防火安全措施刻不容缓。

学习目标

任务说明

本项目主要介绍船舶舱室结构防火的知识。通过本项目的学习，学生可以了解船舶结构防火的基本概念，掌握舱室防火区域划分的设计原则。通过本项目的训练，学生能够具有识读并绘制相关防火结构图的能力。

知识目标

1. 学习船舶结构防火的基本概念；
2. 掌握船舶舱室防火区域划分与布局原则；
3. 掌握防火分隔设计的原则和设计程序。

能力目标

1. 能够按照防火分隔的要求合理布局全船舱室；
2. 能够识读并绘制全船防火分隔图；
3. 能够识读并绘制舱室典型细部防火结构设计。

船舶在江河湖海航行，一旦发生火灾，如果不能有效控制的话，往往会导致灾难性的后果。为了减少火灾发生的概率、降低火灾产生的危害，船舶在设计和建造时就必须严格满足相应等级的防火要求。

船舶防火设计是一项重要的系统工程，它包括结构防火系统、探火与失火报警系统、灭火系统三个方面。本章介绍和讲解船舶舱室结构防火设计的相关知识。

任务8.1　船舶结构防火的基本概念

任务准备

舱室系统

一、什么是船舶结构防火

船舶是一座庞杂的水上可移动建筑物，内部舱室各式各样。为了兼顾船舶的经济性，仅就结构防火而言，不同类别的舱室之间应采用合理、有效的结构防火分隔。那么船上这些舱室是怎样区域划分类别的、舱室的结构防火分隔等级又是怎样规定的？因此，想要设计好船舶舱室的防火结构，首先就必须了解 SOLAS 公约中的防火结构相关章节，公约中对船舶防火结构的许多专有名词概念做了明确的定义。

二、舱室结构防火设计是怎样的

舱室的结构防火布局，首先是在满足总布置需要的前提下，根据 SOLAS 公约的要求设计舱室区域之间、舱室与舱室之间的结构防火分隔等级，为后续具体的防火结构设计提供依据。因此，要完成这些设计工作，就必须学习和掌握公约规定的结构防火专有名词、理解 SOLAS 公约具体的规定内容，在此基础上才能谋划布局合理有效的全船舱室防火结构，使其满足规范、公约等对防火结构的要求，保护船员和船舶的生命与财产安全。

任务实施

一、SOLAS 公约简介

SOLAS 公约是各缔约国政府共同制定的统一原则和有关规则，旨在增进海上人命安全。SOLAS 公约是对船舶及设备、船员操作、公司和船旗国等实施有效管理与控制，从而保障海上人命安全的国际公约，也是海上人命安全方面最古老、最重要的公约。SOLAS 公约于 1980 年 5 月 25 日生效。我国政府于 1980 年 1 月 7 日核准了该公约。现行的公约由 SOLAS 公约及其附则及附属于公约附则的单项规则和 1988 年议定书（2000 年 2 月 3 日起生效），以及若干不同年份中不断对其附则加以修改、补充和更新的 SOLAS 公约修正案组成。

二、防火基本原则与舱室区划

国际海事组织《1974 年安全公约 1981 年修正案》在船舶消防方面提出了完整的文本，并将下列各点作为实施船舶防火、探火和灭火达到最充分可行程度的原则：

防火基本原则

（1）用耐热与结构性限界面将船舶划分为若干主竖区和水平区；

（2）用耐热与结构性限界面将起居处所船舶其他处所隔开；

（3）限制可燃材料的使用；

（4）探知火源区域内的任何火灾；

（5）抑制和扑灭火源处所内的火灾；

（6）保护脱险通道和消防通道；

（7）灭火设备的即刻可用性；

（8）将易燃货物的蒸气着火的可能性减至最低。

主竖区的定义

现将上述各点简述如下。

（一）主竖区的划分

主竖区系指由“A”级分隔分成的船体、上层建筑和甲板室区段，其在任何一层甲板上的平均长度和宽度一般不超过 40 m。

船舶因航行安全、防火安全的需要，常分为若干主竖区。主竖区的限界面舱壁既是钢结构，又要求一定的防火耐热能力。钢结构承受载荷、保证船舶结构强度，耐热绝缘材料能保证钢结构在火灾条件下的支撑能力。通常不隔热结构的钢结构（即不耐热的钢结构）在常温下具有较强的支撑能力，但这种钢结构不能承受火灾时火焰和高温的炙烤，可能 5～10 min 就能严重变形，最终很快失去结构强度；反之，隔热的钢结构，可使火灾条件下的支持时间延长若干倍。由于结构和隔热形式的不同，耐热结构在火灾中有的支撑 30～60 min，有的可支持 1～2 h，由此可以看出隔热材料对提高钢结构支撑能力的作用和重要性。

规范规定，主竖区的水平最大长度应不超过 40 m，根据这一规定，视船舶尺度不同，主竖区划分可以是一个或者多个。

主竖区的限界面采用了耐热的钢结构后,就能在一段时间内发挥阻火和隔热的作用,阻止火焰蔓延,这对赢得时间控制和扑救火灾具有很大的作用。

(二)舱室区划

船舶处所一般可分为三类,即起居处所、机器处所以及装货处所,三种处所的失火危险程度各不相同。用隔热即结构性限界面将起居处所与船舶其他处所隔开,一方面能在一定时间内阻止火焰从一个区域向另一个区域蔓延,防止在短时间内酿成全船大火;另一方面,防止其他处所的火焰蔓延到起居处所,对人员造成危害。总之,将起居处所与其他处所隔开,既阻止了火焰的蔓延又能形成对人员的安全保护;同时起居处所失火,只要火焰不向机器处所蔓延,那么灭火所需的消防水的供应就能得到保证。

SOLAS 公约对船舶舱室的分类进行了明确的定义,这样也有助于公约内容的准确、规范,以下是船舶典型的舱室区划定义,对某些特殊舱室或者特殊船型,其处所的划分可以查找 SOLAS 公约相关的章节来确定。

1. 起居处所

起居处所是指用作公共处所、走廊、盥洗室、居住舱室、办公室、医务室、电影院、游戏娱乐室、理发室、无烹饪设备的配膳室的处所以及类似的处所。

2. 服务处所

服务处所是指用作厨房、设有烹饪设备的配膳室、储物间、邮件及贵重物品室、储藏室、不属于机器处所组成部分的工作间,以及类似处所和通往这些处所的围壁通道。

3. 公共处所

公共处所是指起居处所用作大厅、餐室、休息室以及类似的固定围壁处所。

4. A 类机器处所

A 类机器处所是指装有下列设备的处所和通往这些处所的围壁通道;

(1)用作主推进的内燃机;

(2)用作其他用途的、总输出功率不小于 373 kW 的内燃机;

(3)任何燃油锅炉或燃油装置。

5. 机器处所

机器处所是指一切 A 类机器处所和一些其他包括推进器械、锅炉、燃油装置、蒸汽机和内燃机、发电机和主要电动机、加油站、冷藏机、防摇装置、通风机和空气调节机械的处所以及类似处所,连同通往这些处所的围壁通道。

6. 货物处所

货物处所是指用作装载货物的处、货油舱、装载其他液体货物的液货舱和通往此种处所的围壁通道。

7. 货物区域

货物区域是指船上包含货舱、液货舱、污油舱和货泵舱的部分,包括相邻液货舱的泵舱、隔离泵舱、压载舱和空舱处所,以及前述处所上方的船舶这一部分的整个长度和宽度范围内的甲板区域。

8. 控制站

控制站是指船舶无线电设备或者主要航行设备或应急电源所在的处所，或火警指示器或消防控制设备集中的处所。火警指示器或消防控制设备集中的处所亦视为消防控制站。

9. 滚装处所

滚装处所是指通常不予分隔并延伸至船舶大部分长度或整个长度的处所，该处所能从水平方向正常装卸货物（包装或散货、公路或铁路用车、车辆（包括公路或铁路油槽车）、拖车、集装箱、货盘、可拆箱柜、类似装载装置或其他容器）。

10. 开式滚装装货处所

开式滚装装货处所是指两端开口或一端开口的滚装装货处所。

11. 闭式滚装装货处所

闭式滚装装货处所是指既不是开式的也不是露天甲板的滚装装货处所。

12. 特种处所

特种处所是指在舱壁甲板上或以下用作装载在油箱内备有自用燃油的机动车辆的围壁处所。此处所能让上述车辆驾驶进去，并有旅客进入的通路。

13. 车辆处所

车辆处所是指拟用于装载油箱内备有自用燃料的机动车辆的货物处所。

14. 露天甲板

露天甲板是指在上方且至少有两侧完全暴露于露天的甲板。

15. 客舱阳台

客舱阳台是指单个客舱的居住者专用的且从该客舱可直接进入的开敞甲板处所。

（三）可燃材料的限制使用

可燃材料的限制使用

在起居处所内，因为舱室隔热、隔声以及表面装饰的需要，必须设置内装材料。传统的做法是采用大量的可燃材料，如胶合板、刨花板及泡沫塑料等。这些材料的采用，对于舱室的隔热、隔声以及提高舱室的美观无疑是有效的，但同时却增加了舱室的火灾危险性。因为所采用的此类材料以及舱室内的家具、纺织品和各种外露表面的油漆及饰面材料等。在火灾时产生的高热以及所生成的浓烟及有害气体，都对人命安全产生威胁。根据美国国家消防协会的统计，死于火灾的人，其中62%以上由于烟气中毒，真正被烧死的仅占26%左右。可见改革传统的内装材料，严格限制可燃材料，广泛采用不燃材料，对维护人员安全是很重要的。

因此，SOLAS公约对于客船和货船的可燃材料的使用分别做出了详细规定，严格限制可燃材料的总体积、外露表面的低播焰等要求。

（四）探火设备的应用

船舶不可能绝对不发生火灾。一旦发生火灾，如能早发现，对扑救和控制火灾都有利，消防行业流传的“报警早损失小”就是这个道理。火警刚起，火灾尚处于初始阶段，扑灭当然容易得多，所以探火就是采用一种能发现火灾的征兆（如烟、热的气流或其他因素）的自动化设备，一旦出现这种征兆，它就能发出警报，以呼唤人员采取施救措施。探火设备应选置得当(主要依据所保护处所内可燃物的特点),并按安全公约的要求进行设计和安装。

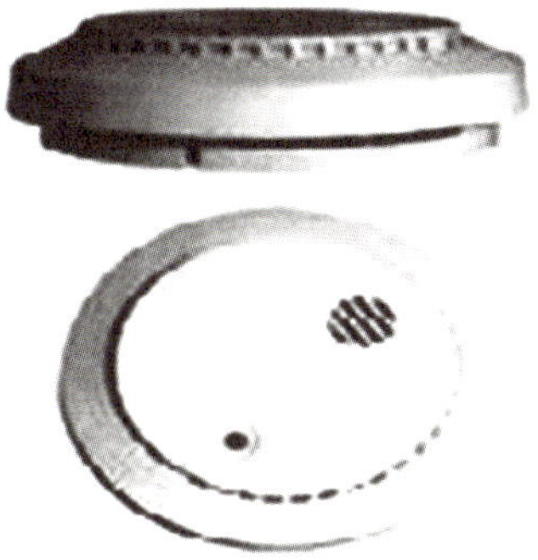

图 8-1　烟雾报警器

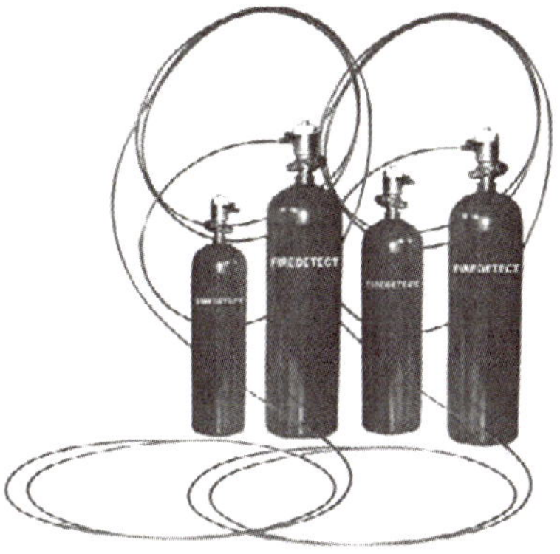

图 8-2　火探管式自动探火灭火装置

(五)灭火设备的即刻使用

一旦出现火情,能否使灭火设备即刻可用是至关重要的。有时,一点小火,由于处置不当或灭火设备不能即刻投入使用,结果延误了时机,造成了不应有的损失,这种例子并不少。船上的灭火设备分移动式和固定式两类,前者施救初起小火,后者扑救达到一定规模的火灾。

无论何种情况,千万不能使灭火设备成为虚设,平时要勤检查保养,要确保即刻可用。

图 8-3　中压细水雾灭火装置

(六)通道的保护

船舶通道有两种,一种是平时供人员正常出入的通道,火灾时也用于人员的安全撤离;另一种是专门的脱险通道,为了让逃生者能够通过最短的距离安全迅速撤向救生艇和救生筏所在的登乘甲板,这种通道必须具有不被火灾切断之特点。

以上几方面，虽然侧重点不一样，但都是从防火、探火和灭火方面体现了上述基本原则。本节主要围绕防火有关的问题进行阐述，这也是整个船舶消防的基础，体现了预防为主的指导思想。至于探火和灭火问题与本节关系不甚密切，所以不在这里展开叙述。

三、一般防火措施

船舶防火措施分为一般防火措施和结构防火措施，一般防火措施涉及许多安全管理内容。

营运中的船舶，搞好防火关键在于船员。船员不仅要维护各种耐火结构、灭火设备及设施，还要建立一套行之有效的消防管理和训练制度，建立岗位责任制，使船员熟知各种消防设施的作用和功能，以便当火灾发生时正确地运用这些设施去迅速控制和扑灭火灾（图 8-4）。一般防火措施主要涉及燃油、滑油和其他油类的布置，以及通风控制、热源控制。

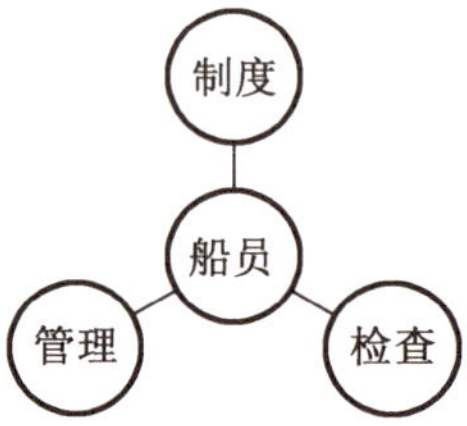

图 8-4　防火中船员应执行的工作

四、结构防火

在介绍结构防火规范之前，先依据已于 1984 年 9 月 1 日生效的《1974 年安全公约 1981 年修正案》对结构防火规范中的主要名词术语给予定义。

（一）不燃材料

不燃材料是指某种材料当加热至 750 ℃时，既不燃烧亦不发出足量的造成自燃的易燃蒸发气体，它通过规定的试验程序确定，并取得验船部门的同意。除此之外的其他材料均为可燃材料。

（二）钢或其他等效材料

等效材料是指任何不燃材料本身或由于设置了隔热物，当经过标准耐火试验的相应曝火时间后，在结构性和完整性上与钢具有同等的效能（如设有适当的隔热材料的铝合金）。

（三）标准耐火试验

标准耐火试验是指将需要试验的舱壁或甲板的试样置于试验炉内，加温到大致满足下列标准的一种试验，试验暴露表面的面积不小于 4.65 m^2，其高度或甲板长度不应小于 2.44 m，试样应尽可能与设计的构件近似，并在相当位置包括至少一个接头。

标准时间-温度曲线（图 8-5）系指下式定义的时间-温度曲线：

$$T=345\lg(8t+l)+20$$

式中　T——平均炉温，℃；

t——时间，min；

自开始至满 5 min 时为 556 ℃；

自开始至满 10 min 时为 659 ℃；

自开始至满 15 min 时为 718 ℃；

自开始至满 30 min 时为 821 ℃；

自开始至满 60 min 时为 925 ℃。

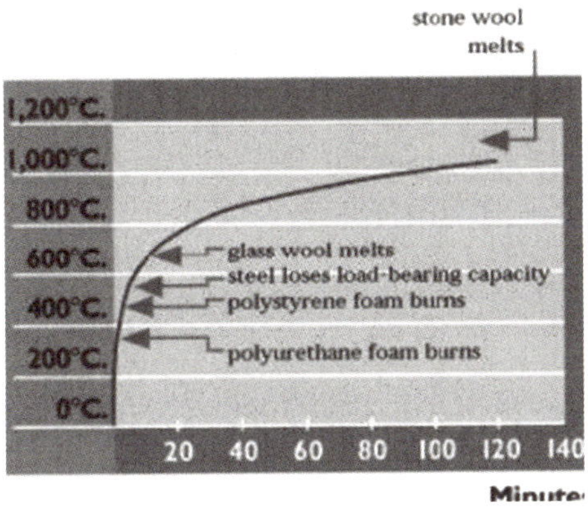

图 8-5　标准时间-温度曲线

耐火分隔

（四）耐火分隔

所谓耐火分隔，就是指船舶耐热与结构性限界面。现行公约和规范强调了耐火分隔在船舶防火中的重要作用，即用耐火分隔将船舶划分为若干主竖区；用耐火分隔将起居处所与船舶其他处所，诸如机器处所、装货处所分隔开来，防止发生火灾时火势的蔓延；用耐火分隔保护脱险通道和出入口；从构造上保证船舶的各种处所处于与其失火危险相使用的保护之中。当一旦发生火灾时，耐火分隔能有效地将火势限制在局部范围内，并使失火危险及所造成的损失减少到最低限度。

耐火分隔按其阻火防烟性能以及耐火试验升温的差异分为 A 级、B 级和 C 级分隔。其中 A 级 4 种（A-60（图 8-6）、A-30、A-15、A-0）；B 级 2 种（B-15、B-0）；C 级 1 种。

1. A 级分隔

A 级分隔是由符合下列要求的舱壁与甲板所组成的分隔。

（1）它们应以钢或其他等效材料制造。

（2）它们应有适当的防挠加强。

（3）它们的构造应在一小时的标准耐火试验至结束时能防止烟及火焰的通过。

（4）它们应用认可的不燃材料隔热，使在下列时间内，其背火一面的平均温度较原温度增高不超过 140 ℃，且在任何一点包括任何接头在内的温度较原温度增高不超过 180 ℃：

A-60 级　60 min；

A-30 级　30 min；

A-15 级　15 min；

A-0 级　0 min。

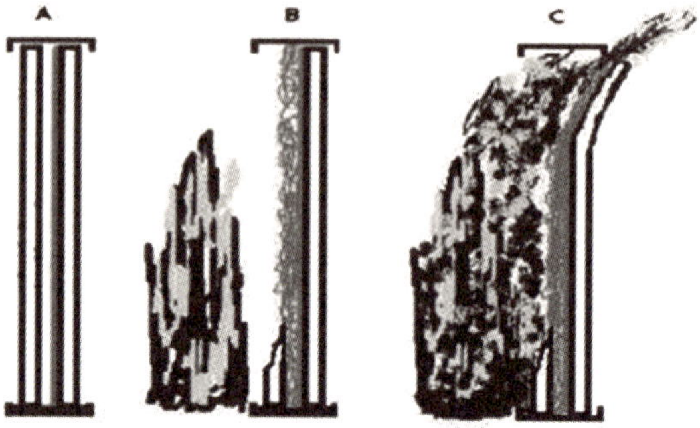

图 8-6　A-60 级防火窗的火灾示意图

(5)验船部门可以要求将原型的舱壁或甲板进行一次试验，以保证满足上述完整性及升温的要求。

其中 A-0 级分隔允许用(4.5±0.5)mm 厚钢板和(L65±5×65±5×6±1)mm 的防挠材加强。它不需经过标准耐火试验。

2. B 级分隔

B 级分隔是由符合下列要求的舱室、甲板、天花板或衬板所组成的分隔。

(1)它们的构造应在最初半小时的标准耐火试验结束时，能防止焰火通过。

(2)它们应具有这样的隔热值，使在下列时间内，其背火一面的平均温度较原温度增高不超过 140 ℃，且在任何一点包括任何接头在内的温度较原温度增高不超过 225 ℃：

B-15 级　15 min；

B-0 级　0 min。

(3)它们应以认可的不燃材料组成，B 级分隔的结构和装配所用的一切材料应为不燃材料，但是并不排除可燃镶片的使用，只要这些材料符合有关规定即可；

(4)验船部门可要求将原型分隔进行一次试验，以保证满足上述完整性和升温的要求。

B 级分隔是以认可的不燃材料组成的独立舱壁、甲板、天花板和衬板。

3. C 级分隔

C 级分隔是指用认可的不燃材料制成的分隔，不必满足防止烟和火焰通过以及限制升温的要求，因而它不需要经过标准耐火试验。

表 8-1 为 A 级、B 级、C 级耐火分隔的耐火试验验证及其区别。

表 8-1　A 级、B 级、C 级耐火分隔的耐火试验验证及其区别

<table>
<tr><td rowspan="2">标准耐火试验</td><td>时间/min</td><td>0</td><td></td><td>5</td><td>10</td><td>15</td><td>30</td><td>60</td><td rowspan="2">材料</td></tr>
<tr><td>炉内温度/℃</td><td>t_0</td><td></td><td>t_0^{+556}</td><td>t_0^{+659}</td><td>t_0^{+718}</td><td>t_0^{+821}</td><td>t_0^{925}</td></tr>
<tr><td rowspan="2">A 级分隔
(舱壁及甲板)</td><td>耐火等级</td><td>A-0</td><td></td><td>—</td><td>—</td><td>A-15</td><td>A-30</td><td>A-60</td><td>钢材和耐火材料</td></tr>
<tr><td>试验要求</td><td></td><td colspan="7">(1)背火面平均温升≤t_0+139 ℃,最高温升≤t_0+180 ℃
(2)60 min 内能防止烟及火焰通过
(3)试验 1 h,能保持完整性</td></tr>
<tr><td rowspan="2">B 级分隔
(舱壁、衬板甲板
及天花板)</td><td>耐火等级</td><td>B-0</td><td></td><td>—</td><td>—</td><td>B-15</td><td>—</td><td>—</td><td>耐火板材</td></tr>
<tr><td>试验要求</td><td></td><td colspan="7">(1)背火面平均温升≤t_0+139 ℃,最高温升≤t_0+225 ℃;
(2)30 min 内能防止火焰通过;
(3)试验 0.5 h,能保持完整性</td></tr>
<tr><td>C 级分隔(舱壁)</td><td>试验要求</td><td></td><td colspan="6">不做试验</td><td>不燃材料</td></tr>
<tr><td>不燃材料</td><td>试验要求</td><td></td><td colspan="6">(1)加热至 750 ℃不燃烧,无引火气体发生;
(2)试验后的炉内温升、试件温升不超过 50 ℃;
(3)明火不超过 10 s;
(4)失重率不超过 50%</td><td>无机矿物纤维制品或经防火处理后的有机材料</td></tr>
</table>

注:t_0 为起始温度。

五、常用防火结构术语

(一)连续 B 级天花板和衬板

其是指终止于 A 级或 B 级分隔处终止的 B 级天花板或衬板。

(二)舱壁甲板

其是指横向水密舱壁所到达的最高一层甲板。

(三)主竖区

其是指船体、上层建筑和甲板室以 A 级分隔分成的各段,它在任何一层甲板上的平均长度一般不超过 40 m。

(四)天井

其是指在单一主竖区内跨越三层或以上开敞甲板的公共处所。

(五)闪点

其是指某货品发出足以被引燃的可燃蒸汽时的温度(闭杯试验),以℃计,由认可的闪点仪测得。

(六)低播焰

其是指所述表面能有效地限制火焰的蔓延,由《耐火试验程序规则》确定。

(七)燃油装置

其是指准备为燃油锅炉输送燃油的设备或准备为内燃机输送加热燃油的设备，并包括用于处理压力超过 0.18 N/m^2 油类的任何压力油泵、过滤器和加热器。

(八)设有限制失火危险的家具和设备的房间

其是指设有限制失火危险的家具和陈设的房间(无论居住舱室、公共处所、办公室或其他类型的起居处所)：

(1)一切框架式家具，如书桌、衣橱、梳妆台、书柜、餐具柜、除了其使用的表面可用不超过 2 mm 的可燃镶片外，完全由认可的不燃材料制成；

(2)一切可移动的家具，如椅子、沙发，其骨架由不燃材料制成；

(3)一切帷幔、窗帘及其他悬挂的纺织品材料，其阻止火焰蔓延的性能应不次于每平方米 0.8 kg 的毛织品，并取得验船部门同意；

(4)一切地板覆盖物，其阻止火焰的性能应不次于同一目的等效的毛料，并取得验船部门同意；

(5)一切舱壁、衬板及天花板的外露表面，应具有低播焰性；

(6)所有的棕簧垫套家具，其阻止火和火焰蔓延的性能应取得验船部门的同意。

任务8.2 耐火分隔设计

任务准备

耐火分隔设计的内容是什么？

通过任务 8.1 的学习，掌握了船舶舱室的防火结构的一系列专有名词，并且能够设计出各区域之间合理的防火分隔等级。在此基础上，才能开展具体的耐火分隔设计。

那么耐火设计具体是做什么工作呢？耐火分隔设计首先是在满足防火分隔等级的前提下确定耐火分隔的结构形式，然后选择隔热耐火材料，并确定其厚度，再经耐火实验确定。概括来说就是两个方面的内容，一是耐火分隔结构形式的设计；二是耐火分隔详细设计。

任务实施

一、耐火分隔设计的顺序

耐火分隔设计的大致顺序是确定耐火分隔的结构形式→选择隔热耐火材料及确定其

厚度→小样模拟实验并修改设计→标准耐火实验→申请认可。在确定耐火结构形式时应注意。设计中的结构必须满足实际使用要求,否则就没有使用价值,见表 8-2。

表 8-2

钢舱壁+隔热材料+空气+衬板=A-60 级舱壁(钢板面向火)	适用于机舱棚、走廊、油船面向货油区域前端舱壁等
衬板+空气层+钢舱壁+空气层+衬板⇒A 级舱壁(任何一面向火)	适用作主竖区限界面舱壁,两侧均为起居处所
钢甲板+空气层+天花板⇒A⇒60 级甲板	适用于上部为控制站、下部为起居处所等

而有的结构形式就不是这样,比如刚舱壁两侧均设岩棉或陶瓷棉组成 A 级舱壁就没有适用意义,这种结构在施工工艺方面显然是不合理的。

选择隔热绝缘材料时要从材料的物理性能、经济性能和工艺性能几个方面综合考虑,而确定其厚度就涉及耐火分隔最佳结构形式的设计问题。由于迄今为止还没有耐火分隔设计的适用计算方法,也没有得出的结构形式不经标准耐火实验获得认可的先例,因此往往需要做多次实验,据此对耐火分隔结构做相应的修改,才能获得比较好的结构形式。

目前国外先进舰船多采用复合材料代替原钢质上层建筑,先进复合材料一直作为重要的战略物资被西方国家严控,如果中国要成为一个真正的海洋强国,需要研发出更先进、性能更优良的复合材料。国防是皮,文化是毛,皮之不存,毛将焉附?所谓的“落后就要挨打”,不是文化落后,也不是经济落后,而是军事落后就要挨打。因此同学们要培养爱国主义情怀,竖立建设海洋强国的坚强斗志,脚踏实地、一丝不苟的学习态度和勇于改革、敢于创新的科学研究精神。

二、耐火分隔结构形式设计

(一)设计原则

第一,从实际需要出发,逐步加以扩充。设计某一种耐火分隔的结构形式,必须是实船上能用的。由于 A 级和 B 级分隔的结构形式都是经过标准耐火实验,取得主管机关的认可,而进行一次这样的实验要消耗一定的人力和物力,因此耐火分隔的结构形式总是在实际中不断得到扩充,并逐步淘汰旧的,生产新的。

第二,在满足防火要求的前提下,兼顾隔热和隔声效能。船上设置耐火分隔,首先要满足现行安全公约和规范对船舶防火性能的要求。在确保船上各处所处与失火危险相适应的保护前提下,兼顾隔热和隔声效果。随着居住舱室空调系统的普及,人们对舱室噪声危害的研究导致了对舱室的隔热、隔声绝缘要求的提高,由此产生了多功能的船用内装绝缘材料。如浮动地板既有 A-60 的耐火性能,同时又能有效控制结构噪声和空气噪声,常用作 A 类机器处所与起居处所间的甲板分隔上。

第三,合理的经济性能和良好的工艺性。在满足耐火性能和隔热、隔声效能的条件下,要耐火分隔具有较轻的质量和较低的造价;同时要考虑到便于施工、拆装方便。

(二)设计方法

耐火分隔结构的形式设计主要有两种方法,一种是母型法,另一种是计算法。设计的要点是确定绝缘材料的厚度、组合方式和接头的连接形式。

耐火结构形式设计

1. 母型法

参照国内外已经为主管机关认可的结构形式来确定绝缘材料的厚度和接头的链接方法等。采用母型法设计一种新的结构形式的大致程序为借鉴比较成熟的母型结构,初步确定绝缘材料的一组厚度,在小型的耐火实验炉上进行模拟实验,依据实验的结果对结构形式和绝缘材料厚度及连接方式等进行修改。如此经过反复几次,获得最佳的结构形式,然后进行标准耐火实验。应注意进行模拟实验的小型耐火炉,应尽可能接近按标准时间-温度曲线进行升温,同时试样也必须与提交进行标准耐火实验的试样在结构上(包括接头型式)一致。

2. 计算法(耐火分隔结构的估算)

耐火分隔结构估算的目的,是对标准耐火实验中背火面温升进行预估,以求得结构的最佳化。应用得较为普遍的方法是基于热差值法的原理编制的计算程序。

这种程序的要点是:着火源的燃烧温度 T 与时间的函数关系为

$$T=T_0+345\lg(8t+1)$$

式中 T_0——初始温度,℃;

T——时间,mm。

考虑到耐火分隔结构是由不同性能的材料构成的。将这些材料视为导热体,并划分为厚度 ΔX 的许多层,对于每个时间间隔 Δt、每一层都应达到热平衡。

令导热体自向火面至背火面为 n 层,则有 $\Delta X(n)$ 为第 n 层的厚度,$\lambda(n)$ 为第 n 层材料的导热系数,$C(n)$ 为第 n 层材料的比热,$\rho(n)$ 为第 n 层材料的密度。

以参考 k 表示特定的时间,$T(n,k)$ 表示第 n 层在 k 时,Δt 时间的温度,而 $T(n,k+1)$ 则表示第 n 层在$(k+1)$时,Δt 时间的温度。对于每一层,输入的热量与传导热量之差 ΔQ 值应等于 Δt 时间间隔内该材料层的热焓变化,即

$$\rho(n)\cdot C(n)\cdot\frac{T(n,k+1)-T(n,k)}{\Delta t}=\frac{\Delta Q(n)}{\Delta X(n)}$$

$$T(n,k+1)=\frac{\Delta t}{\rho(n)\cdot C(n)}\cdot\frac{\Delta Q(n)}{\Delta X(n)}+T(N\cdot K)$$

这样就可以求出第$(k+1)\cdot\Delta t$ 时的温度。

根据热差值法的原理,就可以求出不同时间下的背火面温度,显然热差 ΔQ 可以应用热力学方程式于平面隔壁得出。而需要指出的是,一般隔热材料的参数包括导热系数 λ。比热 C 和密度 ρ 都是温度的函数,在计算程序中,这些参数可以用线性方程式或指数函数表达,如

$$\lambda=\lambda_0(1+\alpha T)$$

$$\lambda=\lambda_0 e^{\alpha T}+D$$

耐火分隔结构计算的可靠性取决于掌握所选用的隔热材料的 λ、ρ 及 C 等参数的精确度。困难的是,在所需的 0~950 ℃的温度范围内,这些参数的测量值十分缺乏。图 8-7 至

图 8-9 给出的材料的 λ 曲线。

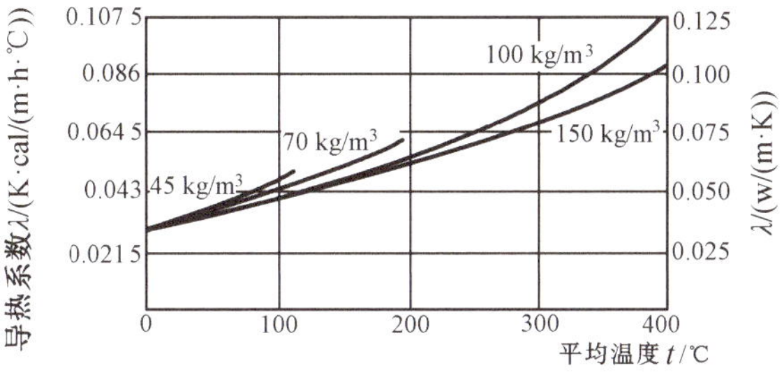

图 8-7　岩棉制品导热系数曲线图

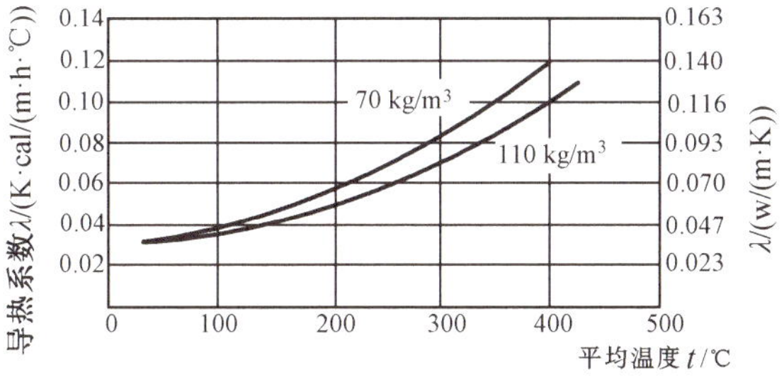

图 8-8　陶瓷棉制品导热系数曲线图

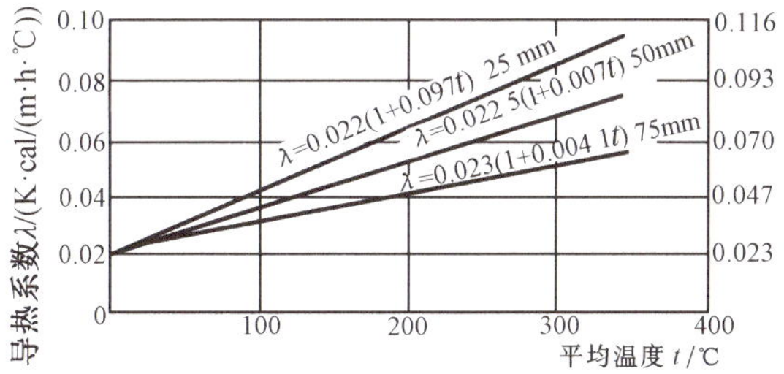

图 8-9　不同厚度超细玻璃棉制品导热系数曲线

3. 小样模拟实验

鉴于标准耐火实验要消耗大量的人力、物力，因此这项实验在进行前必须做好准备工作，务求一次成功。这种实验还有另一用途，就是可以验证上述估算的准确性，通过比较得到更为可靠的材料参数。

小样模拟实验除了尺寸较小外，其他方面与标准耐火实验几乎完全相同。它对于选定隔热材料及其厚度十分有效。图 8-10 给出了不同岩棉厚度对背火面温升的影响，从中可以判断出当钢壁板向火时选用岩棉的厚度 75 mm 左右是可取的。

小样模拟实验不能反映出试样受热变形对于耐火完整性的影响，因此它也不能验证结构拼缝形式等的合理性。这是它的局限。

4. 标准耐火试验

标准耐火试验是在耐火分隔结构认可前必须进行的一项法定试验。

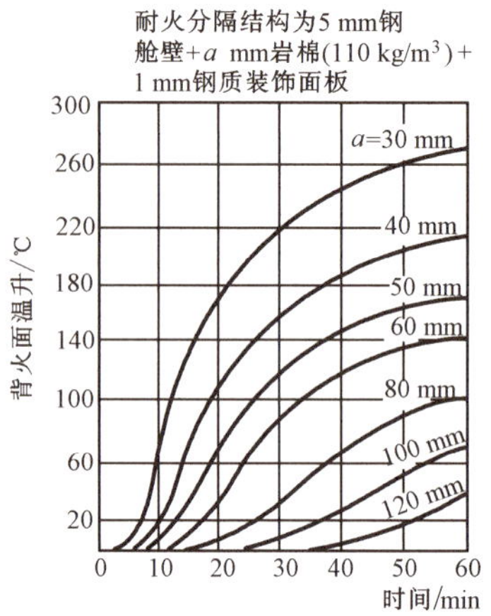

图 8-10　绝缘材料厚度对背火面温升的影响(钢舱壁向火)

(1)试验要点

①试样认真严格按要求制作,满足各项原则规定,如试样高度(舱壁)或长度(甲板)必须大于 2.44m,试样的曝火面积必须大于 4.65 m^2,结构至少包括一个接头,B 级板材至少有一块为实际用的最大尺度,否则即使试验成功也会得不到认可或影响使用的范围。

②试样必须认真加工,尤其是隔热材料的均匀性及拼缝处理尤须注意,试样加工马虎常常会导致“为山千仞,功亏一篑”。

③试样必须做好调湿和热电偶的布置。炉温控制偏差范围的规定有两个方面,一是炉内平均温度的偏差,在试验开始 10 min 之后,绝对值不得超过 100 ℃,它反映出炉温的瞬时变化对试验结果的影响;二是炉内平均温度曲线下的面积即 $\int^{t} T \cdot \mathrm{d}t$,$t_i$ 分别是 0 min、30 min 及之后的任何时间,分别规定了偏差范围,它反映了对试样向火面积总的受热量的影响。

(2)结论

①对 A 级分隔而言,理论估算和标准耐火试验均证实,对于同一种隔热绝缘材料,达到同样一个耐火分隔级别,如绝缘材料面向火的绝缘层厚度为 δ_1,钢板面向火绝缘厚度 δ_2,则有 $\delta_2 \approx 2\delta_1$。例如利用湿法成型的陶瓷棉毡作为隔热材料制成 A-60 级舱壁,$\delta_1 = 20$ mm,$\delta_2 = 35$ mm,这一规律对设计新的耐火分隔是十分有用的。

②采用相同厚度的同样一种绝缘材料隔热,达到同样的耐火级别,甲板的背火面温升要略高于舱壁。这是由不同的试验条件造成的。对于舱壁向火面所承受的主要是辐射热;而对于甲板,则要承受炉内火焰的直接灼烧。图 8-11 所示是相同密度的岩棉隔热的 A-60 级舱壁和甲板。当岩棉向火时,背火面温升变化。可以看出,甲板比舱壁的背火面温升要高出 10~15 ℃。对于小样试验时绝缘层厚度裕度较小的耐火分隔结构,设计者应充分注意到这一点,以避免造成标准耐火试验的失败。

③空气层的设置是一项提高分隔耐火性的有效措施。图 8-12 给出了硅酸钙板天花板与甲板组成 A 级甲板时,天花板厚度与空气层高度间的组合关系。

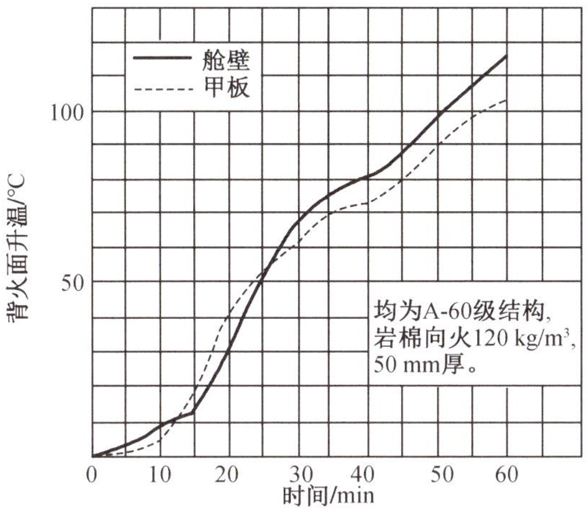

图 8-11　舱壁和甲板背火面温升的比较

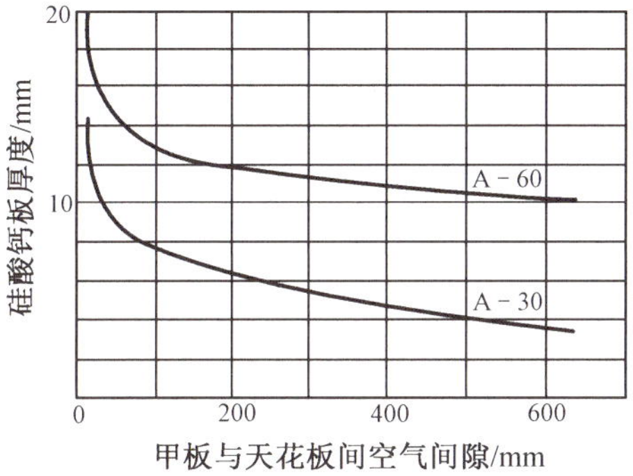

图 8-12　空气层高度对 A 级组合甲板的影响

需要指出的是，空气层的设置适于钢甲板+B 级天花板组成的 A 级组合甲板。因为钢甲板与 B 级天花板间一般都用来布置各类管路，需要有相当的空间来满足使用要求，采用这种类型的 A 型甲板可以避免在钢甲板上敷设过厚的甲板敷料，有利于减小上层建筑的质量，改善船舶的技术性能，可收事半功倍之效。但 A 级组合舱壁由于设置空气层会影响有效使用时间，使用上受到一定的限制。

④作为 B 级分隔，设计时不仅要考虑到它的耐火性能，还要顾及隔热、隔声和强度等方面的因素。标准耐火试验表明，对于复合岩棉板，厚度 50 mm 和 30 mm 均能通过 B-15 级分隔的标准耐火试验，但是由于隔热和隔声方面的要求，一般 50 mm 才能用作独立围壁，30 mm、25 mm 者只能用作衬板。

三、船舶耐火分隔设计

船舶耐火分隔设计是一种应用设计。它是将已经获得主管机关认可的各种耐火分隔结构，按照 SOLAS 公约和规范的规定，合理设置于船舶上，使船舶上的各处所处于与其失火危险相适应的耐火分隔的保护当中，并能在设置各种开口和贯穿件的情况下，有效维持全船的耐火完整性。

（一）设计原则

1. 应将船舶耐火分隔的设置与总体及结构设计统一起来考虑

（1）尽可能将起居处所区域与 A 类机器处所区域、装货处所区域等分隔开来。图 8-13 所示的两种总体布置方案中，图 8-13（a）方案不够合理，图 8-13（b）方案比较合理。因为从失火的危险性、一旦失火后对人员生命安全的威胁以及可能的蔓延速度来看，图 8-13（b）方案要安全得多。在图 8-13（a）方案中围绕机舱棚的区域虽然都可以用 A-60 级舱壁加以保护，但仍不能说较图 8-13（b）方案更安全。因此采用图 8-13（b）方案既可以节省防火材料，又能获得较好的防火效果。当然，这种分离式上层建筑设计方法不仅有利于船舶防火，同时对降低起居处所的噪声效果也非常有效，而且方便施工，有利于缩短船舶建造周期。

耐火分隔设计原则

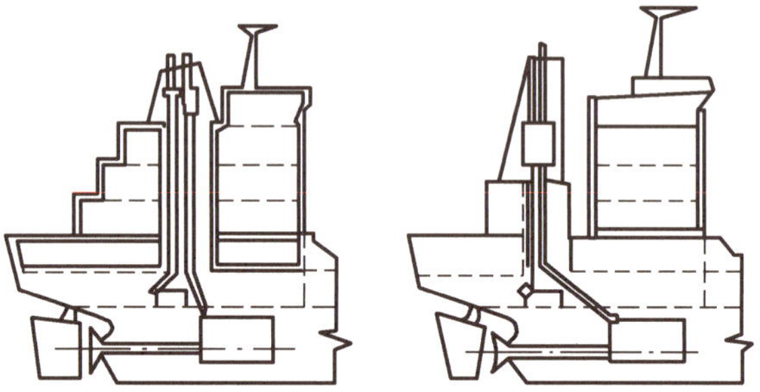

(a) 传统式上层建筑　　(b) 分离式上层建筑

图 8-13　起居处所两种不同的总体布置方案

（2）船用防火内装材料的采用，带来了舱室内装设计的重大技术改革。为适应舱室标准化的要求，不少国家都将防火材料如围壁板、衬板、天花板等设计为模数化的标准板材，便于舱室内装时的预装组装。这就要求上层建筑线型采用折线型、甲板采用平甲板、对舱室尺度进行区划，甚至室内家具的尺度也考虑与板材模数化相一致，此外盥洗室也朝标准化方向发展，出现了卫生组装单元系列。这些因素，设计者在进行总体布置时必须全面考虑。

（3）在进行上层建筑或甲板设计时，还应考虑横舱壁的设置与主竖区设置的规定一致。

2. 确定对起居处所和服务处所采用的保护方式。

不同的保护方式对结构防火的要求不同，因此在进行船舶耐火分隔设计之初，必须先将保护方式确定。

耐火分隔设计程序

（二）设计程序

（1）绘制耐火分隔图。根据基本结构图，特别是上层建筑结构图、舱室布置图等，依据 SOLAS 公约和规范，结合已决定采用的保护方式绘制耐火分割图。该图应采用合适的图例标明分隔各类处所的舱壁和甲板，包括防火门应达到的等级。图 8-14 所示的驾驶甲板平面的防火划分图。

设绘防火区域划分图

（2）根据耐火分割图级相邻处所的使用要求，确定舱壁（衬板）、甲板（天花板）和防火门等具体选用的结构形式和型号等。

（3）绘制隔热绝缘图、敷料图和舱室布置图。

（4）绘制防火控制图。SOLAS 公约和规范规定，防火控制图应固定展示在船上，图上应包括下列内容：每层甲板的各控制站；A 级、B 级分隔围壁区域；探火和失火报警系统及喷水装置；灭火设备，出入通道；通风系统包括风机控制位置、挡风闸位置和风机识别号码等。

（三）注意事项

1. 遵守 SOLAS 公约

SOLAS 公约和规范对耐火分隔所做的规定是最低限度的耐火完整性要求。因此，在进行耐火分隔设计时，要充分保证这一要求得到满足。第一，当某一处所因其用途特殊，在进行分类存在疑问时，此处所应按对限界面要求的处所来对待。第二，要求为 B-15 级分隔的限界面不能用 A-0 级分隔来代替。因为从耐火分隔性能来说，A-15 级高于 B-15 级，A-0 级高于 B-0 级，虽然 A-0 级能在 1 h 内防止烟和火焰的通过，但在最初 15 min 内限制结构背火一面温度增高方面其性能却低于 B-15 级，因此不能代替 B-15 级。

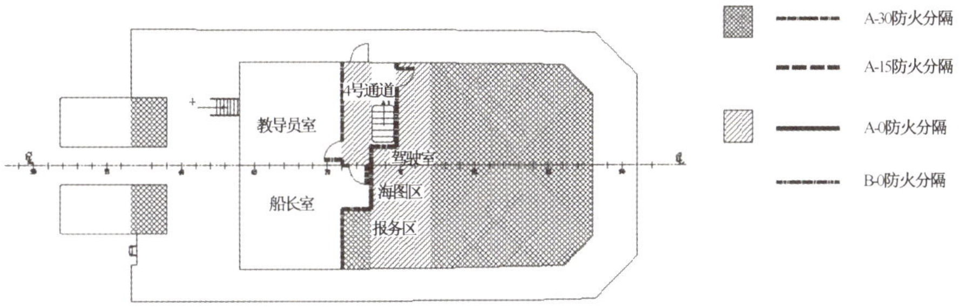

图 8-14　某船驾驶甲板平面的防火划分图

在充分保证 SOLAS 公约和规范规定的最低限度耐火完整性得到满足的前提下，要注意防止不适当地提高分隔的耐火等级。SOLAS 公约和规范对各类船舶舱壁与甲板耐火完整性的规定是在大量船舶火灾事故统计中分析及试验研究的基础上做出的经验总结，是有充分科学依据的，一般设计时只需按规定的耐火等级设置即可。任意提高分隔的耐火等级往往会不可避免地高于规定，这种情况的出现往往是处所使用上的要求造成的。较多的情况是一些有钢舱壁的处所要增设衬板和装饰性表面层，一些钢甲板要增设敷料。

2. 防止隔热层在交接点和终止点处导热

对 A 级分隔的隔热层在交接点和终止点处应采用适当措施，以防止导热的危险。一般要求耐火隔热材料在结构交接点和终止点延伸 450 mm。需要说明的是，隔热材料的延伸仅适用于 A-60 级、A-30 级、A-15 级舱壁或甲板，对于仅作为隔热隔音的材料也有延伸要求，如图 8-15 所示。

识读防火区域划分图

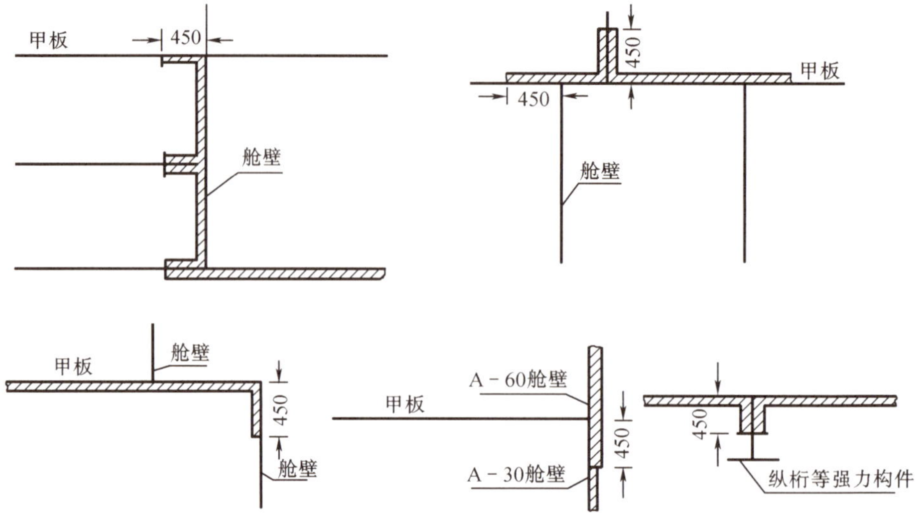

图 8-15　隔热材料在结构交接点和终止点处的延伸(单位:mm)

3. 挡风板(条)的设置

挡风板(条)也叫挡风隔堵,在起居处所、服务处所、控制站、走廊和梯道内,封闭在天花板和衬板后面的空隙应以挡风板(条)加以封闭;挡风板(条)的间距不超过 14 m。在垂直方向上,梯道、围壁通道等处所衬板后面的空隙,应在每层甲板处加以封堵。这样做事为了防止火灾情况下,火焰由于天花板或衬板后面空气的抽风作用而蔓延。挡风板(条)结构形式如图 8-16 所示。

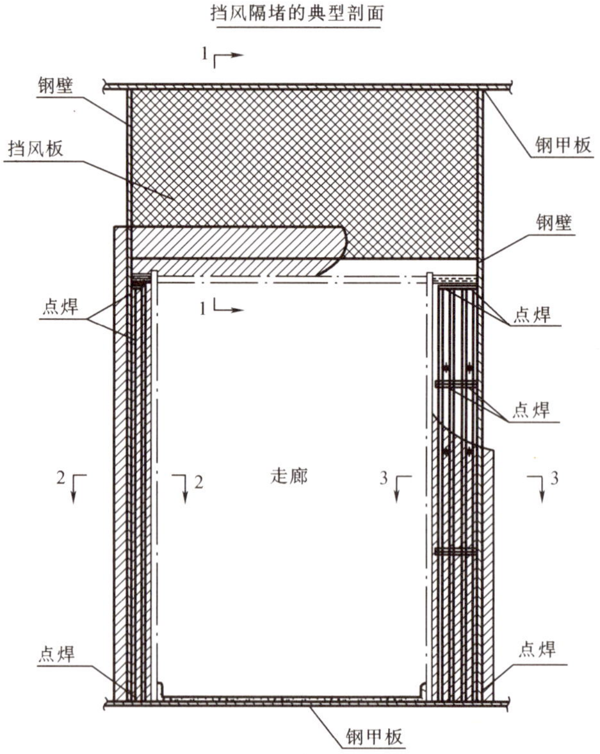

图 8-16　各种典型的挡风阻隔结构型式

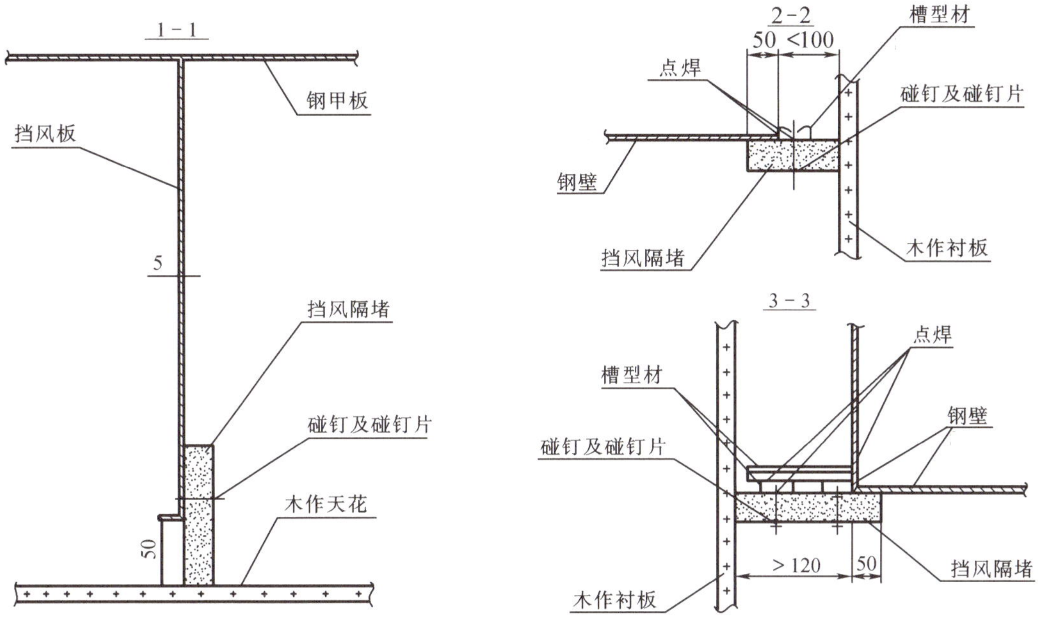

(a)

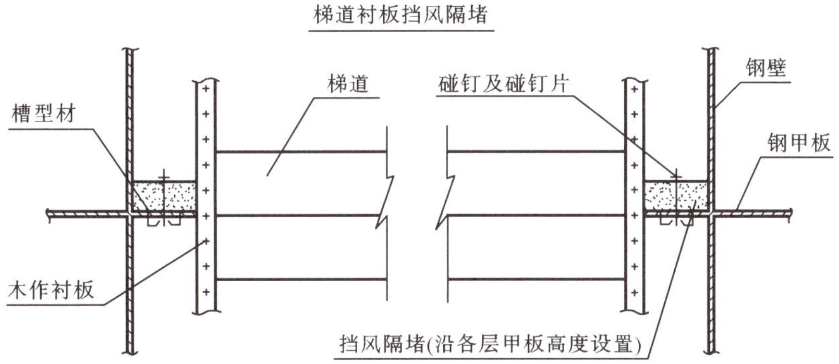

(b)

图 8-16(续)

四、三种典型船舶的防火要求

(一)客船的结构防火要求

舱室围顶板构架件安装

1. 防火区域的划分和耐火分隔

36 人以上的国家航行客船,其船体、上层建筑和甲板室以 A-60 级分隔,分成若干个主竖区,如在主竖区分隔一侧的处所为开敞甲板、卫生间及类似处所、极少或没有失火危险的舱(柜)、空舱及辅机处所或在主竖区两侧均为燃油舱,则该主竖区限界面可降低为 A-0 级分隔。

36 人及以下的国际航行客船或 500 人及以上的国内航行客船,其用作起居处所、服务处所的船体上层建筑应以 A 级分隔分层若干主竖区。客人数少于 500 人或航行时间不超过 4 h 且未设置卧席的国内航行客船,不要求设置主竖区。

每一主竖区在任一层甲板上的平均长度一般不超过 40 m,如为了使主竖区的端壁与水密分舱舱壁相一致,或者为了提供一个大型公共处所,允许将主竖区的长度和宽度放宽至 48 m,但任何一层甲板上主竖区的面积不得大于 1 600 m^2。

对于为特殊用途设计的船舶,若设置主竖区舱壁会影响船舶的预定用途时,可设置水平区作为等效措施。此种水平区限界面的耐火等级应与相应船舶主竖区耐火等级相同。规范允许每一水平区在高度不超过 10 m 的前提下,包括多于一层甲板的若干个特种处所。对于其他滚装处所,也可以参照这一原则设置水平区。

除了上述主竖区和水平区限界面外,客船上的其他舱壁、甲板应按相应的“分隔相邻处所舱壁/甲板的耐火完整个性”表确定耐火等级。

2. 保持耐火分隔的完整性

根据实际使用需要,船上的耐火分隔不可避免地会被开孔以安装门、窗、各种管路、电缆和其他结构件等。因此在这些地方应采取适当措施,以保持耐火分隔的完整性。

客船的耐火完整性要求

(1)门

略。

(2)窗

A 类机器处所的界限面上不能设窗,但机器处所内的控制室上可以安装玻璃窗,机舱的天窗应是钢质的,且不应有玻璃板。若装有玻璃,则应在玻璃外加装钢质盖,该钢质盖应永久地附连于天窗上,并能由一人从外部加以关闭。

起居处所、服务处所、控制站内各舱壁上的窗,其结构应能保持所在舱壁的完整性。

船舶外部限界面上的窗,一般不要求其具有所在舱壁的耐火完整性,但窗框应用钢或其他在高温下不易变形的材料,窗的玻璃应用金属镶边或镶边角加以固定。

对于 36 人以上的国际航行客船,若外部界限面上的窗面对着救生设施、登乘和集合地点、用作脱险通道的外部梯道或外部通道,则这些窗应具有所在舱壁的耐火完整性,即应通过标准耐火试验并取得认可证书。如果这些窗配有专用的自动喷水器喷头,则可用 A-0 级。对于 60 人及以下的国际航行客船或国内航行客船,也应特别注意这些窗的耐火完整性,并将这些窗限制在最少数量。

(3)其他开口和贯穿件

一切 A 级分隔上的开口除装货处所之间、特种处所之间、储藏室之间、行李舱之间的舱口和这些处所与露天甲板的舱口外,应有永久附连于其上的关闭装置,其耐火效能至少应与其所在的分隔相等。

住室和公共处所,包括办公室、盥洗室、餐具等与走廊之间的 B 级舱壁,允许在门的下半部或门以下部位开通风口。若此通风口是开在门的下半部,还应装有用不燃材料制成的百叶栅。

通风导管穿过耐火分隔时应保持分隔的完整性。

除通风导管以外的其他管子穿过 A 级或 B 级分隔,若管子是钢质或铜质的,要求管子贯穿处四周的间隙不大于 2.5 mm(若设钢套,则钢套与管子之间的间隙也不能大于 2.5 mm),大于 2.5 mm 的间隙必须用耐火分隔填料填封。若管子不是钢质或铜质的,则贯穿件必须经过耐火试验,或者在贯穿处设置钢套,具体要求见表 8-3。电缆穿过 A 级耐火分隔,均应设置符合耐火试验标准的认可的电缆贯穿件。当单根电缆穿过 B 级分隔时,允许不设贯穿件，但四周的空隙不得大于 2.5 mm，且此空隙应用不燃填料填设。

当纵桁、横梁等结构件穿过耐火分隔时，也应注意保持耐火分隔的完整性。当结构件穿过 A 级分隔时，应用补板将开孔补好。除通风导管之外的管子贯穿件图例见表 8-3。

表 8-3　除通风导管外的管子贯穿件图例

适用对象	除通风导管外的管子穿过 A 或 B 级分隔	
防火要求	对贯穿件的材质要求及相应的长度要求和厚度要求	对贯穿件的隔热要求
	钢质导管或钢质套管，穿过 A 级分隔时，$t=4.5$ mm，$L=0.9$ m；穿过 B 级分隔时，$t=1.8$ mm，$L=0.9$ m（当 $d\geqslant150$ mm 时）或 $L=0.6$ m（当 $d<150$ mm 时）	当穿过 A-60、A-30、A-15 级分隔时，应在 0.45 m 的长度范围内敷设隔热材料
图例	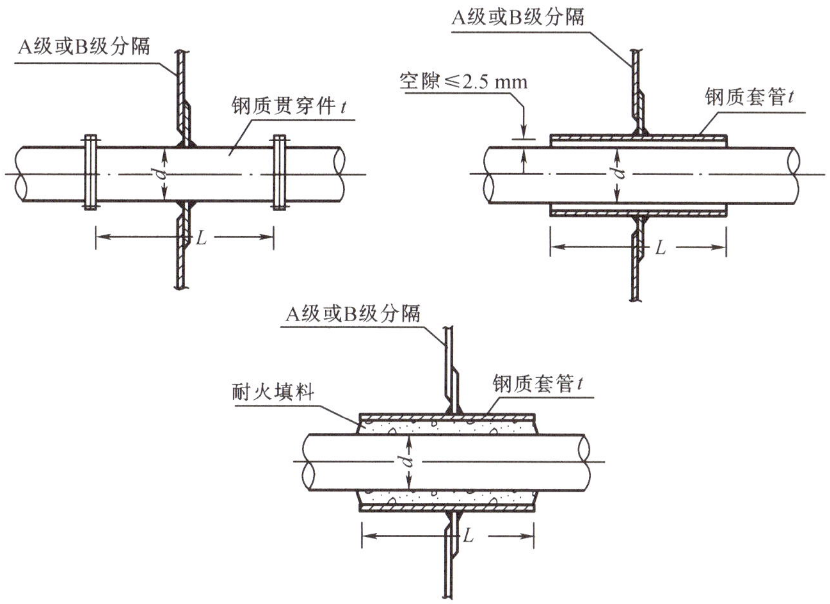	

（4）B 级分隔的终止要求

B 级舱壁一般要求从甲板延伸至甲板，并延伸至船壳或其他限界面。但对不是走廊舱壁的 B 级舱壁，若在舱壁的两侧设有连续 B 级天花板或连续 B 级衬板，可允许其终止于连续 B 级天花板或衬板。但作为走廊舱壁的 B 级舱壁来说，能否允许其不延伸至甲板或舱壁，要视船舶类型而定。

①对于 36 人以上国际航行的客船，B 级走廊舱壁必须延伸至甲板和舱壁等限界面。

②对于 36 人及以下国际航行的客船和所有国内航行客船，若 B 级舱壁两侧设置连续 B 级天花板或衬板，B 级舱壁仍应延伸至甲板或舱壁，只是连续 B 级天花板或衬板背后的 B 级舱壁板允许开口让各种管路、电缆穿过。若 B 级走廊舱壁的两侧均为自动喷淋装置保护的处所，则允许 B 级走廊舱壁终止于连续 B 级天花板或 B 级衬板，如图 8-17 所示。

③一般要求耐火隔热材料在结构交接点和终止点延伸 450 mm。耐火分隔上扶强材等构件的隔热材料，应按标准耐火试验时采用的方法进行敷设。

3. 限制可燃材料的使用和构造细节

为了实用或美术处理而用作某一处内部分隔的局部舱壁或甲板应由不燃材料制成。若起居处所或服务处所内设有认可的自动喷水器、探火和灭火报警系统，则该处所内的 C 分隔可采用一些可燃材料，但这些可燃材料的体积加上该处所内可燃面板、嵌条、装饰物等的总体积应不超过相当于该处所内各围壁及天花板组合面积上厚 2.5 mm 镶片的体积。各类客船限制可燃材料使用的具体要求见表 8-4 和表 8-5，并可参见图 8-18 和 图 8-19。

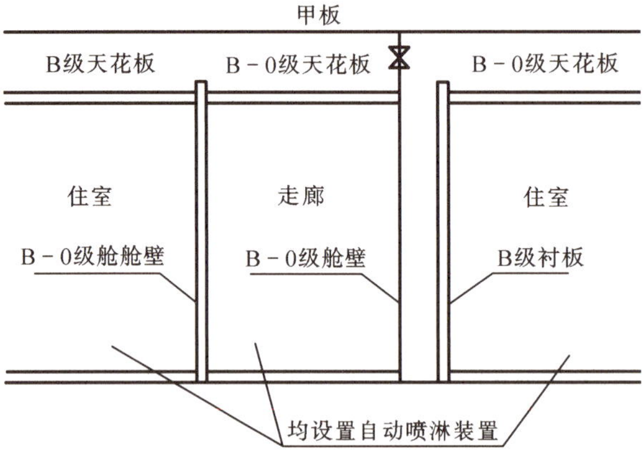

图 8-17　B 级走廊舱壁终止于连续 B 级天花板的实例

舱室围顶板安装

表 8-4　不燃材料的使用

客船类型	要求
国际航行客船或载客 500 人及以上的国内航行客船	除了装货处所、邮件舱、行李舱、服务处所的冷藏舱外，所有衬板、天花板、衬挡、风挡均应为不燃材料
载客 100 人及以上但不多于 500 人的国内航行客船	供起居处所、服务处所、控制站使用的走廊、梯道环围内的衬板、天花板、衬挡、风挡均应为不燃材料
载客 100 人以下或航行时间不超过 4 h 且未设卧席的国内航行客船	对衬板、天花板、衬挡、风挡不做要求
除了装货处所、邮件舱、行李舱、服务处所的冷藏舱外，隔热物应为不燃材料。用于冷却系统的隔热物连同防潮层和黏合剂，以及管路系统的隔热物不必为不燃材料，但其外露表面应具有低播焰性；对载客 100 人以下或航行时间不超过 4 h 未设卧席的国际航行客船所使用的隔热物不做要求	
国际航行客船或载客 100 人及以上的国内航行客船	走廊及梯道环围内的所有外露表面，起居处所、服务处所、控制站内舱壁、围壁、天花板衬板的外露表面，起居处所、服务处所、控制站内隐藏或不能到达之处的表面应具有低播焰性
乘客 100 人以下或航行时间不超过 4 h 且未设卧席的国内航行客船	不做要求

表 8-5　表面具有低播焰特性材料的使用

客船类别	要求
国际航行客船或载客 100 人及以上的国内航行客船	走廊及梯道环围内的所有外露表面,起居处所、服务处所、控制站内舱壁、天花板衬板的外露表面,起居处所、服务处所、控制站内隐蔽或不能到达之处的表面应具有低播焰性
载客 100 人以下或航行时间不超过 4 h 且未设卧席的国内航行客船	不做要求

甲板敷料构成失火危险的程度,取决于它们表面的火焰传播特性和当从下面通过钢板加热时材料是否易于燃烧。规范要求在起居处所、服务处所、控制站内使用的甲板基层敷料应为在高温时不易着火、不会产生毒性和爆炸的认可材料,并要求梯道环围的地板表面具有低播焰性。

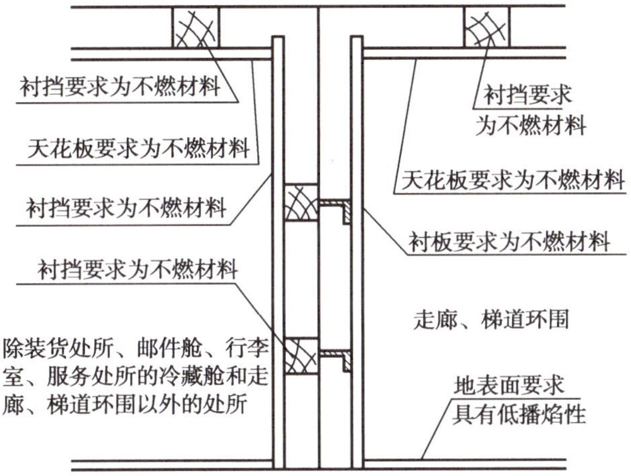

图 8-18　国际航行客船或载客 500 人及以上的国内航行客船

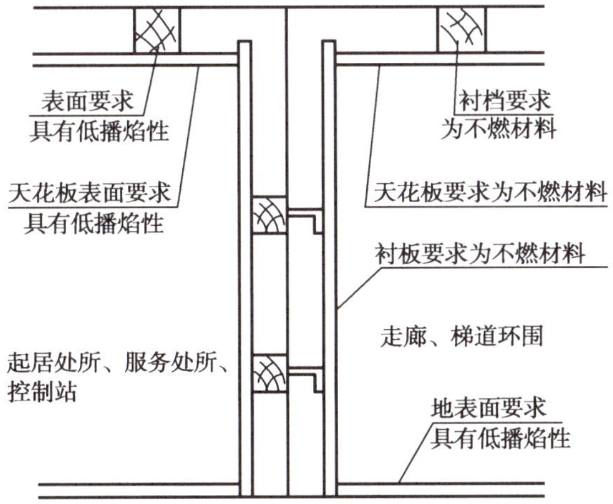

图 8-19　载客 100 人及以上但不少于 500 人的国内航行客船

设置挡风条时，不仅应注意天花板后面的空隙，还应注意衬板后面的空隙，尤其是梯道和围壁通道等衬板后的空隙应在每层甲板处加以封堵。天花板后面的挡风条一般应与舱壁设置相对应，允许将 B 级或 C 级舱壁在天花板或衬板后面的部分作为挡风条。公共处所中开孔面积大于 40%的天花板的背面可不设置挡风条，因为那里即使发生火灾也易于发现和扑救。

4. 梯道保护和围壁通道

位于起居处所、服务处所内的梯道。不论其是否用作脱险通道，除了下述两种情况外都必须用耐火分隔环围，且环围上的门应是自闭的，对于载客 100 人以下和航行时间不超过 4 h 且未设置卧席的国内航行客船，此环围至少应是 B 级分隔；对于其他客船，此环围至少应是 A 级分隔，如图 8-20 所示。

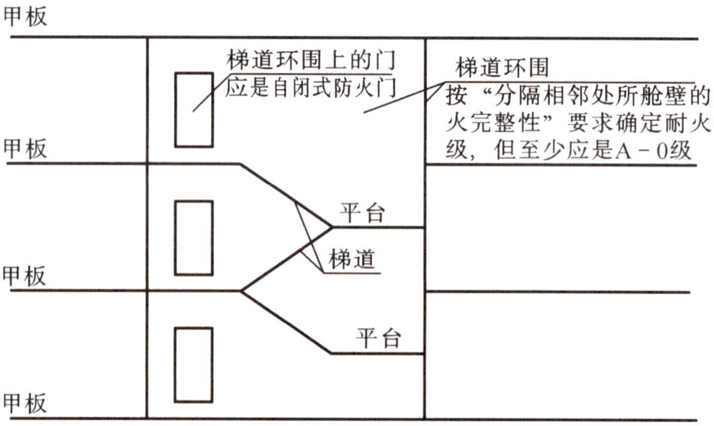

图 8-20 国内航行客船起居处所、服务处所内的梯道保护

可以允许起居处所、服务处所内的梯道不做环围的两种情况如下所述。

(1) 梯道仅连续两层甲板

此时如不做环围，则应在梯道的上端或下端用耐火分隔将该梯道与其所在处所分隔开来。对于载客 100 人以下和航行时间不超过 4 h 且未设置卧席的国内航行客船。此分隔至少应该是 B-0 级，对于其他客船，此分隔的耐火等级应按照规范中相应的“分隔相邻处所甲板的耐火完整性”表的要求予以确定，如图 8-21 所示。

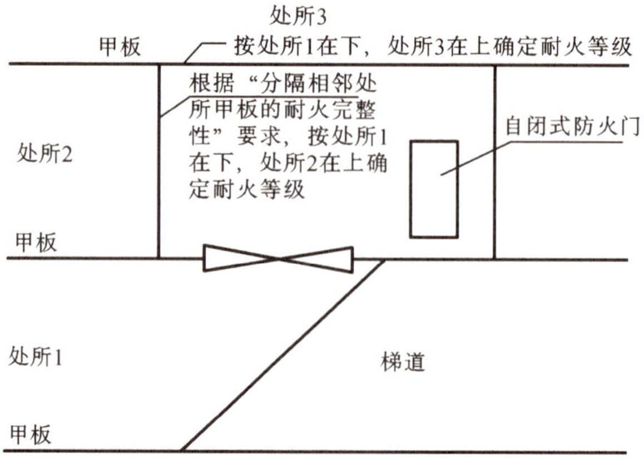

图 8-21 国内航行客船起居处所、服务处所内仅穿过一层甲板的梯道保护

对于穿过多层甲板的梯道，除了可按规定要求将其环围外，也可人为地将其分隔成若干个仅穿过一层甲板的梯道，在其一端用耐火分隔与所在处所分隔开来，如图 8-22 所示。

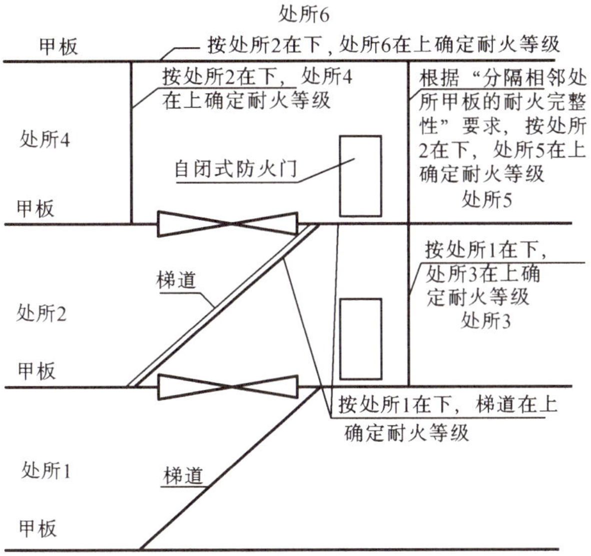

图 8-22 起居处所、服务处所内穿过多层甲板的梯道人为地分隔为若干个穿过一层甲板的梯道保护

(2)梯道完全处于公共处所内

除了乘客使用的处所应设置梯道作为连接两层或数层甲板之间的通道，且应如前所述加以环围外，一些船员使用的处所限于各种条件，有时会设置直梯或踏步作为两层或几层甲板之间的通道。对这些直梯和踏步，规范并未要求设置环围，但如果它们作为某处的脱险通道要求加以环围，形成围壁通道，此时围壁通道应按梯道处理，围壁上的门也应是自闭的。

5. 脱险通道

无论是起居处所、服务处所还是机器处所、特种处所，每一限定处所(如舱壁甲板以下的水密舱，舱壁甲板以上的主竖区等)都应至少有两个脱险通道。

作为脱险通道，首先应能通向救生艇筏或其他救生撤离系统的登乘地点，同时应具备快速安全地疏散人员的条件。电梯不得视作脱险通道。规范对于客船脱险通道的详细规定可查阅相关资料。

6. 载客超过 36 人的客船的舱壁和甲板的耐火完整性

其耐火完整性应符合表 8-6、表 8-7 的规定。这些表中所列相邻处所的耐火完整性标准，按失火危险程度将这些处所分为 14 类。

表 8-6 作为主竖区或水平区限界面的舱壁

处　所	①	②	③	④	⑤	⑥	⑦	⑧	⑨	⑩	⑪	⑫	⑬	⑭
控制站①	A-60	A-30	A-30	A-0	A-0	A-60	A-60	A-60	A-0	A-0	A-60	A-60	A-60	A-60

表 8-6(续)

处　所	①	②	③	④	⑤	⑥	⑦	⑧	⑨	⑩	⑪	⑫	⑬	⑭
梯道②		A-0	A-0	A-0	A-0	A-15 A-0	A-30 A-0	A-60 A-15	A-0	A-0	A-30	A-60	A-15 A-0	A-60
走廊③			A-0	A-0	A-0	A-0	A-30 A-0	A-30 A-0	A-0	A-0	A-30	A-60	A-15 A-0	A-60
救生艇与救生筏操作及登乘地点④				—	—	A-0	A-0	A-0	A-0	A-0	A-0	A-60	A-0	A-60
开敞甲板处所⑤					—	A-0	A-0	A-0	A-0	A-0	A-0	A-0	A-0	A-0
较小失火危险的起居处所⑥						A-15 A-0	A-30 A-0	A-30 A-0	A-0	A-0	A-15 A-0	A-30	A-25 A-0	A-3 A-0
中等失火危险的起居处所⑦							A-30 A-0	A-60 A-15	A-0	A-0	A-30 A-0	A-60	A-30 A-0	A-60
较大失火危险的起居处所⑧								A-60 A-15	A-0	A-0	A-60 A-15	A-60	A-30[b] A-0	A-60
卫生室及类似处所⑨									A-0	A-0	A-0	A-0	A-0	A-0
极少或没有失火危险的舱(柜)以及其他类似处所⑩										A-0	A-0	A-0	A-0	A-0
具有中等失火危险的辅机处所、装货处所、特种处所、油舱(柜)以及其他类似处所⑪											A-0	A-60	A-0	A-60
机器处所及主厨房⑫												A-60	A-30[b] A-15	A-60
储藏室、工作间、配膳间等⑬													A-0	A-30
储藏易燃液体的其他处所⑭														A-60

表 8-7　主竖区内形成阶层的甲板或水平区限界面的甲板

处　所	①	②	③	④	⑤	⑥	⑦	⑧	⑨	⑩	⑪	⑫	⑬	⑭
控制器①	A-60	A-60	A-30	A-0	A-0	A-15	A-30	A-60	A-0	A-0	A-30	A-60	A-15	A-60
梯道②	A-15	A-0	A-0	A-0	A-0	A-0	A-15 A-0	A-15 A-0	A-0	A-0	A-0	A-60	A-0	A-60
走廊③	A-30	A-0	A-0	A-0	A-0	A-0	A-15 A-0	A-15 A-0	A-0	A-0	A-0	A-60	A-0	A-60
救生艇与救生筏操作及登乘地点④	A-0	A-0	A-0	A-0	A-0	A-0	A-0	A-0	A-0	A-0	A-0	A-0	A-0	A-0
开敞甲板处所⑤	A-0	A-0	A-0	A-0	A-0	A-0	A-0	A-0	A-0	A-0	A-0	A-0	A-0	A-0
较小失火危险的起居处所⑥	A-60	A-30 A-0	A-15 A-0	A-0	A-0	A-0	A-15 A-0	A-30 A-0	A-0	A-0	A-15 A-0	A-15	A-0	A-15
中等失火危险的起居处所⑦	A-60	A-60 A-15	A-30 A-0	A-15 A-0	A-0	A-15 A-0	A-30 A-0	A-60 A-15	A-0	A-0	A-30 A-0	A-30	A-0	A-30
较大失火危险的起居处所⑧	A-60	A-60 A-15	A-60 A-15	A-60 A-15	A-0	A-30 A-0	A-60 A-15	A-60 A-15	A-0	A-0	A-30 A-0	A-60	A-15 A-0	A-60
卫生室及类似处所⑨	A-0	A-0	A-0	A-0	A-0	A-0	A-0	A-0	A-0	A-0	A-0	A-0	A-0	A-0
极少或没有失火危险的舱(柜)以及其他类似处所⑩	A-0	A-0	A-0	A-0	A-0	A-0	A-0	A-0	A-0	A-0	A-0	A-0	A-0	A-0
具有中等失火危险的辅机处所、装货处所、特种处所、油舱(柜)以及其他类似处所⑪	A-60	A-60	A-60	A-60	A-0	A-30 A-0	A-60 A-15	A-60	A-15	A-0	A-0	A-0	A-30	A-30[b] A-0 A-30
机器处所及主厨房⑫	A-60	A-60	A-60	A-60	A-0	A-60	A-60	A-60	A-0	A-0	A-60	A-60	A-60	A-60
储藏室、工作间、配膳间等⑬	A-60	A-60 A-15	A-30 A-0	A-15	A-0	A-15 A-0	A-30 A-0	A-60 A-15	A-0	A-0	A-0	A-30	A-0	A-30
储藏易燃液体的其他处所⑭	A-60	A-60	A-60	A-60	A-0	A-60	A-60	A-60	A-0	A-0	A-60	A-60	A-60	A-60

载客超过 36 人的客船的处所分类进行了必要的合并,类别上减少了三类,见表 8-8、表 8-9。

表 8-8　分隔相邻处所舱壁的耐火完整性

处　所	①	②	③	④	⑤	⑥	⑦	⑧	⑨	⑩	⑪
控制站①	A-0[c]	A-0	A-60	A-0	A-15	A-60	A-15	A-60	A-60	*	A-60
走廊②		C[e]	B-0[e]	B-0[e] A-0[a]	B-0[e]	A-60	A-0	A-0	A-15 A-0[d]	*	A-15
起居处所③			C[e]	B-0[e] A-0[a]	B-0[e]	A-60	A-0	A-0	A-15 A-0[d]	*	A-30 A-0[d]
梯道④				B-0[e] A-0[a]	B-0[e] A-0[a]	A-60	A-0	A-0	A-15 A-0[d]	*	A-15
较小失火危险的服务处所⑤					C[e]	A-60	A-0	A-0	A-0	*	A-0
A 类机器处所⑥						*	A-0	A-0	A-60	*	A-60
其他机器处所⑦							A-0[b]	A-0	A-0	*	A-0
装货处所⑧								*	A-0	*	A-0
较大失火危险的服务处所⑨									A-0[b]	*	A-30
开敞甲板处所⑩										—	A-0
特种处所⑪											A-0

表 8-9　分隔相邻处所甲板的耐火完整性

甲板下处所	甲板上处所										
	①	②	③	④	⑤	⑥	⑦	⑧	⑨	⑩	⑪
控制站①	A-0	A-0	A-0	A-0	A-0	A-60	A-0	A-0	A-0	*	A-30
走廊②	A-0	*	*	A-0	*	A-60	A-0	A-0	A-0	*	A-0
起居处所③	A-60	A-0	*	A-0	*	A-60	A-0	A-0	A-0	*	A-30 A-0[d]
梯道④	A-0	A-0	A-0	*	A-0	A-60	A-0	A-0	A-0	*	A-0
较小失火危险的服务处所⑤	A-15	A-0	A-0	A-0	*	A-60	A-0	A-0	A-0	*	A-0
A 类机器处所⑥	A-60	A-60	A-60	A-60	A-60	*	A-60[f]	A-30	A-60	*	A-60
其他机器处所⑦	A-15	A-0	A-0	A-0	A-0	A-0	*	A-0	A-0	*	A-0
装货处所⑧	A-60	A-0	A-0	A-0	A-0	A-0	A-0	*	A-0	*	A-0
较大失火危险的服务处所⑨	A-60	A-30 A-0[d]	A-30 A-0[d]	A-30 A-0[d]	A-0	A-60	A-0	A-0	A-0	*	A-30
开敞甲板处所⑩	*	*	*	*	*	*	*	*	*	—	A-0
特种处所⑪	A-60	A-15	A-30 A-0[d]	A-15	A-0	A-30	A-0	A-0	A-30	A-0	A-0

注:(表中字母及 * 的含义)

a. 应视处所的特点弄清楚哪一个表适用,见表 8-8、表 8-9。

b. 当处所有相同的数字类别并有注角 b 时,只有不同用途的相邻处所时才要求参阅表中所列等级的舱壁或甲板,例如⑨类中,在两个厨房之间不要求有舱壁分隔,但油漆间和厨房之间要求有“A-0”级。

c. 分隔操舵室和海图室的舱壁可以为“B-0”级。

d. 如设有自动喷水器取低值，无自动喷水器取高值。
e. 表 8-7 至表 8-9 中“B-0”和“C”级应为“A-0”级。
f. 若⑦类机器处所，认为很少或没有失火危险。经验部门同意，可不必设置防火隔热层。
g. 表中有 * 时，该分隔应为钢质或等效材料，但并不要求 A 级标准。但表 8-8 中的 * 号应为“A-0”级，⑧类和⑩类除外。

（二）货船的结构防火要求

1. 防火区域的划分和分隔

货船的起居处所和服务处所，由于人为因素或电器老化等原因，也存在较大的失火危险，因此对于国际航行货船，规范要求其起居处所和服务处所采取 IC 法、IIC 法、IIIC 法中的任何一种方法予以保护。IC 法、IIC 法、IIIC 法的主要要求见表 8-10。

表 8-10　IC 法、IIC 法、IIIC 法的主要要求

项目	类别		
	IC 法	IIC 法	IIIC 法
耐火分隔	在起居和服务处所内：以不燃的 B 级或 C 级分隔做内部的分隔舱壁；未要求为 A 级或 B 级的舱壁，至少应为 C 级	除个别情况规定为 C 级舱壁外，其余不予限制	除个别情况规定为 C 级舱壁外，其余不予限制，但在任何情况下，A 级或 B 级分隔的任何起居处所的面积不得大于 50 m^2；对公共处所面积可放宽至 75 m^2
不燃材料	在起居处所、服务处所和控制站内的衬板、风挡、天花板、衬档，均应为不燃材料	供起居处所、服务处所和控制站使用的走廊与楼道环围中的天花板、衬板、风挡、衬挡，均应为不燃材料	供起居处所、服务处所和控制站用的走廊与梯道环围中的天花板、风挡及其衬挡，均应为不燃材料
自动喷水器、探火和失火报警系统	一般不设	除空舱和卫生处所等实际无火灾危险者外，在起居处和服务处所均需设置	一般不设
认可型的固定式探火和失火报警系统	在起居处所的走廊、梯道和脱险通道设置，且必须为感烟式和手动报警按钮	在起居处所的所有走廊、梯道和脱险通道设置，且应为感烟式和手动报警按钮	在可能发生火灾的所有起居处及服务处所设置

对 4 000 总吨及以上的国内航行货船，规范要求起居处所和服务处所采用以下两种方法之一予以保护：

（1）任一起居处所和服务处所内用 A 级或 B 级分隔的处所（群）面积不得超过 50 m^2；对于公共处所，该面积不得超过 75 m^2；

(2)对起居处所和服务处所的内部分隔不予限制,但应装设固定探火和失火报警系统(留空处所、卫生处所除外)。

对于 4 000 总吨以下国内航行货船没有类似 IC 法、IIC 法、IIIC 法的要求。

除上述要求外,船上各处所之间的分隔需按相应的“分隔相邻处所舱壁/甲板的耐火完整性”表确定耐火等级。对于 1 000 吨以下的国内航行货船,只要求走廊舱壁为钢制或不燃材料,其上的门应是不燃的;A 类机器处所和厨房的限界面应为钢制,其上的门应用钢制成或不燃材料制成,对于其他限界面没有要求。

2. 保持耐火分隔的完整性

(1)门

①所有门的耐火性能应尽可能与其所在分隔的耐火性能等效。装设在 A 级和 B 级分隔上的门应有相应的耐火等级证书。水密门可代替防火门,且不必隔热。

②装设在 A 类机器处所限界面上的门应适当气密并能够自闭。

③CO_2 室、乙炔室、油漆室、蓄电池室的门应适当气密。

④对于国际航行货船和 1 000 总吨以上的国内航行货船,梯道环围上的门应是自闭的。凡要求自闭的门,一般不设门背钩。若装设门背钩,应是故障安全型的,且能遥控释放。

⑤对于外部限界面上的门,规范没有明确的要求。但为了船员的生命安全,位于脱险通道上的门和面向救生设备及其登乘地点的门应用不燃材料制成,至少其表面应具有地波焰性。

(2)窗

①A 类机器处所的限界面上不设窗,但机器处所内的控制室可设玻璃窗。

②对机舱天窗的要求与客船相同。对其他部位的窗,规范没有要求。

(3)其他的开口和贯穿件

①走廊舱壁的门上开设通风口的要求与客船相同。

②通风导管、电缆和其他管路穿过耐火分隔时的要求与客船相同。

(4)B 级分隔的终止要求

B 级舱壁一般要求从甲板延伸至甲板,并延伸至船壳或其他限界面。但如在 B 级舱壁的两侧设有连续 B 级天花板或衬板,则此舱壁可终止于连续天花板或衬板。

(5)隔热材料在结构交接点和终止点的延伸要求与客船要求相同。

3. 限制可燃材料的使用和构造细节

对于国际航行货船要视其起居处所采用的保护方法,对于国内航行货船要视其吨位大小,决定哪些舱室应限制可燃材料的使用,具体见表 8-11 和表 8-12。

表 8-11　不燃材料的使用

货船	要求	
国际航行货船	IC 法	在起居处所、服务处所和控制站内所有的衬板、天花板、衬挡、风挡均应为不燃材料
	IIC 法	供起居处所、服务处所和控制站使用的走廊、梯道环围内的衬板、天花板、衬挡、风挡均应为不燃材料
	IIIC 法	同 IIC 法

表 8-11(续)

<table>
<tr><th>货船</th><th colspan="2">要求</th></tr>
<tr><td rowspan="3">国内航行货船</td><td>4 000 总吨及以上</td><td>供起居处所、服务处所和控制站使用的走廊、梯道环围内的衬板、天花板、衬挡、风挡均应为不燃材料,但经同意也可使用具有低播焰性的其他材料</td></tr>
<tr><td>4 000 总吨以下</td><td>对衬板、天花板、衬挡、风挡不做要求</td></tr>
<tr><td>1 000 总吨以下</td><td>对使用的隔热物不作要求</td></tr>
<tr><td colspan="3">除装货处所、服务处所的冷藏舱之外,隔热物应为不燃材料。用于冷却设备的隔热物连同防潮层和黏合剂,以及管系装置的隔热物不必为不燃材料,但其外露表面应具有低播焰性</td></tr>
</table>

对起居处所、服务处所和控制站内使用的甲板基层敷料的要求与客船的要求相同,即应为在高温时不易着火、不易产生毒性和爆炸的认可材料。

货船上设置挡风条的要求与客船的要求相同。

表 8-12　表面具有低播焰性材料的使用

<table>
<tr><th>货　船</th><th colspan="2">要　　　求</th></tr>
<tr><td>国际航行货船</td><td colspan="2">走廊及梯道环围的所有外露表面,起居和服务处所、控制站内隐蔽或不能到达之处的表面,起居和服务处所、控制站内的天花板外露表面应具有低播焰性</td></tr>
<tr><td rowspan="2">国内航行货船</td><td>1 000 总吨及以上</td><td>尽量满足上述要求</td></tr>
<tr><td>1 000 总吨以下</td><td>不做要求</td></tr>
</table>

4. 梯道保护和围壁通道

(1)对于国际航行的货船和 4 000 总吨及以上国内航行的货船,仅穿过一层甲板的梯道应至少在梯的上端或下端用 B-0 级分隔将该梯道与所在处所分隔开来,并用自闭门保护;穿过多于一层甲板的梯道,应至少用 A-0 级分隔环围,并用自闭门保护;对于 4 000 总吨及以上的国内航行货船,若起居处所的居住人员少于或等于 12 人,则该环围可以降低为 B-0 级标准。

(2)对于 1 000 总吨及以上但小于 4 000 总吨的国内航行货船,穿过多于一层甲板的梯道,应至少用 B-0 级分隔环围,并用自闭门保护。

(3)对于 1 000 总吨以下的国内航行货船,这些处所年内的梯道没有环围或分隔要求。

(4)对于连接两层或数层甲板的直梯和踏步,一般不要求环围,但如果它们作为某处的脱险通道,并被要求加以环围形成的围壁通道,例如在最低开敞甲板以下的起居处所,非主脱险通道可以是梯道,也可以是围壁通道,此时围壁通道应按梯道处理,围壁上的门也应是自闭门。

5. 脱险通道

对于国际航行货船和 1 000 总吨及以上的国内航行货船:

(1)每一起居处所和船员经常使用的处所(机器处所除外)应有两个脱险通道;对于不在开敞甲板平面的处所而言,其中之一应是梯道,而不是直梯或踏步;对个别处所,在考虑了其位置、性质和使用人数后，可免除一个脱险通道。

（2）每一滚装处所至少有两个远离的脱险通道。

（3）每一 A 类机器处所应有两个远离的脱险通道。其中之一必须是从该处所下部通往上部一扇门的钢梯，走出该门应有通往开敞甲板继而通往登乘甲板的通道；另一个必须是能从该处所下部起提供连续防火遮蔽的通道，它可以是从该处所下部延伸至上部出口处的梯道环围，也可以是通往该处所下部一扇可以两面操作的钢质门进入其他处所，利用这些处所作为有连续防火遮蔽的脱险通道。对于 1 000 总吨以下的货船，在考虑了该处所的性质、位置和使用人数后，可免除一个脱险通道。

（4）对于 1 000 总吨以下的国内航行货船，允许每一处所设置一个脱险通道，但应注意，脱险用的梯子必须是钢制的。

（5）对于所有货船，脱险通道的宽度应与使用该通道脱险的人数相适应。只有一个脱险通道的走廊或走廊的一部分，一端不通的长度一般不得超过 7 m。所谓一端不通的走廊，是指从这一端无法通向脱险通道。若在走廊的末端有一扇可随时打开的门，通过该门能通向经过或撤向登乘甲板相反的梯道才能进入脱险通道，则这样的走道仍是视作一端不通的走廊。图 8-23 列举了有一个脱险的通道的走廊及其长度的量法。对于走廊的局部延伸或扩大而形成的壁，若其深度超过了走廊的宽度，也应视作一端不通的走廊。

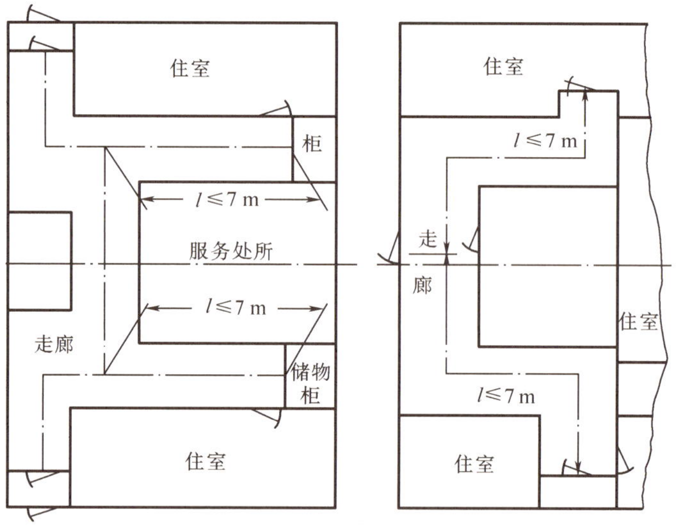

图 8-23　只有一个脱险的通道的走廊及其长度的量法

目前世界各造船国家建造的大型客船、油船和海洋平台的舱室都是采用 IC 法设计，即全部舱室的材料都采用不燃材料。而货船的舱室则大都采用 IIIC 法设计，有约 2/3 的舱室材料采用可燃材料，从而降低造船的成本。日本对此很重视，他们建造的货船的舱室，基本都采用 IIIC 法设计（日本石川岛播磨船厂专家曾在广州介绍过经验）。我国有些设计单位、船厂和用船部门，对货船舱室采用 IIIC 法设计建造的问题尚未引起足够的重视。对其降低造船成本的意义认识不足，因此形成以往我国不少出口船舶和国内货船本来可采用 IIIC 法设计建造的却大部分都采用 IC 法设计建造。目前，还有不少货船在采用 IC 法建造。如某船厂建造的 3 艘 39 000 t 货船采用 IC 法建造，每艘船仅舱室材料一项就增加成本约 40 万元。6 艘 5 000 t 远洋货船用 IC 法建造，每艘比用 IIIC 法建造增加成本约 20 万元。

我国建造出口的货船和国内的货船在签订合同时都应积极向船东推荐采用 IIIC 法设计制造，因为这既完全符合“公约”和船检的有关规定，又能降低造船成本。

表 8-13 和表 8-14 是货船舱壁和甲板的最低耐火完整性的规定，分别适用于各分隔相邻处所的舱壁及甲板。

表 8-13　分隔相邻处所舱壁的耐火完整性

处　所	①	②	③	④	⑤	⑥	⑦	⑧	⑨	⑩	⑪
控制站①	A-0[e]	A-0	A-60	A-0	A-15	A-60	A-15	A-60	A-60	*	A-60
走廊②		C	B-0	B-0 A-0[c]	B-0	A-60	A-0	A-0	A-0	*	A-30
起居处所③			C[ab]	B-0 A-0[c]	B-0	A-60	A-0	A-0	A-0	*	A-30
梯道④				B-0 A-0[c]	B-0 A-0[c]	A-60	A-0	A-0	A-0	*	A-30
较小失火危险的服务处所⑤					C	A-60	A-0	A-0	A-0	*	A-0
A 类机器处所⑥						*	A-0	A-0[g]	A-60	*	A-60[f]
其他机器处所⑦							A-0[d]	A-0	A-0	*	A-0
装货处所⑧								*	A-0	*	A-0
较大失火危险的服务处所⑨									A-0[d]	*	A-30
开敞甲板处所⑩										—	A-0
滚装装货处所⑪											* h

表 8-14　分隔相邻处所甲板的耐火完整性

甲板下处所	甲板上处所										
	①	②	③	④	⑤	⑥	⑦	⑧	⑨	⑩	⑪
控制站①	A-0	A-0	A-0	A-0	A-0	A-60	A-0	A-0	A-0	*	A-60
走廊②	A-0	*	*	A-0	*	A-60	A-0	A-0	A-0	*	A-30
起居处所③	A-60	A-0	*	A-0	*	A-60	A-0	A-0	A-0	*	A-30
梯道④	A-0	A-0	A-0	*	A-0	A-60	A-0	A-0	A-0	*	A-30
较小失火危险的服务处所⑤	A-15	A-0	A-0	A-0	*	A-60	A-0	A-0	A-0	*	A-0
A 类机器处所⑥	A-60	A-60	A-60	A-60	A-60	*	A-60[f]	A-30	A-60	*	A-60
其他机器处所⑦	A-15	A-0	A-0	A-0	A-0	A-0	*	A-0	A-0	*	A-0
装货处所⑧	A-60	A-0	A-0	A-0	A-0	A-0	A-0	*	A-0	*	A-0
较大失火危险的服务处所⑨	A-60	A-0	A-0	A-0	A-0	A-60	A-0	A-0	A-0[d]	*	A-30
开敞甲板处所⑩	*	*	*	*	*	*	*	*	*	—	*
滚装装货处所⑪	A-60	A-30	A-30	A-30	A-0	A-60	A-0	A-0	A-30	*	* h

注：

a. 在 IC 法、IIC 法、IIIC 法中对舱壁不强加特殊要求。

b. 在 IIIC 法中，在面积 50 m^2 及以上的处所之间或处所群之间应装设 B-0 级舱壁。

c. 据具体情况合理设置。

d. 当这些处所具有相同的数字类别并注有 d 时，仅当不同用途的相邻处所才要求表中所列的等级的舱壁和甲板，例如在⑨类中，在两个厨房之间不要求有舱壁分隔，但油漆间和厨房之间要求有 A-0 级舱壁。

e. 滚装装货处所操舵室、海图室和无线电的舱壁可以为 B-0 级。

f. 如不计划运载危险货物或危险货物的堆存离开舱壁的水平距离不少于 3 m，该舱壁可以为 A-0 级。

g. 滚装装货处所的舱壁和甲板应能适当气密地予以关闭，这样的分隔应在验船部门认为合理和可行的范围内具有 A 级完整性的标准。

h. 经验船部门同意，对于很少危险或没有失火危险的⑦类机器处所可以不设置耐火绝缘。

* 表示这种分隔要求用钢质或等效材料制成，但并不要求为 A 级标准。

(三)油船的结构防火

由于油船所运输的油类货物具有高度的失火危险，所以其结构防火有特殊性，主要内容如下。

1. 关于处所的位置和分隔

油船的处所大致可分为起居处所、A 类机器处所、货油泵舱和货油舱等。这些处所的位置对结构防火影响甚大，因此关于处所的位置应符合如下的要求。

①A 类机器处所，均应位于货油舱和污水舱的后方，并应位于货油泵舱和隔离空舱的后方，但不必位于燃油舱的后方。所有的 A 类机器处所应用隔音空舱、货油泵船或燃油舱与货油和污油水舱隔开。

②起居处所、货油主控制站及服务处所均应位于所有货油舱、污油水舱、货油泵舱和用以隔开货油舱、污油水舱与 A 类机器处所的隔离空舱后方。分隔货油泵舱（包括货油舱的入口）与起居处所、服务处所和控制站的任何公共舱壁，其构造应为 A-60 级。

③如确有必要将驾驶室布置在货油舱区域的上方，则此处只能用于驾驶目的，并且必须用一个高度至少有 2 mm 的开敞空间使之与货油舱甲板隔开。此外，这种驾驶室的防火应符合表 8-15 和表 8-16 中对控制处所的要求。

表 8-15 分隔相邻处所舱壁的耐火完整性

甲板下处所	甲板上处所									
	①	②	③	④	⑤	⑥	⑦	⑧	⑨	⑩
控制站①	A-0[c]	A-0	A-60	A-0	A-15	A-60	A-15	A-60	A-60	*
走廊②		C	B-0	B-0 A-0[a]	B-0	A-60	A-0	A-60	A-0	*
起居处所③			C	B-0 A-0[a]	B-0	A-60	A-0	A-60	A-0	*
梯道④				B-0 A-0[a]	B-0 A-0[a]	A-60	A-0	A-60	A-0	*

表 8-15(续)

甲板下处所	甲板上处所									
	①	②	③	④	⑤	⑥	⑦	⑧	⑨	⑩
较小失火危险的服务处所⑤					C	A-60	A-0	A-60	A-0	*
A 类机器处所⑥						*	A-0	A-0[d]	A-60	*
其他机器处所⑦							A-0[b]	A-0	A-0	*
货油泵船⑧								*	A-60	*
较大失火危险的服务处所⑨									A-0[b]	*
开敞甲板处所⑩										—

表 8-16　分隔相邻处所甲板的耐火完整性

甲板下处所	甲板上处所									
	①	②	③	④	⑤	⑥	⑦	⑧	⑨	⑩
控制站①	A-0	A-0	A-0	A-0	A-0	A-60	A-0	—	A-0	*
走廊②	A-0	*	*	A-0	*	A-60	A-0	—	A-0	*
起居处所③	A-60	A-0	*	A-0	*	A-60	A-0	—	A-0	*
梯道④	A-0	A-0	A-0	*	A-0	A-60	A-0	—	A-0	*
较小失火危险的服务处所⑤	A-15	A-0	A-0	A-0	*	A-60	A-0	—	A-0	*
A 类机器处所⑥	A-60	A-60	A-60	A-60	A-60	*	A-60[n]	A-0	A-60	*
其他机器处所⑦	A-15[b]	A-0	A-0	A-0	A-0	A-0	*	A-0	A-0	A-0
货油泵船⑧	—	—	—	—	—	A-0[d]	A-0	*	—	*
较大失火危险的服务处所⑨	A-60	A-0	A-0	A-0	A-0	A-60	A-0	—	A-0[b]	*
开敞甲板处所⑩	*	*	*	*	*	*	*	*	*	*

注:a. 参见货船起居处所内的舱壁以及起居处所、服务处所和控制站内的梯道围壁的保护(表 8-16)。

b. 当这些处所具有相同的数学类别并注有 b 时,只有不同用途的相邻处所才要求表中的所列等级的舱壁和甲板,例如在⑨类中,在两个厨房之间不要求有舱壁分隔,但油漆间和厨房之间要求有 A-0 级舱壁。

c. 分隔操舵室和无线电设备处所的舱壁可为 B-0 级。

d. 在货油泵船和 A 类机器处所之间的舱壁与甲板可以让货油泵轴的填料涵盖以及有填料的类似装置穿过,但是必须在舱壁或甲板的贯穿处采用有效润滑或其他措施保证永久性气密的密封装置。

e. 如果在⑦类中的机器处所经主管机关同意认为没有或有较小失火危险性,则可不装设防火隔热材料。

* 表示这种分隔要求用钢质或等效材料制成,但并不要求为 A 级标准。

④环围起居处所和服务处所的上层建筑与甲板室的外部限界面,包括支撑这些起居处所的悬架甲板,某面向货油舱的全部限界面及前界面之后 3 m 之内的侧面,应隔热至 A-60

级标准。对于 2 000 总吨以下的国内航行油船,可降低为 A-15 级。

2. 结构、起居和服务处所内的舱壁及构造细节

①油船只能采用本节所述货船防火法中的 IC 法设计制造。

②货油泵舱的天窗应用钢制成,不应镶有玻璃,并能在泵舱外部予以关闭。

3. 舱壁和甲板的耐火完整性

舱壁和甲板的耐火完整性应符合表 8-15 和表 8-16 的要求,为了相邻处所之间的分隔确定其适用的耐火完整性标准,将这些处所按失火危险程度分为如表 4-28 所示①至 10 类。

4. 构造要求

①船体、上层建筑、结构性舱壁。甲板及甲板室应以钢材或其他等效材料制造。

②包括围壁通道的各个货油泵舱与 A 类机器处所之间的舱壁应为 A 级,且不得低于 A-0 级或者在各方面与其等效的贯穿装置,但货油泵轴压盖及压盖的贯穿装置除外。

③形成把 A 类机器处所和包括围壁通道的货油泵舱分别与起居处所和服务处所分隔的舱壁和甲板,应为 A-60 级。这种舱壁和甲板以及 A 类机器处所和货油泵舱的任何限界面上,不得设窗和舷窗。

④A 类机器处所舱棚上的门应为自闭式,A 类机器处所内部限界面上的隔热表层,应不渗油和油气。

⑤在起居处所。服务处所及控制站内,走廊的舱壁(包括门),应为 A 级或 B 级分隔,且从甲板延伸到甲板。如在舱壁的两侧都设有连续 B 级天花板和(或)衬板时。则该舱壁可终止于连续的天花板或衬板。

⑥天花板、衬板、舱壁及隔热物,均应为不燃材料;构架包括舱壁的基板和其连接件,积极衬板、天花板及挡风条(如装有时),均应为不燃材料。

总之,油船的结构防火无论在构造、舱壁和甲板耐火完整性、不燃材料的限制等方面均有详细规定,这些规定较货船严格。

油船的防火实例。图 8-24 为某 60 000 t 油轮船长甲板的耐火分割图,图上仅表明了舱壁、衬板和门的耐火分隔等级及基本组成,未标明甲板和天花板。该船船长甲板上出现了这样几种处所:第①类控制站,包括蓄电池室、应急配电板间;第②类走廊;第③类起居处所,包括船长室、船东室、事务长室、领航室,其他高级船员室等;第④类梯道;第⑤类其他机电处所,如电缆处。

从 图 8-22 上可看到该船的总体设计已经考虑到结构防火的因素。钢制舱壁的设置充分考虑了 A 级分隔要求的处所,两道基本连续的纵向舱壁保证了上层建筑的结构强度,而起居处所和走廊之间则不设置钢制舱壁,代之以复合岩棉板的 B-0 级舱壁,起居处所内的盥洗室也采用 C 级舱壁进行分隔。这样设计满足了安全公约对防火的要求,同时也避免了舱壁内装质量的增加。

梯道用 A 级耐火分隔环围起来,可避免开敞式的梯道设计造成失火时抽分扩大火势的弊病。油船面向货油舱区域的全部限界面舱壁,并向两侧延伸 3 m 均隔热到了 A-60 级标准,满足公约和规范对油船的特殊要求。船长甲板超过 14 m,故而在衬板后面设置了。

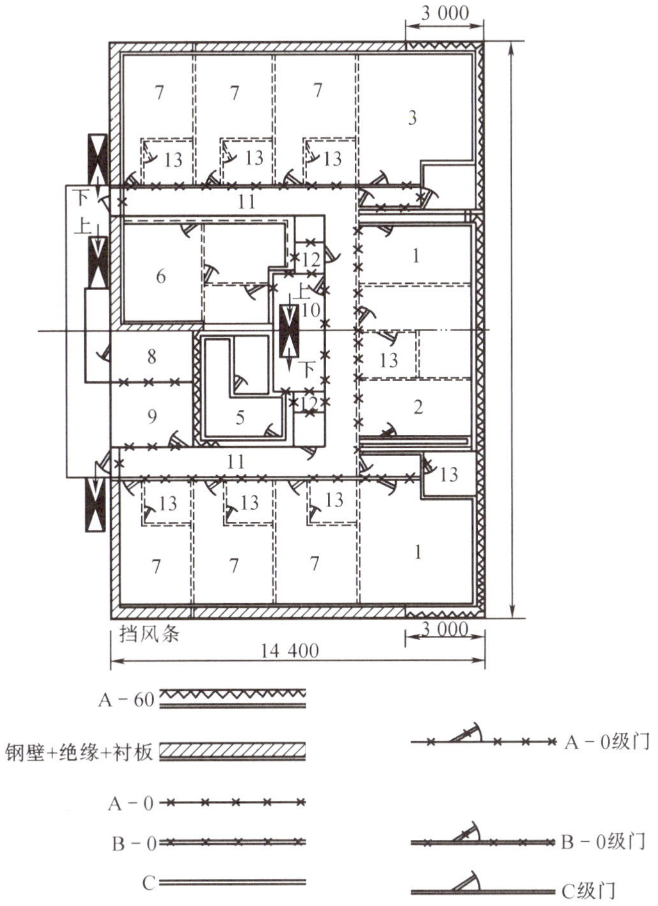

图 8-24　60 000 t 油轮船长甲板舱壁耐火分隔图

任务8.3　舱室隔音隔热设计

任务准备

现代船舶除了满足防火等级要求之外，还越来越注重于船舶的舒适性，以改善船员和乘客的工作与生活环境。而船舶常来航行于江河湖海，暴露于大气之中，太阳辐射、高温酷暑、北风呼啸、天寒地冻，对于船舶而言是家常便饭。同时，船舶因为主机、辅机、螺旋桨等其他各类大型设备的运行，往往会产生比较强烈的噪声，损伤人们的听力，舒适度严重降低。

为了让船员和旅客远离噪声之扰，在船上享有安静、舒适的工作和生活环境，现代船舶非常注重隔音隔热材料的应用，在有效提高船舶的防火能力的基础上，力争改善船舶舱室的隔音、隔热效果，满足人们对美好生活的向往。

同学们，那我们该如何能做到呢？

任务实施

舱室内部分隔断除了钢围壁分隔一定功能区域外，在钢围壁板周围或区域内将用相应的内装结构材料进行装饰或再分隔，其作用是：①与钢围壁板共同组成必要的耐火分隔；②装饰作用，由于钢围壁板表面粗糙，且有很多结构件外露，并且沿衬板。天花板和钢围壁之间，布置绝缘、管路、电缆，设置衬板和天花板以后可遮住视线，保护管理、电缆；③防振、隔音作用；④保暖作用。钢板外表给人一种冰冷冷的感觉，而且它非常容易传热，利用衬板、隔板和天花板就可以防止室内温度下降，另外外面的热量也难以传到室内。

防火绝缘材料、隔声绝缘材料和隔热绝缘材料虽然使用的目的与要求不同，但是许多绝缘材料在实际使用时既能满足防火要求，又具有一定的隔声效能或隔热作用，理想的绝缘材料是密度小、导热系数小、吸湿率低，又有一定的强度、无腐蚀性、吸声、耐振、不燃或难燃的材料。

常用的绝缘材料有矿物棉制品（矿矿渣棉、岩棉、玻璃棉、陶瓷棉）、发泡塑料制品、微孔硅酸钙制品、泡沫无机材料等。

目前内装结构材料用的最广泛的是复合岩棉板，本章主要介绍复合岩棉板壁板和天花板系统。

一、复合岩棉板的舱室系统

（一）复合岩棉板的结构形式

复合岩棉板的芯板由三层较薄的岩棉板组成，二层如西德博隆福斯生产的 M1000 双板系统。

复合岩棉板的结构形式

1. 单板结构

复合岩棉板的芯板由一层较厚的岩棉板组成，它有 A 型（榫接式）、C 型（嵌接式）、D 型（间隙式、连续式）、M 型等，见表 8-17，结构形式如图 8-25 所示。

表 8-17　复合岩棉板的几种连接形式

类别	项目	
	特点	备注
A 型（榫接式）	可拆性差；隔音值 31～32 dB；安装容易	可用于壁板、天花板
C 型（嵌接式）	可拆性好；隔音值 28～32 dB；安装较复杂	可用于壁板、天花板，国内船东喜用
D 型（间隙式、连续式）	美观、有很强的空间立体感，质量小，价格较便宜；但设计、安装较复杂	多用于天花板，新加坡及东南亚船东喜用

表 8-17（续）

类别	项目	
	特点	备注
M 型	隔音值 31-32Db；安装时需要适配件；适于两块板缝连接处，安装较复杂	用于壁板与衬板
P 型	质量小，价格较便宜，设计较简单；但安装时很容易板缝错位，使对接板面不在同一水平面上，其安装精度要求很高	多用于天花板，日本船东喜用

2. 模数板

板的宽度尺寸按一定数量增长，每增加 50 mm 有一档规格，像 150 mm，200 mm，250 mm，…，550 mm，600 mm 等，这样房间的内空长宽必须是 50 mm 的倍数。

3. 非模数板

板的宽度规格为定尺，常取 600 mm。如果房间大小与板宽不成整数倍，则端部的一块板宽可以按要求切割。

4. 穿电缆板

结构形式如图 8-26 所示。

5. 高隔声板

岩棉板之间隔着一段空气层，这样就有较好的隔声效果，结构形式如图 8-27 所示。

6. 独立围壁板

独立围壁板也称为隔板。一般应从上甲板到下甲板，以传递上甲板的负荷。它比衬板厚，厚度一般为 50 mm，用作房舱之间的隔板。

7. 衬板

衬板是衬在钢制围壁外表的一层板。其主要目的是房间连续隔面的装饰，另外也用来固定房舱内的靠壁家具（床、衣柜、壁灯等），从地板表面通到天花板为止，不起到船体结构上的强度作用。它比隔板薄些，厚度有 25 mm 和 30 mm 两种规格。

8. 天花板

厚度有 25 mm 和 30 mm 两种规格。

9. 浮动地板

船舶甲板采用复合耐火甲板敷料后所形成的组合地板，具有良好的耐火、抗振和抗冲击性能，并能有效地隔音、隔热，耐火分割达 A-60 级，其结构形式如图 8-28 所示。

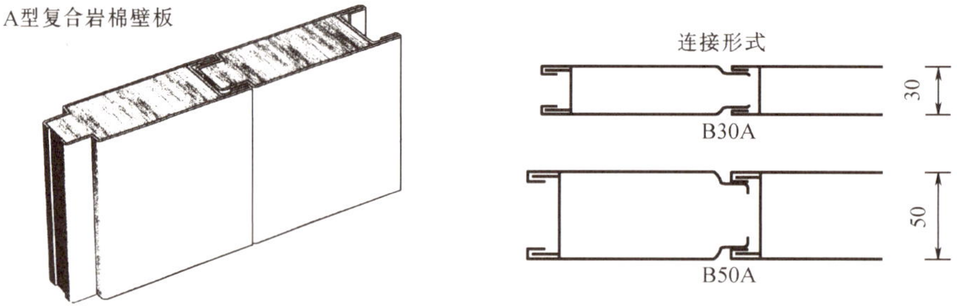

(a)

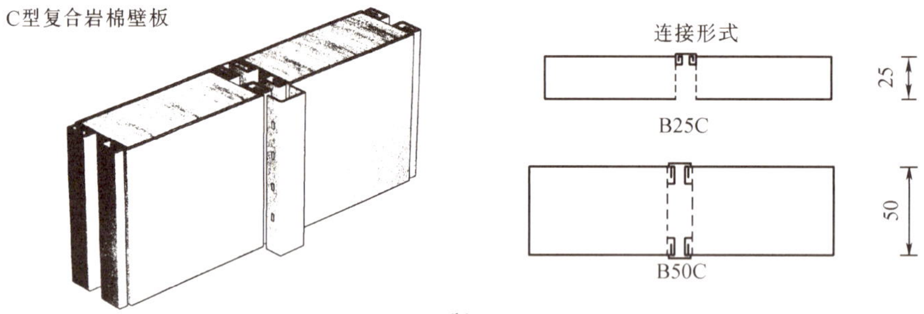

(b)

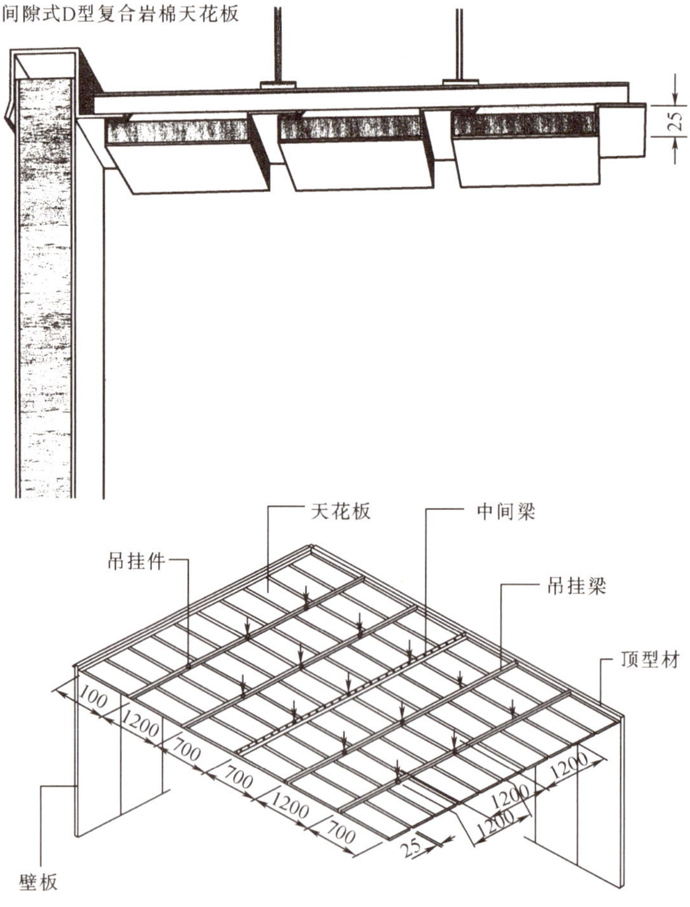

(c)

图 8-25 几种复合岩棉板的结构形式(单位:mm)

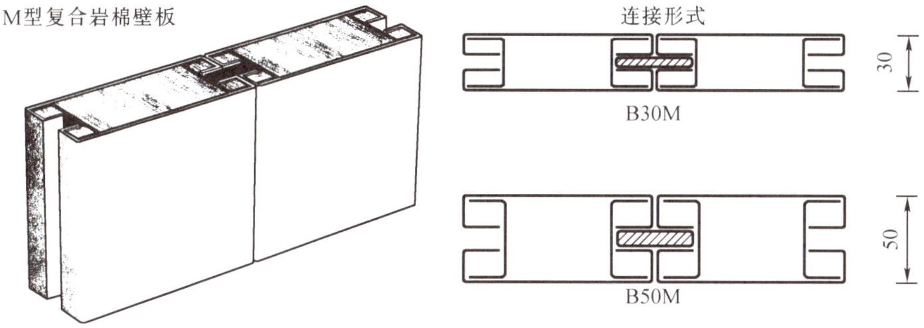
M型复合岩棉壁板
连接形式
30
B30M
50
B50M

(d)

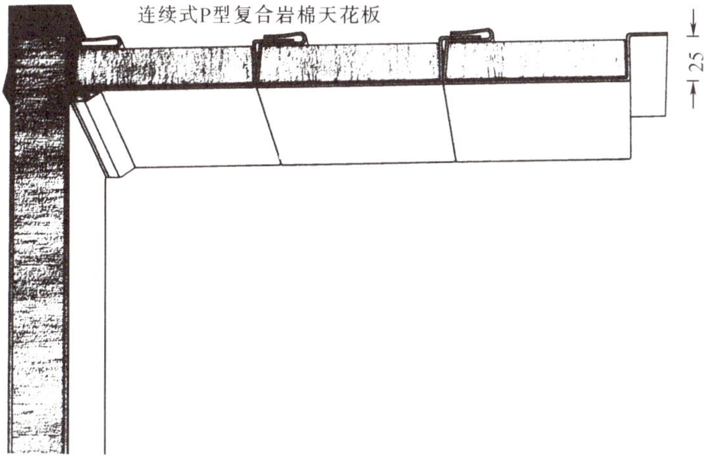
连续式P型复合岩棉天花板
25

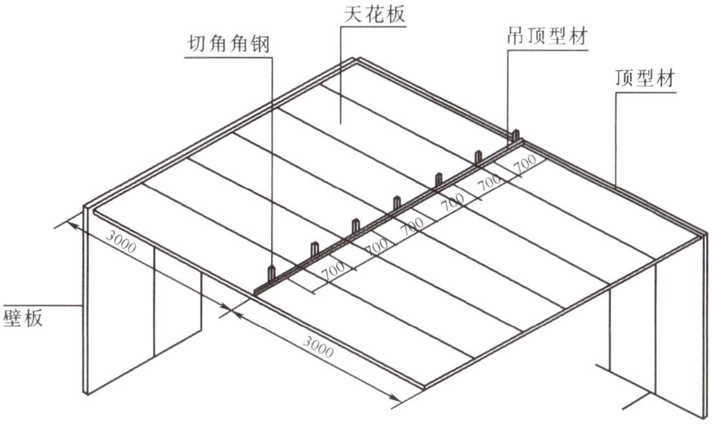
天花板
切角角钢
吊顶型材
顶型材
3000
700
700
700
700
700
700
壁板
3000

(e)

图 8-25（续）

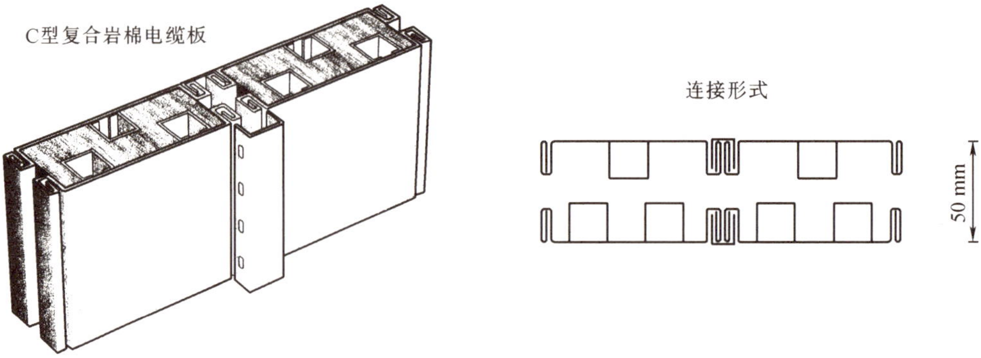

图 8-26　穿电缆板

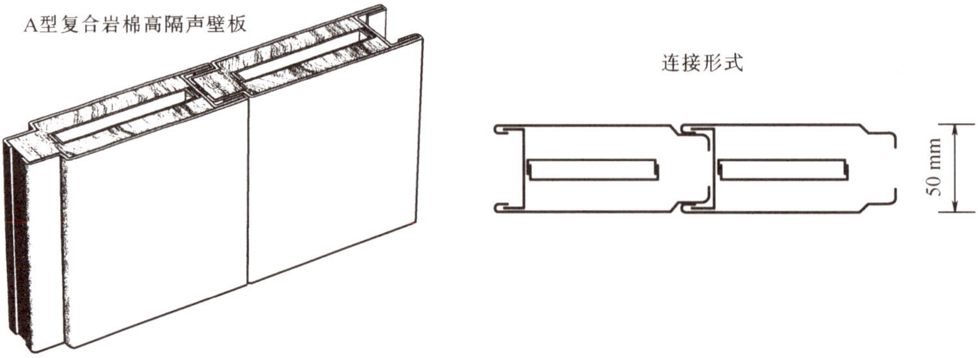

图 8-27　高隔声板

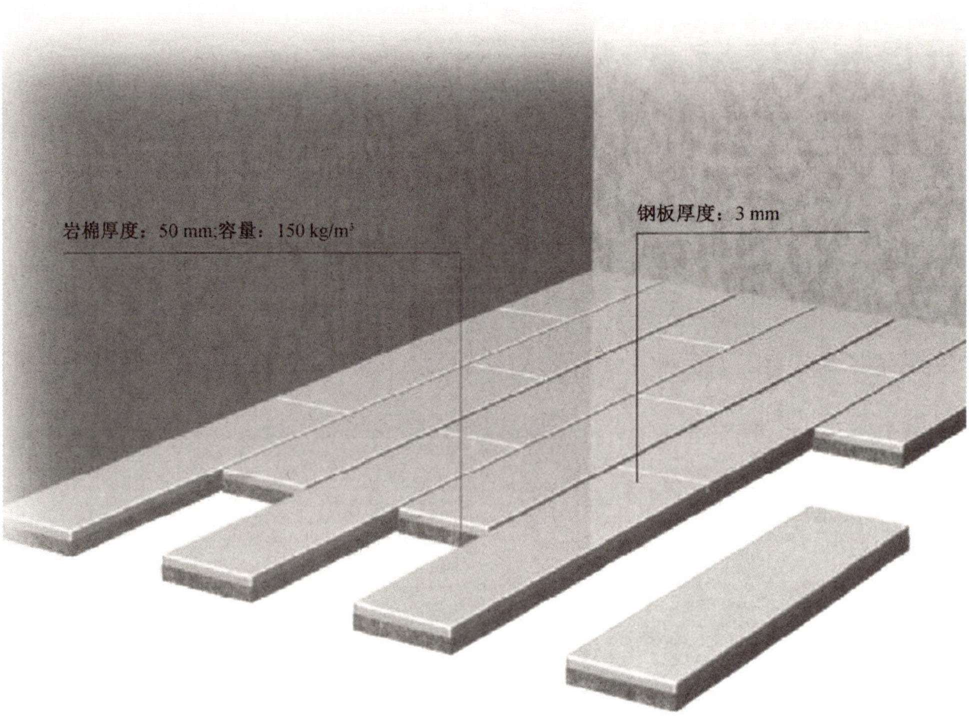

图 8-28　浮动地板

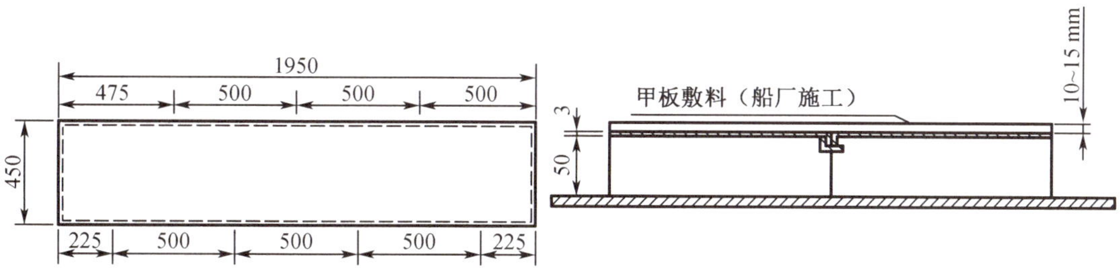

图 8-28(续)

(二)复合岩棉板壁板设计

1. 设计前的准备

(1)图纸准备

包括船舶主要技术规格书、舱室布置图、上层建筑结构图、电气系统图、管系图、空调系统图、甲板敷料布置图、门窗布置及结构图、防火区域划分图,绝缘布置图等。

(2)对房间大小及形状要求

包括房间的长、宽、高等尺寸。如采用模数板系统,则房间的长、宽尺寸必须是模数的整数倍。

(3)船体钢结构的形状和尺寸

船舶舱室是由复合岩棉板四周围起的,然而该舱室又是建筑在船舶上层建筑钢结构里面,因此必须了解上层建筑钢围壁的形状和大小,包括扶强材和肘板等的尺寸及布置。

(4)钢甲板上地板敷料情况

舱室高度一般是指从地板上表面到天花板下表面之间的净高,因此必须弄清楚有哪些类型的甲板敷料,甲板敷料的高度是多少。

(5)底槽构件安装高度

即考虑插装复合岩棉板的底槽是装在钢甲板表面还是装在甲板敷料表面。

(6)天花板的类型和连接形式

设计壁板时就要考虑与天花板的连接形式,互相兼顾。

(7)壁板的防火等级

按照防火区域划分图和绝缘布置图考虑。一般厚度为 50 mm 的单层复合岩棉板,其防火等级应达到 B-15 级。

(8)舱室对隔音降噪方面的要求

根据规范和船主对房舱的隔音要求考虑。

(9)门的类型、尺寸和装置

舱室中选用防火门的等级、数量、尺寸及布置位置、结构型式直接影响着壁板的设计。

(10)电缆敷设情况

即通过电气系统图可以知道舱室中用于照明及生活的电缆股数走向,从而方便考虑在什么位置用几块带电线槽板的复合岩棉板。

(11)需要进行经常性维修二拆卸的部分

一般复合岩棉板是不可拆卸的,但有些需要经常维修的地方,如单元盥洗室的管道处,就应考虑用可拆式复合岩棉板。

2. 设计步骤

相对于木围壁和硅酸钙围壁，复合岩棉板的壁板设计要复杂得多。这是因为复合岩棉板有很多品种，而在同一房间内可以设计同时用几种不同品种的板，而且设计中还要考虑板的安装次序和方向性。

复合岩棉板壁板设计步骤

复合岩棉板壁板设计应完成的图纸文件有壁板排列图(反映板的型号、板宽、板长、板颜色及数量，板的安装次序和节点号)和壁板零件统计表(包括壁板明细表和壁板型材明细表)。

下面具体介绍复合岩棉板壁板设计步骤(图 8-29)

(1)画出甲板上钢围壁平面，并按比例画出围壁上的防挠材。

(2)板列品种选择如图 8-29 所示，该图为船长甲板房间布置图，608 号房为轮机长会客室，壁板采用板宽 500 mm 标准板作为衬板，衬板厚度为 25 mm。与厕所的分割使用防潮板。

轮机长会客室与 609 号报务员房采用厚度 50 mm 的标准板。该隔壁由于要安装壁灯和台灯，故选用一块穿电缆的板。房间内盥洗室单元的一侧由于隔热、隔音要求不高，就选 25 mm 厚的衬板。

(3) 图 8-29 说明

①本舱室甲板间高为 2 700 mm，舱室净高为 2 050 mm；舱室板高＝净高+75 mm；

②图中未注衬板厚度 25 mm，未注隔板厚 50 mm 结构形式 A 型，芯材为铝蜂窝；

③标准板板宽 550 mm，11 表示壁板板宽为 11×50 mm＝550 mm。

④HNP-41 表示壁板色卡，601 表示房间号码。

⑤舱室门的表示中，650×1 850 表示此门的通孔尺寸；750×1 930 表示此门的围壁开孔尺寸，(601)表示此门号；L1 表示此门为左内开；B15 表示此门的防火级别为 B15 级。

⑥FC 表示防潮板；D 表示电缆板；Z 表示现场切割板。

⑦▲表示排版方向。

(4)画出房间四周板列的轮廓线

要考虑复合岩棉板与钢围壁之间的距离。一般衬板与钢壁防挠材之间维持 25～50 mm 的空隙。如果要利用钢壁与衬板的空隙布置管路，则这个间隙应足以容纳管子及管子法兰通过。

(5)排出复合岩棉板接缝位置(即板缝位置)

如果采用非模数板，板宽为定尺寸 550 mm，则按该板宽在板的长度轮廓线上一一绘出复合岩棉板接缝位置。当房间长、宽不是 550 mm 的整数倍时，一般选择端部一块或靠门边的一块为裁划对象，与此同时要考虑整个板列的安装顺序。

(6)做出节点详图

节点详图如图 8-30 所示。

(7)做出壁板零件统计表

即围壁板明细表和围壁板型材明细表，它是订货和施工的配套依据，见表 8-18。

设绘防火分隔图

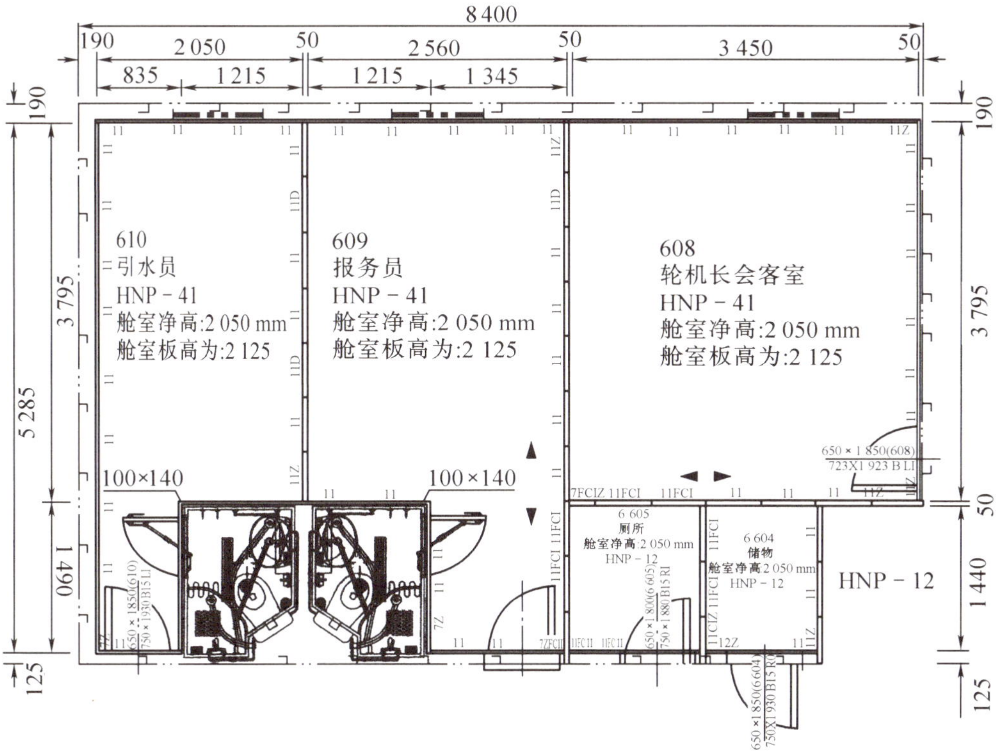

图 8-29 复合岩棉板围壁平面布置图(单位:mm)

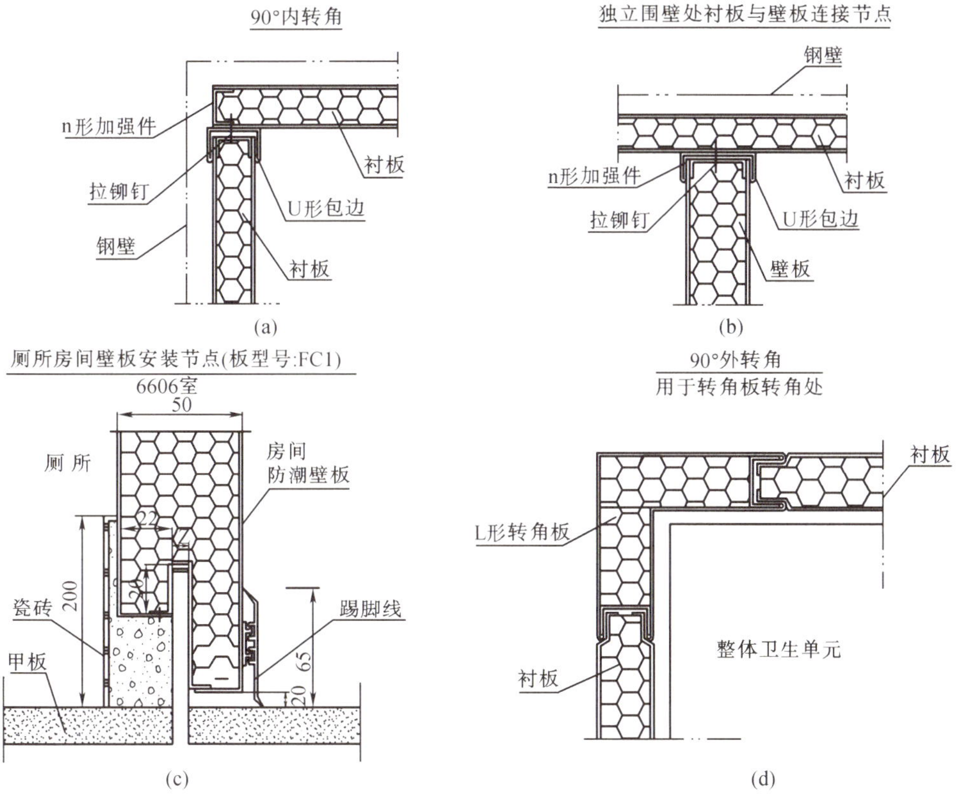

图 8-30 节点详图(单位:mm)

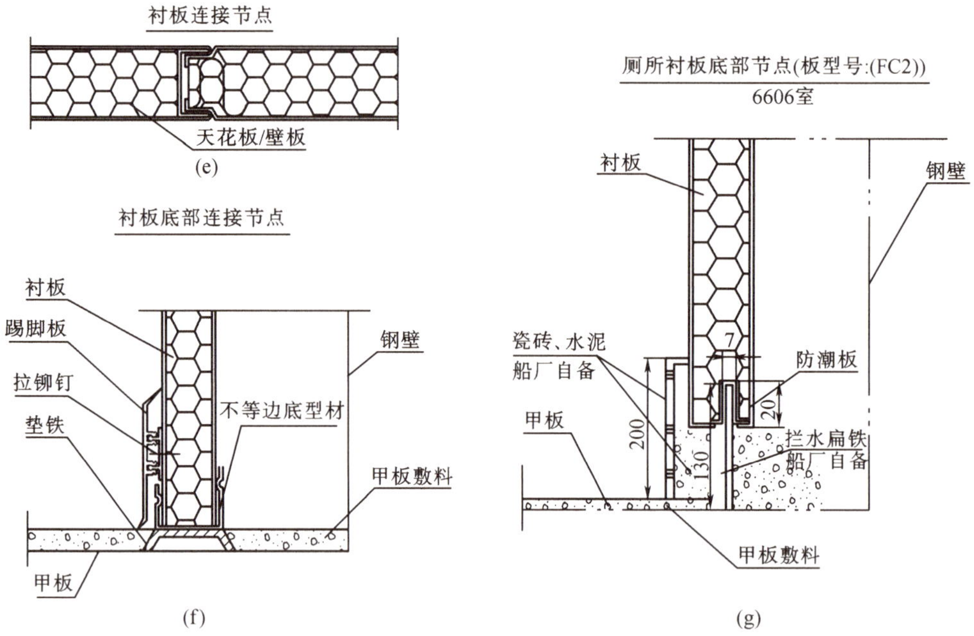

图 8-30(续)

表 8-18　船长甲板房间壁板零件统计表

序号	房间	产品名称	图号	色卡(X/Y)	长度	宽度	数量/块	备　注
1	608	A 型壁板	101	41/0	2 125	550	13	色卡 X 表示房间正面色卡,Y 表示房间反面色卡,0 则表示镀锌钢板
2	608	A 型壁板	101	41/12	2 125	550	4	
3	608	防潮板 I		41/12	2 105	550	2	
4	608	防潮板 I		41/12	2 105	350	1	
5	609	A 型壁板	101	41/0	2 125	550	11	
6	609	A 型壁板	101	41/0	2 125	350	2	
7	609	LC 转角板	163	0/41	2 125		1	100×140
8	609	A 型壁板	101	41/41	2 125	550	6	
9	609	A 型壁板		41/12	2 125	550	1	D
10	609	防潮板 I		41/12	2 105	550	3	
11	610	A 型壁板	101	41/0	2 125	550	19	
12	610	A 型壁板	101	41/0	2 125	350	2	
13	610	LC 转角板	163	0/41	2 125		1	100×140
14	610	A 型壁板	101	41/41	2 125	550	5	
15	610	A 型壁板		41/41	2 125	550	2	D
16	6604	防潮板 I		12/12	2 105	550	3	
17	6604	A 型壁板		12/0	2 125	550	1	
18	6604	A 型壁板		12/0	2 125	600	1	

表 8-18(续)

序号	房间	产品名称	图号	色卡(X/Y)	长度	宽度	数量/块	备　注
19	6604	A 型壁板		12/12	2 125	550	3	
20	6605	防潮板 Ⅱ		12/0	2 015	550	2	
21	6605	防潮板 Ⅱ		12/0	2 015	350	1	

(三)复合岩棉板天花板设计

1. 设计步骤

(1)设计步骤明确舱室的防火要求,确定天花板的结构形式。图 8-31 为某船二管轮房间天花板的排列图,采用间隙式 D 型复合岩棉天花板。

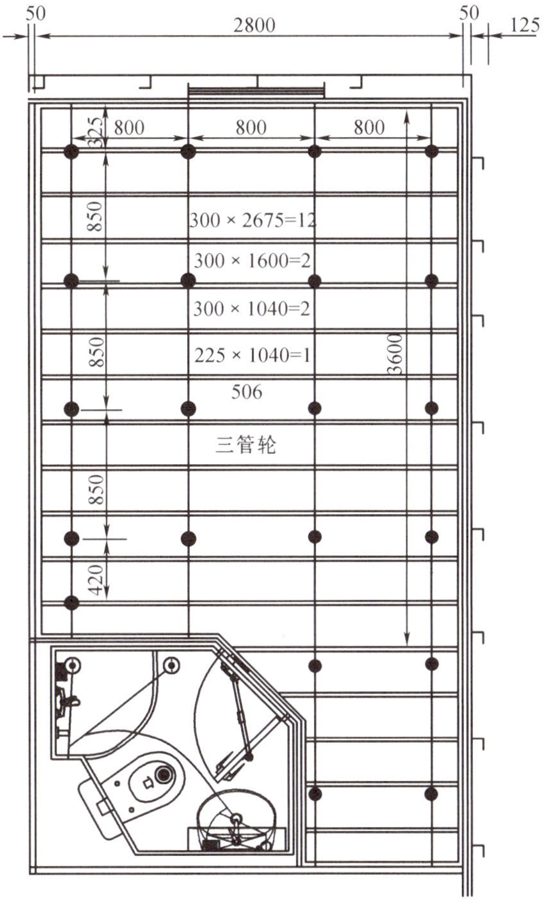

图 8-31　某船二管轮房间天花板的排列图(单位:mm)

(2)选择表面颜色,一般天花板应该选择白色或明度较高的色彩,色彩用色卡表示。

(3)排列天花板。间隙式 D 型复合岩棉板天花板宽度为 300 mm。

(4)图中 506 表示房间代号,▼表示天花板排列方向。

(5)布置主梁、交叉梁及悬挂件。悬挂件一端与主梁、交叉梁相连,另一端焊在甲板或附近的舱壁上。

(6)布置照明灯具及空调布风器。

(7)画出天花板布置图,统计出各种零件并汇编成表格。

2. 安装节点图(图 8-32)。

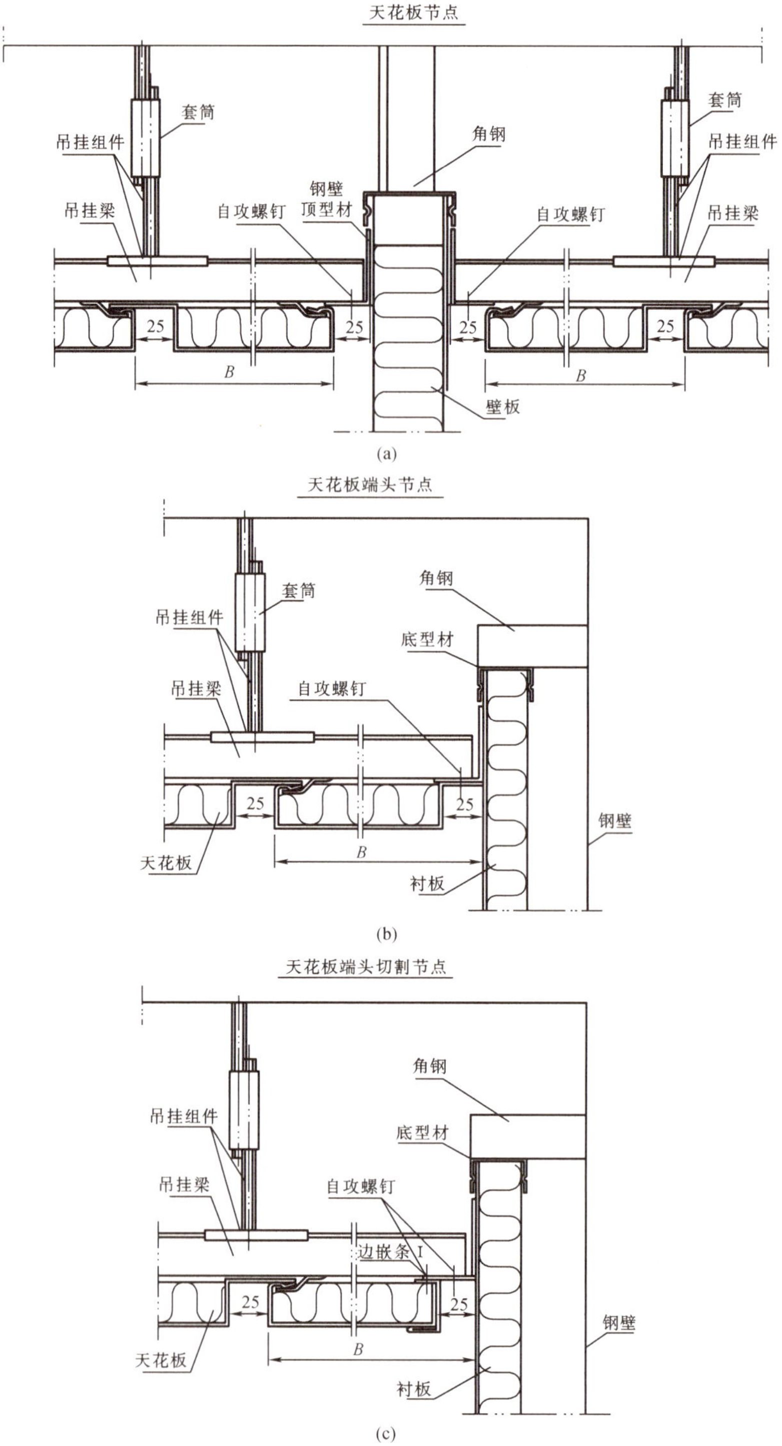

图 8-32 天花板安装节点图(单位:mm)

天花板起始节点

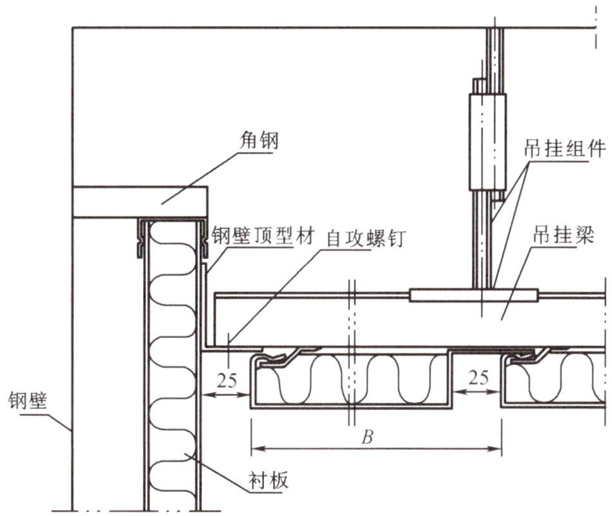

(d)

D型天花板长度方向接长安装节点

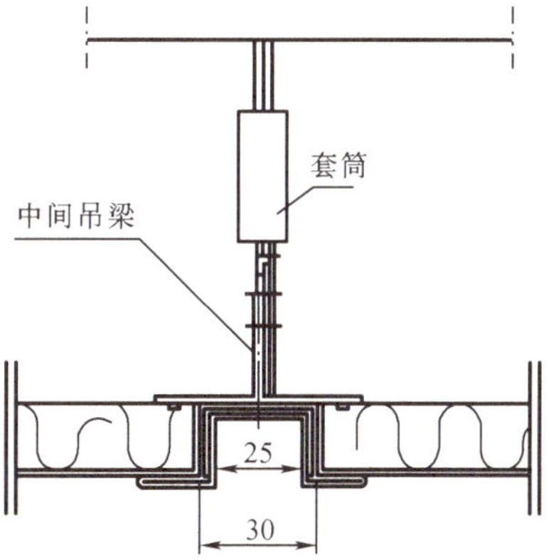

(e)

图 8-32(续)

(四)整体舱室

整体舱室是一种预制模块化整体的舱室单元房间,其效果如图 8-34 所示。它是由舱室壁板、舱室天花板、舱室防火门、整体式卫生单元、家具、照明、消防、空调、广播等各系统组成,集成制造。如图 8-35 所示。

整体舱室主要应用于豪华邮轮、客轮、海上浮动宾馆等舱室的建造。

整体舱室可以有效减少船舶内舾装现场作业繁杂的工作量及各工种交叉作业、返工及二次装修等带来的混乱施工现象,缩短造船周期、降低造船成本。

整体舱室具有以下特点:

1. 高隔音;
2. 结构可靠;
3. 高效安装、施工周期短。

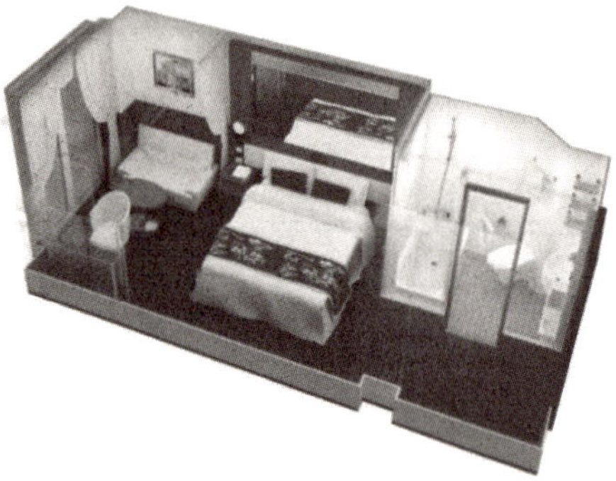

图 8-34　整体舱室效果图

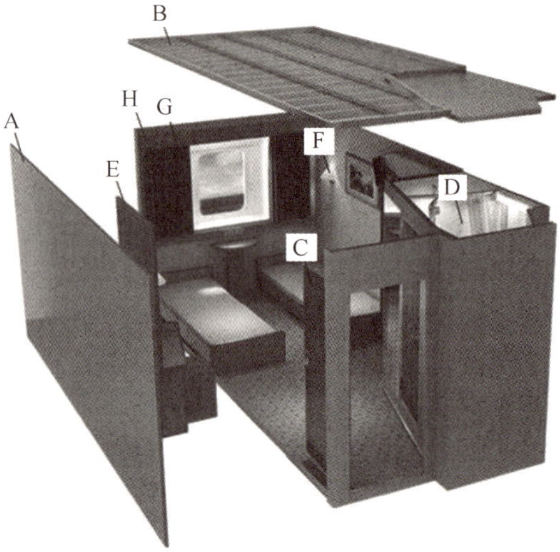

A—壁板；B—天花板；C—防火门；D—卫生单元；E—家具；F—电器；G—窗帘；H—窗室。

图 8-35　整体舱室各组成部分

评价与考核

课程名称	船舶内装生产设计		
学习项目	舱室防火设计	授课教师	
知识掌握情况（40 分）			
序号	知识考核点	分值	教师评分
1	了解船舶结构防火的基本概念	10	
2	掌握船舶舱室防火区域划分与分布原则	15	
3	掌握防火隔设计的原则和设计程序	15	
任务执行情况（60 分）			
序号	能力执行考核点	分值	教师评分
1	能按照防火分隔的要求合理布局全船舱室	30	
2	能识读并绘制全船防火分隔图	30	
违纪扣分（25 分）			
序号	违纪考核点	分值	教师评分
1	上课吃东西	5	
2	上课睡觉	5	
3	上课玩手机	5	
4	上课打电话	5	
5	其他扰乱课堂秩序的行为	5	

小故事园地

西汉的匡衡在年少时家境贫寒,在夜晚读书没有油灯可以照明,于是就凿穿墙壁,借邻居家的烛光来读书。县里有个大户人家不识字,但家中富有,有很多藏书。匡衡到他家做雇工,但不要报酬,只希望可以读遍他家的书。那户人家的主人深受感动,就借书给匡衡读。就这样,勤奋学习的匡衡饱读诗书,终于成就为西汉有名的经学家,汉元帝时官至丞相。

【条件艰苦并不能成为学习的障碍,缺乏条件可以创造条件,学习的关键在于愿意学习以及拥有顽强的意志并坚持不懈。】

任务测试模拟题

1. 判断题

(1) A-15 级分隔要求在标准耐火试验最初半小时其背火一面的平均温度增高不超过 139 ℃,且在任何一点包括任何接头在内的温度,较原温度增高不超过 225 ℃。 (　　)

(2) 不燃材料是指某种材料当加热至 750 ℃时,既不燃烧亦不发出足量的造成自燃的易燃蒸发气体的材料。 (　　)

(3) 当机舱上方需布置起居处所,要求隔音效果好,应采用耐火浮动甲板敷料进行敷设。 (　　)

(4) 主竖区在任何一层甲板上的长度都不应超过 40 m。 (　　)

(5) 限界线以下水密舱壁主要的作用是关闭后保持分隔的水密性,但其上安装的门应先保证防火,再考虑水密。 (　　)

2. 选择题

(1) B-0 级耐火分隔要求在标准耐火试验________时间内其背火一面的平均温度,较原温度增高不超过 139 ℃,且在任何一点包括任何接头在内的温度,较原温度增高不超过 180 ℃。 (　　)

A. 60 min　　B. 30 min　　C. 15 min　　D. 0 min

(2) 对 A 级分隔的隔热层一般要求耐火隔热材料在结构交接点和终止点延伸________。 (　　)

A. 350 mm　　B. 45 cm　　C. 45 mm　　D. 35 mm

(3) 船舶宽度较大,有足够的甲板面积的远洋船舶可以采用________布置甲板通道。 (　　)

A. 双列式　　B. 周边式　　C. 双列周边式　　D. 周边中轴线式

(4) 对于载客人数为 25 人的客船的梯道与控制站之间作为主竖区舱壁的耐火分隔等级应________级。 (　　)

A. A-0　　B. A-30　　C. A-60　　D. A-15

(5) 以下不属于复合岩棉板天花板设计内容的是________。 (　　)

A. 明确防火要求,确定天花板结构形式　　B. 天花板电缆敷设

C. 排列天花板,确定数量和形状　　D. 绘制安装节点图

3. 简答题

(1) A-0 级能替代 B-15 级吗,为什么?

(2) 什么是不燃材料?

(3) 货船的防火设计中的 IC 法、IIC 与 IIIC 法是什么?哪种方法的成本比较低?

(4) 船舶耐火分隔设计的设计原则是什么?

(5) 复合岩棉板天花板的设计步骤?

4. 应用题

下图为某船的艉楼甲板舱室图,试绘出舱壁防火分隔图。

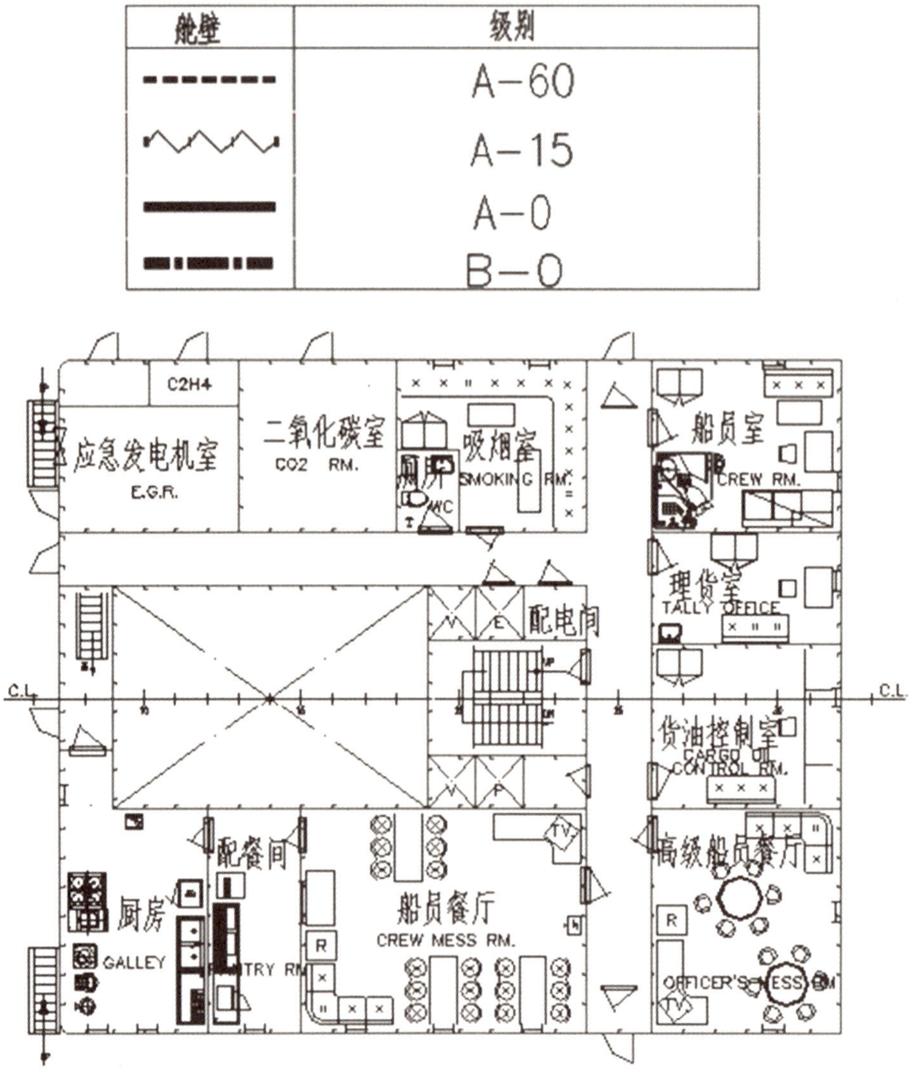

项目九

舱室设计

引导语

据《中国船舶报》2002年6月10日消息，截至2022年5月底，中国首制大型邮轮项目建造进度超60%，技术状态已固化，物资采购基本结束。这艘船总长323.6 m，大到绕船坞走一圈要25 min。3层甲板，这里是游客进入邮轮的第一站；3层到5层甲板是中庭，有螺旋楼梯、商店、接待处；3层到4层有个船尾餐厅，能满足830人同时用餐；坐电梯直达12层甲板，这里有篮球场、游泳池、自行车道……。

大型邮轮被誉为移动的“海上城市”，舒适和豪华程度堪比五星级酒店。我国首制大型邮轮，客房数2 125间、最大乘客数为5 246人，一共有14层甲板，从标间到总统套房，从自助餐厅到高级酒吧、电影院、大型剧院、水上乐园等一应俱全。

邮轮船体建造就好比搭积木，要把钢板切成零件，零件拼成分段，分段组成总段，形成一块块积木，再到船坞内把每个总段精准地总组在一起，进入搭积木环节。邮轮专用的船坞长740 m、宽76 m，步行一圈需要25 min，搭好邮轮这座前后长度误差不超过20 mm的“巨无霸积木”，其建造难度可想而知。

蓦然回首，从当年那条仅容十几个人的革命小船，再到众多的木帆船，再到如今的豪华邮轮……中国号巨轮，不断在进步、在飞跃，未来让我们一起搭乘这条巨轮，巍巍前行，铸就强健的民族之魂，激扬中国精神的澎湃之力！

学习目标

任务说明

根据各船的用途、大小及乘员人数的不同，通过对乘员的工作和生活条件及经济性和实际可能性分析，能按规范标准进行船舶舱室区划和布置。

知识目标

1. 掌握舱室区划与布置的原则。
2. 掌握生活舱室的区划与布置要求。
3. 掌握工作舱室及其他舱室的区划与布置要求。
4. 掌握船舶应急按性质进行的分类。
5. 了解发生各种不同紧急事件时应采取的应对措施及行动。
6. 了解船舶应急逃生标志符号及逃生标志设计规则。

能力目标

1. 能根据舱室区划和布置的原则,完成给定的某船舱室的区划及布置;
2. 能根据船舶的性能及各区域的使用要求、功能要求,完成交通路线规划。
3. 能根据不同的舱室要求,设绘应急逃生路线图及标志分布图。

任务9.1 生活舱室设计

任务准备

舱室设计中,舱室区划与布置是设计中的两项重要设计工作,前者是对船体上的空间进行总体划分,区划出不同用途的舱室和进出这些舱室的交通路线;后者是对区划好的舱室进行家具、设施和色彩等方面的布置,以满足人们在船上生活、工作、学习和娱乐的需要。进行这两项工作的总要求是,在实用经济的前提下,尽力改善乘员的工作、生活和学习条件,使他们感到舒适、方便和安全,特别是客船更应如此。由于船舶大小和用途的不同,舱室区划与布置没有统一的模式。本章只就这两项设计工作中生活舱室的面积和设备标准、各种舱室的位置确定以及交通路线的规划等共性问题做介绍。

任务实施

生活舱室的面积和设备标准,一方面要考虑乘员的工作和生活条件,另一方面也要照顾经济性和实际可能性。由于各船的用途、大小及乘员人数的不同,设计达到的标准也不相同。我国已经对海船及内河船分别颁布了《乘客定额及舱室设备规范》(以下简称《规范》)。此外,交通部还编制了《沿海客货船船员和乘客主要舱室面积及家具设备配置标准》

(JT/T 4523—1984)(以下简称《标准》)。《标准》从使用、安全、经济等方面出发考虑到有关规范的要求,对船员和乘客居住的舱室采用简化和统一方法,以减少舱室型号和非标准舱室的建造,这对设计建造、提高经济效益都是大有好处的。设计新船时可参照《标准》并参考近期的型船来进行。

一、居住舱室

(一)沿海客货船船员居住舱室

以沿海客货船船员居住船舶内装发展

船员居住舱室的设计是现代船舶设计的重要方面。19 世纪时普通船员居室大多布置在舶楼或解楼,高级船员居室布置在机舱附近。20 世纪 50 年代开始,油船、干货船采用了把船员居住区集中于舶楼的布置。由于海上生活的单调与漫长,船员居住的舒适性得到各国重视。1953 年,英国制定了“商船船员居住舱室规则”的相关政策。1950 年,美国颁布了船员居住标准,我国也编制了舰船居住规范。这些都为船员舱室居住性设计提供了依据和参考。

《标准》对沿海 1 000~10 000 GT 位(分 1 000~3 000 GT 和 3 000~10 000 GT 两级)的客货船做了规定。《标准》将船员居住舱室按职位分为以下四类。

一类舱室:船长、政委、轮机长、大副舱室;

二类舱室:大管轮(有条件的可按一类舱室处理)、二副、二管轮、机电员、三副、三管轮、报务员、客运主任、业务员或管事舱室;

三类舱室:正副水手长、正副机匠长、生火长、服务组长、货运员、客运员、会计、医务人员、航警队长舱室;

四类舱室:一级水手、二级水手、机匠、电工、生火、加油、厨工、服务员、航警、广播员、驾驶员、售货员、理货员舱室。

船员每一类住室的人数、面积及住室内的主要家具设备配置与船的总吨位、舱室类别有关,见表 9-1、表 9-2 所列,可供设计时参考。

表 9-1　沿海客货船船员居住舱室的每室人数、净面积标准

舱室类别	每室人数	船舶部吨位级/GT			
		1 000~3 000		3 000~10 000	
		面积适宜值/m^2	面积最小值/m^2	面积适宜值/m^2	面积最小值/m^2
一类舱室	1	9~12	6. 5	12~20	7. 5
二类舱室	1	6. 5~7. 5	6. 5	7. 5~9	7. 5
三室舱室	1	4~5	3. 8	5~7	3. 8
	2	7~9	4. 7	9~11	6
四室舱室	2	6~7	4. 7	7~9	6
	4	11~13	9. 6	13~15	12

表 9-2　沿海客货船船员住室主要家具和设备配置表

舱室类别	一类舱室	二类舱室	三类舱室	四类舱室
每室人数	1	1	1~2	2~4
单人床	△	△	△　△[*1]	△[*1]
双层床			△[*1]	△[*1]　△
衣柜	△	△	△	△　△
写字台(包括座椅)	△	△	△　△[*2]	
桌子			△[*2]	△　△
洗脸盆	△[*3]	△	△　△	△　△
椅子	△	○	○　○	○　○
沙发	△	○	○　○	○　○
文件柜(或书柜)	△			

注:△表示必需设备;○表示有条件时设置的设备;＊1 表示单人床与双人床二者选其一;＊2 写字台与桌子二者选其一;＊3 设置专用或二人合用的卫生间,内有大便器、淋浴设施及洗脸盆。

图 9-1 至图 9-6 为不同类别船员住舱的布置示例。其中图 9-1 至图 9-2 适用于船员一、二类舱室,图 9-3 至图 9-5 适用于船员三类舱室,图 9-1 至图 9-6 适用于船员四类舱室。图示中 S 为舱室甲板面积。

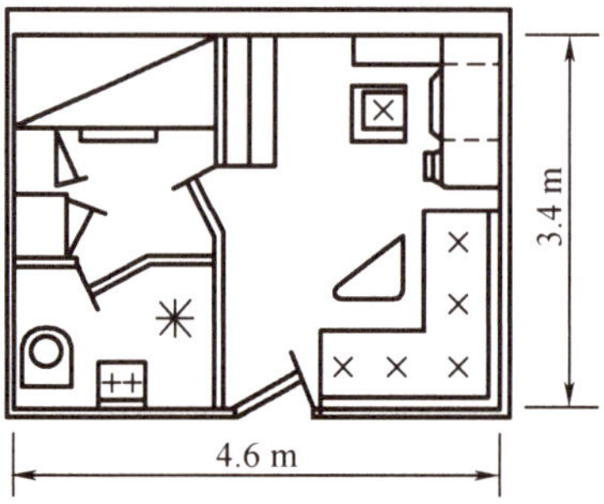

图 9-1　$S=15.6\ m^2$($15.6\ m^2$/人)

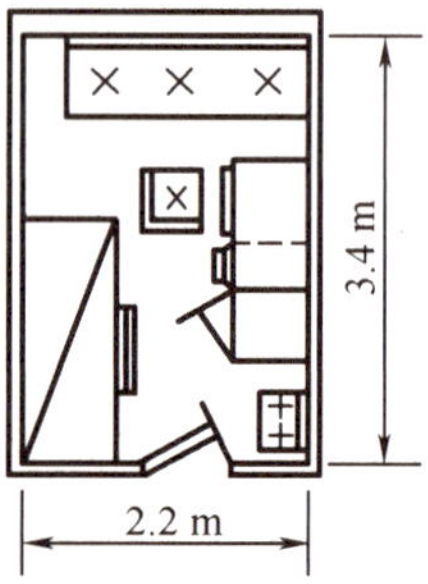

图 9-2　$S=7.5\ m^2$($7.5\ m^2$/人)

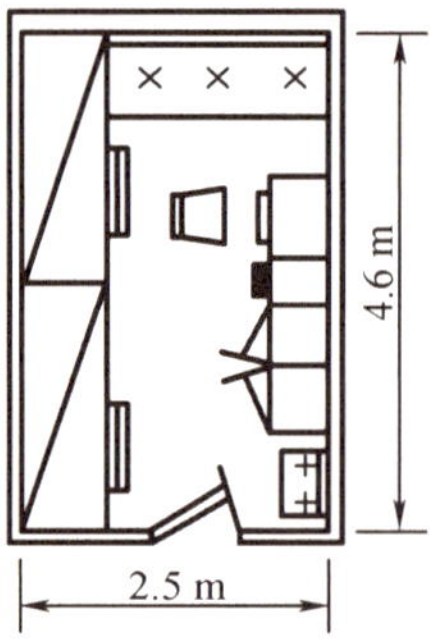

图 9-3　$S=10\ m^2$($10\ m^2$/人)

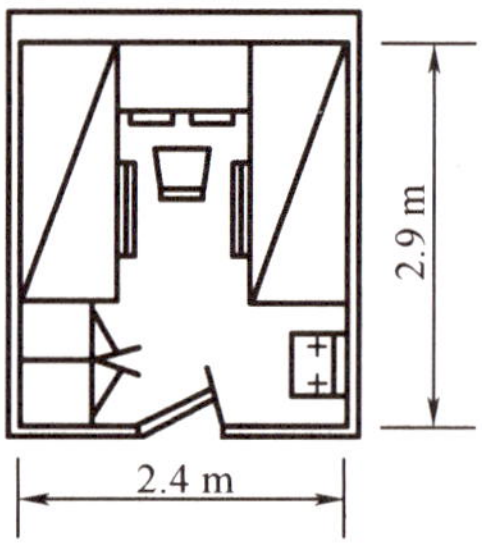

图 9-4　$S=7.0\ m^2$($3.5\ mm^2$/人)

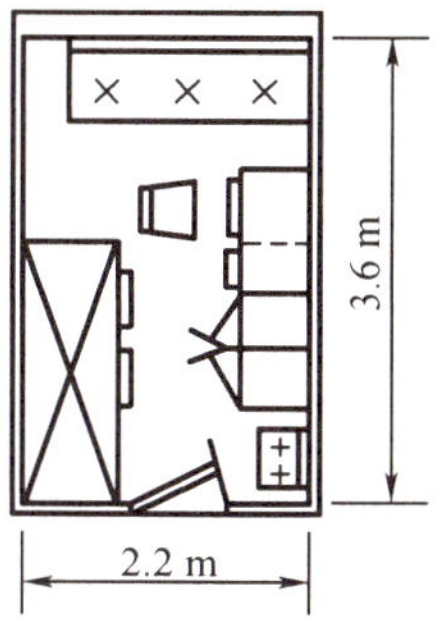

图 9-5　S=7.9 m^2(13.95 m^2/人)

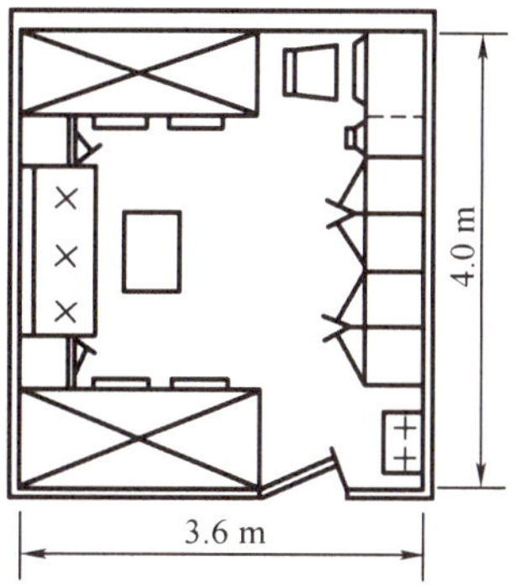

图 9-6　S=14.4 m^2(3.6 m^2/人)

1. 船长级居室的设计

船长级船员包括船长、轮机长。船长居室是船员居室设计中最为重要的,它应体现出全船最高指挥场所的威严,舱室布置与家具配置参考上面舱室布置图例。其居室设计特点如下:

(1)突出船长级地位的最高级,表现出不同等级的差别性;

(2)居住面积大,家具设备齐全,使用舒适;

(3)色调和谐,光色统一;

(4)家具造型优美,选料精良,制作高档。

(5)装饰风格要有时代性、民族性,性格鲜明具有优雅肃敬的气氛与意境。

2. 高级船员居室的设计

高级船员包括大副、大管轮。他们是船上各部门负责人,船上待遇仅次于船长级船员。其居室设计特点如下:

(1)利用居住面积、家具设备、装饰特点表现出高级船员应有地位的重要性与差别;

(2)在布局中体现等级待遇的条件、职务和工作的性质;

(3)居住性应接近船长级舱室水平,具有较好的功能性、舒适性;

(4)舱室装饰应体现艺术风格的统一性。

3. 次高级船员舱室的设计

次高级船员指二副、三副、服务员、二管轮、三管轮和轮机员等中层技术干部,他们是各业务部门领班工作人员。设计时要满足工作和休息的需要,环境处理上要达到实用、舒适、美观、紧凑,处理好卧室兼办公室双重作用。家具设备有写字台、衣柜、茶几、扶手椅、单人沙发、活动椅、书柜、边柜等。其居室设计特点如下:

(1)利用变化统一的手法,强调设计的整体性,突出室内空间用途的多层性;

(2)通过色彩与光线设计创造统一和谐的室内空间;

(3)家具设备与陈设应简洁精练,富于线、块结合美感;

(4)合理利用空间,布置主次分明,室内留有一定活动空间。

4. 中级船员居室的设计

中级船员包括水手、机匠长、大厨、电机长,他们是领班技术工人。由于工作性质,设计时主要解决他们的休息条件,并兼顾看书、学习、书写等需要。其居室设计特点如下:

(1)设计突出实用性,保证休息条件;

(2)配备日常生活必备家具;

(3)色彩统一协调,布置美观大方。

5. 一般船员居室的设计

一般船员包括水工、机匠、厨工、电工、服务员等。他们在船上的待遇是相对最低的,大型船舶是 2 人一室,中小船舶是 3~4 人一室。其居室设计特点如下:

(1)满足睡眠、休息、存放物品的居住条件;

(2)保证空间照明和流动性;

(3)家具与空间色彩要统一;

(4)保证使用安全性、耐久性。

(二)沿海客货船旅客舱室

国内客船包括沿海、海湾和内河客船、客货船与旅游客船。其中大多数是定期客船,内河客船以长江客船为主、旅游客船以三峡旅游客船为主。其乘客居室水平与国外存在较大差距。定期客船乘客并不是以乘船旅游为目的,因此居室设计以实用、安全为主,兼顾美观大方。

沿海客货船旅客居住舱室的居住要求

《规范》将沿海客货船分为四类:第一类为航行时间 $t \geqslant 24$ h 的国际航行客船;第二类为 $t<24$ h 的国际航行客船和 $t \geqslant 24$ h 的国内航行客船;24 h$>t>$4 h 及 $t \leqslant 4$ h 的国内航行客船分别为第三类和第四类。

同时《规范》又各类客船的客舱设置做了如下规定:

(1)第一、二类客船和航行时间大于 6 h 的第三类客船应全部设置卧席客舱;

(2)航行时间小于或等于 6 h 的第三类客船和第四类客船可设置适当数量的坐席;

(3)所有客船不准设置散席客舱;

(4)卧席客舱分为一等、二等、三等、四等和五等,各等级客舱的每室人数如表 9-3 所列。

表 9-3　我国沿海及内河客船的客舱等级及规定的载客数

客舱等级		特等	一等	二等	三等	四等	五等
每客舱载客数	沿海	1~2	1~2	2~4	4~8	8~24	≤100
	内河		1~2	≯4	≯10	≯24	

为了保证旅客的舒适和安全,对某些狭窄处所、危险处所的舒适程度低的处所,通常均禁止布置旅客舱室,这在全国历次颁布和修订的海船、内河船舱室设备规范都有明文规定禁止布置客舱的处所是:

内河客货船船员及旅客居住舱室设计要求

(1)净高不满 1.9 m(海船)及达不到表 9-4 所列高度(内河船)的舱室;

(2)由船首柱向至绞盘或绞锚机底座后缘 1m 的甲板面积范围内;

(3)上甲板一下在船首防撞舱壁之前的处所;

(4)设置救生艇及无舷墙或栏杆的处所;

(5)与危险品相毗邻的处所;

(6)在闪点低于 60 ℃的燃油舱之上的处所;如旅客舱室位于闪点在 60 ℃以上的燃油舱之上,该舱室甲板应敷设厚度不少于 4 cm 的不能溶解于石油的不然性及保证气密的涂料。

表 9-4　内河船居住及工作舱室甲板间净高度

单位:m

船舶类型	要求
第一、二类大型客船	≮2.0
第一、二类大型客船(三层卧铺)	≮2.8
第一、二类中小型客船,第三、四类大型客船	≮1.9
第三、四类中小型客船、第五类客船	≮1.85
航行于小河支流的小型客船	≮1.80

旅客舱室每人占有的净甲板面积如表 9-5 所列。对于 1 000~3 000 GT 的客船,如航行时间大于 24 h 者,其净甲板面积最小值应按 3 000~10 000 GT 选取。此外对适应值的选取要考虑舱室所在甲板层位置,上甲板以上可小些,上甲板以下要大些。

内河客船分类及旅客舱室设计要求

表 9-5　沿海客货船每位乘客占有净甲板面积

单位:m^2/人

船舶总吨位/GT	乘客舱室等级									
	一等		二等		三等		四等		五等	
	适宜值	最小值	适宜值	最小值	适宜值	最小值	适宜值	最小值	适宜值	最小值
1 000~3 000	6.0	3.0	2.3	1.7	1.3	1.3	1.24	1.1	1.1~1.3	1.1
3 000~10 000	6.0	3.5	3.0	2.2	1.4	1.4	1.25	1.2	1.2~1.4	1.2

表 9-5 中未列出特等舱的数值,设计时可根据船的使用要求与特点,结合布置上的可能性加以确定。

对于短途客船,设置软座或硬座客位时,其最小居住室面积应不小于 0.5~0.6 m^2/人。具体标准应按航线的情况并参考船型选取。

各等客舱的主要家具设备见表 9-6 所列。其中未列出特等客舱,其室内陈列可参考近期的母型船确定。特等客舱应设独用卫生间,一等客舱可设独用或合用卫生间。

表 9-6 沿海客货船客舱主要家具和设备配置表

主要设备	客舱等级				
	一等	二等	三等	四等	五等
单层硬席卧铺	△				
双层硬席卧铺		△	△	△	△
衣柜	△				
写字台(包括座椅)	△	△			
桌子			△	△	△
椅子	○	○	△	△	
洗脸盆	△*	△	○		
沙发	○	○			
救生衣箱			△	△	△
行李箱				○	○

注:△表示必须设置的设备○表示有条件时设置的设备; * 设在独用或合用卫生间内。

图 9-7 所示的为各类乘客居住舱室布置示例,可供设计时参考。

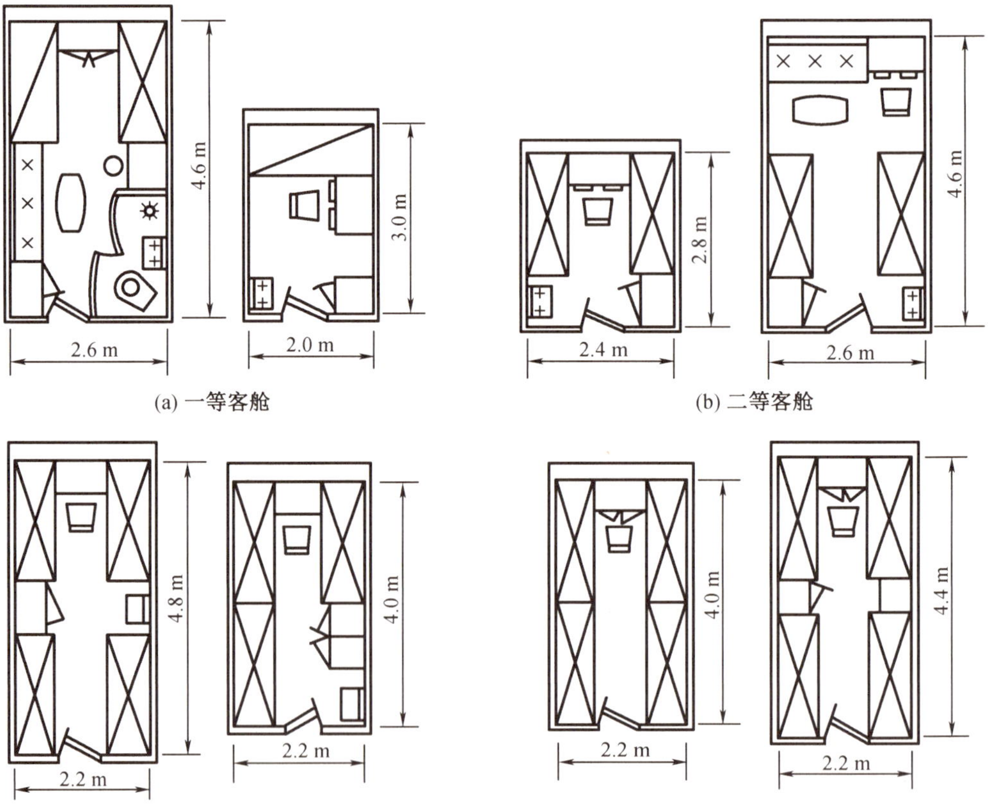

(a) 一等客舱　(b) 二等客舱　(c) 一等客舱　(d) 二等客舱

图 9-7 各类乘客居住舱室布置示例

一、二等客舱：多设在上层建筑暗部，面积为 10 m^2 左右，设置两个单人木质床，一个衣柜（带救生柜），一个小型写字桌，设有风扇、空调。围壁天棚用塑面板作为装饰材料，家具造型和房间色彩应协调，给人以舒适感。

三、四等客舱：一般以 4 ~8 人为一室，其特点是以满足白天休息和夜间睡眠为主。一般为上下铺床，设有救生衣柜，一个抽斗桌，旅客物品存放床下，室内设有通风系统和电风扇，房间同样塑面装饰，色调和谐平稳，见表 9-7。

表 9-7　沿海客船乘客居住面积

项目		船名		
		7 500T 级	5 000T 级	3 000T 级
L_{oa}/m		138	120	106.67
B/m		17.6	18.8	15.8
层高/m		2.3/2.5	2.5/2.55	2.2/2.4
甲板层数		6	7	5
乘客定员/人	总数	820/824	1 302	915
	特等	418	2	1
	二等	8	64	12
	三等	204	546	318
	四等	344	690	280
	五等	260	—	304
人均面积/(m^2/人)	特等	21.6/10.6	10.08	27
	二等	4.19	3.00	2.85
	三等	1.77	1.65	1.4/1.78
	四等	1.54	1.26	1.40
	五等	1.75	—	2.00

五等客舱：居住条件比较差，一般以 50 ~200 人住在一个大型通舱，没有装饰板，上下铺铁床。空气流通不好，基本保证旅客中途休息、睡眠。

五等散席不设床铺，大多在走廊、货舱或露天甲板席地而坐。

图 9-8 所示为国内客船舱室。

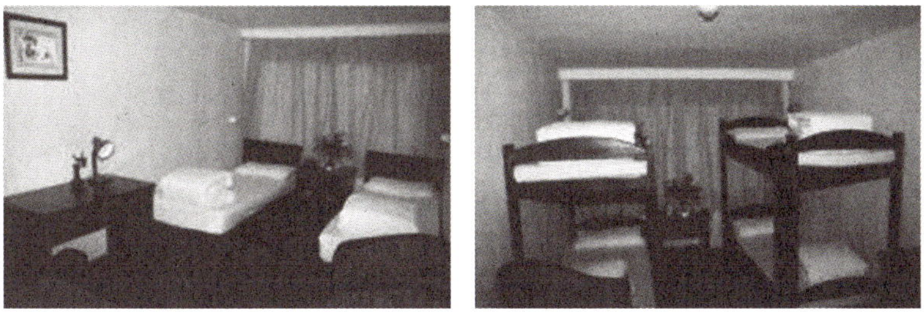

(a)一等舱(2人间)　(b)二等舱(4人间)

图 9-8　国内客船舱室

(c)三等舱(8人间)

(d)餐厅

图 9-8(续)

(三)内河船的船员及旅客舱室标准

以总吨位划分的长江船舶的船员舱室面积标准如表 9-8 所列,可供设计长江船及其他内河船舶时参考。

表 9-8 长江客船、货船乘客舱室面积

项目		船名			
		中汉线	汉渝线	渝宜线	中游短途
L_{oa}/m		113	77	68.5	45.5
B/m		19.6	15.4	13.2	8.66
层高/m		2.3~3.1	2.25~2.4	2.3~2.4	2
层数		5	5	4.5	3
乘客定员/人	特等	1 182	800	960	651
	二等	32	20	4	—
	三等	224	222	—	—
	四等	674	342	302	28
	五等	252	216	654(座)	623(座)
人均面积/(m^2/人)	二等	4.3	3.8	5.4	—
	三等	2.16	1.92	—	—
	四等	1.46	1.3	1.12	1.06
	五等	0.87	0.88	0.52(座)	0.32(座)

注:对于 50 GT 以下的机动船及木驳,应根据实际情况确定;50 GT 以下的机动船,可以将干部船员布置在多余 2 人的舱室内,但每一船员所占用的面积仍不应小于表中规定值。

我国内河客船的客舱等级及载客数如表 9-3 所示。

内河客船等级客舱每人占用面积如表 9-9 所示,其中船型分为下列四种:

(1)PA 航行于长江下游汉申线的长途客船;

(2)PB 航行于长江上游渝汉段的长途客船;

(3)PDA 航行于长江下游汉申线内任一区段的客船;

(4)PDB 航行于长江上中游渝汉段任一区段的客船。

内河船也按总吨位分为大、中、小三型。

(1)大型客船　总吨位≥1 000 GT;

(2)中型客船　200 GT<总吨位<1 000 GT;

(3)小型客船　总吨位≤200 GT。

表 9-9　内河船各等级客舱每一旅客占有面积　单位:m

客舱等级	船型			
	PA	PB	PDA	PDB
二等	4.00	3.80	3.70	3.50
三等	1.95	1.85	1.75	1.65
四等	1.20	1.15	1.10	1.10
五等	0.90	0.90	—	—

内河客船依大、中、小型规定了固定卧铺的净尺寸(自床架的内边缘量度)及通道宽度,见表 9-10。

内河客船依航次时间分为以下五类:

(1)自出发港至终点港逆水连续航行时间超过 24 h 的定期客船;

(2)在规定港埠间航行的区间客船,其逆水航行时间在 12~24 h 者;

(3)短程客船,其逆水航行时间在 4~12 h 者;

(4)市内渡船或邻近港口间航行的客船,其逆水航行时间不超过 4 h 者,以及工矿企业的交通船。

(5)航行时间不超过 20 min 的对江渡船,内河客船座椅的最小尺寸(m),座椅与座椅间的最小距离(m)分别见表 9-11、表 9-12。

表 9-10　内河船固定卧铺及通道尺寸　单位:m

<table>
<tr><td colspan="2" rowspan="2">项目</td><td rowspan="2">软卧</td><td colspan="2">硬卧</td></tr>
<tr><td>大型客船</td><td>中小型客船</td></tr>
<tr><td colspan="2">床铺的净尺度</td><td>1.90×0.8</td><td>1.85×0.7</td><td>1.80×0.6</td></tr>
<tr><td rowspan="2">床铺</td><td>下层铺离甲板</td><td colspan="3">视具体情况而定</td></tr>
<tr><td>下层铺面至上层铺下面
或上层铺面至横梁下缘</td><td colspan="3">≮0.85(如有困难可减少至0.8)</td></tr>
<tr><td colspan="2">床铺间或床铺与舱壁间通道</td><td colspan="3">通道两边床铺数≯12 小时,≮0.6
通道两边床铺数>12 小时,≮0.8
三层铺时≮0.9</td></tr>
</table>

表 9-11　内河客船座椅的最小尺寸

单位:m

船舶类别	软席		硬席		备注
	宽	深	宽	深	
第一类	0.5	0.48	0.45	0.45	第二、三、四类大型客船按第一类客船要求
第二类	0.5	0.48	0.45	0.45	
第三类	0.5	0.48	0.45	0.45	
第四类	—	—	0.40	0.38	

表 9-12　内河客船座椅的最小尺寸

单位:m

船舶类型	第一类	第二类	第三类	第四类
对向排列	0.60	0.55	0.50	0.45
同向排列	0.38	0.35	0.30	0.28

注:1. 座席舱必须留有纵向通道,其宽度≮0.7 m;

2. 座席可数人并坐,但任一座位与通道距离≯2.5 m;

3. 第二、三、四类大型客船的座椅间距离应按第一类要求。

二、公共处所及服务处所

客货船餐厅及厨房的设计要求

船舶公共活动场所是指人口大厅、餐厅、酒吧、休息室、舞厅、放映厅、图书室、商店、健身室、活动甲板、游泳池等场所。大型旅游客船公共场所的设计已成为船舶内装设计的核心,通过公共娱乐、休闲、运动,用以丰富游客的海上旅游生活。普通客船、货船也同样要通过公共活动来调剂人们的精神生活,消除航行的寂寞感,所以船舶公共活动场所是必不可少的。国外定期客船时代,公共场所也是按等级分别设置的。进入旅游客船时代,公共场所已不分等级,但各类公共场所功能也在逐步演变,如餐厅由下层移到上层甲板;门厅由狭小空间演变为高大宽敞的共享空间;休息室大型化、多功能化、多样化;影剧场演变为放映厅;图书馆演变为图书阅览室;小卖部演变为商店街;普遍增设游泳池、桑拿浴室、健身房等运动健身设施,公共场所成为船上人们社会活动和娱乐中心。

(一)餐厅及厨房

客货船卫生设备的设计要求

我国船上通常只设一个船员餐厅。中、大型船的船员餐厅面积应尽可能满足全体人员同时进餐,一般至少满足 2~3 人员同时就餐。餐厅面积按每人 1.0~1.5 m^2 考虑。餐厅常兼作会议室。旅客餐厅与客船种类有关,一类客船每批进餐乘客人数占总乘客的人数应不小于 40%,平均每位进餐乘客占最小甲板面积应不小于 1.0 m^2。二、三类客船的每批进餐乘客人数占乘客人数应分别不小于 25% 和 20%,每位进餐乘客占的最小甲板面积应不小于 0.8 m^2,。每一乘客占餐桌的长度不得小于 0.5 m。旅客餐厅可设一个或两个。设两个时,小餐厅供软席乘客用。有的短途客船(尤其是夜航船),只有小卖部供应点心。餐厅近厨房一端常设置配餐室和餐具洗涤间。

厨房面积按供膳人数和设备情况,参考相近的实船来定。

(二)卫生设备

大船少数高级船员的舱室设有卫生间,其余船员可按各层甲板上的人数分设厕所、盥洗室和浴室。浴室设在底层机舱棚附近为宜,一般为1~2间。规范对旅客卫生设备的最低要求如下。

1. 洗澡设备

对于航行超过一昼夜的船,浴盆或淋浴喷头在一、二、三等客舱可分别按每人30人、40人和50人设一只,四、五等客舱则分别设为每60、80人设一只,航行于热带及南洋的客船,比上述数目增加50%;盆浴室的面积应不小于2.5 m^2,每个淋浴喷头下的面积应不小于0.8 m^2;近来设计的客船,一、二等舱常设单独的卫生间。

2. 盥洗设施

规范建议一、二等软席客舱设专用盥洗盆,并尽可能与厕所分开。公共盥洗室的最小水龙头数为30人及以下的客舱,每15人设一副("1副"指冷热水龙头各1);不超过100人的统舱,每20人设1副,但不得少于2副;超过100人的统舱,每超过40人增添1副,每副的间距不得小于0.6 m。

3. 大便器数

500人及以下不少于旅客人数的1/40;500人以上到1 000人以下,不少于13+(旅客人数-500)/80;1 000人以上不少于21+(旅客人数-1 000)/80外还规定对每一分隔的旅客居住区分别按以上规定计算,而且至少应设男女大便器各一具。设置单人大便器的厕所尺码应不小于800 mm×1 000 mm,如装有小便器还应增加0.4 m^2。

(三)其他舱室

除上述必须设置的舱室之外,视各船的具体情况和用船单位的要求,还需要设置其他用途的一些舱室,如客船增设为旅客生活服务的商店、阅览室、休息室、文娱室等。客船和远洋船需设医务室和病房,货船常设码头工人休息室,油船需设吸烟室等。《标准》对有关舱室做了以下的规定。

客货船其他舱室的设计要求

1. 船员文娱室

设在船员生活区内,其面积可按每人0.33 m^2左右计算。文娱室内主要设备为长桌(乒乓球桌)、沙发、椅子、报架、书柜或茶具柜等。

2. 广播室

广播室面积的适宜值:对于1 000~3 000 GT的客货船,约为5 m^2;对于3 000 GT~10 000 GT级约为8.5 m^2。广播室内配有广播桌、椅子、唱片录音带箱等。广播员可居住在广播室内,其生活设备应配齐。

3. 民警值班室

应设置于船员生活及工作区域以外,其面积应不小于4 m^2。民警值班室的主要设备为桌子、椅子,有条件可设沙发。

4. 客运办公室

面积不小于 4 m^2 为宜，内设桌子、票证柜、椅子等，应布置在乘客易见和易到之处。

5. 小卖部

最小面积为 6 m^2，小卖部内主要设备为玻璃柜台、桌子、货架和冷饮冰箱。小卖部附近设货物储藏室，其面积大小根据需要和可能决定。

6. 乘客阅览室

航行时间 t 大于或者等于 24 h 的国内沿海客货船应设乘客阅览室，其面积可按全船乘客数乘以 0.10 m^2 左右计算。航行时间 t 小于 24 h 者建议设阅览室。阅览室内的主要设备为图书书柜、杂志架、报架以及供乘客阅读用的桌子、椅子、沙发。

此外，有条件可在一、二等客舱附近设置专用休息室。

具体设计时可参考近期设计建造的型船，结合设计船的使用特点进行。表 9-13 所示为我国几艘沿海与长江客货船的旅客舱室及公共活动舱实际面积，可供设计时参考。

表 9-13　几艘沿海与长江客货船旅客及公共活动舱室面积　　单位：m^2

项目		7 500 t 沿海客货船	5 000 t 沿海客货船	3 000 t 沿海客货船	长江申江线客货船	长江汉渝线客货船	长江渝宜线客货船	长江中游短途客货船
总长		138.0	120.0	106.67	113.0	77.0	68.5	45.5
甲板宽		17.6	18.8	15.8	19.6	15.4	13.2	8.86
型宽		8.4	8.4	7.7	4.7	3.4	3.5	2.9
甲板间高		2.3~2.5	2.5~2.55	2.2~2.4	2.3~3.1	2.25~2.4	2.3~2.4	2.0
载客人数	总数	820~824	1302	915	1182	800	960	651
	特等	4~8	2	1	—	—	—	—
	二等	8	64	12	32	20	4	—
	三等	204	546	318	224	222	—	—
	四等	344	690	280	674	342	302	28
	五等	260	—	304	252	216	（座）654	（座）654
人均面积/(m^2/人)	特等	21.2~10.6	10.08	27	—	—	—	—
	二等	4.19	3.00	2.85	4.30	3.80	5.40	
	三等	1.77	1.65	1.4~1.78	2.16	1.92	—	—
	四等	1.54	1.26	1.40	1.46	1.30	1.20	1.06
	五等	1.75		2.00	0.87	0.88	（座）0.542	（座）0.315

表 9-13(续)

<table>
<tr><th colspan="2">项目</th><th>7 500 t 沿海客货船</th><th>5 000 t 沿海客货船</th><th>3 000 t 沿海客货船</th><th>长江申江线客货船</th><th>长江汉渝线客货船</th><th>长江渝宜线客货船</th><th>长江中游短途客货船</th></tr>
<tr><td colspan="2">甲板层数</td><td>6</td><td>7</td><td>5</td><td>5</td><td>5</td><td>4.5</td><td>3</td></tr>
<tr><td rowspan="13">公共处所</td><td rowspan="2">餐厅总面积人均面积/(m^2/人)</td><td>195.6</td><td>374.4</td><td>132.0</td><td>210</td><td>174</td><td>90</td><td rowspan="2">—</td></tr>
<tr><td>0.237</td><td>0.288</td><td>0.144</td><td>0.174</td><td>0.218</td><td>0.094</td></tr>
<tr><td rowspan="3">文体室、乒乓室、俱乐部总面积人均面积/(m^2/人)</td><td>203.5</td><td>173.95</td><td rowspan="3"></td><td rowspan="3"></td><td rowspan="3"></td><td rowspan="3">—</td><td rowspan="3">—</td></tr>
<tr><td></td><td></td></tr>
<tr><td>0.247</td><td>0.133</td></tr>
<tr><td rowspan="3">二等客舱休息室面积人均面积/(m^2/人)</td><td>75.6</td><td>83.2</td><td rowspan="3"></td><td>56.0</td><td>40</td><td rowspan="3">—</td><td rowspan="3">—</td></tr>
<tr><td></td><td></td><td></td><td></td></tr>
<tr><td>4.73</td><td>1.26</td><td>1.75</td><td>2.0</td></tr>
<tr><td rowspan="3">阅览室面积人均面积/(m^2/人)</td><td>140.10</td><td>—</td><td>74.9</td><td>62.0</td><td rowspan="3">—</td><td rowspan="3">—</td><td rowspan="3">—</td></tr>
<tr><td></td><td></td><td></td><td></td></tr>
<tr><td>0.17</td><td>—</td><td>0.082</td><td>0.052</td></tr>
<tr><td rowspan="2">厨房总面积人均面积/(m^2/人)</td><td>96.1</td><td>106.2</td><td>80.3</td><td>117.0</td><td>78*</td><td>85*</td><td rowspan="2">26*</td></tr>
<tr><td>0.117</td><td>0.082</td><td>0.088</td><td>0.099</td><td>0.098</td><td>0.089</td></tr>
</table>

注：* 表示船员与旅客合用的厨房。

近几年来，随着人民生活水平的日益提高，国内旅游热方兴未艾，旅游船因此应运而生，尤其是游览长江三峡的旅游船较多。

长江豪旅游船较之普通客船有两个显著特征。

(1)客舱档次提高，人均面积加大。其标准客房为一等舱 2 人间，人均客舱面积大于 6.5 m^2。

(2)游乐性公共处所及其总面积大大增加，如长江海外公司 1990 年底投入营运的长江第二代超豪华游轮(长江明珠)，按国际四星级标准装潢，船上设有风味餐厅、酒吧、舞厅、健身房、露天游泳池、高尔夫球场、音乐喷泉、钓鱼台、桌球室、麻将室、电子游戏机室、美容室、超级商场。室内观景厅、室外观景坪及日光浴场等游乐处所。

2022 年 11 月 1 日，重庆中国三峡博物馆与重庆冠达世纪游轮有限公司文旅战略合作签约暨“江舟博苑”揭牌仪式，在长江新一代绿色智能豪华游轮“世纪荣耀”号举行，现场开展了《重庆中国三峡博物馆馆藏革命文物图片展》《长江游轮航运展》和《巴渝文化》讲座等活动。游轮作为游览长江三峡、感受长江文化的最好方式和载体之一，也一定会助力提升博物馆公共服务均等化、便捷化、多样化、个性化水平，促进资源要素活化流动，真正让收藏在博物馆里的文物、陈列在祖国大地上的遗产、书写在古籍里的文字都“活”起来，以突出的公益价值和社会效益，更好的构筑中国精神、中国力量，讲好中国故事、传播中国形象。

表 9-14 给出了部分长江旅游船客舱及公共舱室与国外同型号船的比较。

表 9-14 部分长江旅游船客舱及公共舱室与国外同型号船的比较表

项目		昆仑	神女	扬子江	峨嵋	长城	白帝	尼罗河	密西西比皇后
总长/m		84	68.5	84.5	79	79	79	80	96
甲板宽/m		15	13.2	16.4	15.8	16	16	14	18
型深/m		3.4	3.5	3.5	3.5	3.5	3.2		
吃水/m		~2.8	2.4	~2.6	2.4	2.5	2.45	2.4	
航速/(km/h)		~28	~28	~29	29.7	28.6	29.2	~22	
主机/kW		2×1 471	2×7 211	2×1 471	2×971	2×971	2×971	2×971	2×1 298
发电机功率/kW		2×250	4×100	3×360	3×250	3×250	3×200		
		+90							
船员铺位/人		85	98	112	120	110	110	80	
客位/人		36	66	150	100	204	160	110	406
客舱面积/m^2		19~55	14.6	15.4	15		13.4	12.5	6.5~28
客舱总面积 A_1/m^2		404	482	1145	750	1 086	1 099	727	2 530
餐厅 A_2/m^2		95	110	200	160	150	160	200	440
室内公共处所面积 A_3/m^2	门厅	—	70	60	60	100	100	70	—
	舞厅	100	150	200	200	100	240	220	440
	酒吧	—	—	—	—	—	120	—	160
	其余	—	70	60	180	200	130	40	200
	休息室	110	—	—	100	100	80	50	—
	总和	21	290	320	540	500	670	380	800
	人均面积/(m^2/人)	5.83	4.4	2.13	5.4	2.44	4.8	3.45	1.97
室内总面积 $(A=A_1+A_2+A_3)/m^2$		709	882	1 675	1 450	1 736	1 929	1 307	3 770
人均面积/(m^2/人)		19.7	13.4	11.17	21.4	8.5	12.6	11.88	9.29
游泳池面积/m^2		—	—	—	16	15	18	~13	—
船东		武汉长江轮船公司	重庆长江轮船公司	湖北省旅游局	重庆长江轮船公司	长江万里轮船公司	重庆长江轮船公司		美国

任务9.2 舱室区划与布置

任务准备

船舶公共舱室及走廊展示

舱室区划即各区甲板平面的总布置设计,多指上层建筑船员和乘客舱室的划分,可根据舱室用途特点以及舱室空间设计要求进行。

首先勾画总布置平面草图,并参考其他同类船型,结合防火设计要求、生活舱室面积和设备标准规定,不断修改完善;舱室区划是内装设计中最复杂、最困难的工作;舱室区域可划分为居住区、工作区、休息区、公共活动区、储藏区、卫生区、餐饮区和路线区等;舱室布置是指家具、设备、陈设的设置。

任务实施

一、舱室区划与布置的原则

舱室区划与布置的原则

1. 满足使用要求

这是考虑问题的基本出发点。如船员和乘客居住舱室要为其营造一个舒适、愉快的居住场所;娱乐场所就应该是一个能使大家充分快乐和休闲的地方。

2. 应符合规范和公约的规定

船舶的类型、航线、航区应满足规范及相应公约的要求,包括防火、消防、救生要求等。

3. 紧密地与船体设计配合

船舶设计是一个综合的系统工程,因此在对船舶舱室的区划与布置进行设计时必须与船舶总体设计联系起来。它一方面从属于总布置设计,另一方面又与总布置设计有所区别。

4. 注意船体结构

在船舶舱室的区划与布置时,要考虑到实现舱室区划的是船体结构,因此既要考虑到结构的合理性,又要使船体结构(多指船舶上层建筑)服务于舱室总体区划。

5. 充分考虑船舶制造工艺,特别是现代船舶制造工艺中壳、舾、涂一体化和模块化问题。

6. 给人以美感

这是舱室区划与布置在美学上的要求,要充分体现船舶舱室的特点,形成其特定的风格。

7. 注意经济性

舱室的区划与布置是否合理与船舶造价密切相关，特别是现代船舶对舱室的舒适性、功能性和美观性要求越来越高，在整个造价中所占比例不断增大。如一条较豪华的旅游客船，其上层建筑占总造价的40%~50%之多。因此合理布置、合理选材是提高船舶建造经济性的一个重要环节，这一点越来越受到设计和建造者的重视。船舶舱室设计涉及船舶技术性能、建筑艺术、人机工程等。这是船舶造型中最灵活、最有创造性的内容。

二、生活舱室的区划与布置

（一）舱室区划

1. 船员居住舱室

船员居住位置应便于他们日常工作，力求接近工作地点，并有方便的通道；业务性质相近的船员舱室应相邻布置；居住室及休息室尽可能选在较安静舒适的地方，一般靠外侧布置有利于自然通风和采光。通常把驾驶部船员按职务自上而下地安排在右舷居住，而把轮机部船员则自上而下地安排在左舷居住。

生活舱室的区划

2. 客船旅客舱室

客船上旅客与船员的生活舱室尽可能分成各自独立的区域。旅客舱室尽可能分级分区布置，高级客舱布置在上层建筑的上层，再逐级向下安排；公共处所（如餐厅、俱乐部）的地位应适中，方便各区的旅客来往，野营注意不要集中在一处，以免过于拥挤。不同性质的公共处所（如热闹、安静的）应根据它们的特点选择适宜的地位，避免干扰；应注意结合防火区和防火方式、梯道布置等考虑客舱分区；各区应尽可能有独立的卫生设施。

3. 生活舱室

（1）统筹安排使用上相互配套的处所，例如厨房、餐厅的位置应考虑饭菜输送方便，防止厨房的烟、气影响餐厅。事物库位置应便于厨房取送事物；考虑到厨房的环境和工作情况，最好将它布置在上层建筑底层的后端部，或在机舱棚的一侧。

（2）力求把桁材、支柱安排在纵横内壁上。

（3）浴室、厨房、盥洗室最好上下层对齐，并尽可能安排在一舷。这样可简化管路，避免污水管穿过其他舱室，便于污水及粪便排出口集中于一舷，有利于海底门吸入清洁的海水（若按防污染要求设置粪便柜，就不存在此问题）。浴室、厕所、盥洗室不要布置在厨房、餐厅之上或邻近。

（4）每间旅客舱室的纵横尺寸，不仅要满足面积的要求，还要结合家具的配置、床铺的安排来考虑。具体设计时，应预先对一些典型舱室加以布置，再划分舱室。居住室的分隔不一定要在肋位上。

（5）浴室、厕所、盥洗室、厨房等必须用钢围壁与其他处所分隔开，此种钢围壁也用来分隔防火区。

（6）对于国内船舶（尤其是客船），舱室区划和设备选型应特别注意不同地区的生活习惯和气候条件；对于国外航线船舶，则需注意国际航线的某些特殊需要。

（二）舱室内部布置

不同用途生活舱室的内部布置，可参考一些实船资料，结合舱室的具体尺寸、形状和设备情况进行安排。要做好这项工作，生活体验、向船员学习是很重要的。这里就舱室内部布置作如下说明。

(1)舱室布置要有明快感。家具的安排应相称、适用,高大的家具最好布置在隐蔽的角落里,以免给人有拥挤之感。各种家具的相互位置应符合使用要求,要注意利用自然采光,便于清扫。客船要充分注意舱内通道来往的方便性。

(2)大的公共舱室,如客船的餐厅布置,最好形成小的“区块”(如用屏风加以适当分隔),以免给人以低沉感,并注意内部通道来往的方便性。

(3)床铺有纵向和横向两种布置方式,船横摇时纵向布置要比横向布置舒适些,但前者所占的舱室面积较大,因此视具体情况二者都可采用。中小型船舶及客船常因占地限制而采用横向布置。非单床的舱室,纵、横结合便于风浪中调换使用。床最好不要沿外壁布置,否则不仅不利于办公桌的布置,且人也易染风湿。

(4)海船上居住室的门都设在内围壁上且向室内开,门的宽度应不小于0.6 m。通向露天走廊的门则向外开。根据建造规范的要求上层建筑的底层要设置水密门,其他层设置一般门。大的公共处所应有两个出口,相距位置应远些。门应向外开或用双扇门,以利安全。

(5)海船各部位的窗的形式应根据建造规范及载重线规范对窗水密性的要求来选取,客船还必须满足抗沉性规范的规定;居住室窗的尺寸应大些,一边危机时逃生,窗的位置应有利于舱室采光,并尽可能位于两根肋骨或扶强材之间。

三、工作舱室及其他舱室的区划与布置

1. 驾驶室、海图室、报务室、雷达室

驾驶室一般都位于上层建筑中的最高层。视设备情况,大船上驾驶室船长方向的长度一般有2.5~3.0m,内河小拖船则只有1 m左右。驾驶室横向一般不通到两舷,留着的两舷驾驶甲板,用于驾驶员瞭望观测。驾驶室两边没有设有扶梯通登罗经甲板;为保证驾驶员的视野,驾驶室的窗应尽可能大些,窗框尽可能细些。驾驶室应有通海图室的门和到报务室便捷的通道。

海图室一般设在紧邻着驾驶室后的右舷,室内设置海图桌、航海资料文件柜、测位仪表等。面积一般有6~16 m^2。小型船舶因空间限制,海图室常并在驾驶室内。

报务室一般设在驾驶室后左舷,其面积主要根据设备台数、工作台的大小来决定,从5 m^2(小船)到11~20 m^2(大船)大小不等。

雷达室通常设在驾驶室同层、靠近雷达天线下的地方。有些船因受空间限制,不单独设置雷达室,而将雷达装置放在海图室或驾驶室内。

2. 应急发电机室、应急蓄电池室

应急发电机室和应急蓄电池室是海损时的应急电源,因此规范要求把它们放在较高和安全的地方一般多设在艇甲板上,并有直通露天甲板的单独的门,供应急时使用。

3. 交流机室、电罗经室

报务用的交流机,多放在报务室同层的交流机室内,并有通向露天甲板的门。电罗经的交流机最好放在主罗经旁的单独房间内,电罗经室应尽可能设在船的摇摆中心附近。

4. 各种储藏室

灯间、油漆间、缆索索具间一般都设在艏楼内,灯间和油漆间应用钢隔壁分开,并有通向露天甲板的出口。其他储藏室则根据其不同用途而安置在不宜做生活舱室的合适地方。消防用的灭火剂(如CO_2/1211)多储放在桅屋内或上甲板上专门的房间内,决不可放在生

活舱室区。

四、机舱棚的尺度与布置

舱室区划和布置还涉及机舱棚的大小和位置。机舱棚的作用是把机舱围蔽起来，保证机舱的安全，减少机舱的噪声、热气对舱外的影响，并有利于机舱的通风风采。上层建筑甲板间机舱棚的最小尺度应能方便地吊进(出)主机、锅炉和其他设备。但考虑到主机、锅炉等大件吊进后一般不再吊出，因此也可采用先吊进主机、锅炉等大件设备，再安装舱棚的施工工艺，这时舱棚的尺度大小只需供布置某些设备(如日用热水箱、风箱、烟箱、主机及锅炉的突出部分，格栅及扶梯等)、维修时便于柴油机吊缸即可。这样节省了空间，缩小了上层机舱棚的尺度。

集装箱船、滚装船、尾甲板作业渔船、车辆渡船等船舶，因需要大的甲板地位，故采用了尺寸较小的机型，以保证主机顶部到甲板之间有必要的维修间隙；也不在主机上面设置大的舱棚、吊送物料、配件的通道。

按规范规定，机舱应有两个出口，一般都在舱棚左右舷各开一个。此外还在轴隧后端设置通上甲板的逃生口。

救生艇甲板上设置整体可拆式天窗用于通风采光。

五、交通路线的规划

(一)交通路线的规划要求

船上的交通路线主要由进出舱室的通道和上下甲板的梯道组成。规划交通路线时除应注意实用要求外，还应考虑以下要求。

交通路线

(1)满足有关规范的规定，如走廊宽度、扶梯数目及最小宽度应符合《规范》的要求，见表 9-15 和表 9-16。而客船的防火主竖区扶梯数目及技术条件则应注意满足《国际海上人命安全公约》的规定。此外，选取扶梯的仰角大小也很重要，仰角通常在 40°~60°之间。仰角小，行走安全舒适，但梯的进深加大，因而占面积较多；仰角大，则行走不便且较危险，对于只少数人用的扶梯可选用大的仰角，甚至可用直梯，以节省地位。

人的正常步距为 570~640 mm，在扶梯上安全行走所需最小踏步宽度 b 为 140~160 mm；建议扶梯的尺寸范围及其极限值按表 9-17 选定；扶梯的斜度及其尺寸如图 9-9 所示。

表 9-15　走廊宽度

单位：m

位置	客船类别	
	第一、二类	第三、四类
露天甲板两舷	≮1.2	≮1.0
由客舱至露天甲板	≮1.0	≮1.0
客舱内 50 人及以下 50 人以上	≮0.8 ≮1.0	≮0.8 ≮1.0
乘客铺位之间	≮0.8	≮0.8

表 9-16　扶梯数目及宽度

乘客人数	扶梯数	扶梯最小宽度/m
≤100	2	0.8
101~150	2 3	1.0 0.8
151~200	2 3	1.3 1.0
>200	2 3	1.5 1.0

注:如乘客不超过 30 人的处所设置两个扶梯有实际困难,经验船部门同意,其中一个可以用应急出口代替。

表 9-17　建议的扶梯尺寸范围及其极限值

扶梯种类		仰角/(°)	台阶高度/mm	台阶宽度/mm
旅客用	适宜值	30~40	150~210	190~297
	极限值	55	235	147
船员用	适宜值	45~55	190~235	147~210
	极限值	60	245	136
甲板梯	适宜值	30~55	150~235	147~297
	极限值	245	245	136

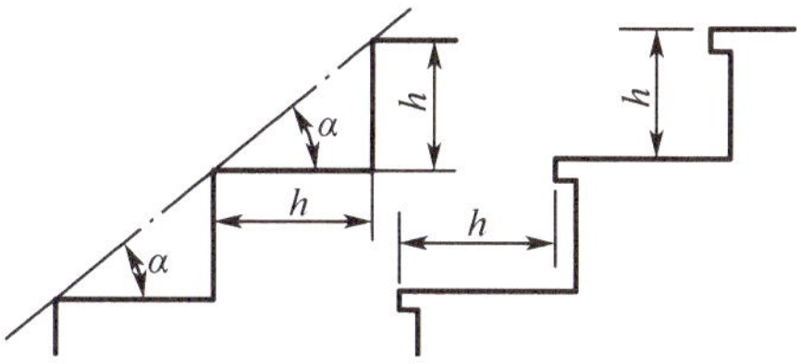

图 9-9　扶梯的斜度及其尺寸

为了安全,海船的扶梯宜纵向布置。因为横向布置的扶梯在横摇时倾角显著增大,不利于安全。任何扶梯的台阶高度均应在同层内取相同的数值。在起步和终了的最末一个台阶可取半个台阶高度或任何不等值的台阶高度,梯口至客舱的门、走廊应有一定的距离,至少应为梯宽的距离,以避免船舶摇摆时走在走廊上或刚跨出舱门的乘客跌倒梯道口。

(2)建筑内部各处所之间,内部与外部之间的通道要直通,不要迂回曲折。单出口的走廊要短,且不应超过 13 m。各层的扶梯尽可能上下对齐。扶梯的位置应明显易寻。

(3)梯道要分主次,主梯道应宽敞。客船主梯道应保证旅客上下船、去公共场所、登艇甲板方便,但不宜过分集中。每一个大的下层客舱尽可能在两端设扶梯各一部,以便利交通、防止拥挤,从而保证安全。

表 9-18 是我国《规范》对内河客船客舱通道及舱室出入口的规定,设计时应满足该表的要求。此外《规范》对客舱舱室出入口数及其宽度、乘客扶梯数及其宽度也有规定,亦应注意满足。

表 9-18　内河客船卧席客舱通道的最小宽度(m)及出入口个数

舱室内床铺数	纵向内通道			横向通道				舱室出入口	
	宽度	出入口		通道个数	宽度	出入口		个数	宽度
		宽度	个数			个数	宽度		
<12	—	—	—	—	—	—	—	1	0.6
12~30	—	—	—	—	—	—	—	2	0.6
31~100	1.2	1.2	1	1	1.2	2	0.8	—	—
101~200	1.3	1.0	2	2	1.1	4	0.8	—	—
			1	1	1.3	2	1.0	—	—
≥201	1.4	1.2	2	2	1.2	4	1.0	—	—

注:①表列床铺数,对纵向或横向通道,是指纵向通道通过的所以各舱室床铺的总和。

②如纵向通道并不通向甲板敞开部分,仅能由梯道口向上层甲板的横向通道,然后通向甲板敞开部分,则应计入上下两层所包括床铺数的总和。

(二)通道的形式

通道的形式有多种,主要取决于船舶的大小、用途和性能。常用的有下列四种形式。

1. 双列式

海上风浪较大,横摇比较厉害,为了提高稳性、减少甲板上浪,海船的下层甲板一般不设走道,而利用机舱围壁两侧空间设计两条平行走道直通甲板端部。图 9-10(a)为大连至烟台客货船所采用的双列式内走道。也有采用将双列走道与端部横走道组成环形通道的布置形式,该形式多为海上中小型货船所采用。

2. 周边式

图 9-10(b)为长江汉渝线客船的通道布置图。因为川江航道江面窄、水流急,船舶主尺度受航道宽度的限制,根据舱室设计基准要求和有限的船宽,没有设置内走道的空间,所以采用周边式。一般内河小船多用这种形式。

3. 双列周边式

这种设计形式常为大型远洋船舶所采用,如图 9-10(c)所示。由于这些船舶船宽较大,有足够的面积布置多通道。这种形式交通方便,布置宽松工整。

4. 周边中轴线式

图 9-10(d)为长江汉申线客船的通道布置图。这种形式对称整齐,交通便利,通风条件很好。考虑乘客观赏江河两岸风景,设外走道,形成一种多循环的平面交通体系。

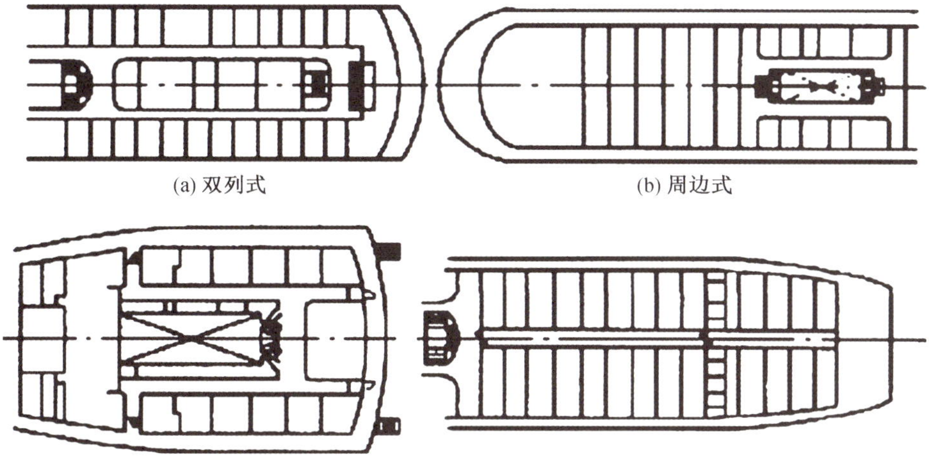

(a) 双列式　(b) 周边式　(c) 双列周边式　(d) 周边中轴式

图 9-10　通道形式

任务9.3　应急逃生指示系统设计

任务准备

20 世纪 80 年代以来，全世界船舶海难事故不断发生，统计表明，船舶安全和污染事故的 81%是人为因素造成的，而且重点在于公司和船员对船舶的管理与操作。1992 年 4 月，国际海事组织的海上安全委员会 MSC 草拟了国际安全管理规则。1993 年 11 月 4 日，国际海事组织第一届大会通过了 A741 18 号决议，也就是国际安全管理规则。

《国际船舶安全营运和防止污染管理规则》，习惯上称为 ISM 规则。1994 年 5 月，IMO 的 SOLAS 公约缔约国大会又通过了“SOLAS74”第 IX 章“船舶安全营运管理”，把 ISM 规则纳入 SOLAS 公约，成了一种强制性的安全条约。

在 ISM 规则 A 部分的第 8 节中这样要求：对于船上可能出现的紧急情况，公司应建立标识描述和反应程序等相关问题。这就要求船公司必须对船上的所有紧急情况进行标识描述。而作为船舶制造方，在进行船舶建造时，也要充分考虑紧急情况下逃生的问题，船舶的安全处理问题，也就是要做好逃生的系统设计和标识。

任务实施

对于逃生的系统设计和标识，主要分析以下三个方面的内容。

一、船舶应急基本知识

船舶的紧急情况大致可以分为 4 类，23 种，主要是消防、救生、弃船、堵漏、油污等。

应急逃生
指示系统设计

(1)消防:在应急处理时,由警铃或汽笛发出连续短声,持续一分钟后;另加火灾部位指示信号,一短声表示在船前部分,二短声表示在船中,3短声表示在船后,4短声表示发生在机舱,5短声,表示在上层建筑。

(2)救生:由警铃或汽笛连续发出三长声,持续1 min。

(3)弃船:由警铃或汽笛连续发出七短一长声,持续1 min。

(4)堵漏:由警铃或汽笛连续发出二长一短声,持续1 min。

(5)油污:发生油污的时候,应该发出本船油污应急计划中规定的信号。在我国船舶大多数采用的是一短二长一短声的报警信号。各类应急情况的警报解除信号都是一长声持续在4~6 s,或者说是有口头宣布的。

二、在不同紧急情况下应采取的行动

主要包括有保护船上所有人员安全应该采取的行动。当失火碰撞或搁浅时,限制损害和救助本船的一些行动。另外就是船舶碰撞时的应急处理,以及船舶破水进行破损进水时应急处理。在保护全船所有人员安全应采取的行动中,应该遵循以下的几点:

第一,保护人员安全的行动准则。

(1)检查是否有人员受伤亡;

(2)判断是否需要救助;

(3)决定是否弃船。

第二,就是要有保护人员安全的具体行动。

(1)将人员撤离至安全区域。

(2)伤员救治。

(3)争取外界援助。

(4)决定弃船。经努力而船舶确已无法挽救且将危及人身安全时,船长可做出弃船决定。弃船时,应按先旅客、后船员、船长最后离船的原则,有秩序地安全、迅速离船。

第三,在失火、碰撞或搁浅时限制损害和救助本船的行动船舶失火、爆炸时的应急行动。

(一)船舶灭火行动应遵循的顺序

(1)查明火情:现场指挥(大副)应指挥灭火人员尽快查明火源及火灾的性质、火场周围情况以便确定合适的扑救方案、使用适当的灭火剂和正确的扑救方法;

(2)控制火势:在探明火情的基础上可立即展开灭火行动,控制火势,或采取疏散、隔离火场周围的可燃物,喷水降低火场周围的温度,切断电源,关闭通风,封闭门窗等,防止火势蔓延;

(3)组织救援:设法及时解救被火灾围困的人员及伤员,将其转移至安全地带;

(4)现场检查清理:火灾被基本扑灭之后,应及时清理,检查现场,发现存在或可能存在的余火和隐蔽的燃烧物,防止死灰复燃。

(二)船舶火灾的应急行动

(1)火情发现者应立即用快捷可行的方式报警,并用就近的灭火器材尽力扑救。

(2)航行中,驾驶台接到报警后,立即发出消防警报,全体船员应立即按应急部署表规定的分工和职责就位,服从现场指挥的统一调度。

(3)船长应根据具体情况决定灭火方案,并对是否可能引起爆炸做出判断。

(4)在确认着火舱室无人时,应关闭其通风口及一切开口,停止通风,切断通往火场的电源,将火源附近的可燃物转移,控制火势。

(5)航行中应将火场置于下风或顺风航行或停船,在港内时应立即停止货物作业,视具体情况做好拖带出港的准备。

(6)使用 CO_2、蒸汽等大型灭火设施灭火时,在施救之前应确保现场人员全部撤离,封闭现场,然后按现场指挥的命令正确地操作和施救。

(7)保证人员安全。如有人被困火场,应采取救助措施,客船上应将旅客转移至安全区域,防止有人跳水逃生。

(8)按规定向有关主管机关或沿岸国报告,当判断自力灭火无望时,应尽早请求消防援助或做好弃船准备。

(三)常用的灭火方法

火灾的发生离不开"燃烧三要素",即可燃物质、助燃物质和火源。灭火的方法就是针对三要素而采取的冷却法、隔离法、窒息法等。

1. 机舱火灾

应以喷雾水枪掩护灭火人员;可打开机舱天窗排放机舱内的热气和烟雾,防止灭火人员被浓烟和巨大的热浪包围;因火势猛烈而无法进入机舱灭火时,可尝试从地轴弄或逃生口进入,往往机舱底部的温度和烟雾较轻,且易于接近火源;使用 CO_2 固定灭火系统时,必须先撤离一切人员,再封闭一切开口,然后快速一次性释放足量的灭火剂。

2. 起居处所火灾

首先查明是否有被困人员并设法抢救;迅速关闭防火门、舷窗,切断通风,用水冷却舱壁,防止火势蔓延;扑救房间内的火灾,尽量不要开门,减少空气进入,水枪可从门下部的百叶窗处伸进喷射。

3. 危险品火灾的扑救

危险品的种类繁多,性质复杂,船舶装运危险品必须按照国际海上危险货物运输规则和我国有关规定进行,一旦发生火灾,按其理化性质,采取正确的扑救措施。

对于爆炸品火灾的扑救,最有效的灭火方法是大量喷水,使燃烧的物质急剧降温(但与水发生反应者除外)。泡沫和 CO_2 灭火剂可以使用,但效果较差。不能用沙土掩盖的窒息灭火法。

高压下贮存在压力容器内的气体种类较多,具有易燃、助燃、剧毒等性质,受热或在剧烈撞击下可能燃烧、爆炸。扑救方法宜大量喷水冷却,也可用 CO_2、泡沫或沙土等方法扑灭。

对不溶于水的油类火灾,扑救时宜用泡沫、干粉、砂土等方法,但不能使用水冲冷却法;而对能溶于水的易燃液体,则可用水扑救。

扑救一级自燃物品火灾可用干粉、砂土等灭火剂,但不能用水;扑救遇水燃烧物品火灾,可用砂土、干粉等灭火剂,但不能用水和泡沫等灭火剂。

(四)船舶碰撞时的应急行动

从以下 4 个方面具体地来进行说明:第一,注意正确操盘;第二,检查受损情况,决定应急部位在哪里;第三,发生碰撞的船舶应该互通船名、国籍、船籍港,妥善记录碰撞发生的详细情况,发生碰撞的船舶在不严重危及自身安全的情况下,应尽力救助遇难人员;第四,因船体破损进水有沉没危险的时候,如条件许可,可以择地抢滩搁浅,等待救援。

（五）船舶是由于自身搁浅或触礁应该采取的行动

搁浅是由于水深小于船舶实际吃水，使船体搁在水底下；触礁，是船体与触与礁石的触碰，但无论是搁浅还是触礁，严重者均可能导致船体的破损。尤其是触礁，船舶在发生搁浅，触礁事故之后，我们要根据具体的情况采取相应的行动。

三、安全标志及低位照明

在发生应急事件之后，逃生的指示标志以及指示照明对于人们能够安全地进行逃脱是有非常大的指导意义的。为了便于人们在危急时刻及时的逃脱。中华人民共和国船舶行业标准里，就对于船用安全标志提出了通用说明，在这个说明里规定了船舶的安全标志、类型、颜色以及技术要求等。如《安全色》（GB 2893—82）、《安全标志》（GB 2894—1996）、《公共信息标志用图形图号》（GB 10001—94）、《图形符号术语》（GB/T15565—1995）、《安全标志使用导则》（GB 16179—1996）、《海船救生安全标志》（GB 16557—1996）、《船舶防火控制图形符号》（CB 3569—93）等。

这个规定适用于各类民用船舶、海上结构物，军用船舶也可以参照使用。对于标志类型，主要是按照对于人行为的限制程度来进行分类，可以分为禁止标志、警告标志、指示标志、提示标识和警报标志 5 大类。

（一）禁止标志

禁止标志的含义是禁止人们不安全行为的图形标志。禁止标志的基本形式是带斜杠的白底，红色圆边框加上先进的图示，我们可以从图上看到红圈、白底禁止的类型，比如禁止吸烟，禁止烟火，禁止带火种等，见表 9-19。

表 9-19　禁止标示

编号	图形标志	名称	说明
1-1		禁止吸烟	GB 2894—1996
1-2		禁止烟火	GB 2894—1996
1-3		禁止带火种	GB 2894—1995
1-4		禁止用水灭火	GB 2894—1996
1-5		禁止放易燃物	GB 2894—1995

(二)警告标志

警告标志的基本含义是提醒人们对周围环境引起的注意,以避免可能发生危险的图形标志。警告标志的基本形式是黄色的底,黑色正三角边框,加上相应的图示,常用的尺寸,见表 9-20。

表 9-20　警告标志

编号	图形标志	名称	说明
2-1		注意安全	GB 2894—1996
2-2		当心火灾	GB 2894—1996
2-3		当心爆炸	GB 2894—1996

(三)指示标志

指示标志指的是强制人们必须做出某种动作。指令标志的基本形式是蓝底圆形边框加上相应的图示,常用尺寸见表 9-21。

表 9-21　指示标志

编号	图形标志	名称	说明
3-1		必须戴防护眼睛	GB 2894—1996
3-2		必须载防毒面具	GB 2894—1996
3-3		必须载防尘口罩	GB 2894—1996

(四)提示标志

提示标志的含义是向人们提供某种信息,比如,标明安全设施或者说是场所的图形标志,这种标志的基本形式是绿或者说是蓝底、正方形或长方形加上相应的图示。比如我们在走廊里面所经常见到的全通道出口等这些标识,就是提示性标识,见表 9-22。但是除了这种之外,还有一些比较特殊的提示标识,比如表 9-23 所示的正方形的形式加上蓝底或者是红底的一些标志,比如安全、保卫、灭火器等这些都是提示标志。

表 9-22 提示标志

编号	图形标志	名称	说明
4-1		救生艇	GB 16557—1996
4-2		救助艇	GB 16557—1996
4-3		载生筏	GB 16557—1996

表 9-23 特殊提示标志

编号	图形标志	名称	说明
4-29		安全保卫	GB 10001—94
4-30		灭火器	GB 10001—94

(五)警报标志

警报标志的含义是向人们表明报警设施或场所,或者说是配合可视信号发出警报的一些图形标志,这种标志的基本形式是红底或者说是白底的正方形,加上边框和相应的图示,比如紧急呼救电话以及紧急呼救设施等,见表 9-24。

表 9-24 警报标志

编号	图形标志	名称	说明
5-1		紧急呼救电话	GB 10001—94
5-2		紧急呼救设施	GB 10001—94

（六）文字辅助标志

文字辅助标志的基本形式是矩形边框，文字辅助标志横放在图形标志的下方，可以和图形标志连在一起，也可以分开放，如图 9-11 所示。比如禁止吸烟，上面画的图形就是禁止标志，下面的就是禁止吸烟的文字辅助标志，当心火灾等，这些都是具有辅助功能，禁止标志和指示标志的文字辅助标志，它们的颜色为白底衬底色为标志的颜色。

图 9-11 文字辅助标志

警告标志的文字辅助标志，它的颜色为黑色，衬底色是白色，其字体在设计的时候都用粗体字。

四、安全标志牌的技术要求

(一)材质

(1)安全标志牌应采用坚固耐用和无毒、无害、无放射性的材料制作,不应使用用遇水变形、变质或易燃的材料。有触电危险的作业场所应使用绝缘材料。

(2)材料分为发光材料和非发光材料两类。非发光材料有有机玻璃、不锈钢、铜等。发光材料有光致发光材料和电子发光材料等。光致发光材料应在移去所有外部照明源后10 min内应至少提供15 cd/m^2的亮度,该系统在60 min内连续提供大于2 cd/m^2的亮度。

(3)标志牌应图形清楚,表面光滑、平整,无毛刺、孔洞和影响使用的任何弊病。

(二)使用

安全标志的使用应按《安全标志使用导则》(GB 16179—1996)的规定执行。

1. 标志的组合

指示方向的箭头,指示编号的数字、字母等标志可以与任何一个提示标志组合使用。字母、数字等标志应放在主标志的右侧。指示方向的箭头标志,可根据需要设置在主标志的适当位置,且箭头指向标志所提示方向。在组成一个新标志时,应将中间虚线去掉。

2. 标志安装

标志牌一般不宜安装在门、窗、架等可移动的物体上,以避免这些物体移动后,影响安全标志的指向和显示,并应保证门、窗、架等可移动物体移动后不遮挡这些标志。但滑动防火门和水密门等应有表示如何开门的低位照明符号。低位照明指的是电力照明指示器或自发光指示器,主要用来放在脱险路线的所有位置,以易于识别所有脱险路线。

光致发光系统是一种使用光致发光材料的低位照明系统。光致发光材料中含有在被可见光照射时能蓄存能量的化学剂。

光致发光材料发出的光在环境光源的有效性降低时成为可见光。在没有光源向其重新提供能量时,光致发光材料在一段时间内以不断减弱的亮度发出被蓄存的能量。

电力系统是一种需要电力使其工作的低位照明系统,如使用白炽灯、发光二极管、电致发光灯管或灯泡、电荧光灯等。

3. 标志尺寸

供船舶张贴用标志尺寸按《船舶防火控制图识别符号》(CB 3569-93)来制作。

五、实例分析

下面以一端不通过的走道出口布线图为例,给大家介绍一下低位照明设计是怎么进行的。这种一端不通过的走道出口指的是只能够一端出去,另外一端封阻。

如图9-12所示,在所有通道内,除被走廊和舱门隔断的部分之外,低位照明应该是连续的,以便给脱险路线提供一条可见的轮廓。比如图9-12所示的绕着墙角边上做出的一条箭头指示,箭头所指示的方向就是出口方向,这个是按照国际标准验证了在不连续的情况下能够提供可见轮廓的系统,这种是可以被接受的。对于这一类的低位照明系统,在安装的时候,至少要安装在走廊的一侧,或者说装在距离甲板300 mm范围内的舱壁上,或者装在距舱壁150 mm范围内的甲板上,也就是说它可以装在舱壁上,也可以装在甲板上,但是一定要能够提供一条完整的路线出来。

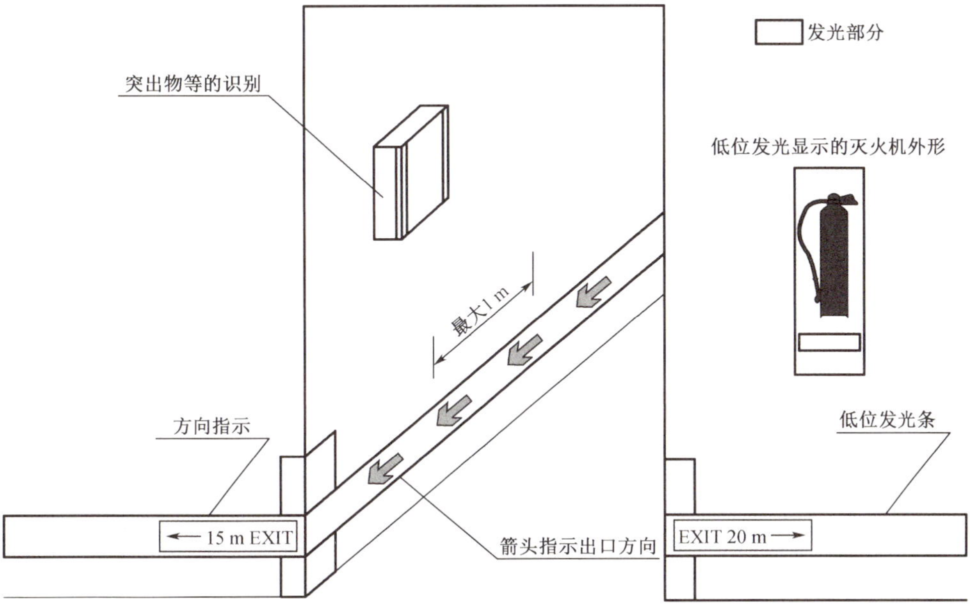

图 9-12　一端不通过的走道出口布置图例

对于宽度超过了 2 m 的走廊，低位照明就要装在两侧，而对于一端不同的走廊，低位照明就要装在上面，我们从图上可以看出都有箭头，箭头的间隔不应该超过 1 m，指向工艺端的反方向，在所有楼道内低位照明应至少安装在一侧，距离楼梯的梯阶的高度不超过 300 mm，能够使站在每一梯阶之下的任何人予以识别出该楼梯梯阶的位置，如图 9-13 所示。

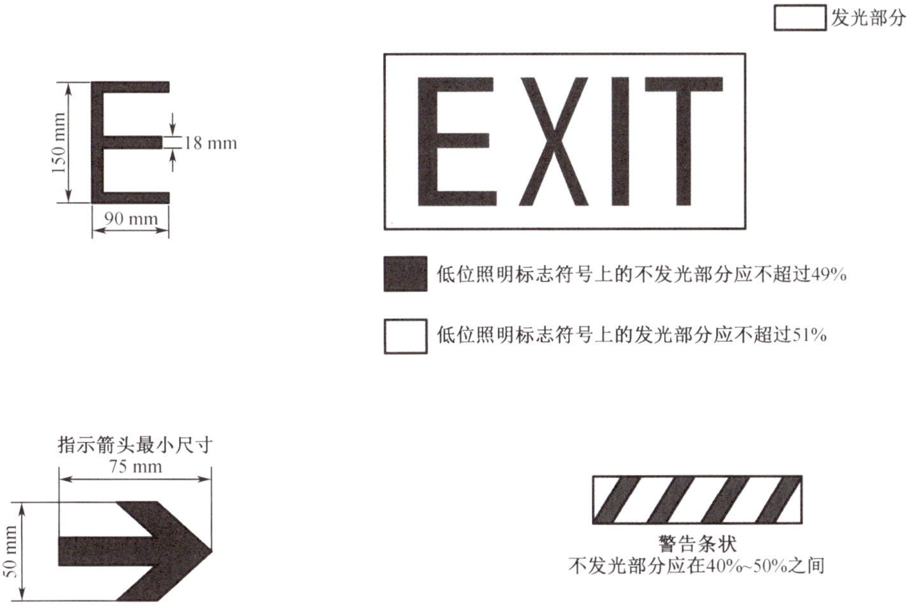

图 9-13　低位照明标志符号

如果台阶的宽度等于或大于 2 m,则应该在两侧都安装,低位照面在每段楼梯的顶部和底部应该有标志,表明到此为止。所有的脱险路线和符号,消防设备的路线标志,位置标志应该是自发光材料的或有照明的,装在舱壁下段 300 mm,处于 300 mm 之内,这些符号和标志的尺寸,应与低位照明系统的其他部位部分相称。另外低位照明的出口符号应该配备于所有出口,这个出口符号应该在出口门把手的一侧,下端 300 mm 之内,一端不通的走道出口布置,比如三通交叉口,踢到步子处,服务处所和特种处所之类都应该设置定位照明通道。

评价与考核

课程名称	船舶内装生产设计		
学习项目	舱室设计	授课教师	
知识掌握情况(40 分)			
序号	知识考核点	分值	教师评分
1	掌握舱室区划与布置的原则	7	
2	掌握生活舱室的区划与布置要求	7	
3	掌握工作舱室及其他舱室的区划与布置要求	7	
4	掌握船舶应急按性质进行的分类	7	
5	了解发生各种不同紧急事件时应采取的应对措施及行动	6	
6	了解船舶应急逃生标志符号及逃生标志设计规则	6	
任务执行情况(60 分)			
序号	能力执行考核点	分值	教师评分
1	能根据舱室区划和布置的原则,完成给定的某船舱室的区划及布置	30	
2	能根据船舶的性能及各区域的使用要求、功能要求,完成交通路线规划	30	
违纪扣分(25 分)			
序号	违纪考核点	分值	教师评分
1	上课吃东西	5	
2	上课睡觉	5	
3	上课玩手机	5	
4	上课打电话	5	
5	其他扰乱课堂秩序的行为	5	

小故事园地

故事发生在小学校里。课堂上老师提问的时候，一名同学总是举手，可老师叫他起来的时候他却答不上来，引得下面同学窃笑不已。

老师找到他问他为什么会是这样，他说如果老师提问时他不举手，同学们会在课下叫他傻瓜。于是，这个老师就和他有了这样一个约定，当他真会的时候就高高举起左手，不会的时候就举起右手。

渐渐地，这位同学越来越多地举起他骄傲的左手，越来越多、越来越好地回答老师的课堂提问，这个原本极有可能在太多的嘲笑中沉沦的孩子也由一个差生转变成了一个好学生。

【人因重视而忠诚，人因期许而成功。被重视、被关爱是一种催人向上的重要力量，对成长期的孩子尤其是这样。】

任务测试模拟题

1. 判断题

(1)第1、2类大型内河客船的居住及工作舱室甲板间净高度可以取1.9 m。　(　　)

(2)为了安全，海船的扶梯最好采用纵向布置。　(　　)

(3)船舶扶梯仰角小，可以节省甲板面积。　(　　)

(4)按《乘客定额及舱室设备规范》规定，航行时间超过24 h的沿海客货船属于第一类客货船。　(　　)

(5)船上电罗经室为达到其精度要求，应尽可能远离船的摇摆中心。　(　　)

(6)海上中小型货船多采用周边式通道形式。　(　　)

(7)为了乘坐的舒适性，所有客船都应设置卧席客舱。　(　　)

2. 选择题

(1)对于航行时间大于24 h的国际航行客船，甲板间净高度可取________。　(　　)

A. 2.1 m　　B. 1.9 m　　C. 1.8 m　　D. 1.85 m

(2)船舶宽度较大，有足够的甲板面积的远洋船舶可以采用________布置甲板通道。　(　　)

A. 双列式　　B. 周边式　　C. 双列周边式　　D. 周边中轴线式

(3)对于船舶尺度受航道宽度限制的川江船舶，通道多采用________。　(　　)

A. 双列式　　B. 周边式　　C. 双列周边式　　D. 周边中轴线式

(4)某二类国内沿海客船可载客1 160人，其船上阅览室应为________ m^2，大便器就为________个。　(　　)

A. 116,32　　B. 116,23　　C. 123,32　　D. 123,23

(5)在设计第一类沿海客货船(3 000~10 000 t)二副舱时，舱室人数是________人，舱室适宜的净面积值是________ m^2。　(　　)

A. 1,6　　B. 2,8　　C. 1,8　　D. 2,9

(6)某 2 800 GT 的长江上货船,其大副双人间的舱室大小至少应为________ m^2。（　　）

A. 5　　B. 6　　C. 8　　D. 9

(7)在设计客船的客舱走道时,载客 200 人的第二类客舱内走道至少为________ m。（　　）

A. 0.8　　B. 1　　C. 1.2　　D. 1.5

(8)请指出以下标志,属于________。（　　）

A. 禁止标志　　B. 指示标志　　C. 提示标志　　D. 指令标示。

3. 综合题

(1)如何确定居住区的最小净高尺寸?

(2)什么是低位照片?

(3)什么是光致发光系统?

项目十

照明设计

引导语

光的本质是什么？这是一个历经百年的争论！

光学是一门古老的学科，关于光的本性问题也一直是许多科学家所努力探寻的。早在17世纪70年代还由此引发了一场著名的争论。牛顿在剑桥对光学进行了为期3年的研究，最终形成了自己的学说，坚信光是一种粒子。胡克认为光本质上是一种依靠以太媒质的振动而传播的波。他认为，只有把光看成波，才能完美地解释光的直线传播特性。

对于光的衍射现象，牛顿做了不同的解释，他认为：光的衍射现象的发生是因为光中的微粒经过物体边缘时受到物体引力，因而表现为光在物体边缘产生了弯曲，更能证明光是一种微粒。关于光的本性的争论一直持续了很多年。最终，由于牛顿的微粒说能更好地解释光的各种现象，因而它得到了公认。至此，备受科学界关注的光的本性之争以牛顿粒子说的胜利而告一段落。这一学说在他去世之后一直占据了近100年的统治地位。

20世纪初期，与牛顿同样伟大的另一位科学家爱因斯坦，受到1900年普朗克提出的量子概念的启发，将其推广到空间中的传播情况，提出了光的量子理论，证明了牛顿学说中光的粒子的存在，为牛顿的理论提供了有力的支持。

爱因斯坦还综合了光的粒子说与波动说，辩证地提出光具有波动性与粒子性，即光既是一种波，也是一种粒子。1905年3月，爱因斯坦在德国《物理年报》上发表了题为《关于光的产生和转化的一个推测性观点》的论文。他认为对于时间平均值，光表现为波动；对于时间瞬间值，光表现为粒子性。这是历史上第一次揭示微观客体波动性和粒子性的统一，即波粒二象性。这一科学理论最终得到了学术界的广泛接受。关于真理的探索的故事，你有什么启发吗？今天，我们对光有了更加清晰的认识，并在船舶的设计中得到了很好的应用。

学习目标

知识目标

1. 了解舱室照明的作用。
2. 了解光的基本概念及光的特点。
3. 了解照明灯具的组成。
4. 了解船舶舱室和处所的照度。

能力目标

1. 能够计算舱室明视照明。
2. 能够识读照明布置图。

任务10.1　照明的基本概念与计算

任务准备

讨论一下船舶舱室照明的作用

舱室照明的主要作用是为船上人员(旅客和船员)提供良好的光照条件,获得最佳的视觉效果,也使室内环境具有某种气氛和意境,增强舱室环境的美感与舒适感,因此其作用同时具有实用和艺术两重性。

舱室照明的作用

船舶照明是船舶航行、作业以及船上人员生活的必要条件。船舶照明包括确保航行安全和人员安全照明(如航行灯、信号灯、登放艇区域照明)、船舶工作场所照明(如驾驶室、机舱和装卸用照明)以及生活区域照明等。

船舶照明虽不及陆地照明那样的规模宏大,但照明系统的网络结构并不亚于城市。船舶独立航行在水上、穿梭于各个港口之间,运行工况经常变化,所以船舶照明必须具备适应各种工况使用的灵活性和多面性。船舶照明设计要考虑多种因素,对外界的灯光信号必须根据不同航区有关的各种江、河、湖、海的规范规则要求配备;船舶自身的工作和生活照明必须根据照明的场所和用途进行设计。也就是说,船舶照明设计必须与其他专业密切配合,设计人员必须熟悉全船居住舱室、工作舱室、机舱及桅樯布置等,熟悉有关的规范规则对照明的要求,熟悉船舶照明的各种基本参数和船用照明器具的结构与特点,掌握照度计算方法,甚至要求具有一定的光学和色彩学的基础知识。此外,在已经步入能源紧缺的今天,还不能忘记适时地贯彻节能减排的方针,在照明的设计和选型上多动脑筋。

任务实施

舱室照明的主要作用是为船上人员(旅客和船员)提供良好的光照条件,获得最佳的视觉效果,也使室内环境具有某种气氛和意境,增强舱室环境的美感与舒适感,因此其作用同时具有实用和艺术两重性。

因此,应考虑船上人员通常占用或值守的处所以及液舱或封闭处所内的照明。液舱或封闭处所不常有人值守,仅在定期检查、检验和维护保养期间常有人去,其照明设计中仅满足视物效果就可以了。船员处所的照明应便于在执行任务时使用视觉,并便于船员在工作或居住区域内或在工作或居住区域之间移动。照明还应利于创建一个适宜的美观环境。照明的设计涉及整合这些方面为船员的安全和福利提供充足照明,并有助于取得适当的工作绩效。

为便于通常有人占用处所内的操作、检查和维护保养任务以及封闭处所内的检查、检验和维护保养任务,照明的设计应:

(1)为执行一系列与处所有关的任务提供充足照明,以此提升工作绩效;

(2)提供充足光照以便查明危险或潜在危险,提升安全;

(3)提升视觉舒适度和利于避免眼睛疲劳。

一、人体工程学设计原则

为便于达到上述工作要求,确定了照明的设计需要遵循以下所述设计原则。这些设计原则基于优良的人体工程学实践,将成为制定结构布置建议的依据。

照明的设计应:

(1)为执行一系列与处所有关的任务提供充足照明;

(2)适合于正常和紧急情况下的条件;

(3)尽实际可行提供均匀照明;

(4)避免眩光和反光;

(5)避免亮点和阴影;

(6)避免闪烁;

(7)灯具易于维护保养和操作;

(8)灯具在预期部署区域耐用。

二、结构布置建议

(一)灯具布置

凡有可能,均应利用门窗提供自然光照。灯具的位置应尽实际可行设在同一水平面上并对称布置,以达到均匀照度。灯具的定位应考虑到空调风口或风机、探火器、喷水器等,使光照不受其阻挡。灯具的定位应尽可能减少亮点和阴影。荧光灯管的位置应与操作人员在其通常工位上的视线成直角。任何对操作人员的安全带来风险的危险实物均应有适当照明。灯具的定位应考虑灯具对相邻表面的传热作用。灯具不应设在会使照明显著减少的位置。灯具不应设在难以到达以更换灯泡或维护保养的位置。

(二)照度分布

操作人员工作区域的照度对其工作任务的种类而言应充足,即应考虑工作平面的变动,应尽可能减少操作人员工作区域或工作平面照明的强烈反差,应尽可能减少操作人员工作区域与其紧邻周边和一般背景之间照明的强烈反差。如操作任务需要,应在一般照明外提供局部照明。灯具不应闪烁或产生频闪效应。

(三)阻挡和眩光

灯具的布置应尽可能减少眩光或工作面和显示面的高亮度反光。如有必要,可用合适的遮帘和遮光装置挡住眩光。照明不应被梁、柱之类结构挡住。控制装置、显示装置和指示器的布置应从反光和光照均匀方面考虑灯具相对于正常工作位置上的操作人员的位置。表面应涂有不反光或暗淡的罩面漆以减少可能产生的眩光。

(四)照明控制装置的位置和安装

灯具开关应设在对操作人员方便和安全的位置。开关的安装高度应使人员能轻松触碰开关。

(五)电源插座的位置和安装

在设有灯具之处,例如起居区域、工作处所和内外走道内,应就地装有插座。在检查、检验和维护保养需要临时照明之处,应装有插座。

三、光的度量

光的度量表示光特征的主要量度有光通量、发光强度、亮度、照度。这些量度同样可用来表示光环境特征。这些度量见表 10-1。

光的度量

表 10-1　光度量表

名称及符号	含义	公式	单位
光通量	光源辐射能量	$\Phi=I\cdot\omega$	1 流明(lm)= 1/680 W
发光强度 I	光通量在空间分度的密度	$I=\Phi/\omega$	1 坎德拉(cd)= 1 lm
亮度 L	单位面积光源发射物面 反射光在视线方向的光强	$L=I/S\cdot\cos\alpha$	1 尼特(nt)= 1 cd/1 m^2 1 熙提(sb)= 10 000 nt
照度 E	被照物受光面密度	$E=\Phi/S$	1 勒克斯(lx)= 1 lm/m^2

注:表中 ω 为球面角,单位为(°),S 为被照面积,单位为 m^2;α 为受光面积法线与入射线之间的夹角,单位为 rad。

光通量:表征光源的发光能力。例如,耗电能同为 40 W 的白炽灯发射光通量为 350 lm,而荧光灯则为 2 100 lm,后者发出的能量为前者的六倍。

发光强度:光通量在空间各方向或某方向的分布密度。例如,上述 40 W 白炽灯,光通量为 350 lm,各向平均光强为 $350/4\pi=28$ cd。若在该灯泡上加一白瓷灯罩,则灯下方光强度达 70~80 cd。若改用聚焦镜面反射罩,则光强可达数百 cd,说明灯泡发射光通量未变,灯罩仅改变了光通量在空间的分布。

亮度:平均面积上光源发射和物面反射光在视线方向的强度。光源发亮有一定亮度,而物体表面反光时也有一定亮度,亮度过高则刺眼,如太阳的亮度为 2×100^9 nt,白炽灯照亮度为$(3\sim5)\times10^6$ nt,荧光灯亮度仅$(0.6\sim0.8)\times10^6$ nt,从物面反射亮度看,太阳下的书面亮充为 4×10^4 nt,而且在月光下看书,我们看不清。因此对人眼看清物体要有一定的亮度范围,一般亮度在 $10^{-6}\sim10^4$ nt 范围内是人眼可视见范围,其中 $1\sim10^6$ nt 是日常可轻松视看范围,即光环境适宜范围。光环境设计主要考虑明视觉,即在白昼或强照明下,亮度高于 3 nt 时,能清晰成像并分辨颜色的视觉;但应急逃生时可能涉及的适应问题,即在亮度很低($10^{-6}\sim3\times10^{-2}$ nt)的微弱光下,观看物像模糊且不能辨色,称为暗视觉。

照度:被照物单位面积接受的光通量。物体本身不反光,要看清物体必须借助光源照射。如 40 W 白炽台灯照射下，桌面的照度为 200~300 lx。而将同样白炽灯吊在桌面以上 1 m 高处时，因照射范围大，桌面照度降为 30 lx，从而降低了视物的清晰度。

照度可以数学叠加，一盏灯照度为 30 lx，用两盏同样的灯就可达 60 lx。

发光效率：光源所发射的光通量与所消耗的功率之比，单位为流明每瓦（lm/W）。

色表：为观察光源本身时所接受到的颜色印象。

显色性：光源的光照射到物体上所呈现的色彩，在视觉上存在一定的失真度，这种失真度用“显色性”表示。与标准光的显色越是一致，显色性就越高，显色性可用显色指数表示。显色指数在 90~100 范围内，显色物体的颜色可达到正确可靠的程度。

四、光源

（一）白炽灯

白炽灯结构简单、价格便宜、使用方便，适用频繁点亮；白炽灯还具有良好的调光性能。更适合做信号照明及舞美艺术照明等。但是由于白炽灯是利用电流通过白炽体（钨丝）产生热量，使白炽体升温至白炽状态而发光，高温下钨丝容易蒸发变细，以使寿命缩短。白炽灯的发光效率较低。

1. 普通白炽灯

白炽灯可以是真空泡，但通常为了抑制钨的蒸发，一般在灯内充入氩、氮等惰性气体。普通白炽灯由灯丝、支架、引线、泡壳和灯头等部分组成，灯头一般用黄铜皮或镀锌铁皮压制成，分为螺口式和插口式两种，船上一般采用螺口式。船用白炽灯要求具有耐振动、耐潮湿的性能。白炽灯的光电参数见表 10-2。白炽灯的特点：发光效率低，为 6.5~19 lm/W；寿命短；可以立即启动，可热启动；显色指数高。

表 10-2　白炽灯的光电参数

型号	电压/V	功率/W（光通量/lm）
CY24	24	25（235），40（440），60（720），100（1 400）
CY36	36	25（225），40（420），60（750），100（1 350）
CY110	110	25（180），40（355），60（610），100（1 280），150（2 125），200（2 925），300（4 549），500（8 010），1 000（17 100）
CY127	127	25（170），40（342），60（600），100（1 240），200（2 880）
CY220	220	15（88），25（175），40（280），60（505），100（1 125），150（1 880），200（2 630），300（4 150），500（7 400），1 000（15 600）

2. 卤钨灯

在钨丝灯的密闭灯管内充入适量的卤族元素（如碘、溴等）和惰性气体，灯管发光时，被蒸发出的钨蒸气在相对温度较低的管壁附近与卤素化合成卤化钨。卤化钨再向管心扩散，在高温下又分解成卤素和钨，一部分钨又重新回到钨丝上，有效地抑制了钨的蒸发，这样就相对提高了灯的寿命和光效。卤钨灯的特点是灯管直到寿命终止光通量也只下降 2%~5%，但是卤钨灯管耐振性差，安装水平度要求较高。船上已广泛应用。卤钨灯的特点：光效低 151 m/W;寿命短;可以立即启动;显色性高。

(二)荧光灯

荧光灯是一种管状发光体,两端有钨丝电极,管内充有低压汞蒸气及少量惰性气体,管子内壁涂有荧光粉。当灯丝通电预热后,启辉器断开镇流器,产生反电势使灯管两电极间被击穿放电,汞原子在电离过程中被激发出紫外线照射到荧光粉即发出可见光。荧光灯要求供电电压波动范围为±10%,供电电压过高和过低都会影响其寿命。

荧光灯管除了直管形外,还可做成环形、U 形等。管壁涂以不同成分的荧光粉可得到不同的光色,通常分为日光色、冷白色及暖白色,近代还有一种三基色。

荧光灯管的光电参数见表 10-3。

表 10-3　荧光灯管的光电参数

灯型号	额定功率/W	管径/mm	管长/mm	管工作电压/V	管电流/A	(一等品)光通量/lm
YZ6RR YZ6RL YZ6RN	6	16	226.3	42	0.16	190 240 240
YZ8RR YZ8RL YZ8RN	8	16	302.5	56	0.145	280 350 350
YZ15RR YZ15RL YZ15RN	15	40.5	451.6	51	0.33	510 560 580
YZ20RR YZ20RL YZ20RN	20	40.5	604.0	57	0.37	880 1 020 1 060
YZ30RR YZ30RL YZ30RN	30	40.5	908.8	81	0.405	1 580 1 860 1 930
YZ40RR YZ40RL YZ40RN	40	40.5	1 213.6	103	0.43	2 300 2 440 2 540

注:Y—荧光灯;Z—直管形;RR—日光色;RL—冷白色;RN—暖白色。

荧光灯具有负电压——电流特性,为了限制放电灯的工作电流,保证工作稳定,需要串联一个镇流器,又为提高瞬间启动电压,有时还需使用启辉器。目前,船上使用的荧光灯启动方式通常采用启辉器启动和手动启动两种。前者主要用于篷顶灯、壁灯和舱顶灯等;后者一般用按钮,所以也叫按钮式,主要用于台灯和床头灯。荧光灯的特点是:发光效率较高可达 501～1 001 m/W；寿命大于 5 000～6 000 h；显色性最高可达到 85；色温 4 000～6 000 K；可以立即启动；体积较大。

（三）其他放电灯

荧光高压汞灯在石英放电管内充有高压汞蒸气和少量惰性气体，玻璃外壳内壁涂有荧光粉。辅助电极相当于启辉器，电阻起限流作用。工作原理类似日光灯，也需与镇流器配合使用，是一种光效高、功率较大的照明光源，多用于舱面或机舱作强光照明，但因其启动时间较长（4～8 s），对电压波动的承受力差，尤其是再启动时间长（5～10 min），所以在船上的适用性较差。

金属卤化物灯简称金卤灯，与高压汞灯的主要差别是放电管内除汞及惰性气体之外，还含有一种或多种金属卤化物，如碘化钠、碘化钾等。由于各种金属原子被激发放电，使光效和显色性大大提高。金卤灯的尺寸小、功率大，尤其是抗电压波动的稳定性比荧光高压汞灯高，还可通过不同的金属卤化物制成白色、日光色和彩色光灯，适用于有不同光色要求的场合。金卤灯的特点是：寿命长（10 000～20 000 h）；发光效率较高（601～801 m/W）；显色指数达到 85，最高达到 90 以上；功率范围大（35 ～2 000 W）；色温高，模拟日光色。

高压钠灯是在放电管内除汞及惰性气体之外，还加入过量的钠。由于钠在可见光范围内与汞相比具有较高的辐射效率，高压钠灯的发光效率约为高压汞灯的 2 倍，显色性也比高压汞灯好，因此高压钠灯更具发展优势。高压钠灯的特点是：发光效率最高的光源（601～1 201 m/W）；光色金白色，穿透烟雾能力强；寿命高达 28 500 h。双管钠灯达到 5 万 h；显色指数 40；经济性好。

超高压氙灯是一种强电流弧光放电灯，光色近似于日光，发光效率高。氙灯启动快，能在点亮的瞬间就有 80%的光输出，但点亮时要求垂直放置，适用于探照灯。由于管内气压很高，因此需采用触发器作为点亮装置，使用交流电时必须串联镇流器。

LED 是一种半导体固体发光器件，它是利用固体半导体芯片作为发光材料，当两端加上正向电压，半导体中的载流子发生复合引起光子发射而产生光。LED 可以直接发出红、黄、蓝、绿、青、橙、紫、白色的光。LED 灯就是利用 LED 作为光源制造出来的高科技产品，被称为第四代照明光源或绿色光源，具有节能、环保、寿命长、体积小等特点。LED 是电流控制元件，通过流过的电流，直接将电能转变为光能，故也称光电转换器。因其不存在摩擦损耗和机械损耗，所以在节能方面比一般的光源的效率高。但是 LED 光源并不能像一般的普通光源一样可以直接使用电网电压，它必须配置一个电压转换装置，提供满足其额定的电压、电流，才能正常使用。

LED 照明的优点是：①发光（能量转换）效率高，即较省电，比传统灯泡高。②反应（开关）时间快，可以达到很高的闪烁频率。③使用寿命长，达 35 000～50 000 h，相对日光灯为 5 000～6 000 h，白炽灯为 1 000～2 000 h。④耐震荡等机械冲击。由于是固态元件，相对日光灯、白炽灯等能承受更大震荡。⑤体积小。其本身体积可以造得非常细小（小于 2 mm）。⑥多种颜色。能在不加滤光器下提供多种不同颜色，而且单色性强。⑦色域丰富。LED 覆盖色域较其他光源广。

LED 的缺点是：①散热问题，如果散热不佳会大幅缩短寿命。②初期购买成本较高。③因 LED 节能灯光源方向性很强，灯具设计需要考虑 LED 特殊光学特性。

总的来说，由于各种光源有其不同的特性，设计者应根据照明场所的具体情况去选用。

现代船舶各种舱室的主体照明，通常选用荧光灯，局部照明（如台灯）和装饰性照明（如壁灯）选用白炽灯，甲板面强光照明选用高压气体放电灯。对于冷库等低温潮湿场所，由于环境温度低于-10 ℃，日光灯启动困难，光通量下降较多，所以除非选用特定的荧光灯，一般都用白炽灯。

五、照明灯具

照明灯具是一种控制一个或多个光源的出射光分布的装置，它包括所有固定和保护这些灯泡以及把灯泡（或灯管）连接到供电电路所必需的零部件。配光是灯具的一个重要特性，它显示了光源在空间各个方向的光强分布，是衡量灯具性能好坏的重要指标。灯具的配光曲线对照度计算和灯具的选择起着重要作用，灯具制造厂应随灯具资料提供配光曲线供使用者参考。

（一）船舶灯具结构

由于船上的环境条件比陆地上苛刻，因而对船舶灯具的结构和形式有着更高的要求，设计中选用船舶灯具时，除了遵照规范及有关标准的要求之外，还应注意下列问题。

照明灯具

1. 基本结构

基本结构应坚固、轻巧、美观，并能满足使用环境的要求。

2. 结构特点

（1）结构牢固，零部件不易脱落，防震性能好。

（2）防潮、防水性能好，尤其是露天安装的灯具，防护等级要达到 IP5X，对有危险粉尘等场所，防护等级可高达 IP6X。

（3）散热性好，同时应防止飞虫杂物钻入。

（4）外形尺寸要适合船舶层高限制，结构简单，方便接线和更换灯泡。

（5）具有良好的接地保护措施。

（二）船用灯具的型式分类

船用灯具有很多种如图 10-1 所示，可按光源、结构形式、光学性能等进行分类。一般情况下，船用灯具是按照国际电工技术委员会（International Electrotechnical Commission, IEC）制定的对潮气和尘埃穿透的防范程度的分类法分类。

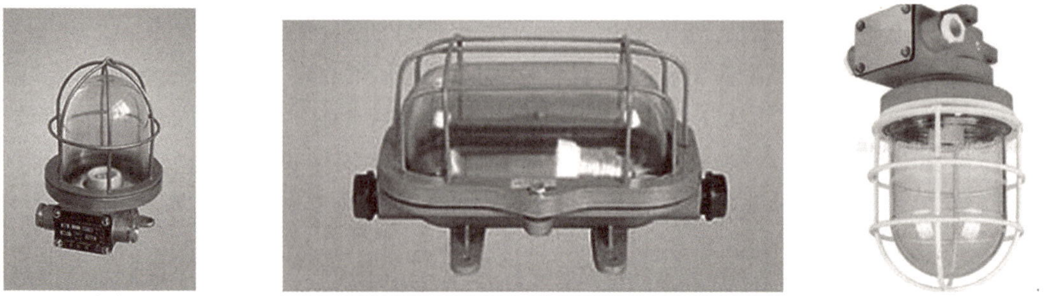

(a) (b) (c)

图 10-1 船用灯具

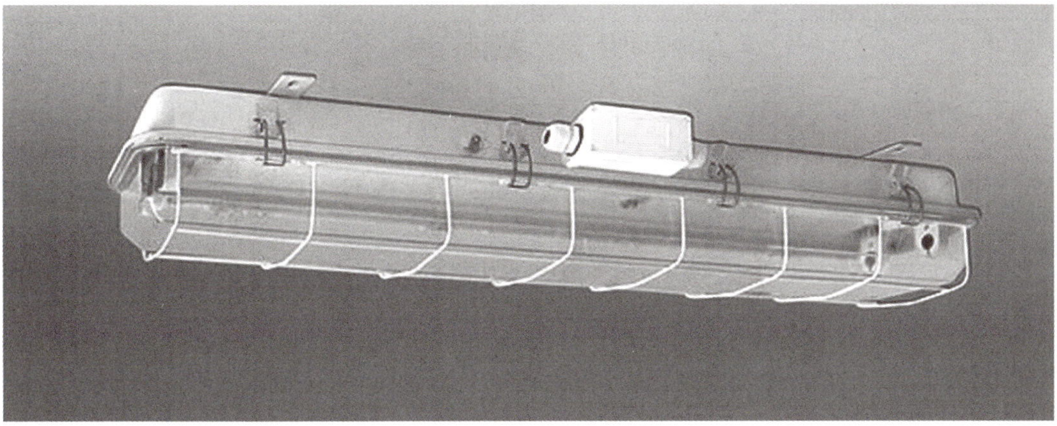

(d)

图 10-1(续)

1. 防护型

用于干燥舱室,如船员和旅客的居住舱、休息室、餐厅、驾驶室、报务室等,防护等级为 IP2X。

2. 防潮型

用于有较大潮气的场合,如走道、厨房、洗衣间等,防护等级为 IP3X~IP4X。

3. 防水型

用于有滴水、溅水和凝水的场所,如机炉舱、干货舱、轴隧、管弄、露天甲板等,防护等级为 IP5X~IP6X。

4. 防爆型

用于可能积聚易燃易爆气体和各有关危险区域。

(三)灯具主要组成部件

灯具的主要部件有灯体(外壳)、灯罩和灯座。

灯体是灯具的整体外壳,一般用钢、铜、铝合金及玻璃纤维、不锈钢等材料并经表面涂或镀层处理后制成。由于灯罩、灯座等都与灯体直接关联,所以对船用灯具基本结构的要求都要体现在灯体上。

灯罩一般用玻璃(包括透明、乳白和磨砂)或有机玻璃等热塑性塑料制成,对于有指定颜色要求的灯罩还必须用彩色玻璃。对灯罩的要求取决于使用场合,强光照明的灯罩透光率要高,用透明玻璃为好;而卧室或休息室灯光宜柔和些,适用乳白灯罩。

灯座是用来固定灯泡的,因此必须与灯头配合。船用灯具灯座要求用滞燃的和不吸潮的材料制成,一般为铜质插口型或螺口型,对功率较大或散热条件较差的灯具则用瓷质灯座。

在荧光灯具内还必须装进镇流器、启辉器和补偿电容器。船用荧光灯镇流器规格见表 10-4。

表 10-4　船用荧光灯镇流器(扼流圈型)规格

额定电压/V	额定频率/Hz	额定功率/W	额定输入电流/A	阻抗电压/V	消耗功率/W
220	50	8	0.15	199±5	<4.5
		15	0.33	203±5	<8
		20	0.37	200+5	<8
		30	0.405	186±5	<8
		40	0.43	178±5	<9
110	60	8	0.15	83±5	<4
		15	0.33	88±5	<5.5
		20	0.37	87±5	<6

六、照明建议值

表 10-5 至表 10-9 以 lx 为单位详细列出船员起居处所等各处所照明的建议照度,可支持操作人员执行任务并保持其安全和视觉舒适。应急照明在 SOLAS 公约和 IMO 决议中已有规定,表 10-5 至表 10-9 对其不再予以考虑。进行照明测量时,探测仪应放在约 800 mm 外。

表 10-5　船员起居处所照明

处所	照度/lx	处所	照度/lx
入口和过道			
内部走道、过道、梯道和通道	100	外部走道、过道、梯道和通道(夜间)	100
生活区和工作区域走廊	100	梯道、电梯	150
		集合区域	200
住舱,客舱,铺位和卫生处所*			
一般照明	150	浴缸/淋浴(一般照明)	200
阅读书写(写字台或床铺灯光)	500	卫生处所内所有其他区域(如厕所)	200
镜子(个人仪容)	500	睡眠期间灯光	<30
餐饮处所			
食堂和自助餐厅	300	小吃或咖啡区	150
娱乐处所			
休息室	200	健身房	300
图书馆	500	布告牌/展示区	150
多媒体资源中心	300	所有其他娱乐处所(如游戏室)	200
电视室	150	培训室/中转室 办公/会议室	500

表 10-5(续)

处所	照度/lx	处所	照度/lx
医疗、牙科和急救中心			
药房 医院/病房	500	病房 • 一般照明 • 重要检查 • 阅读 医院/病房	 150 500 300 500
医疗和牙科治疗/检查室 医院/病房	500		
候诊区	200		
化验室	500	其他医疗、牙科处所	300

注：* 表示如果昼间或夜晚在住舱或客舱有人睡觉时光线可能照入(例如通过舷窗、气窗等)，最大照度应为 30 lx。

表 10-6　导航和控制处所照明

处所	照度/lx	处所	照度/lx
驾驶室	300	办公室 • 一般照明 • 计算机工作 • 服务柜台	 300 300 300
海图室 一般照明 海图桌	 150 500		
其他控制室(如货物驳运等) • 一般照明 • 计算机工作 集中控制室	 300 300 500	控制站 • 一般照明 • 控制台，仪表板，仪表 • 配电板 • 记录台 现场仪表室	 300 300 500 500 400
雷达室	200		
无线电室	300	陀螺罗经室	200

表 10-7　服务处所照明

处所	照度/lx	处所	照度/lx
食品制作 • 一般照明 • 厨房 • 配餐室 • 切肉间 • 化冻室 • 工作面，食品制作台和灶面 • 食品端送路线 • 洗涤室(餐具洗涤) • 油烟抽吸罩 贮藏室 包裹处理/切割	 500 500 300 500 300 750 300 300 500 100 300	洗衣房 • 一般照明 • 洗衣机，整烫和分拣	 300 300
		化学品库	300
		贮藏室 • 大件 • 小件 • 领用柜台	 200 300 300
		电梯	150
邮件分拣	500	食品库 • 非冷藏 • 冷藏	 200 100

表 10-8　操作和维护保养处所/区域照明

处所	照度/lx	处所	照度/lx
机器处所(一般)	200	货舱(便携式照明设备)	
无人值守的机器处所	200	• 一般照明	30
机舱	300	• 货物装卸期间	300
发电机和配电板间	300	• 过道和围壁通道	80
配电板、变压器室	500		
主发电机室/配电装置	200		
风机室	200	检查和修理任务	
HVAC 室	200	• 简略	300
电动机室	300	• 中等	500
电动机-发电机室(货物装卸)	150	• 仔细	750
		• 极为仔细	1 000
泵舱,消防泵舱	200	工场	300
舵机舱	200	油漆间	750
锚机舱	200	工场办公室	500
电池室	200	机修间	500
应急发电机室	200	装配/电工间	500
锅炉房	100		
舱底/留空处所	75		
集合/登乘区域	200	无人值守的机房	200
		轴遂	100
货物装卸(露天甲板)	200	脱险用围壁通道	50
堆放区	200	吊机舱	400
一般处理和设备区	200		
装货坡道/装货间	200		
货物存储和操纵区域	350	吊机房和船舶甲板之间的手动信号区	300

表 10-9　红色或低亮度白色照明设备

区域	照度/lx
在目视海图及仪表极为重要的情况下	1～20
内部或处所	5～20
驾驶室区域(包括海图桌、障碍物和相邻走廊及处所)	0～20(连续可变)
梯道	5～20
走廊	5～20
修理工作(具体尺度从小到大)	5～55

七、照度计算

照度计算是进行照明设计时所做的计算，目的是根据既定的照度要求，求得一个具体舱室、具体处所或某被照平面上需要多少光通量，进而确定需配用多少个预先选定的灯具。船舶照明设计通常只对一些典型舱室进行照度计算，将计算结果汇总成表。

照度计算可以通过手算或计算机计算。由于船舶舱室格局比较规范化，过去对一般的舱室往往凭经验就可进行照明灯点布置，最多选几点进行校核性的计算罢了。随着科技发展，船舶这样一个水上的独立城市，各方面技术正在不断创新，因此对能给予在船上生活的人们视觉感官有第一印象的“照明”更是不能马虎，尤其是对调查船、豪华客船等有更多的人员在船上生活和从事研究工作时，照明将显得更为重要，设计者必须认真对待。

照度标准是照度计算的重要依据，照明设计的照度标准必须满足有关规范和规则的要求。有关国家照度要求见表 10-10。

表 10-10　有关国家照度标准

场所	IES[2]	DOT[3]	GL[4]	JIS F[5]	AS[6]	NMD[7]	PRS[8]	PC[9]	英国商船航运规则
船长起居室	200	50	100～150	150	140				
卧室	100	50	100～150	100	140				
船员室	100	50	100～150	100	140	150			50
客舱	100	50	100～150	100	140				
浴室	100	100		50	100				
楼梯和走道	100	50	50～75	50	35	100	75	75	50
餐厅	200	100	200	200					100
娱乐室	220	50	150～250	200	140				50
病室	100	50	200	100	100				50
诊疗室	300		200	200	200				
厨房	300	300		100	140	100			300
配餐室	200		150～250	100	200				
洗衣室	200	100	100～150	100	100	100			100
储藏室	50			50					
驾驶室	100		100～150	50	100				
海图室	100		100～150	50	140	100	100	100	50
无线电室	100	100		200	140			100	
业务办公室	200	100		100	140				
机、炉舱	200			150	70		75	100	
集控室	200			200	280				
机修间	300			100	140				

表 10-10(续)

场所	IES②	DOT③	GL④	JIS F⑤	AS⑥	NMD⑦	PRS⑧	PC⑨	英国商船航运规则
舵机舱	100			50					
蓄电池室	100			50			75	75	
上甲板下通道				20					

①表中照度单位为 lx;
②IES(Illuminating Engineering Society)——美国照明工程学学会;
③DOT(Department of Trade)——英国贸易部;
④GL(Germanischer Lloyd)——德国劳氏船级社;
⑤JIS F(Japanese Industrial Standards)——日本工业标准;
⑥AS(Australian Standard)——澳大利亚标准协会;
⑦NMD(Norwegian Maritime Directorate)——挪威海事管理局;
⑧PRS(Polski Rejestr Statkow)——波兰船舶登记局(现称波兰船级社);
⑨PC(pernctp cccp)——俄罗斯船级社。

在我国尚未发布确切的照度标准文件之前,可以参照表 10-11 所示的照度要求。

表 10-11　船舶舱室和处所的照度

舱室、处所和照明面	一般+局部	一般	舱室、处所和照明面	一般+局部	一般
一般住舱和客舱		50	配膳室	150	
桌上	150		洗衣机室		50
办公室		100	烘衣室		50
阅览室		200	浴室、厕所		50
文娱室		150	内走道		30
休息室		100	驾驶室		100
病室		50	机舱集控室		100
手术室	500		配电板和控制台面	150	
餐厅		100	主机操纵台		100
餐桌	150		蓄电池室		50
小卖部	150		变流机室		50
理发室	150		应急发电机室		100
吸烟室		100	舵机舱		75
厨房	150		油泵舱		75
螺旋桨轴承附近		50	机修间	150	75
储物室		50	机舱内走道		30
冷库		50	救生艇和救生筏下水区域的舷外空间靠近水线处		5

表 10-11(续)

舱室、处所和照明面	一般+局部	一般	舱室、处所和照明面	一般+局部	一般
通风机室		50			
电动机室		50	救生艇和救生筏处	50	
CO_2 室		50	舷梯		20

(一)利用系数法

利用系数法又称流明法或光通量法。利用系数是指被照面上的有效光通量与光源发射的额定光通量之比。利用系数法就是在舱室的几何特性已确定的前提下,根据预选灯具的利用系数来计算所需的光通量的方法。

1. 计算公式

利用系数法的计算公式为

$$F=\frac{SEK}{N\eta}$$

式中　F——每个灯具中光源的光通量,lm;

S——舱室面积,m^2;

E——要求达到的平均照度,lx;

K——照度补偿系数;

N——灯具数量;

η——利用系数。

2. 照度补偿系数

考虑光源在使用期间,由于光通量的衰减及被照环境的变化而引起照度降低,在照明计算时预置了补偿系数(K),也可用减光系数(M)表征,减光系数 M 为补偿系数 K 的倒数。K 值可以参考表 10-12 选择。

表 10-12　照度补偿系数 K 值

舱室处所	K	
	荧光灯	白炽灯
较干燥清洁的处所(居住舱室、会议室等)	1.3	1.1
一般舱室(工作室、储藏室、餐厅等)	1.5	1.3
有油污、水汽、灰尘等处(机、炉舱、厨房等)	1.7	1.5

3. 利用系数的确定

η 值与舱室的几何形状、墙壁与天花板的反射条件及灯具的形式有关。

(1)室形指数。室形指数取决于舱室的几何形状,可由下式计算:

$$\varphi=\frac{ab}{H(a+b)}$$

式中　a——舱室长度,m;

b——舱室宽度,m;

H——舱室高度,m。

φ 值还可通过室形指数诺模图求得,如图 10-2 所示。对照图 10-1 中,根据 a/H 和 b/H 值来求室形指数 φ 值。

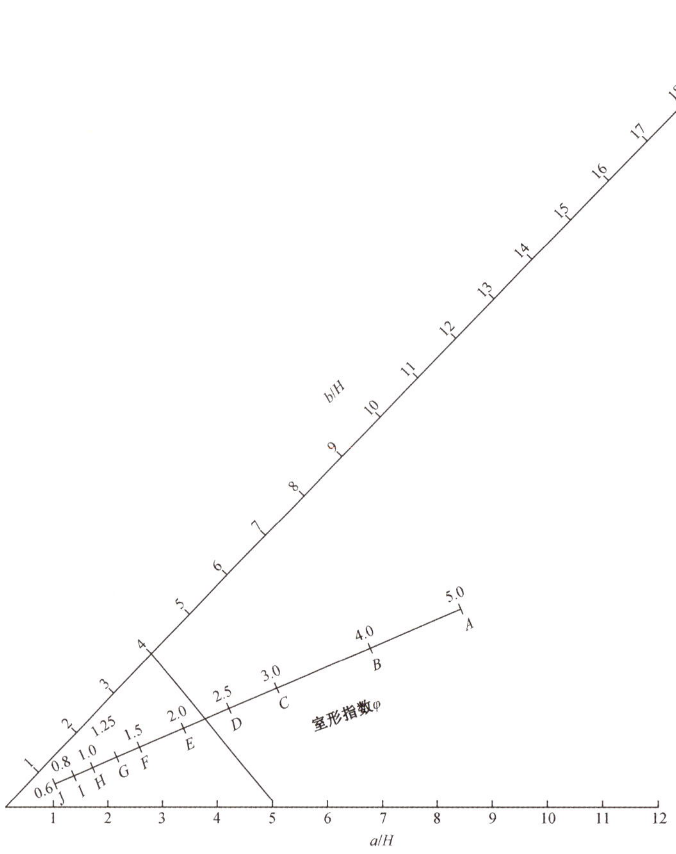

图 10-2　室形指数诺模图

例如,某一舱室,长 $a=10$ m,宽 $b=8$ m,高 $H=2$ m。做 $a/H=5$ 和 $b/H=4$ 的连线交室形指数 φ 线于 2.2,即为所求 φ 值。

(2)反射系数。墙壁与天花板的反射系数按表 10-13 选择。

表 10-13　墙壁和天花板的反射系数值

反射面的颜色	反射系数平均值	反射系数计算值
白色	0.84	0.7
银灰色	0.55~0.70	
淡黄色	0.69~0.77	
浅蓝色和淡青色	0.36~0.52	0.5
淡绿色	0.38~0.50	
淡色木板	0.40~0.50	
涂清漆淡色木板	0.36~0.40	

表 10-13（续）

反射面的颜色	反射系数平均值	反射系数计算值
深灰色	0. 20～0. 42	0. 3
深色皮革	0. 27～0. 41	
深红色	0. 16	0. 1
褐色	0. 16	
深绿色	0. 16 ～0. 21	
天然褐色木板	0. 15～0. 26	
塑料贴面板		
浅黄色木纹	0. 36	0. 3
中黄色木纹	0. 30	0. 3
深棕色木纹	0. 12	0. 1

（3）利用系数。已知室形指数、反射系数和灯具配光曲线，可从预选定灯具提供的利用系数见表 10-14 中选取 η 值，如果灯具未提供利用系数时，可参考、选取相应的利用系数。

表 10-14　灯具光通利用系数值

配光形式	配光曲线 形状 $\frac{\text{向上光通量}}{\text{向下光通量}}$	灯具实例	天板反射系数	0. 7			0. 5			0. 3	
			墙壁反射系数	0. 5	0. 3	0. 1	0. 5	0. 3	0. 1	0. 3	0. 1
			室形指数	利用系数/%							
直接	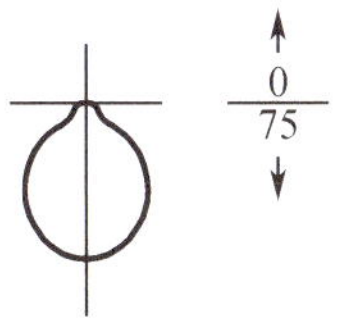	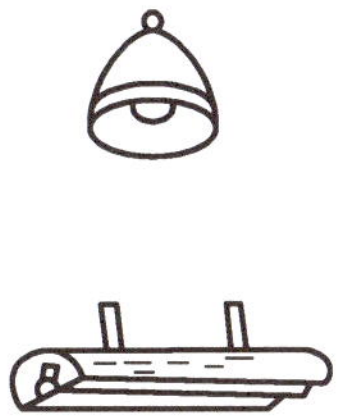	0. 6	37	31	27	36	31	27	31	27
			0. 8	45	41	38	45	40	37	40	37
			1. 0	49	45	42	49	45	42	45	42
			1. 25	53	49	46	53	49	46	48	46
			1. 5	56	53	49	55	52	49	51	49
			2. 0	61	58	55	60	57	55	56	55
			2. 5	66	63	60	64	62	60	61	60
			3. 0	67	65	62	66	64	62	63	61
			4. 0	71	68	66	69	67	65	66	64
			5. 0	72	70	67	71	68	67	67	66

表 10-14(续)

配光形式	配光曲线 形状 向上光通量/向下光通量	灯具实例	天板反射系数	0.7			0.5			0.3	
			墙壁反射系数	0.5	0.3	0.1	0.5	0.3	0.1	0.3	0.1
			室形指数	利用系数/%							
直接	 0/55		0.6	32	28	25	32	28	25	28	25
			0.8	40	36	34	39	35	33	35	33
			1.0	43	39	37	42	39	37	39	36
			1.25	46	43	41	45	42	41	41	40
			1.5	48	45	43	47	45	43	45	42
			2.0	52	50	48	51	49	47	49	46
			2.5	56	54	52	55	52	51	53	50
			3.0	57	55	53	56	54	52	54	51
			4.0	60	58	56	59	57	55	56	54
			5.0	61	59	57	60	58	57	57	56
半直接	 15/55		0.6	23	19	17	23	18	16	17	16
			0.8	29	25	22	28	24	21	23	21
			1.0	32	28	25	31	28	25	26	24
			1.25	36	32	29	34	30	27	29	26
			1.5	40	35	31	37	33	30	31	29
			2.0	43	39	35	41	37	34	35	32
			2.5	47	42	39	44	40	37	38	36
			3.0	49	45	41	46	42	39	40	38
			4.0	52	48	45	49	45	43	43	41
			5.0	54	51	47	51	47	45	44	43

(二)计算举例

已知某船餐厅长 8 m、宽 8 m、高 2.3 m,天花板为白色,四周墙壁为淡绿色,该餐厅准备装用 220 V、2×20 W 嵌入式双管荧光篷顶灯,试确定该舱室应装几盏预选灯具才能满足最低照度要求。

计算步骤如下:

(1)由表 10-11 查得餐厅最低照度要求 $E=100$ lx。

(2)由表 10-12 查得照明补偿系数 $K=1.5$。

(3)计算室形指数:

$$\varphi=\frac{8\times 8}{2.3(8+8)}=1.7$$

(4)由表 10-13 查得天花板反射系数为 0.7，墙壁反射系数为 0.5。

(5)因选用嵌入式灯具，根据表 10-14 中第二种形式配光曲线查得利用系数 $\eta=0.48$（按 $\varphi=1.5$ 查）。

(6)由此可求得该餐厅需要的总光通量为

$$\frac{SEK}{\eta}=\frac{8\times 8\times 100\times 1.5}{0.48}=20\ 000\ \text{lm}$$

(7)由表 10-3 荧光灯的光电参数表查得 20 W 荧光管光通量为 8 801 m，现 2×20 W 双管荧光灯具光通量应为 8 801 m×2＝17 601 m。

(8)由此可求得该餐厅应装灯具。

(9)验证实际照度 E'，根据公式：

$$F=\frac{SEK}{N\eta}$$

求得每只灯光通量为 16 671 m，而每只灯实际光通量为 17 601 m，实际照度为

$$E'=100\times\frac{1\ 760}{1\ 667}=106\ \text{lx}$$

4. 计算书格式

利用系数法计算照度的计算书格式见表 10-15。

表 10-15　照度计算书

序号	舱室名称	要求照度 E /lx	灯具		舱室尺度				补偿系数 K	利用系数				所需光通量 F /lm	光源参数			实际照度 E' /lx
			型号	数量 N	长 a/m	宽 b/m	高 H/m	面积 S/m^2		室形指数 φ	天花板反射系数件 ρ	墙壁反射系数 ρ	利用系数 η		功率 W /W	数量 N	光通量 F' /lm	
1	上甲板餐厅	100		12	8	8	2.3	64	1.5	1.7	0.7	0.5	0.48	1 667	20	2	1 760	106

由于船舶各种居住舱室的高度、墙壁及天花板的反射条件、安装灯具的型式变化不多，且居住舱室通常都用 20 W 双管日光灯，居住舱室的最低照度要求为 50 lx，考虑舱室高度为 2 m，天花板和墙壁反射系数通常分别取 0.7 和 0.5，补偿系数取 1.5，在这样的前提下，不同居住舱室需装灯数量将直接与舱室形状和面积大小有关。表 10-16 提供了粗略的参考值，工程人员可结合具体情况最后确定应装灯具数量。

表 10-16 居住舱室装灯具数量

舱室面积/m^2 和安装灯具数量		舱室宽度/m												
		2	2.5	3	3.5	4	4.5	5	5.5	6	6.5	7	7.5	8
舱室长度/m	2	4												
	2.5	5	6.25											
	3	6	7.5	9										
	3.5	7	8.75	10.5	12.25									
	4	8	10	12	14	16								
	4.5	9	11.25	13.5	15.75	18	20.25							
	5	10	12.5	15	17.5	20	22.5	25						
	5.5	11	13.75	16.5	19.25	22	24.75	27.5	30.25					
	6	12	15	18	21	24	27	30	33	36				
	6.5	13	16.25	19.5	22.75	26	29.25	32,5	35.75	39	42.25			
舱室长度/m	7	14	17.5	21	24.5	28	31.5	35	38.5	42	45.5	49		
	7.5	15	18.25	22.5	26.25	30	33.75	37.5	41.25	45	48.75	52.5	56.25	
	8	16	20	24	28	32	36	40	44	48	52	56	60	64

八、照度测量

测量积累资料,以利于进一步搞好设计。并非每条新船都必须进行照度测量,往往是出于船东的要求,或者是某方面工作的需要,如遇旧船改装,需在原舱室基础上增加照明灯点,必须先搞清楚原有的照度水平,所以要进行照度测量。

对照度测量的具体操作、使用的测量仪器、测量前必要准备工作、测量方法及其他注意事项等,现在国家已制定了关于船舶舱室照度测量方法的标准《船舶舱室照度计算与测量法》(GB/T 3485—93),操作人员完全可以遵照执行。

操作人员根据标准需要预先选定测量点,准备好记录表格,表格形式标准没有规定。表 10-17 是某船实测照度的一个例子。

表 10-17 某船实测照度记录

舱室名称	舱室面积/m^2	灯具总功率/W	标准照度/lx	实测照度/lx
报务室	14.3	2(2×20)	100	106
应急发电机室	14.3	2(2×20)	100	50

表 10-7 中列举的两个面积大小相等、照度标准相同,装置灯具数量、功率完全相等的舱室,而实测结果照度差距却很大,这正显示了照度测量的效果,说明设计者对这两个舱室没能按照要求区别对待。因为报务室的反射条件和工作环境相当好,而应急发电机室的反射条件很差,且灯具安装后投射光往往还可能受到钢梁等结构及机械设备的阻挡,所以平均照度较低。因此设计者在今后的照明设计中,必须重视反射条件和舱室结构与照明效果

的密切关系，才能搞好照明设计。

任务10.2　照明设计

任务准备

讨论船舶舱室照明设计的分类与功能。

- 船舶照明
  - 室内照明
    - 舱室主体照明
    - 局部辅助照明
    - 娱乐美化气氛照明
  - 室外照明
    - 室外通道照明
    - 室外工作照明（甲板照明）
  - 探照灯和投光灯
  - 航行信号灯

船舶的照明设计随时代的发展，同样是前途无量的，每个船舶照明设计师在做照明设计时，应该不只是满足规范的最起码要求，而应该在可能的条件下，尽量为生活在船上的人们考虑得更周到、更舒适些。

任务实施

船舶照明系统设计要完成四个内容：照明系统图设计、照明布置设计、照明设备明细表、补充照明设备图表。作为舱室照明设计要完成舱室照明设备布置图，舱室照明设备明细表，舱室照明设备是灯具、灯、开关。明细表中要标明每个灯具的代号，灯的类型及功率，开关的形式及它们的数量。

一、舱室照明的布置

在选定了照明灯具的型号和确定了照明灯具的功率、数量的基础上，就可进行舱室照明布置。在布置的同时，要充分考虑舱室的环境条件，在可能的情况下力求主体照明均匀。由于船舶舱室尺度有限，而天花板上除照明灯具之外还可能有空调出风口或电风扇、火灾探测器、灭火喷淋头等，不同类型的船存在不同的矛盾，因此灯具的布置必须认真协调。最终布置结果要尽可能使照明合理、美观适用。

（一）常规舱室照明布置

（1）舱室内仅有一盏灯时，一般都布置在正中央，或偏近于工作位置，避免布置在床铺的上方或可能受到严重遮挡的位置；

（2）舱室内有两盏或两盏以上的灯时，为使全室光照均匀，又考虑舱室美观，布置往往采用对称形式。

多盏灯的布置可以采用直角式或棋盘式,如图 10-3 所示。

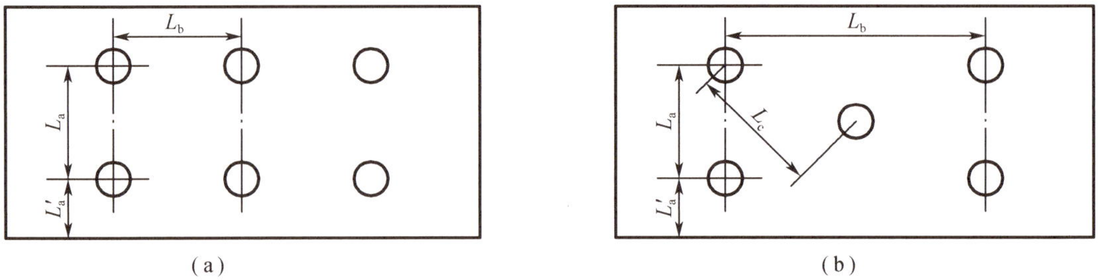

图 10-3　直角式、棋盘式

为了保证光照的均匀性,灯具的间距和悬挂高度、灯具纵向和横向间距、灯具与墙壁的间距之间的关系,应满足表 10-18 所列的要求。

表 10-18　灯具布置的间距要求

项目	直角式布置	棋盘式布置
灯具的间距 L_a 和悬挂高度 H 的关系	$L_a=1.5H$	$L_a=2H$
灯具纵向和横向间距的关系	$L_a=L_b$	$L_a=L_c$
灯具的间距 L_a 和灯具与墙壁的间距 L'_a 的关系	$L'_a=(0.25\sim0.3)L_a$	$L'_a=(0.4\sim0.5)L_a$

(二)局部照明

局部照明是一种补充照明,基本上不列入照度计算范围,但是它能局部加强照明,如台灯、床头灯、镜前灯等;它又是一种辅助照明,如铭牌灯,虽没有直接的照明作用,但具有标识功能。

局部照明的布置原则如下。

台灯:通常布置在工作台的左上角,以保证灯光从工作人员的左前方投射过来,以利于书写。

床头灯:位置应根据床铺位置而定,一般纵向床铺头向船首,横向床铺头向船舯,床头灯相应布置在头顶端壁或近头部的侧壁上。

镜前灯:有镜箱的船舶,在镜子上方,镜灯往往与镜箱组成一体,随着人们物质生活的提高,现代船舶的镜前灯大多数都带有电动剃须刀插座。

门灯:有的舱室受结构的影响,方正情况比较差,尤其现在许多船舶都已采用卫生单元,犹如陆地宾馆一样形成一个门廊,为避免造成暗角,可在门廊顶上装一个筒灯或其他较小型的灯具。对中小型沿海客船,有的客舱人数较多,晚上还必须保留夜明灯,一般也布置在进门上方,为减少眩光,这种灯用嵌入式乳白玻璃灯罩为好。

铭牌灯:这类灯有专门的灯具,也有根据需要特制的灯具,安装在各公共场所门外(如厕所、浴室、医务室等)以及特定的处所,如通往登艇处的各条通道壁上。

其他专用局部照明:如橱窗灯、海图灯、仪表板照明灯等,将根据局部的需要布置。

（三）餐厅、休息室等娱乐消费场所的照明

随着社会生活水平的提高，人们对旅行生活的要求也在逐步提高，尤其在海上，相对旅行时间长，生活单调，应设法提高船上生活的情趣，充实船上娱乐消费设施，改善娱乐环境，其中照明设计的优劣则起着举足轻重的作用。对这些场所的照明设计不只是满足照度要求，更主要的是注意美化环境、合理布置。如餐厅和娱乐室，舱室面积相对较大，灯光要求柔和而明亮，所需灯点较多，布置起来既要注意整体环境，又要照顾每个餐桌或游戏台的照度；而吸烟室、放映厅等的灯光，相对应柔和幽暗些，采用间接式照明效果会更好；大型邮船上的商店和模拟街道，其灯光不仅要明亮，甚至应该是金碧辉煌，能照得橱窗里的商品晶莹剔透，引起旅客的购买欲望。在这些场所，装饰性局部照明灯的选择余地较大，甚至要选用一些专用的照明器具，然而船舶灯具品种有限，有时就需要设计人员根据船舶灯具的特点，结合实际的需要在民用灯具中选型。选型时必须注意被选灯具在船上的可安装性，绝不能单纯注重美观效果而忽略了实用性。当 LED 照明在船上得以广泛应用后，这个问题将会得到更好的解决途径。

对于这类舱室的灯具布置，常用下列基本方案。

（1） 一般形式。适合长条形舱室，如图 10-4 一般形式布置所示。

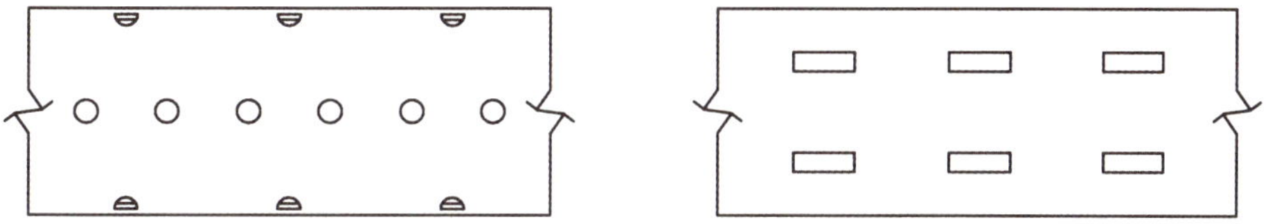
(a)单行布置　　(b)双行布置

图 10-4　一般形式布置

（2）分散集中形式。适合于不规则布置的餐厅或娱乐室，如图 10-5 所示。

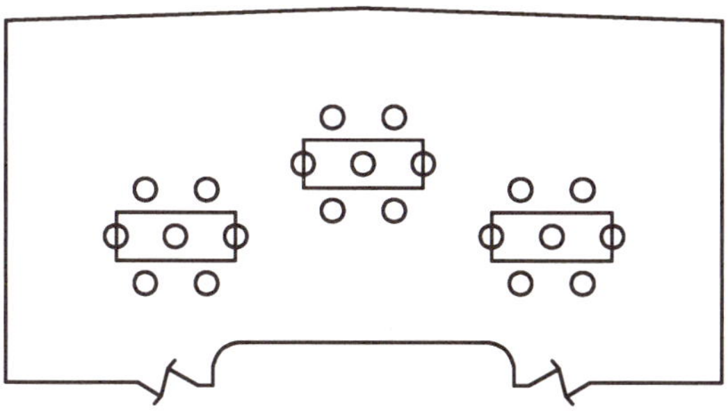

图 10-5　分散集中形式布置

（3）满天星形式。适合会议厅、放映厅等，如图 10-6 所示。

（4）嵌入形式。适用于较高的，甚至是双层形式的餐厅或大型休闲场所，如图 10-7 所示。将灯泡或日光灯管嵌入凹槽，外面再吊上顶，不见灯泡，只见光，光线显得更柔和。

（5）舞美灯具布置。为丰富旅途生活，客船上开设了舞厅，舞厅不只是有舞池，更重要的是有制造气氛的舞美灯具。

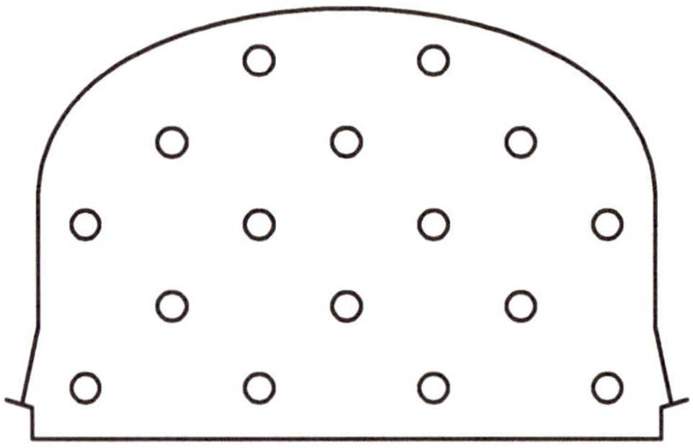

图 10-6　满天星形式布置

这类舱室首先应有较为柔和些的灯光打底，如四周都是满天星式的灯光，用一些边界灯将舞池的轮廓围出来，再用一些不断旋转变化灯光图案，如"群光万向月星灯""百头满天星"等名称的专用灯具和可随音乐节拍闪烁的频闪灯等制造出整个房间都在随着音乐翩翩起舞的气氛与感觉。这种设计专业性强，因此设计前可多参考些陆地上的有关资料。目前并没有专门的船用舞美灯具，只能在陆用的基础上根据船用特点适当改进，首先要使这种灯具能够接受船舶层高的严格限制，要在 2 m 左右的高度范围内能够安装运行，并保证安全。

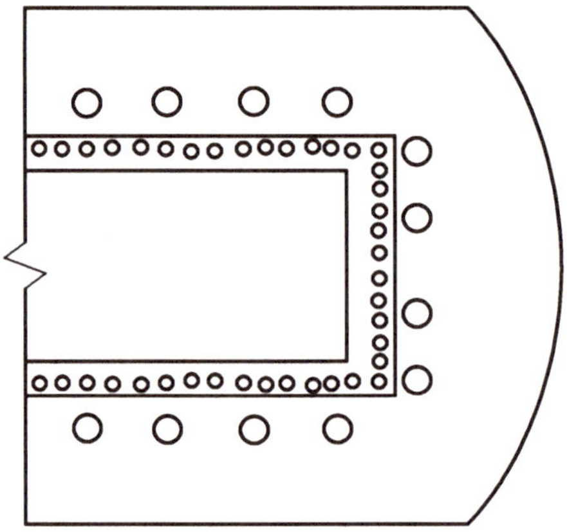

图 10-7　嵌入形式布置

使用舞美灯具还必须配上专用的控制设备，可以预置程序，自动调节各组灯的旋转闪亮和明暗，还可与音响设备连接，使色光和音响频率配合，从而取得音响和视觉的统一效果。

(四) 内外走道照明

外走道一般采用防水式荧光舱顶灯(2×20 W 为多)或白炽舱顶灯(60 W)，灯距通常为 3~5 m，布置时应尽量照顾到通道出口、梯口和弯道的照明。外走道照明灯应由驾驶室集中控制，以防夜航时影响驾驶室视线。

内走道多数有天花板，可以装荧光或白炽篷顶灯，也可用角灯作用走道照明灯，既省空间，照明效果也同样好。由于日光灯比较长，而内走道一般都不太宽敞，所以灯具不宜横装。在内走道与主楼梯的交汇处往往有比较宽敞的回廊，可适当选择形式不同的灯具进行必要的美化处理，设计者可结合船舶的经济指标，在可能的范围内做好设计。

二、艺术照明

艺术照明是利用灯具的选型、光线的强弱、光色的调配和光影的变幻使室内形成一种视感特殊的光环境，艺术照明更丰富了室内的装饰效果，给环境增添美感和气氛。

艺术照明

（一）功用

体现装饰效果：壁灯、雕塑坐地灯、蜡烛灯等灯具照明作用不大，主要在于灯具造型的装饰效果。此外，还可运用投向壁面的光斑光色、投向物体的光影造型来装饰室内空间。

1. 突出室内视觉中心

利用投射光可突出室内的大幅壁画、艺术摆设，或利用投射光束作为背景衬托展品。

2. 改变空间感

反光顶棚或发光顶棚可使顶面明亮，给人以空间增高感受，若光色运用恰当还会形成头顶青天之感。同理，利用发光壁有扩大空间感。设置光窗会有与自然相通、引光入室之感。

3. 组织室内虚拟空间

在一些多功能厅室里可以运用不同照明方式组合成不同功用的小区。例如，光线柔和的淡雅咖啡座，光束强烈色彩缤纷的表演台，光色和谐而迷人的酒吧等，使大厅功能多而不乱，使各小区各得其所。

4. 渲染室内气氛、强调室的特征

利用艺术顶棚和吸顶灯的结合给大厅增添豪华感。五彩旋转灯给舞厅带来变幻、迷离、激情和富有生气的气氛。用淡雅微暖的漫射光或嵌入式暗灯或散落数处的落地座灯会给休息室增添安详、宁静和温馨的感受。

（二）特点

（1）注重灯具本身的装饰性及灯具组合的艺术性。

（2）重视光的投射方向，光束的分布，光影的形成及造型立体感。

（3）照度不受标准约束，某些场合需高照度，有时出现低照度。有时还会利用闪烁的眩光来改变气氛。

（4）光色运用是艺术照明的一大特色。光色与环境色的配合可突出显色特性，光色可增加空间层次、调节室内气氛、改变心理感受，构成幻觉的意境。

设计艺术照明应注意：根据舱室的性质和用途考虑艺术照明；结合舱室装修特点；室内四周平面和立面，家具，织物等用色的基调，光色与物色的协调；选一或两种照明方式为主调（避免繁杂），在具体手法上多下功夫。

三、照明布置图的绘制

照明布置图实际是用照具和属具的图形符号，把对整条船的照明系统的设想表达在船舶总布置图、舱室布置图和机舱布置图上。也就是说，将在这些图上画出灯具和属具的相对安装位置，使人能比较直观地看清全船的照明分布。在画照明布置图时除充分考虑舱室照明布置的要求外，还必须注意下面绘图的具体问题：

因照明布置图是将总图、舱室布置图和机舱布置图等图纸作为背景图的，为了突出照明内容，在绘制时应加深图形符号，而淡化背景图，以突出重点。也就是说，设计者在绘图前应先对总图和舱室布置图进行技术上的处理，保留基本框架，舱室中留下床和桌子，除去图上有关的尺寸标注线（包括机舱布置图）、设备代码等。

因为背景图都是按比例绘制的，如果灯具和属具的图形符号也按实际比例绘制，其结果可能很难正常识别符号，而图形符号是用来作为灯具和属具在图上的象征性代表，表明某处应该安装的灯具或属具，所以符号的大小也只能是象征性的，以在图上能看清为准。但必须说明的是，对于尺寸足够大的照具，如管形日光灯，在有比例的图上，按比例绘制成符号能在图上充分显示其长度，则其图形符号必须按比例绘制，否则实际施工时就可能出现布局不合理，灯点或多或少的现象，设计人员应予注意。

为了和照明系统图相互呼应，布置图上每一个灯具或开关符号旁应标有所属分路的代号。对于一些小型船舶也有在布置图上不标分路代号，而是将符号直接用线路连起来，但这种画法已用得很少。

布置图一般分甲板层次绘制，图上除照明的有关图形符号和代号之外，还需注明各舱室名称。对个别只在平面图上不能表达清楚的地方，需要取船的侧面或局部截面放大绘制，如结构复杂的货舱梯道等。

每套照明布置图必需做出明细表，列出灯具和属具的型号、规格及数量，同时包括符号和代号的名称对照。明细表可单独列出，也可在每张布置图上分页制作。

四、照明布置图实例

图 10-8 为某船照明布置图（局部），其电气作业书中，对照明描述如下：

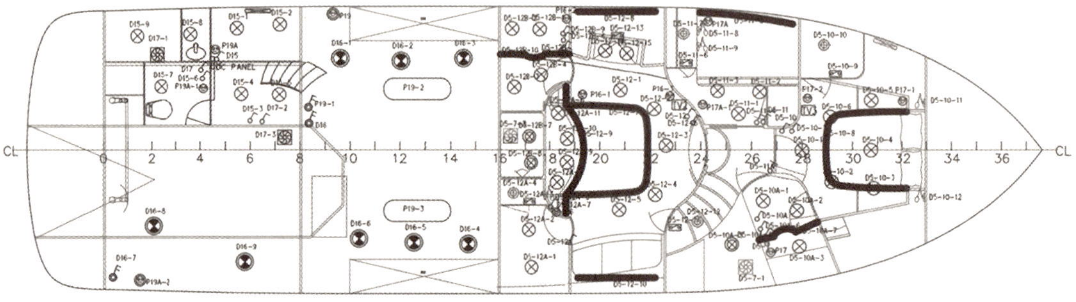

	防水灯	GPD12-1 DC24V/25W	8
	水密天花灯	10812W/DC24V/10W	16
	天花灯	10820P/DC24V/10W	64
	LED绳灯	DC24V	19
代　号	名　称	型号及规格	数量

图 10-8　某船的照明布置图（局部）

（1）本船机舱设有 2 支交流荧光舱顶灯，6 支直流舱顶灯，舵舱设有 2 支直流舱顶灯；

（2）主甲板尾部、左右走道、飞桥及淋浴间设有直流天花灯（水密）若干；

（3）各舱室及厨房吊柜设有天花灯若干，舱室衣柜设有衣柜灯若干；

（4）主人房、客房及贵宾房床头壁上各装有床头灯两个；

(5)前、后梯级上装有梯级灯若干；
(6)舱室及外部装有绳灯若干；
(7)主甲板尾部装有漫射灯两个。

评价与考核

课程名称	船舶内装生产设计		
学习项目	照明设计	授课教师	
知识掌握情况(40分)			
序号	知识考核点	分值	教师评分
1	了解舱室照明的作用	15	
2	了解光的基本概念及光的特点	15	
3	了解照明灯具的组成	15	
4	了解船舶舱室和处所的照度	15	
任务执行情况(60分)			
序号	能力执行考核点	分值	教师评分
1	能够计算舱室明视照明	20	
2	能够识读照明布置图	20	
违纪扣分(25分)			
序号	违纪考核点	分值	教师评分
1	上课吃东西	5	
2	上课睡觉	5	
3	上课玩手机	5	
4	上课打电话	5	
5	其他扰乱课堂秩序的行为	5	

小故事园地

汉朝“投影仪”？这面宝镜竟能让金属透光。镜子在我们现代生活中使用广泛。现在所用的镜子，自带发光按键，甚至可以根据需求调整亮度。科技的进步与发达，让大家已经习惯于这种样式繁多、功能新颖的生活用品。可你有没有见过这样一面镜子？它诞生于距今千年以前的汉朝。其镜面不仅可以映衬出人的模样，当阳光照射镜面时，镜子背面的文字和纹饰还可以投影出来。

这便是透光镜，也称“见日之光”镜(图10-9)。“见日之光”镜引人注目的并非它的铭文。而是它堪称古代“投影仪”的存在。这面镜子看上去与一般铜镜没有区别。但当一束光照射到镜面时，这束光会经过反射，将光影投射到墙壁上，而这光影中会奇迹般地呈现出镜子背面的纹饰、铭文。这就好似将镜子背面的样式直接映在壁上似的，因而人们也称其为“透光镜”。

图 10-9 西汉的“见日之光”镜(现藏于上海博物馆)

不用电,金属按理说又不能透光。镜子是怎么做到投影的呢?玄机就藏在浇注青铜及磨镜的时候。高达上千度的铜水倒入模具中,铜水有个冷却凝固的过程。透光镜的边沿又宽又厚,冷却速度较慢。而中心部分比较薄,冷却得很快。因此,铜镜中心部分冷却成型时,铜镜的镜缘仍在冷却收缩。在这样的情况下,后固化的地方会产生一个收缩压力,也称“铸造应力”。这也会使镜面有一个向外凸起的趋势。

当镜面被研磨到一定的薄度,且与镜背纹路相对应时,铜镜便会出现透光的效果。而且,磨镜也有一定讲究。双手需要按住镜的四周磨,才能磨至透光。与普通青铜镜相比,透光镜边缘宽厚,中间极薄,背面花纹都围成一圈。考古研究员推断,具备这样特点的铜镜,才有机会被研磨成透光镜。宋代之后,这种“透光镜”的制作方法曾一度失传。甚至史料中,也没有再记载过这面神奇的镜子。

直至近现代,研究员试验了千万次后,才发现了其中的奥秘。

任务测试模拟题

选择题

1. 光通量的单位是________。 ( )

A. 流明(lm) B. 勒克斯(lx)

C. 坎德拉/平方米(cd/m^2) D. 瓦特(W)

2. 下列关于灯具亮度的叙述错误的是________。 ( )

A. 无论灯具的电光源是什么原理,电功率大的灯具比电功率小的亮

B. 相同电功率的白炽灯和碘钨灯,后者要亮一些

C. 相同电功率的白炽灯和荧光灯,后者要亮一些

D. 相同发光原理的同一类灯具,电功率大的要亮一些

3. 船舶灯具类型按照安装方式划分,可分为________。 ( )

A. 大面积投光灯、手提行灯、探照灯

B. 吊灯、吸顶灯、嵌入式灯、壁灯、落地灯、台灯等

C. 船舶左右舷灯

D. 高压钠灯、高压汞灯

判断题

1. 一个空间内的总照度是该内空间内所有个灯具照度的总和。 (　　)
2. 会议室、餐厅的照度一般在 50~90 lx。 (　　)
3. 在船舶舱室照明的设计中广泛使用吊灯。 (　　)
4. 舱室照明的色调和照度尽量与所处的环境协调。 (　　)

简答题

1. 船舶照明系统设计要完成哪四个内容？
2. 表示光特征的主要量度有哪些？
3. 舱室照明的作用是什么？

项目十一

基于AM软件的内装设计

引导语

平日里,我们吃饭一定离不开这样一种工具——筷子。《韩非子》中,曾记载道:“昔者纣为象箸,而箕子怖。”象箸,即为象牙筷子。可见商朝的纣王已用上了筷子。我国确实很早就发明了各式各样的用餐工具。不论是勺子,还是筷子,在我国都已有了上千年历史。

筷子并非简单的两根棍状物体。它们方圆兼具,筷子的尾部为方形,头部为圆形。这意味着“天圆地方”,源于中国古人对世界的基本理解,同时也意味着“方圆做人,成功做事”,处理好方圆的问题也是取得成功的一大根本。圆,即处事要灵活,举一反三,随机应变,不能刻板地对待问题。方,即做事要有原则,要保持操守,正确恰当地处理问题。筷子也要成双,代表着天地两合与包容和谐。

此外,因为筷子的谐音。很多非常喜庆的场合,都愿意以筷子为吉祥物,代表快快乐乐、和和美美的意思。很多地方的婚礼,新郎就是用筷子掀起新娘红盖头的。

民间更是以筷子作启示,有“一双筷子易折断,十双筷子抱成团”的俗语,以此启迪世人。

在我国的博物院里,也陈列着古人的筷子,其不仅让人通过一双筷子幻想起古人生活,也让现在的我们能够透过这双筷子欣赏古人的工艺。

图 11-1 中这款金嵌玉箸产于清代,为清代后妃所用的餐具。其通体由青白玉制成,筷子上部饰竖棱纹,顶端、中部和下部三处镶金。顶端为尖顶形,中部为凸环纹八道,下部光素。它的金为赤金,成色上佳。

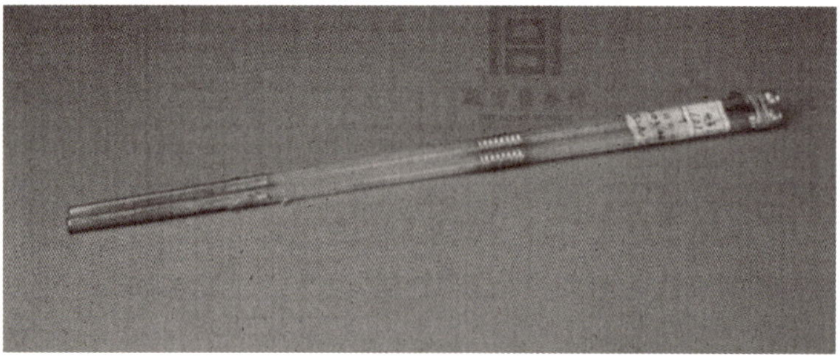

图 11-1　清代的金嵌玉箸(选取自故宫博物院)

筷子虽小,学问却大。一双筷子所包含的餐桌礼仪,其实也是我们的祖祖辈辈相传的智慧,以及中国人传承的谦逊有礼的美德。古人将哲思与祈愿,藏于一双筷箸。这寄托着对后人的启示,也表达了对生活的向往。借古思今,也让我们更多思考,借助当今高速发展时代的信息化手段,创造属于我们的美好生活!

学习目标

任务说明

结合经济发展对软件人才的需要,以行业为导向,培养富有执行力、竞争力及较强创新能力的复合型、应用型人才。通过教学,学生能够全面掌握软件中主要模块的操作应用和其他的相关操作,并能独立进行内装某模型的建模。

知识目标

1. 掌握 AM 软件内装各类型部件库包含的主要内容;
2. 了解 AM 内装 2. 内装架构介绍;
3. 掌握甲板敷料、家具、围壁建模、天花板、绝缘等内装模块的建模方法。

能力目标

学生应德智体美劳全面发展,具备良好的科学素养,具备对于工程项目的分析问题、解决问题以及团队合作的能力。

任务准备

内装初始化

一、各类型部件库准备

(一)模型部件库

主要包括有家具、门、窗、内装板、顶底槽、天花板、绝缘等。

(二)材质库

甲板敷料材质、顶底槽材质、绝缘材质库等。

(三)自定义属性

(略)

二、开孔管理准备

开孔存储位置设置,如图 11-2 所示。

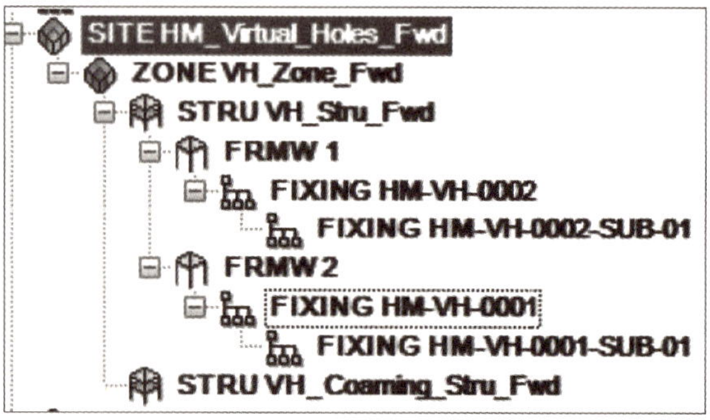

图 11-2　开孔存储位置设置

NEW SITE/HM_Virtual_Holes

NEW ZONE/VH_Zone

PURP HOLE

NEW STRUCTURE/VH_Stru

PURP HOLE

NEW STRUCTURE/VH_Coam

PURP HMCM

NEW ASSOWL　/Hole_Management_Associations

NEW ASSOGP/HM_Assoc_Group

操作界面如下图 11-3 所示。

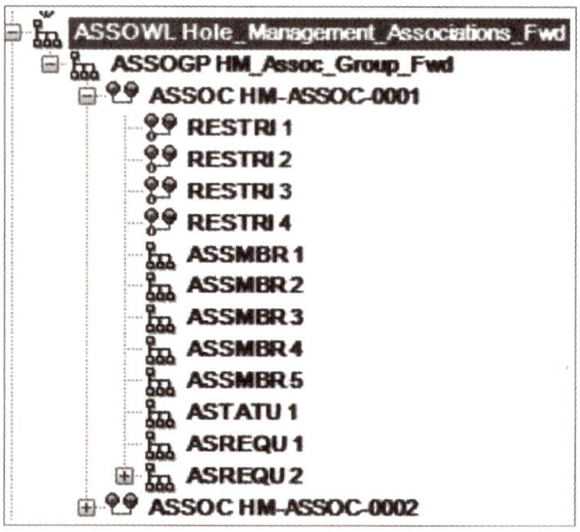

图 11-3　ASSOWL 操作界面

PURP HOLE

(一)开孔管理配置库

MAS 工程标准库,直接引用到新工程。

Dbname MASTER/ASSOCDEFN　　Dbnumber 7027。

(二)开孔部件库

MAS 工程标准库,直接引用到新工程,可扩展。

Dbname MASTER/STLCATA　　　dBnumber 7001。

(三)自定义属性准备

主要对建库、建模、出图方式等进行自定义属性。

任务实施

一、内装架构

(一)基本架构

内装设计的操作基本架构如图 11-4 所示。

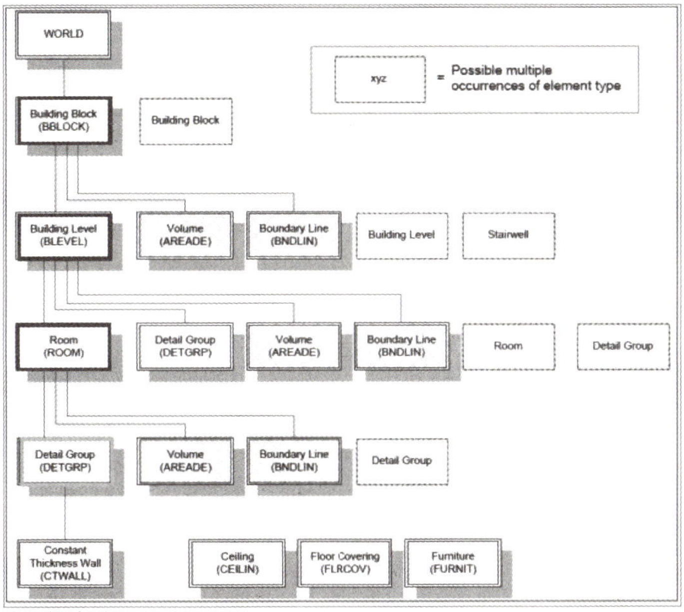

图 11-4　操作基本架构

(二)架构说明

1. 存储空间

在本软件中,BBLOCK　BLEVEL ROOM 是内装三层存储空间,功能等同 SITE　ZONE。

2. DETGRP

该功能主要用于存放各种模型 ,比如:

(1)CTWALL:包括内装板通道、内装板,顶底槽,门窗模型存放位置;

(2)CEILIN:天花板空间,用于天花板建模;

(3)FURNIT:家具;

(4)FLRCOV:甲板敷料。

二、甲板敷料

在本软件中,甲板敷料的建设采用软件标准功能,在此不再赘述。本节主要讲解如何创建甲板敷料材料库,对于不同要求的甲板敷料如何进行处理。

(一)材料库

1. 创建材料库

(1)进入 PARAGON 模块(图 11-5),选择 Property 类型数据库,Create>Properties.(图 11-5、图 11-6),这时如果没有操作权限,登录 admin 修改权限。

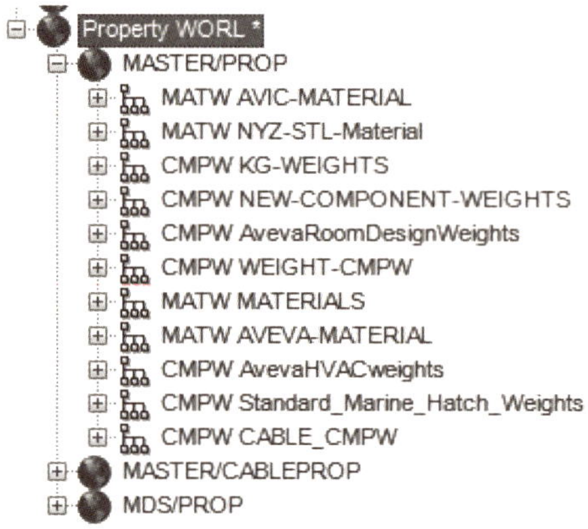

图 11-5　PARAGON 模块

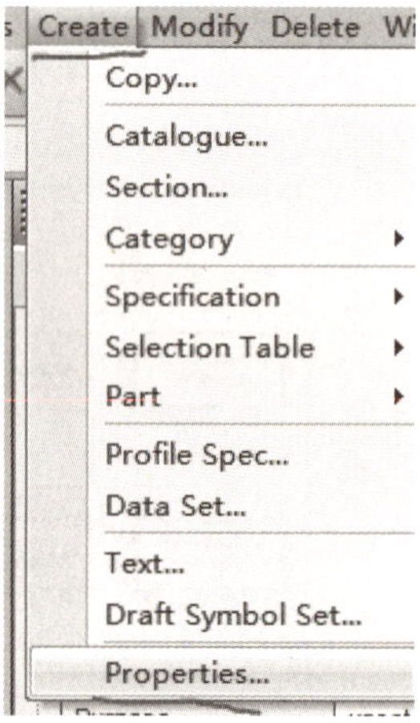

图 11-6　Create 模块

(2)弹出对话框(图 11-7),默认为创建 Component Data,选择左下角 Material Data 切换功能。

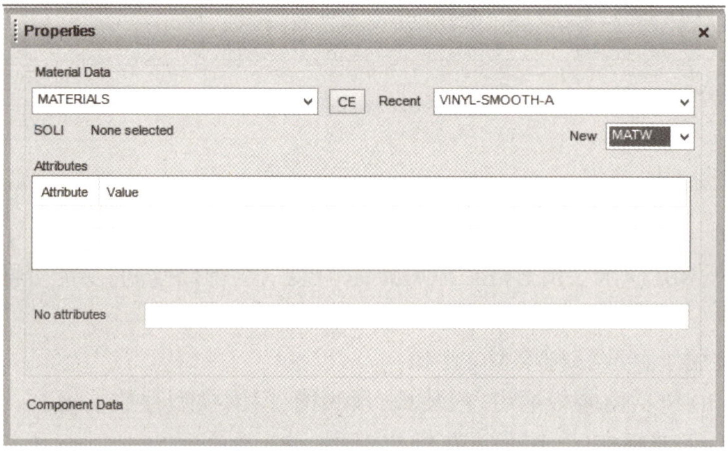

图 11-7　Component Data 创建

(3)在 Catalogue explore 选择合适位置,图 11-7 点开 New MATW 输入名字/AVEVA-Material 回车完成输入,如图 11-8 所示。

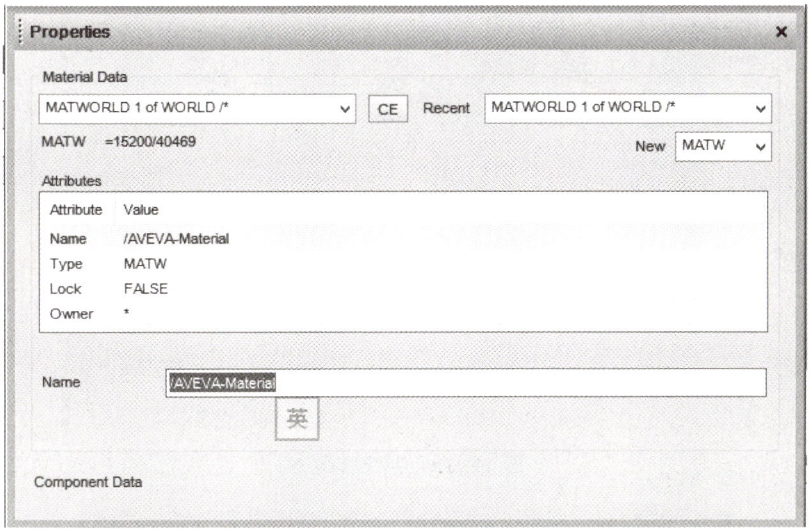

图 11-8　AVEVA-Material 输入

(4)在左上角 New 新建下拉选项中选 SOLI,创建 SOLI 类型材料,给定名字 Cement,回车,点击 description 输入“水泥”回车,如图 11-9 所示。

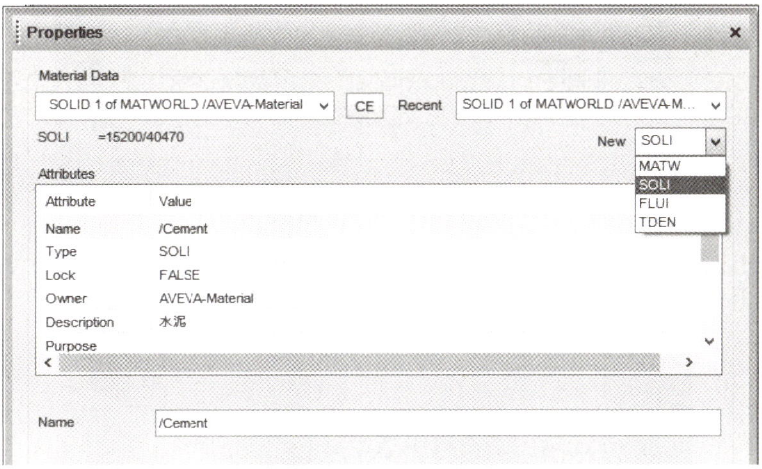

图 11-9　创建 SOLI 类型

(5)继续新建 TDEN,Sref 的值 RDF,如图 11-10 所示。

(6)新建 SDEN 给定材料密度 Density 1600,如图 11-11 所示。

(二)甲板敷料按梁拱削斜

在进行甲板敷料建模里,需要根据甲板的梁拱曲线对敷料下表面削斜,以保证在铺装甲板敷料之后舱室地面的水平,如图 11-12 所示。这里,可以对前面完成的甲板敷料进行手动斜切,具体操作如下。

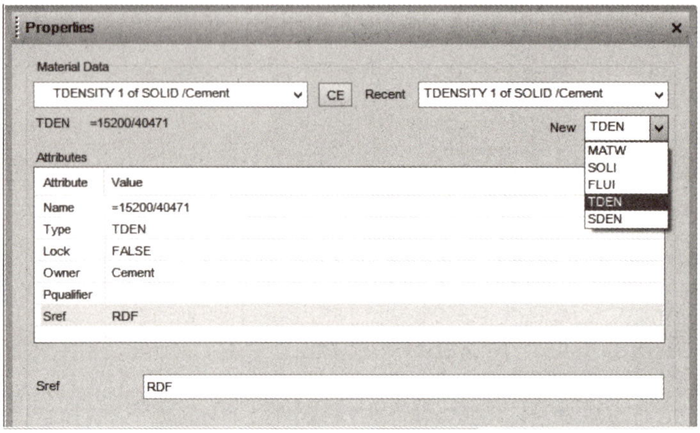

图 11-10 新建 TDEN

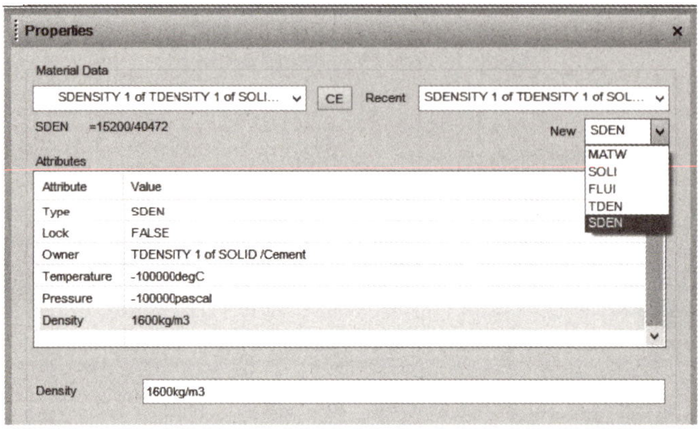

图 11-11 新建 SDEN

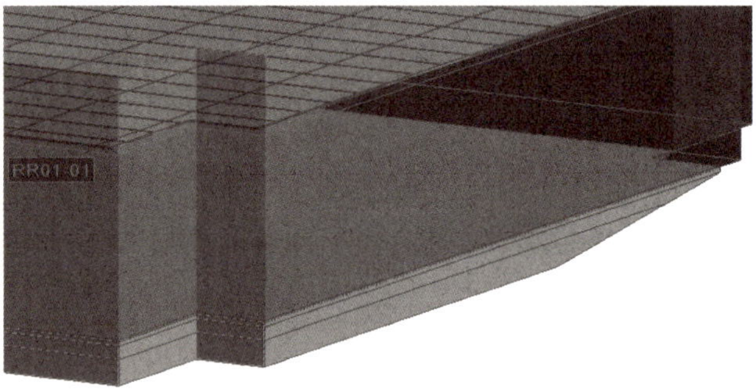

图 11-12 甲板敷料削斜模型

(1)command line 输入命令 NEW FCUTPL 创建 FCUTPL。

(2)修改 FCUTPL 属性 Position Cutplane 确定切割位置和切割面方向,如图 11-13 所示。

(3)Cutplane 可以查找甲板某个 Hplate 的 Orientation ,注意这个属性要相对于 world/ * ,输入命令 q ori wrt/ * 输出值如:Orientation Y is-Y 7.2379-Z and Z is-Y 82.762 Z。

这里只要这个板的 Z 值,-Y 82.762 Z,将方向值修改为反向即 Y 82.762 -Z 把这个值付给 FCUTPL 的 Cutplane，完成切割，如果有多个切割面，继续创建 FCUTPL。

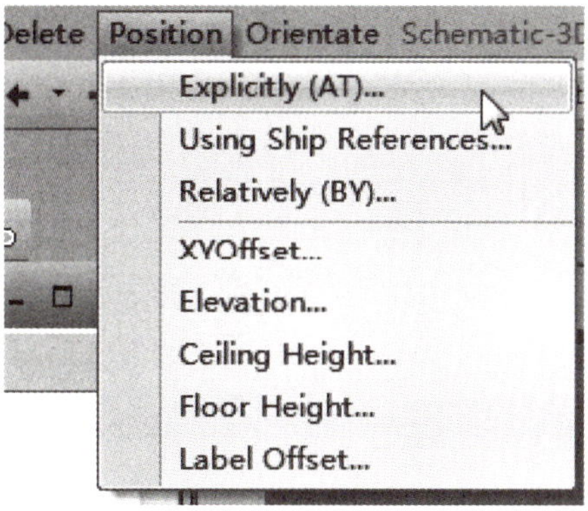

图 11-13　FCUTPL 属性

三、家具

（一）建模

1. 模型类型

Furniture 命令是家具建模中常用的模块，除了 Furniture 外，其余类型也可以达到同样的效果，特殊家具类可以按需求用其他类型创建，比如 Electrical Fitting ，可以做电气设备，但一般电气专业不会用 RoomDesign 建模，因此可以用来做消防救生设备，Information Fitting 可以做铭牌或者门牌、信息栏等，Fixture 可以做卫生单元，只需要对规格书的 spec 的 purp 属性做调整即可，如图 11-14 所示。

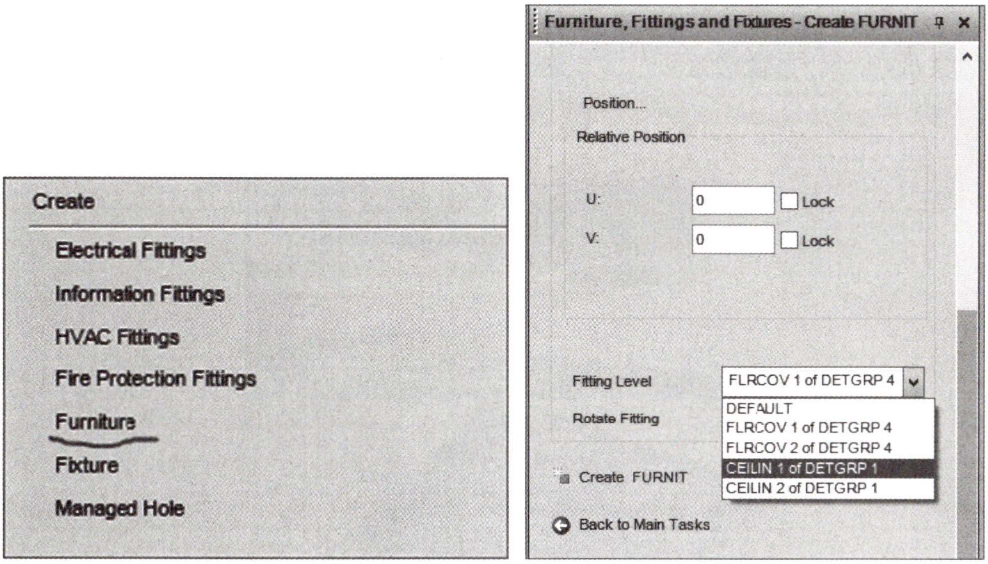

图 11-14　Furniture 命令

2. 家具位置

家具可以建模需要选择位置，分别是甲板敷料、墙壁、天花板等在 ROOM 上选择创建家具,如可以选择 ROOM 或者 CTWALL 进行建模,时钟、画、书架等可以选择创建在 CTWALL 上,如图 11-15 所示。

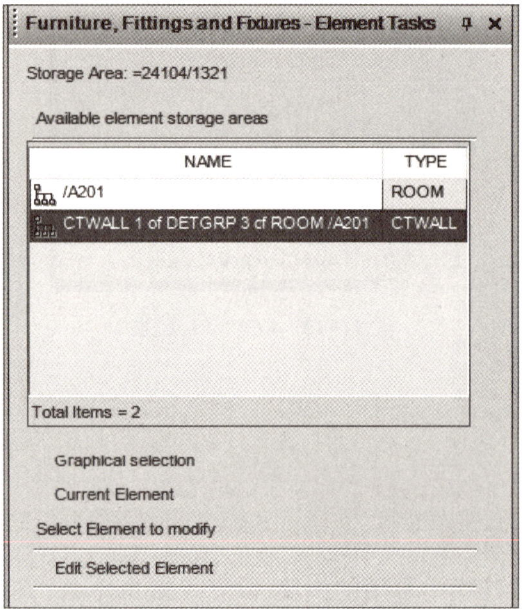

图 11-15　CTWALL 建模

选择房间后,还可以再次选择,甲板敷料还是天花板。

(二)建库

1. CATA&TMPL 建库

在进行 CATA&TMPL 时,要注意,按照建模所处位置的不同,模板的 Z 方向和所选的位置的法线方向一致。面图片是同一家具分别处于天花板,地板和 CTWALL 上的建模效果,如图 11-16 所示。

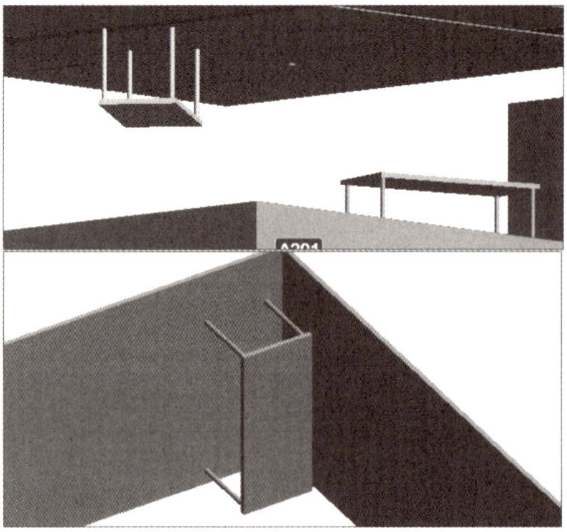

图 11-16　面图片建模

2. 规格书

各类型模型分类由 TBGRO 的 purp 属性控制，详见图 11-17。

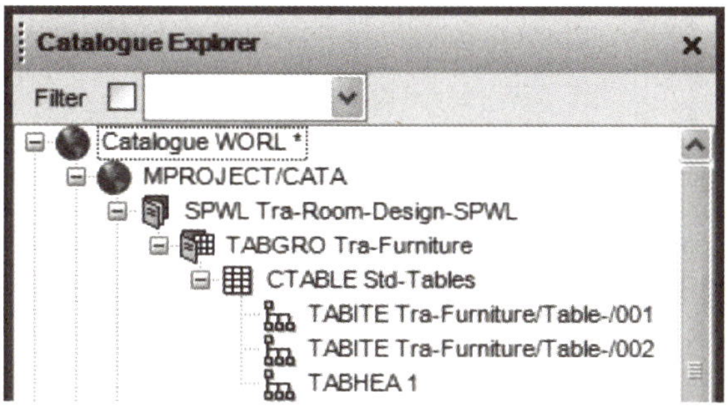

• Furniture	=	FURN
• Ceiling Tile	=	CLTI
• Doors	=	DOOR
• Windows	=	WIND
• Electrical Fittings	=	ELFI
• Fire Protection Fittings	=	FPFI
• HVAC Fittings	=	HVFI
• Information Fittings	=	INFI
• Wall Panels	=	WLPN
• FIXTURES	=	FIXT

图 11-17　模型分类

四、围壁建模

（一）内装通道（水平甲板处）

本软件提供四种手段创建通道，这里推荐 CTWALL 的方法来创建内装通道。

要创建一段 CTWALL，首先激活 model editor。在 CTWALL 上右键得到 Quick Routing，拖拽手柄完成围壁建模，如图 11-18 所示。

图 11-18　围壁建模

（二）通道内装板布置

1. 通道分割

通道内装板布置需要在门窗建模结束后进行，如果不考虑窗户对布板的影响，也必须要等内装门布置完后再进行内装板布置。门布置好后，需要在拐角及门的两侧插入通道点，可手动，对应程序 walledit. pmlfrm，插点顺序先拐角再建门模型，再在门两侧插入点，如图 11-19 所示。

2. 内装板布置

（1）两点间布板，系统自带的功能可以使用，每两点间逐一布板，也可使用程序批量处理。

（2）拐角处阴阳角处理，需要新建角钢形状内装板，可以手动布板，后续使用程序自动填充。

图 11-19　门两侧通道点设置

(三)内装通道(倾斜处所)

这里的内装通道倾斜处所,主要指斜梯处。这里仍采用 CTWALL 来进行创建。

(1)创建一段 CTWALL,长度为斜梯侧面墙壁的水平距离,如图 11-20 所示。

图 11-20　CTWALL 创建斜梯墙壁

(2)然后调整尾点的坐标 *Z* 值,默认值 0 改值为层高如 3 000 mm,如图 11-21 所示。

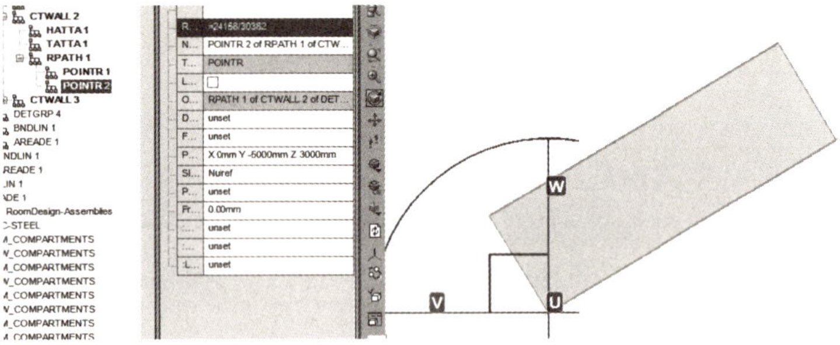

图 11-21　层高坐标值调整

(3)激活 Model editor,CTWALL 上右键 Quick Routing,首尾端分别向外侧拉伸 0.1 mm,如图 11-22 所示。

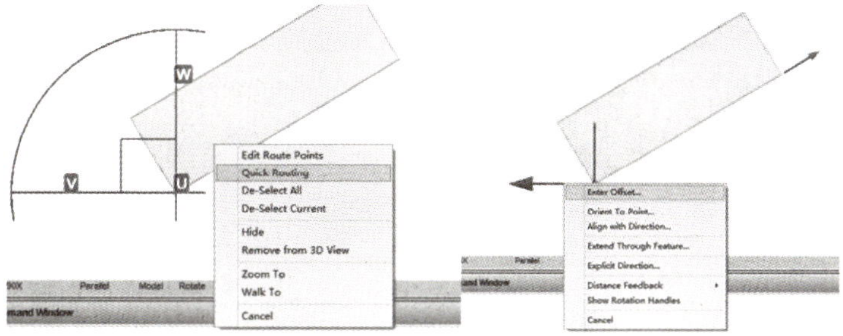

图 11-22　Model editor 调整尺寸

(4)楼梯侧壁最终效果如图 11-23 所示。

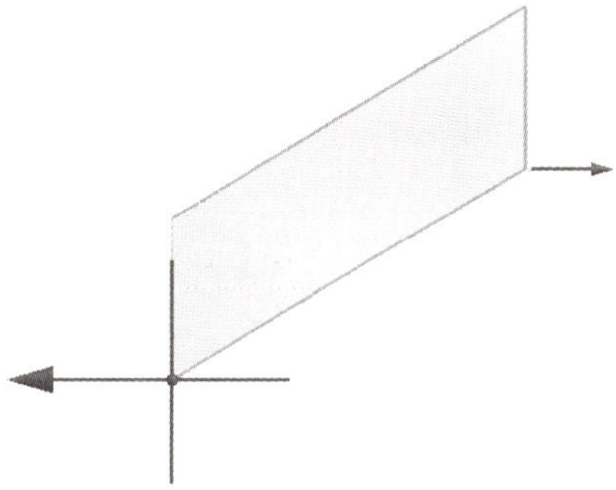

图 11-23　楼梯侧壁最终效果

(四)带角度内装板部件库

1. 部件库

在部件库中,针对带角度内装板,可以在无角度内装板模型上加入斜切角度,各点考虑斜切变化即可。

2. 带角度内装板建模

对于带角度内装板建模,具体操作如图 11-24 所示。

五、门窗建模

对于门窗的建模,可以直接在模型库内调用后进行修改。

(一)建库方法及注意事项

1. Catalogue 建库

家具是立在甲板敷料上,所以模板 Z 方向保持和船坐标一致,门窗需要贴在 CTWALL 上;因此完成的模版的 Z 方向需要沿着船坐标的 $-X$ 方向,如图 11-25 所示。

2. 开孔配置

门窗的开孔必须在部件库上创建对应的负拉伸体,NSEX 和 LOOP 的 Purp 属性都要赋值,如图 11-26 所示。

(1)HPGE(Hull Penetrating Geometry Element) - used for Hull Panel cut outs。

(2)OPGE(Outfit Penetrating Geometry Element) - used for Outfit Panel cut outs。

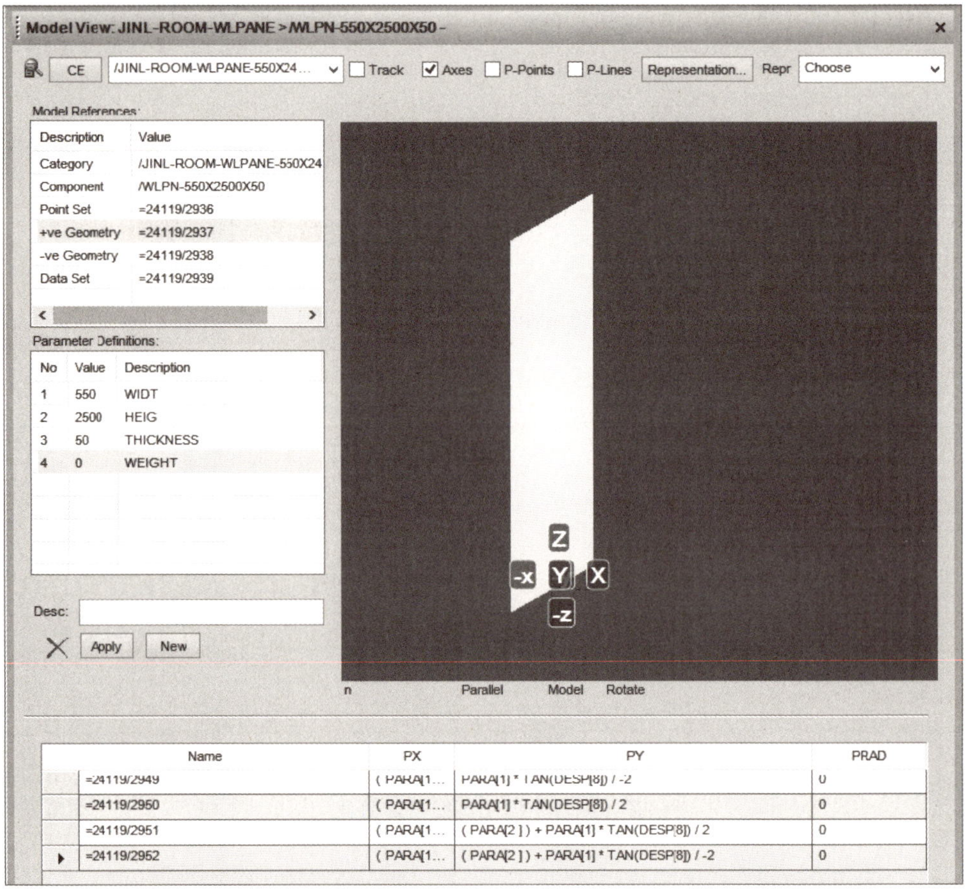

图 11-24　带角度内装板建模

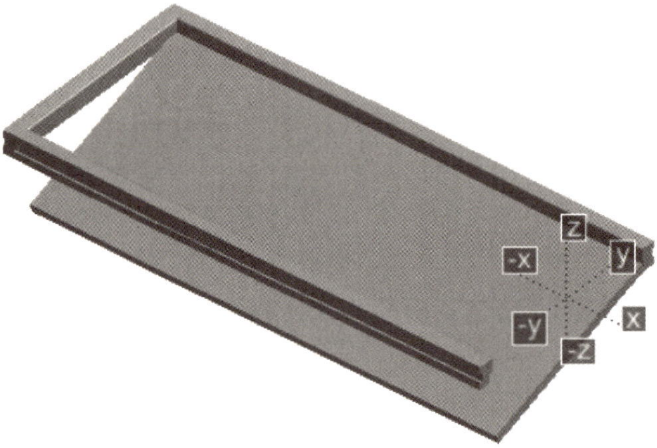

图 11-25　CTWALL 的门建模

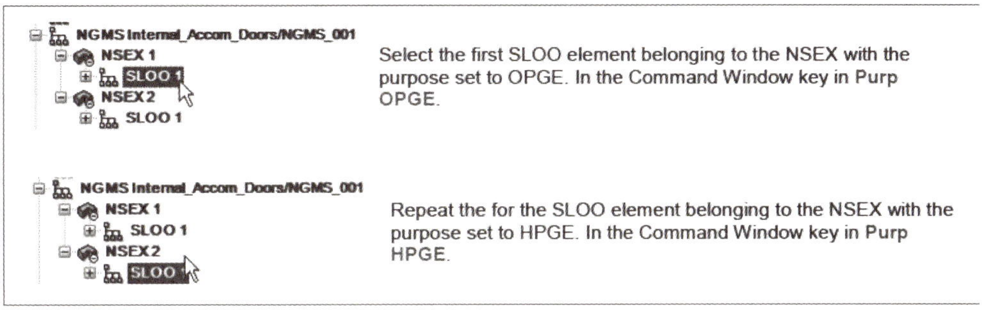

图 11-26　Purp 属性赋值

(3) Tmpl 建库。

模板建库和 catalogue 对方向的控制一样。

门窗有开孔的需求,因此需要在模板中创建相应的元素去开孔,如图 11-27 所示。在模板中我们需要创建两种负实体开孔,一个作为 CTWALL 的开孔,一个为船体结构开孔,开孔不能直接用于开孔,需要各自创建两个 pors 去关联负实体,相关属性填写如下:负实体创建比较麻烦,可用 0 厚度正实体替代。具体操作如图 11-28 所示。

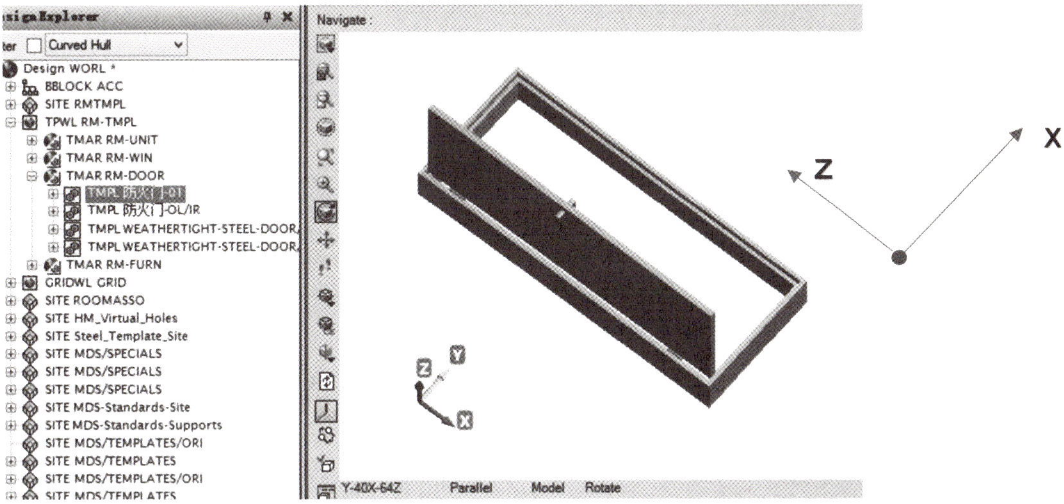

图 11-27　建模好的门

(4) 命令行创建。

在进行开孔设置时,PORS、PORI、XTR 相应属性如图 11-29 所示。

(二) 存在的问题及解决办法壁板开孔问题

1. 门窗在围壁板上开孔问题

无论使用 catalogue 还是 tmpl 建模都会有如下问题:

(1) 门窗移动或者开孔尺寸参数化调整的时候,围壁板上的开孔不调整;

(2) 门窗修改,相邻围壁板上开孔无关联,无法调整;

(3) 忘记创建关联围壁板上开孔,无法单独创建开孔。

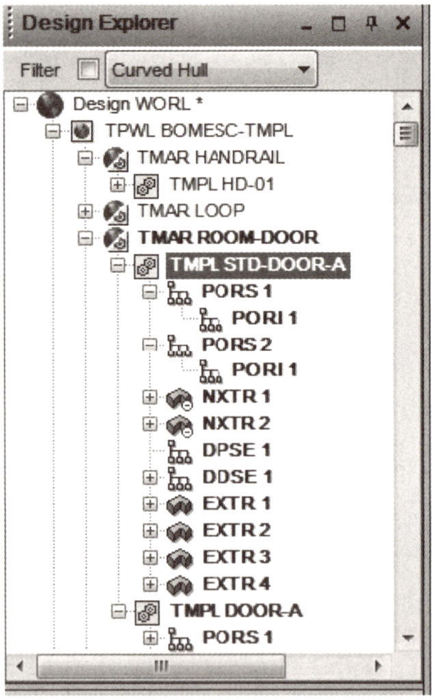

图 11-28　门开孔设置方法

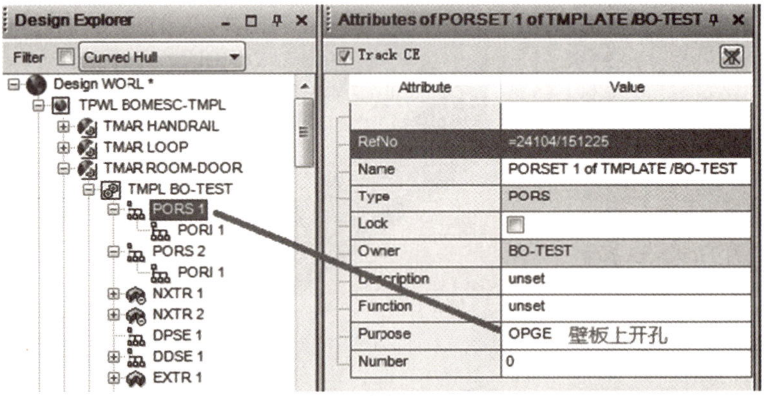

(a)

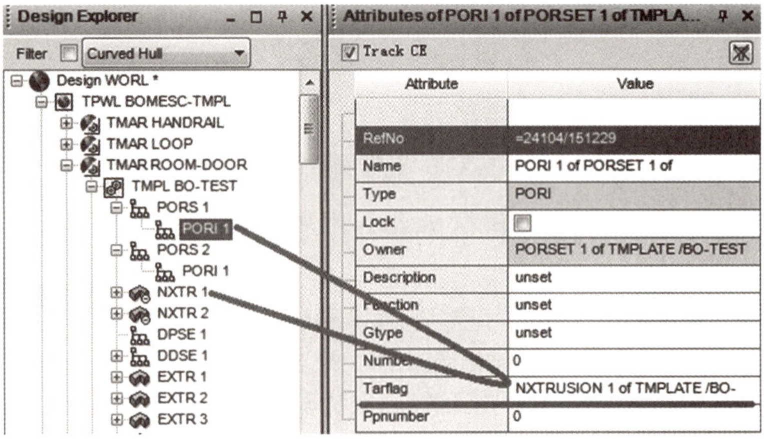

(b)

图 11-29　PORS、PORI、XTR 属性设置

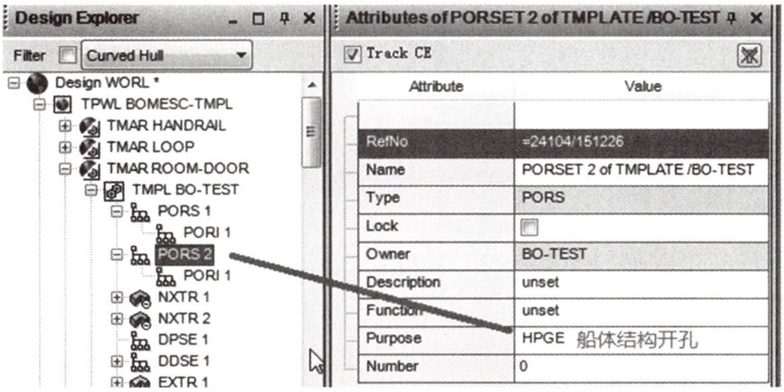

(c)

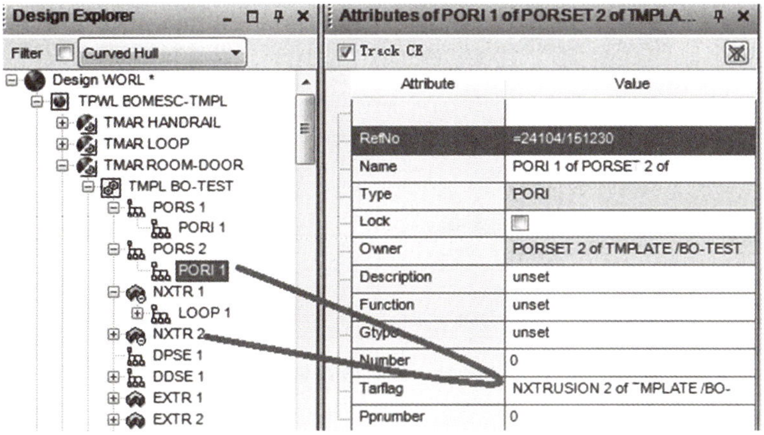

(b)

图 11-29(续)

2. 解决办法

通过开发解决,对应程序 roomdooropen. pmlfrm,如图 11-30 所示。

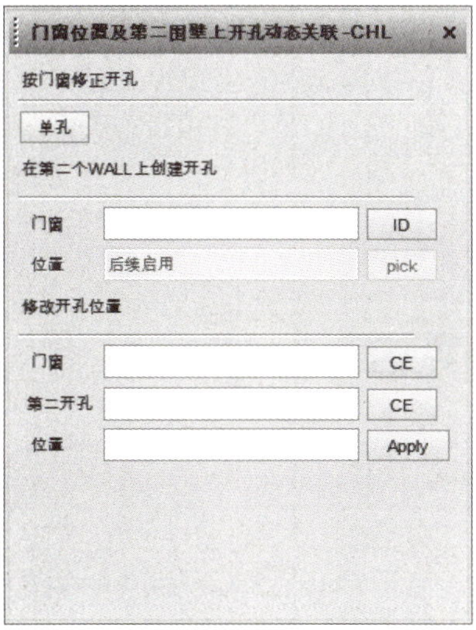

图 11-30　壁板开孔问题程序

六、天花板

(一)天花板类型

天花板建模模块如图 11-31 所示。

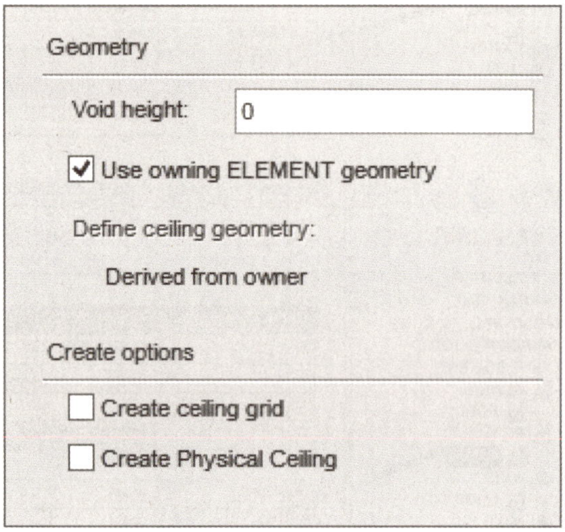

图 11-31　天花板建模模块

(二)Ceiling grid 类型

通过设置网格间距,偏移量控制天花板排布。天花板排布图如图 11-32 所示。

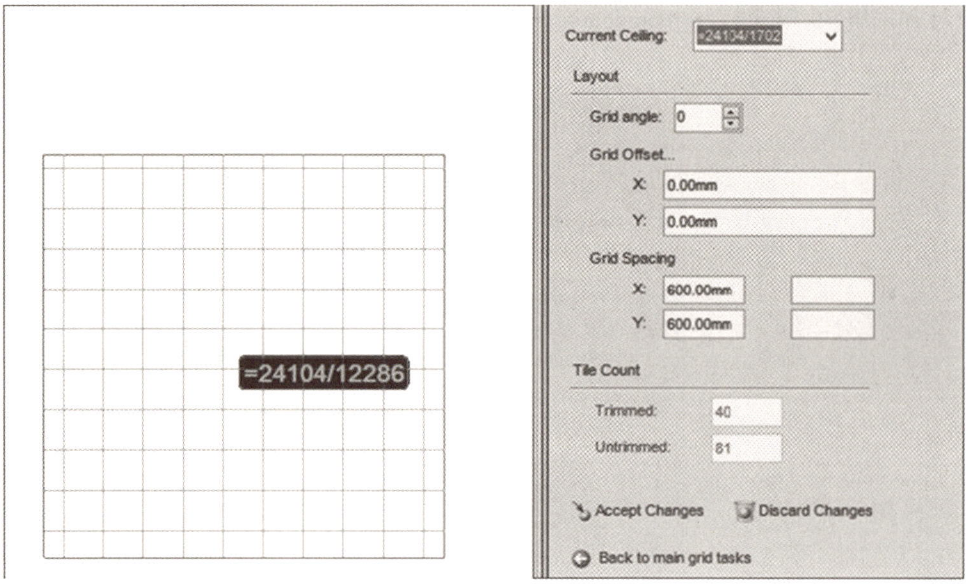

(a)　　(b)

图 11-32　天花板排布图

(三)Physical ceiling 类型

按照 ceiling 区域创建完整的模型,如果分块需要对板材进行切割。图 11-33 可以给定天花板的厚度和材料。

(四)建库方法及注意事项:

相同规格的天花板 X 方向和 Y 方向都需要建对应的部件库。Physical 类型不需要部件库,只需要定义材料库方法和甲板敷料相同。

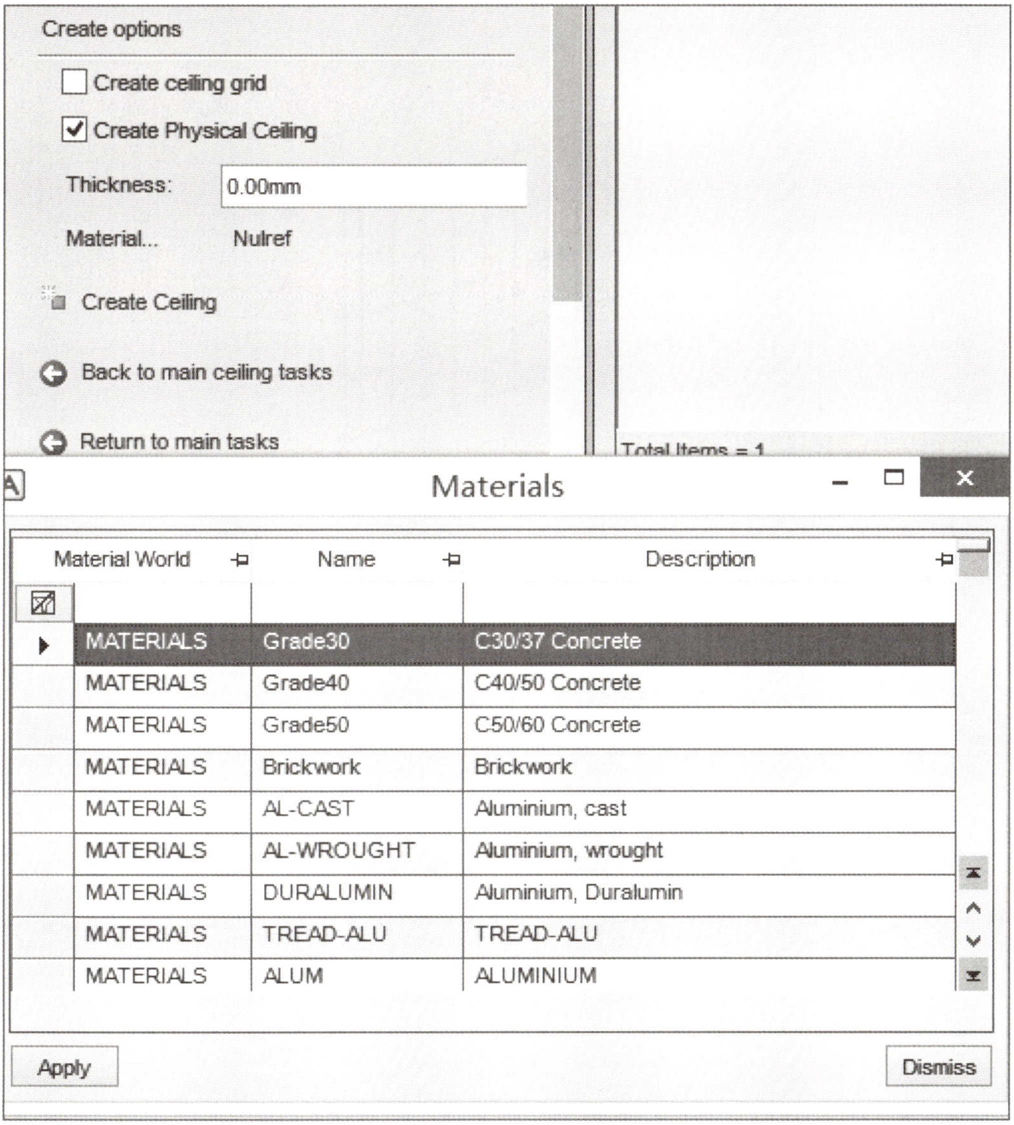

图 11-33　天花板厚度及材料定义

(五)Ceiling grid 类型

材料统计只能统计个数,具体尺寸无属性,通过属性 csgbox 可以获取所在空间尺寸计算得出；计算时要考虑天花板非水平状态及带附件时可能带来的影响。

七、绝缘

(一)绝缘分类

依照铺设位置，建模方式等，PURP 属性设置在 CTWALL 上用于统计材料进行分类处理。

1. 平面铺设按块统计

在 CTWALL 上平面铺设按块统计，采用 Purpose RECT 命令来进行。操作效果如图 11-34 所示。

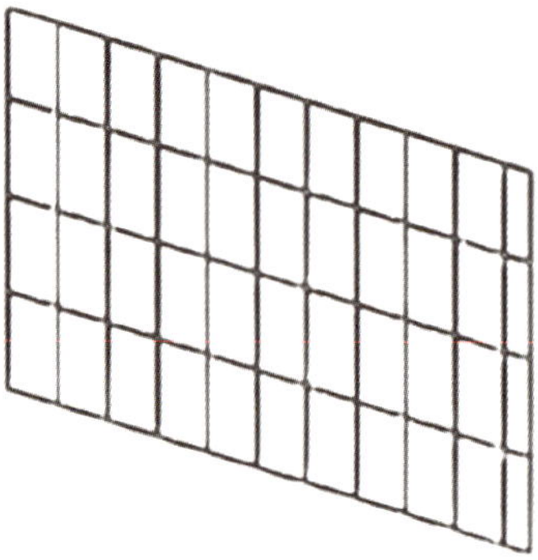

图 11-34　绝缘材料按块统计

2. 按卷统计

按卷统计是绝缘设计时另外一种方式，打开在 CTWALL 命令，使用 Purpose CONT 可以实现按卷统计材料。如

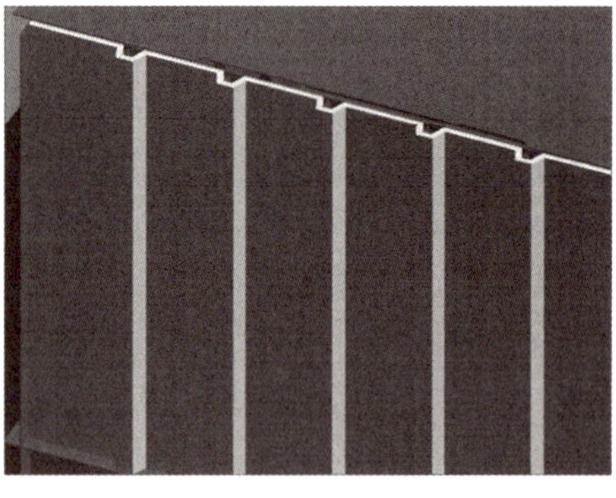

图 11-35　绝缘材料按卷统计

3. 包裹型材按块统计

对于有的型材，在进行绝缘设计时需要进行包覆，此时，也需要按块进行统计，局部使用采用 Purpose STIF，如图 11-36 所示。

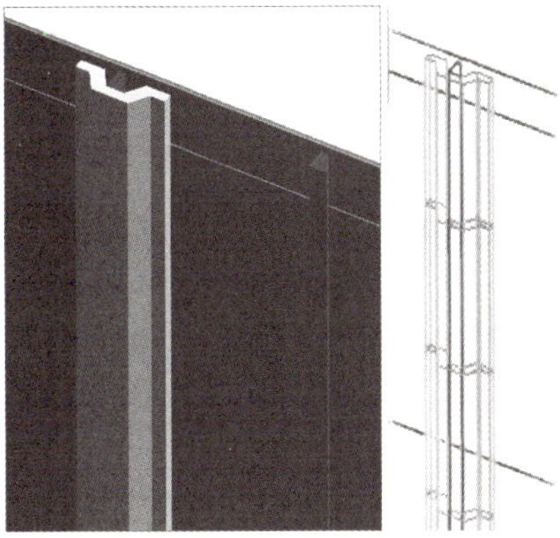

图 11-36　包裹型材按块统计

4. 曲面平铺

对于大面积曲面,可以采用曲面平铺命令 Purpose CURV 来实现绝缘材料的设计和建模,如图 11-37 所示。

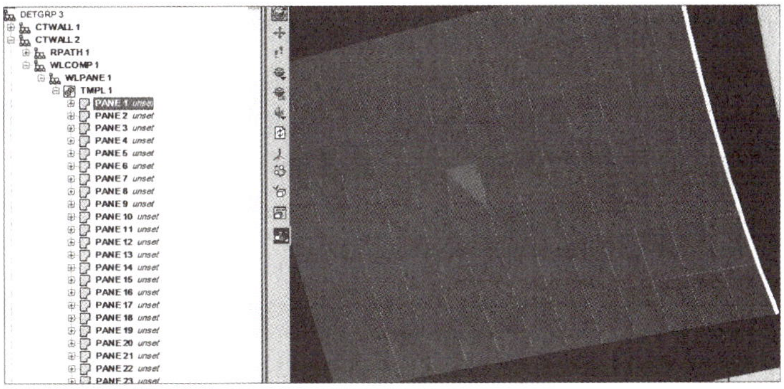

图 11-37　曲面平铺

5. 包裹曲线型材

如果要做绝缘的型材是曲线型,可以使用 Purpose CUST 命令,进行曲线型材包裹建模,如图 11-38 所示。

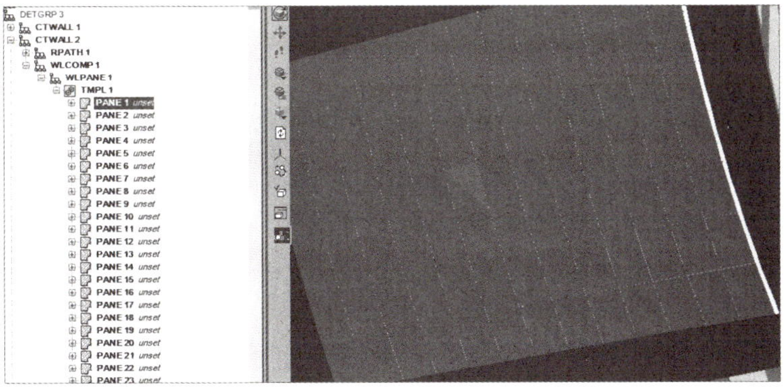

图 11-38　包裹曲线型材

下面将就几种不同的统计方法进行分类介绍。

(二)平面铺设按块统计

1. 设计思路

以图 11-39 平面铺设为例,按块统计进行设计。

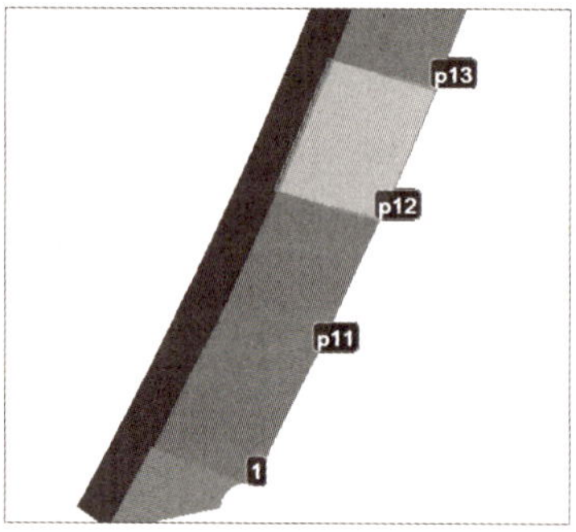

图 11-39　平面铺设实例

进行平面铺设建模时,仍按照内装板布置方法进行建模,因此部件库也按照内装板的建库方式进行,但内装板只是沿 CTWALL 线性布置,因此需要用程序解决绝缘在 Ctwall 内阵列布置的需求,针对端部非整板的尺寸,通过计算实际尺寸,给定 desp 即可,如标准版 1 000×500×50,右上角实际尺寸 500×400×50,当前内装板材的参数:

Desparam 50 mm 50 mm 500 mm

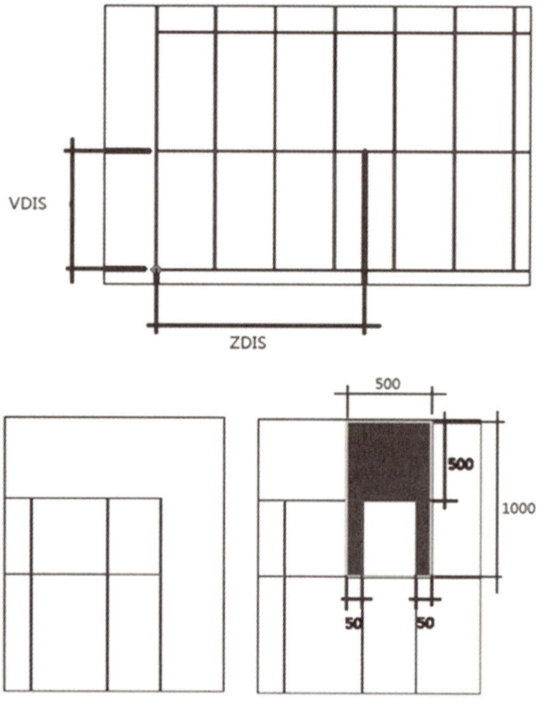

图 11-40　标准板 Desparam 设置

2. 部件库

在平面铺设按块统计建模完成时，内装绝缘所用的部件可以通过部件库来进行，这里就需要完善绝缘部件的部件库。其具体部件库的建库方法可以参见内装板建库方法来进行，如下

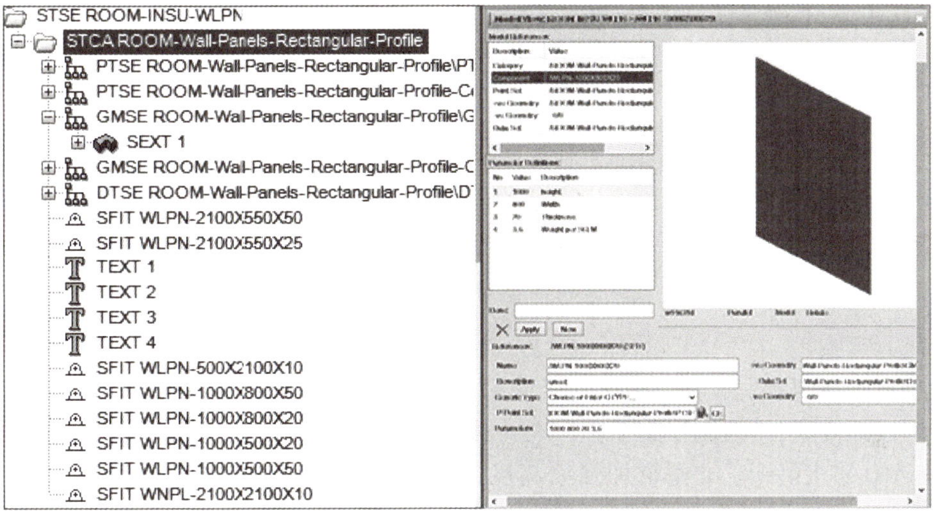

图 11-41　绝缘部件库建库方法

（三）按卷计算

1. 设计思路

下面以一块 1 000×10 000×50 按卷订货的绝缘尺寸为例来分析按卷计算的建模思路。

2. 任务实施：此敷设的时候需要绕过结构型材，因此需要计算每个折点的坐标（图 11-42），因为最终统计的是 CTWALL 的全部长度，所以不需要设计单独的部件库。

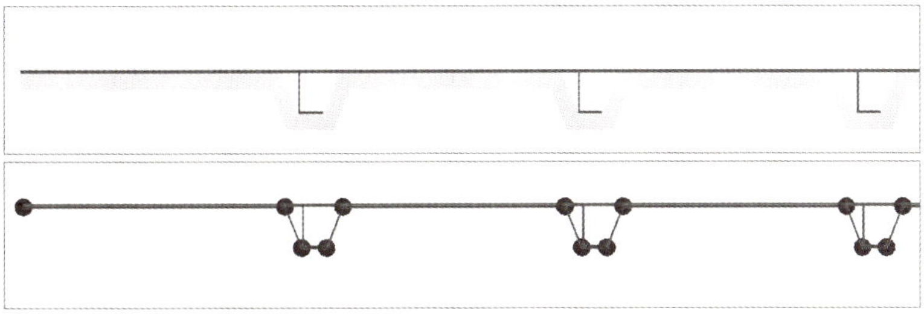

图 11-42　绝缘敷设折点图

（四）包裹型材按块统计

1. 设计思路

以加强筋本体坐标系和轮廓尺寸为基准窗创建 CTWALL，短边长度为 CTWALL 长度，长边为 Ctwall 厚度，加强筋长度为 CTWALL 高度，再按要求在 CTWALL 内添加绝缘板，ZDIS 为 1/2 CTWALL 长度，如图 11-43 所示。

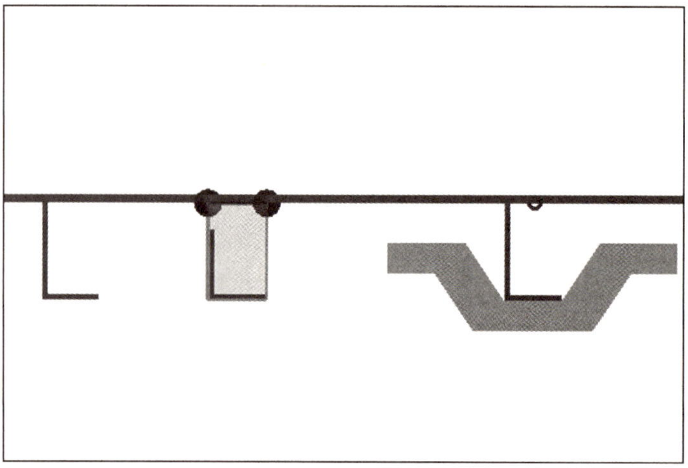

图 11-43 包裹型材的绝缘建模

2. 任务实施

由于对于包裹型材的绝缘，需要针对不同的防火等级和不同的结构形式进行建模，因此需要创建部件库，具体操作如下：

(1) A60 防火绝缘。T 型材加强筋高度(h)小于或等于 450 mm，注意绝缘方向，如图 11-44 所示。

(2) A60 防火绝缘，T 型材类型加强筋高度(h)大于 450 mm，如图 11-45 所示。

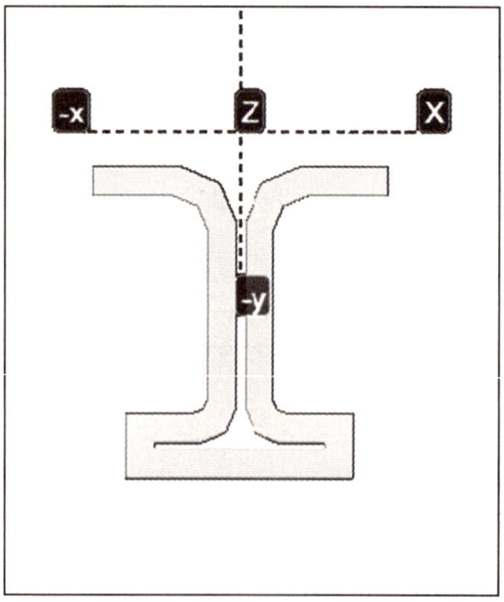

图 11-44 A60 防火绝缘($h \leq 450$)

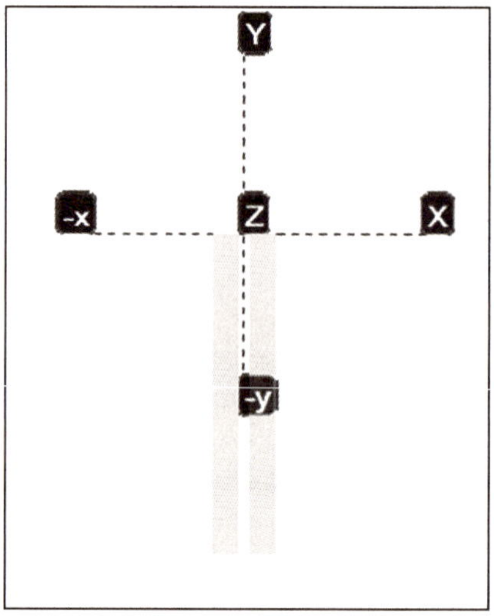

图 11-45 A60 防火绝缘($h \geq 450$)

(3) A60 防火绝缘，角钢类型加强筋。

(4) 隔音隔热绝缘，T 型材类型加强筋，高度(h)小于或等于 450 mm，如图 11-47 所示。

(5) 隔音隔热绝缘，T 型材类型加强筋，高度(h)大于 450 mm，如图 11-48 所示。

(6) 隔音隔热绝缘，角钢类型加强筋，RIGHT 类型，如图 11-49 所示。

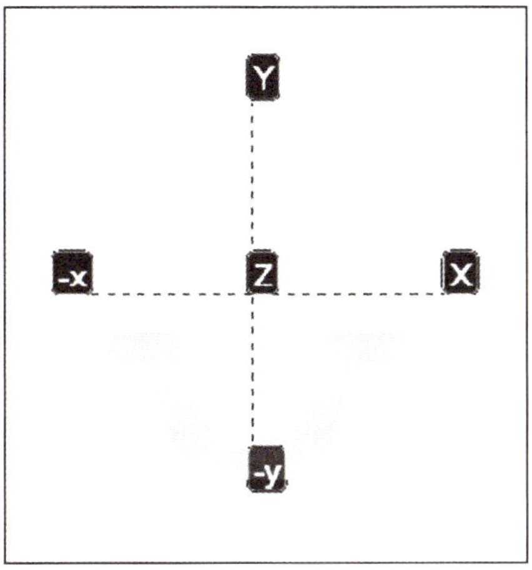

图 11-46　A60 防火绝缘(角钢类型加强筋)

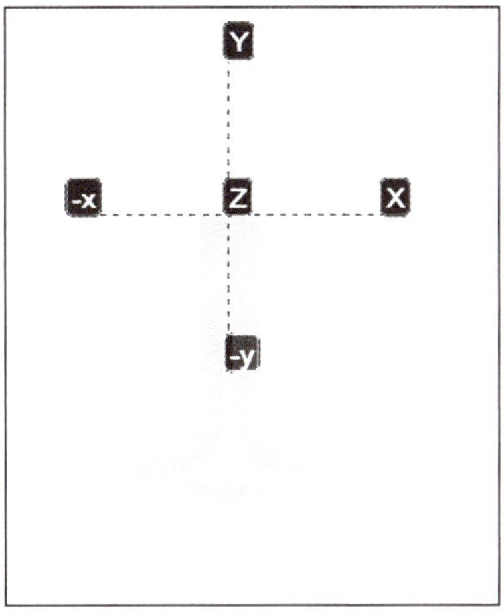

图 11-47　隔音隔热绝缘（T 型材 $h \leqslant 450$）

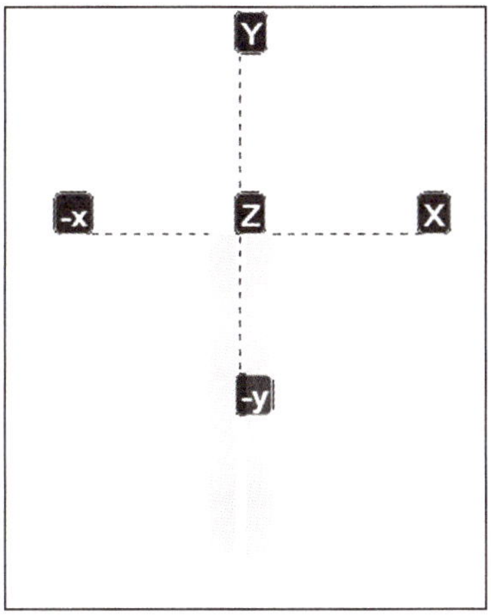

图 11-48　隔音隔热绝缘（T 型材 $h \geqslant 450$）

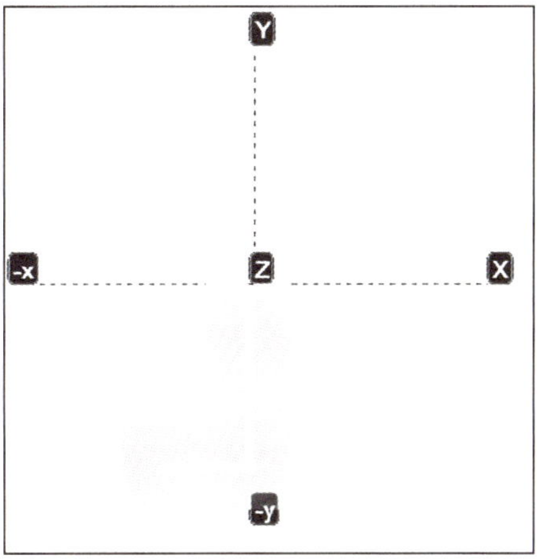

图 11-49　隔音隔热绝缘(角钢 RIGHT)

(7)隔音隔热绝缘,角钢类型加强筋,LEFT 类型,如图 11-50 所示。

(8)防火绝缘,组合工字梁类型,如图 11-51 所示。

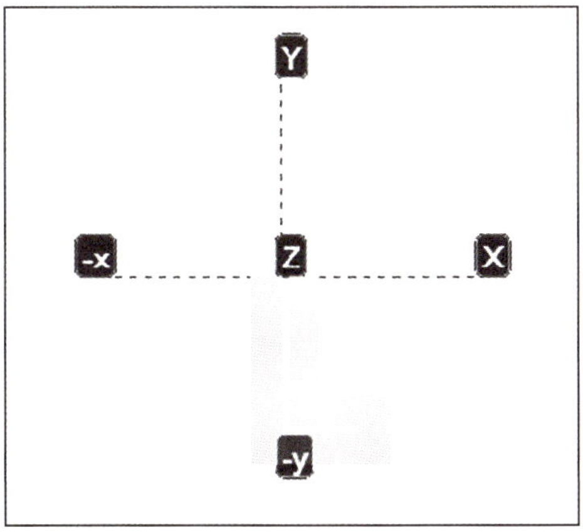

图 11-50　隔音隔热绝缘(角钢 LEFT)

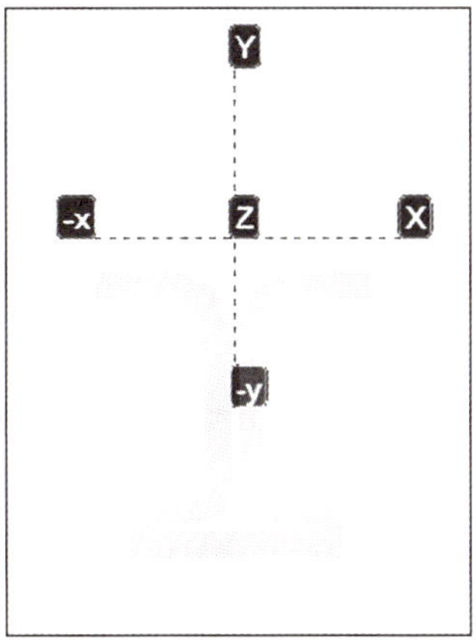

图 11-51　防火绝缘(组合工字梁)

评价与考核

课程名称	船舶内装生产设计		
学习项目	基于 AM 软件的内装设计	授课教师	
知识掌握情况(40 分)			
序号	知识考核点	分值	教师评分
1	掌握 AM 软件内装各类型部件库包含的主要内容	15	
2	了解 AM 内装 2. 内装架构介绍	10	
3	掌握甲板敷料、家具、围壁建模、天花板、绝缘等内装模块的建模方法	15	
任务执行情况(60 分)			
序号	能力执行考核点	分值	教师评分
1	学生应德、智、体、美全面发展,具备良好的科学素养,具备对于工程项目的分析问题、解决问题以及团队合作的能力	60	
违纪扣分(25 分)			
序号	违纪考核点	分值	教师评分
1	上课吃东西	5	
2	上课睡觉	5	
3	上课玩手机	5	
4	上课打电话	5	
5	其他扰乱课堂秩序的行为	5	

思政小故事

太平洋中部法考福环礁上生活着一种会捕鱼的野猪,当地人叫它捕鱼猪。按理说猪的行动笨拙,要捕到在水中灵活自如的鱼绝非易事,到底它是怎么捕到鱼的呢?

原来,当捕鱼猪饿了的时候,它便会下到水草茂盛的浅水域里,用长而锋利的獠牙在水草中间来回旋荡,不一会儿,就会有一些水草带着一些杂物卷在獠牙上被连根拔起,然后,捕鱼猪仰起头走到河流支汊的静水域里,轻轻地将头伸入水中 25 cm,附近的草鱼及其他鱼类嗅到了草味和根部腐败泥土的气味,便向捕鱼猪嘴边聚集过来。捕鱼猪每次闭气大约在 1 min,超过时限,它便会轻轻地把头从水中抬起,吸口氧气,再轻轻地把头伸进水中。因为每次进出动作都是又轻又慢,鱼几乎觉察不到周围环境的变化,只顾着捕鱼猪嘴上的水草。当捕鱼猪的头慢慢伸出水面时,有的鱼甚至跳起来追咬缠在猪獠牙上的水草。就这样几进几出后,猪獠牙周围聚集了许多鱼,当密度足够大的时候,捕鱼猪便集中全部力量,“噌”地抬起头，总有几条鱼被捕鱼猪锋利的獠牙刺穿身体而串在獠牙上带出水面，然后捕鱼猪快步上岸享用美餐。

【野猪捕鱼，如果不事先将水草缠在獠牙上，不等鱼类聚集到一定密度它捕鱼不会成功。人类也如此，要成功做成一件事，需具备两心：一个是细心，一个是耐心。】

任务测试模拟题

完成以下厨房的舱室内装建模。

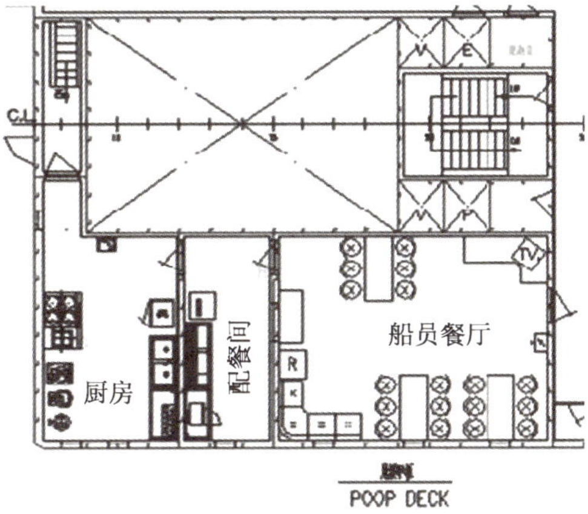

参 考 文 献

[1] 李庆宁. 船舶内装工程[M]. 哈尔滨:哈尔滨工程大学出版社,2007.
[2] 田欣. 装饰基础与装饰设计[M]. 重庆:西南师范大学出版社,2016.
[3] 吴春芳. 游艇美学与人机学[M]. 哈尔滨:哈尔滨工程大学出版社,2014.
[4] 金容淑. 设计中的色彩心理学[M]. 2 版. 武传海,曹婷,译. 北京:人民邮电出版社,2013.
[5] 彭辉. 造船材料[M]. 哈尔滨:哈尔滨工程大学出版社,2011.